创新社会化与知识产权制度的应对

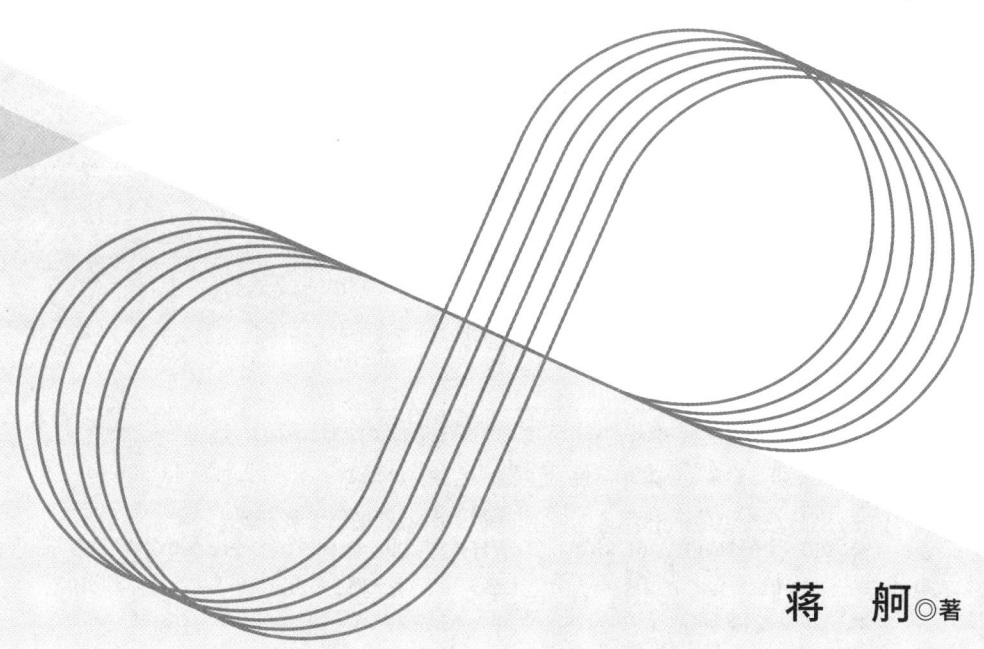

蒋 舸◎著

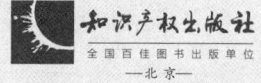

知识产权出版社
全国百佳图书出版单位
—北京—

图书在版编目（CIP）数据

创新社会化与知识产权制度的应对/蒋舸著. —北京：知识产权出版社，2021.8
ISBN 978 - 7 - 5130 - 7631 - 9

Ⅰ.①创… Ⅱ.①蒋… Ⅲ.①知识产权制度—研究—中国 Ⅳ.①D923.404

中国版本图书馆 CIP 数据核字（2021）第 146485 号

责任编辑：刘 睿 刘 江　　　　　　　责任校对：潘凤越
封面设计：博华创意·张冀　　　　　　　责任印制：刘译文

创新社会化与知识产权制度的应对
蒋 舸 著

出版发行：	**知识产权出版社** 有限责任公司	网　　址：	http://www.ipph.cn
社　　址：	北京市海淀区气象路 50 号院	邮　　编：	100081
责编电话：	010 - 82000860 转 8344	责编邮箱：	liujiang@cnipr.com
发行电话：	010 - 82000860 转 8101/8102	发行传真：	010 - 82000893/82005070/82000270
印　　刷：	三河市国英印务有限公司	经　　销：	各大网上书店、新华书店及相关专业书店
开　　本：	720mm×1000mm　1/16	印　　张：	21.25
版　　次：	2021 年 8 月第 1 版	印　　次：	2021 年 8 月第 1 次印刷
字　　数：	309 千字	定　　价：	98.00 元

ISBN 978 - 7 - 5130 - 7631 - 9

目 录 | Contents

导　语　从天才灵光一现到组织化创新

　　创新是现代社会经济发展最重要的引擎。在我国，科技进步贡献率逐年升高，2016 年已达 56.2%。[1] 在其他国家，创新为社会发展做出的贡献同样不可忽视。索洛（Solow）在为其获得诺贝尔经济学奖做出贡献的论文中就曾指出，美国 1909 ~ 1949 年的生产率提高，87.5% 归功于技术进步。[2] 在高速发展的当代社会中，创新俨然成为维持人们对"明天会更好"这一线性历史发展观的心理保障，散发出越来越浓郁的神圣气息。

　　不过，"创新"的神圣地位绝非古已有之。在人类历史上的大多数时候，守成远远重于创新。偶有天才灵光一现，做出惊世发明或者留下千古名篇，那不过是漫漫历史中散在的小概率事件，可遇不可求。理性如人类先辈，并没有把精力"浪费"在激励创新之上，而更多地强调整合已有经验、建构特定群体共享的认知背景。直到社会发展至相对晚近的阶段，人们才逐渐意识到创新活动的价值，于是逐渐开始将创新从散在的自发活动改造为集中的自觉活动，希望通过这种改造使社会获得更多的收益与

---

　　[1]　具体而言，我国近年来的科技进步贡献率分别为：2003 年为 40.9%（国家创新指数报告 2013 [R/OL]. [2020 - 12 - 21]. http://scitech.people.com.cn/GB/1059/383163/），2010 年为 50.9%，2011 年为 51.7%，2012 年为 52.2%，2013 年为 53.1%，2014 年为 54.2%，2015 年为 55.3%（国家统计局社会科技和文化产业统计司，科学技术部创新发展司. 中国科技统计年鉴 2016 [M]. 北京：中国统计出版社，2016：15），2016 年为 56.2%（李克强：2016 年科技进步贡献率上升到 56.2% [EB/OL]. [2020 - 12 - 21]. http://finance.people.com.cn/n1/2017/0305/c1004 - 29124079.html）。

　　[2]　Robert Solow. Technical Change and the Aggregate Production Function [J]. The Review of Economics and Statistics, 1957, 39：320.

创新。

　　创新重要性的逐步凸显与社会的加速度发展交相呼应。人类社会的发展，是逐渐提速的漫长奔跑。最初的速度变化，以万年为单位也未必能察觉。即使进入文明社会，初期的社会进步也常常需以千年为尺度方可察觉。但在进入工业社会后短短几百年间的成就便远远超过了祖先百万年的积累。在数不胜数的物种中，唯有人类不满足于被动适应，还打算主动改造世界。和其他物种相比，人类的优势不在于面对的环境更友善，而在于认识和改造世界的知识更丰富。和远古时期相比，今人的成就不源于外部世界的改善，而源于自身能力的提高。❶ 而这种能力的提高，不在基因层面，它既不体现于个体智力，也不体现于个体体能。这种能力的提高，在社会层面，主要体现为社会知识存量的增加，以及个体运用知识能力的提升。人们逐渐认识到，人类社会得以加速度发展的原因不是物质化的生产资料，而是物质化的智力积累。"不是机器、不是劳作、不是土地，也不是自然资源，是知识，挑起了驱动经济持续发展的大梁。"❷

　　而推动社会向前发展，不仅需要静态的知识存量，更需要动态的知识进步。虽然我们的社会需要为动态的知识进步付出代价，但人们仍然乐此不疲，因为总体而言，知识进步、社会更迭给人们带来的好处远远超过其弊端。诚然，创新并非没有代价。新模式取代旧模式之时，往往是众多人的平静生活走到尽头之时：大批仅仅掌握旧知识的劳动力会失业，大量投资旧产业的商人分文无归。阵痛之后，资本与劳动力被迫转型，或者以更好的方式生产旧产品（a better way to make something），或者直接提供更好的新产品（something better to make）。❸ 随着新模式逐渐成为主流，新模式支配下的价格趋于平衡，资源流动丧失活力。这种在理论上看来就要沉入一潭死水的趋势，要直到企业家推出新模式、发起新一轮的毁灭性创造

---

❶　单就自然环境而言，其对人类的友好程度从远古至今如果没有变得更差，至少没有改善。例如：［印］达斯古普塔. 大众经济学［M］. 叶硕，译. 南京：译林出版社，2013.

❷　Adam Jaffe, Trajtenberg Manuel. Patents, Citations, and Innovations：A Window on the Knowledge Economy［M］. MIT Press, 2002：1.

❸　Robert Cooter, Thomas Ulen. Law & Economics（《法和经济学》）（影印本）［M］. 上海：格致出版社，2012：113.

（destructive creation），方得解脱。但所谓解脱，也不过是暂时的，是进入下一轮循环的台阶。在熊彼得看来，如果没有创新，经济必将陷入停滞。是创新，尽管伴随阵痛，但同时也维持着社会活力，推动着社会发展。❶

正是因为创新对于现代社会而言如此重要，因此直接以与创新相关的社会活动为调整对象的法律自然而然获得了越来越多的关注。领先者希望通过更好地利用与创新利益分配相关的法律来提升自己的优势，而追赶者则希望通过充分利用规则的空间来缩短与前者的差距。至于对整个社会而言，划分创新活动中先行者和追赶者，或者说信息生产者与信息使用者之间行动自由的界限，越来越成为调整社会资源分配、引导社会良性发展核心的政策工具。对于特定国家的个人与企业而言，善用创新规则者更容易取得利益；对于国家而言，善于制定符合特定历史阶段的创新规则者更有希望将本国资源以更加优化的方式进行配置，从而获得国际竞争的优势。从个人到国家，对创新规则的关心在近几十年的国际和国内社会层面都表现得越来越明显。知识产权法逐渐从少有人问津的冷门到众人关心的显学，不外乎是创新规则在社会生产和再分配过程中的重要性日益提高的反映，归根结底还是"经济基础决定上层建筑"的表现。

"创新"的内涵复杂而又宽泛，本书只能关心其中有限的一部分，即应当属于专利法和著作权法调控的社会关系。即使我们将创新活动限缩到科技创新和文化创新领域，它依然包罗万象。以文化创新而言，创作新作品固然是创新，传播新作品同样是创新产生社会福利中不可或缺的环节，甚至为传播提供技术、设备和服务，也是创新活动的有机组成部分。针对如此复杂的社会关系，我们显然不指望仅仅通过有限的一两部法律来调整。在现实生活中，调控与创新相关的社会关系的法律门类庞杂。从最典型的专利法、著作权法，到其他知识产权部门法例如集成电路布图设计、植物新品种和商业秘密，再到竞争法、合同法、劳动法、侵权责任法、物权法，甚至刑法、行政法。实际上我们很难找出一个与创新完全没有关联的法律领域。尽管如此，从法律与调整对象的关系而言，专利法和著作权

❶ Joseph Schumpeter. Capitalism, Socialism and Democracy ［M］. Harper Perennial Modern Thought, 2008：67 - 68.

法仍然是最核心的创新规范。所以本书关心的话题，大抵也以应当属于专利法和著作权法调整的社会关系为依托。

而在专利法和著作权法关心的众多问题中，本书又只能选取其中特定的一些加以分析。本书选取的话题，大抵与创新社会化这一背景相关。本研究试图指出，当今社会的创新活动通常不再是散在的小概率事件，而是有计划的社会新常态。这种有组织、高密度、复杂化的创新图景，与自发生成的专利法和著作权法上一些未言明的理论预设很可能存在冲突。发端于数百年前的专利法和著作权法制度必须经过调试才有可能适应如今这种有组织、高密度、复杂化的创新新常态。专利法和著作权法上的具体制度众多，创新社会化趋势对这些制度的冲击程度有所不同。本书拟选取其中受创新社会化影响较大的一些制度展开分析。

按照各项制度受到创新社会化影响的方式和程度不同，本书选取的话题大致可以归入三个方面：第一方面与个人创造者中心主义的假设有关，第二方面与创新者和抄袭者之间泾渭分明的假设有关，第三方面与优化创新规则主要依赖于本体论知识的假设有关。第一方面的假设引出了本书第二章至第七章的内容，第二方面的假设关系到第八章至第十一章的内容，第三方面的假设则与第十二章和结语相关。

和其他法律一样，专利法和著作权法都追求多重目标。这从两部法律的立法目的条款中可窥一斑。《专利法》第 1 条规定："为了保护专利权人的合法权益，鼓励发明创造，推动发明创造的应用，提高创新能力，促进科学技术进步和经济社会发展，制定本法。"《著作权法》第 1 条规定："为保护文学、艺术和科学作品作者的著作权，以及与著作权有关的权益，鼓励有益于社会主义精神文明、物质文明建设的作品的创作和传播，促进社会主义文化和科学事业的发展与繁荣，根据宪法制定本法。"两部法律都体现了从微观层面保护信息生产者，到中观层面鼓励信息生产活动，再到宏观层面促进社会进步的不同诉求。在这些诉求中，保护信息生产者始终处于最令人瞩目的位置。《专利法》宣称首要目的是"保护专利权人的合法权益"，《著作权法》提出要保护作者的著作权和与著作权有关的权益。至少从文本用语顺序观之，在或许彼此冲突的不同层面利益之间，发明人与作者的利益被给予优先考虑。

　　专利法和著作权法立法目的条款对发明人和作者权利保护的强调，反映了知识产权法中可能存在的一些假设。最基本的假设是发明人和作者作为知识的生产者应当位于知识产权法律体系的中心地位。保障他们的利益，是知识产权法的首要任务。从前述假设中衍生出其他潜藏在法律文本之下的思维模型，例如发明人和作者的自然人面貌、他们令人惊叹的创造力、他们需要受保护的特质以及他们与创新活动其他参与者之间可以澄清的利益关系。如果说创新活动是一座闪耀着现代性光辉的宏伟建筑，发明人与作者的创造力就是地基。缺少他们的创新活动只能是流沙上的高塔，稍有波动就会溃不成形。上述假设显然蕴含着真理，因为毕竟所有的创新活动在物理意义上最终都必须由自然人完成。尊重发明人和作者、保障创造者群体在物质与思想层面的自由，是我们的社会能够获得源源不断新信息的前提。如果没有自然人发明人和自然人作者投入自己的时间与精力，所谓"创新"不过是镜花水月。

　　只是凡事过犹不及。对于绝大多数公众而言，对发明人和作者的尊重与推崇本身不是唯一目的，这种尊重与推崇所导致的社会福利增长才是更广泛的公众心之所系。因此，当发明人中心主义与作者中心主义的假设导出制度冲动时，我们有必要停下来冷静思考直觉是否合理。我们的法律体系确实有过一些从发明人中心主义和作者中心主义出发产生的冲动。职务发明奖酬制度和职务作品奖酬制度便是近年来特别典型的例证。

　　知识产权法或许还有另一项假设，那就是创新者和抄袭者之间的区分泾渭分明。在创新活动相对偶发的过去，这样的假设或许有那么一点合理性，因为许多未经许可使用信息成果的人本身并不具备增光添彩的能力，减轻或者免除其责任并不必然给社会带来巨大的收益。但是实施创新活动在时间维度和空间维度上逐渐从散在的"点"变成连续的"线"乃至成片的"面"，天才的灵光一现在当代创新图景中所占的比例越来越低，有预谋有计划地组织型创新的重要性越来越大，很多时候创新者和抄袭者之间的界限未必黑白分明，保护不力与过犹不及同样会对社会创新造成伤害。近年来，在加强知识保护的政策背景之下，知识产权法制度改革明显倾向于加大对在先创新者的保护。这一基本方向固然正确，但确保其在落实过程中不至于危害累积创新同样至关重要。知识产权法在全面引入"惩罚性赔偿"后更需重视这一问题，谨防从赔偿不足变为赔偿过度，后者对于当代创新的伤害绝不低于前者。

知识产权法上第三项未曾言明的假设，那就是知识产权制度的改进属于本体论范畴，与认识论无关。一项信息成果应当归属于具体知识产权部门法调整，还是归属于反正当竞争法一般条款调整，似乎仅仅与被调整的对象是属于创新活动还是竞争活动有关。一件损害赔偿案件是应当通过传统的实际损失、侵权获利或者许可费规则进行裁决，还是应当通过笼统的法定赔偿规则进行裁决，似乎仅仅取决于在案证据与实际损失、侵权获利或者许可费的联系紧密程度。但是，与创新社会化和创新累积性紧密相关的，是创新利益分配问题的高度复杂性。而人们在处理高度复杂的问题时，不可能仅仅关注问题在本体论层面的性质，而不关注问题解决方案在认识论层面的效率。只有引入认知效率的维度，我们才有可能对当代知识产权法中一些疑难杂症给出全面的分析。在本书所处理的问题中，非典型创新成果应当属于具体知识产权部门法还是反不正当竞争法一般条款规制，知识产权损害赔偿为什么应当优先通过实际损失、侵权获利或者许可费进行计算，针对这些问题的传统讨论都少有涉及认识论维度。传统的本体论维度讨论固然重要，但是本书所要补充的认知经济型分析框架同样不可或缺。

总之，本书选取了几项在创新社会化背景下需要特别谨慎对待的制度，包括非个人作品权属制度、专利法和著作权法的惩罚性赔偿制度、知识产权法定赔偿制度，以及处理具体知识产权部门法和兜底条款规定的制度。这些问题中的绝大多数话题都引起了理论界和实务界的热情关注，其中一些——例如惩罚性赔偿——甚至可以说是近年来最引人关注的话题。针对这些话题的讨论并不少见，但这些讨论大多针对特定话题，而很少把这些话题共同置于创新社会化这一背景下进行展开。

上述话题所针对的情形规则或者改革建议，往往建立在一系列没有言明的假设基础之上，但这些假设未必适应创新社会化的当代背景。因此，将这些话题整合到创新社会化的背景之下，检视现行规则或者修改建议所基于的假设，既有助于我们在具体问题上获得更加深入的思考，也有助于我们从整体上更好地把握知识产权规则的未来设计方向。对于本书涉及的话题而言，规则制定者和讨论者有时在提出构想或者付诸实践时未曾特别考虑过创新社会化背景，而欠缺考虑的结果便是立法方案或者解释方案不尽合理。对于这些方案中尚未付诸实施者，我们自然应当防止其成为现实；对于其中已然成为法律规则一部分者，我们需要将其重新置于正确的背景下进行理解，力图在适用环节降低其不合理性。实际上，知识产权规则和其他领域的法律规则一样，每一条都蕴含着巨大的解释空间。在以复杂性为显著特征的当代社会，探索规则弹性的广度与边界成为立法者和司法者不可回避的责任。思考作为经济基础的创新社会化现象对作为上层建筑的知识产权规则制定可能带来的影响，能够帮助我们在巨大的弹性空间中不至于出现方向性偏差。

第一章　复杂创新主体与多元化分析工具

　　创新社会化最主要的体现是使信息生产者群体的构成更复杂。个人化创新与社会化创新的主要区别之一就体现在信息生产者通常不再单打独斗，而是群策群力。创新主体从以个人为主的简单化存在发展到结构复杂的社会化组织，对于知识产权法而言意义重大。传统上，由于信息生产者内部关系简单明了，知识产权法无须花费过多精力关心创新主体内部的利益分配关系，集中精力调整信息生产者和信息使用者之间的关系即可。但是随着创新主体的规模越来越大、成分越来越复杂、利益格局越来越多样化，原有的法律规范及其背后的假说都经历了一波冲击，需要重新被审视。在信息生产者和信息使用者这对传统的利益二元结构之外，信息生产者内部提供体力智力的自然人参与方和提供资金物质的组织参与方之间的二元利益结构成为新的关注焦点。毕竟，如果知识产权法无法处理好信息生产者内部的利益分配关系，则无论多么正面的创新激励都难以有效作用于生物和物理意义上真正的创新决策主体——自然人参与方和组织参与方，因而无法产生积极的创新激励效果。

　　无论是专利法、商标法还是著作权法，其制度大致都以客体规范为基础，由客体、主体、权能、限制和救济五个主要部分构成。其中，创新主体内部关系在知识产权制度上表现为主体规范，即在众多的创新参与方中如何决定知识产权归属以及利润分配的问题。总体而言，主体制度在迄今为止的知识产权法研究中所受关注相对较少。但创新社会化的时代背景要求知识产权研究做出相应的调整。本书前半部分即关注知识产权制度的主体环节，取职务发明、职务作品和以法人作品为代表的其他非个人作品为视角，剖析创新社会化给知识产权制度造成的冲击，以及制度进行的回应。

一、传统分析工具与补充视角

知识产权法中的一项假设是知识产权制度的正当性在于激励信息生产者，另一项假设是信息生产者是生产信息的自然人。这两项假设共同推出第三项基本认识，那就是知识产权法的主要目的是通过提供产权激励尽可能引导有可能从事信息生产的主体尽可能将时间和精力投入创新活动中。简而言之，知识产权法需要激励的主要对象是个人。

在创新社会化的背景下，知识产权法的主要激励对象是个人这一假设值得我们认真考察。但是我们在分析个人权利时习惯采用的分析工具是否能够承担这一任务，值得怀疑。由于对创新成果的分配属于知识产权法的范畴，而知识产权法被视为权利法，因此人们已经习惯用传统上分析财产的分析工具来分析知识产权法。例如，将专利法、著作权法和商标法的内容分门别类地划归到主体、客体、权能（受控行为）、限制和救济等不同环节中，通过财产权的对象、效果、限制等规则来帮助界定权利的边界。这种视角与人们认识其他财产法律规范的工具高度相通。人们在厘定物权秩序时，同样借助"什么是物权法上的物""谁能享有物权""物权包括哪些权能""权能受到何种限制"以及"权利受侵害时的救济手段有哪些"等问题来把握复杂的法律关系。建立在传统财产秩序基础上的权利法视角对于建构知识产权法的基本认知框架起到奠基作用，是认识创新利益分配的高效视角。

但是，无论权利法提供的传统视角多么高效，都不排除其他视角能够提供帮助我们建立正确创新利益分配机制的可能性。虽然知识产权法为代表的权利法分析视角在处理创新成果利益分配的过程中积累了丰富的经验，已经成为必不可少的分析工具，但这并不意味着权利法就是唯一值得关心的分析工具。在当代社会的创新图景中，有相当一部分智力成果的产生已经脱离了个体化、小作坊的生产模式，而只能通过极端复杂、高度组织化的分工协作才有可能产生。至少对于这类成果而言，以组织——尤其是经济组织——为研究对象的法律部门所依赖的分析工具同样值得借鉴。对于整个知识产权法的建构而言，组织法底层理论的作用或许没有财产法底层理论那么直接、那么重要，但仍然能为我们的知识提供相当的边际收益。组织化分析工具给知识产权激励机制提供的核心帮助，在于引导人们把握法律规则的渗透度——哪些规则需要穿透社会中的复杂结构、直抵个人，哪些规则最好将某些社会结构视为黑箱、以容忍其中有可能发生的一些不公平为代价换取整体社会层面更高的效率。权利法惯用的分析工具通常默认法律规则的渗透度极高，作用于微观层面的每个个体；而组织法并不分享这一默认前提，而是会有意识地思考法律规则究竟应当渗透到微观层面、中观层面还是接近宏观的层面。尽管微观层面的个人创新者永远是物理意义上创新活动的终极完成者，但在创新社会化背景下，我们确实有必要思考创新激励规则是否真有必要一味追求直击个人的激励效果。

希望权利义务分配直接作用于微观个体的理念，体现了对分散化社会资源配置模式的认同。而允许权利义务分配在超越微观的层面上维持黑箱状态，实际上体现了对分散化社会资源配置模式的怀疑。纵观社会资源配置模式的历史，我们能够观察到从无序到集权再到分散，最后发展为现阶段以分散为主、以集中为辅的过程。这种社会实在层面的变化在观念层面也有体现，那就是由弱肉强食到威权崇拜再到市场至上，最后形成如今以市场为主、调节为辅的变迁。

二、企业性质理论

（一）分散化资源调配机制的优越性

将社会拆分为个人、将个人视为经济活动的基本参与者，是现代化社会中人们在分析社会生产关系时惯于采取的视角。在相当长的一段时间内，人们所理解的社会资源最优配置模式，是首先澄清每个个人所掌握的社会资源范围，然后允许这些个人通过价格机制自由处理他们所享有的资源。这种由资源细分加上价格机制共同构成的资源配置模式能够自动导致最优化的资源配置结果，正是理想化市场的魅力所在。

然而，纵观人类社会资源配置模式在经济技术层面的变化和在社会观念层面的变迁，这种个人中心主义的资源配置模式绝非不证自明。究竟是由下至上的互动还是由上至下的命令更有助于促成资源优化配置，并无绝对正确的答案。社会资源调配方式总是在分散和集中之间摇摆。

在人类社会早期，整个社会（假如当时的人类可以被称为社会的话）的资源调配受制于丛林法则，几乎完全取决于特定时间节点上不同个体之间的力量对比。人与人之间进行信息交流沟通的成本相当之高，这阻碍了人们通过合作来共同产生更大的社会盈余。强者多得，弱者少得。社会中并不存在一个被统一认可的、自上而下的资源调配机制，而是分散的、原子式的、缺乏统一协调机制的碎片化过程的结果。有些互动最终产生能够提高双方福利总和的正面效果，使有限的资源被分配到更加高效的利用者手中。但是在更加普遍的互动场景下，双方或者陷入囚徒困境，无法通过合作提高福利剩余；或者单纯在力量上占优的一方为了取得短期利益，剥夺了另一方通过自己具有比较优势的方法创造长期社会福利的能力或者激励。总之，在纯粹分散化的资源调配模式下，个体潜能无法转化为社会收益，资源调配远远低于最优状态。

在进行了无数次结果不尽如人意的私人博弈之后，社会逐渐摆脱了原子化的分散状态，进入对资源进行集中化调配的阶段。至少在名义上，"普天之下莫非王土，率土之滨莫非王臣"，某个社会内部的任何一项资源究竟应当被投入到哪种用途之上，并不由哪种用途最能发挥这一资源的潜在价值为衡量标准，而是以统治者的意愿为标准。在某些情况下，统治者的意愿可能恰好符合资源的最优配置模式。毕竟从理论上讲，如果天下皆为私产，提高私产价值符合统治者的利益。但实际上统治者常常因为或者缺乏意愿，或者缺乏能力，或者既缺乏意愿也缺乏能力，最终没有将资源配置到最优用途之上。与野蛮无序的原始状态相比，集权式资源调配模式促成（或者说迫使）个体之间开展更多合作，因而更加高效；但另一方面，也正因为"合作"并非源自个体本意，因此指望每个个体充分发挥潜能自然也是天方夜谭，集权因此不可能实现真正高效的资源调配。

随着集权化资源调配模式的优势越来越不明显，缺陷越来越突出，社会逐渐步入下一阶段，开始通过私人博弈和价格机制来寻求更优的资源配置模式。与人类社会长期以来所经历的中央化、集权型、命令式资源配置模式相比，市场能够带来高效资源配置结果这一主张是人们在认识社会现象方面所取得的重大进步。在分散与集中这一对矛盾概念中，社会貌似再次回归分散状态，但是市场机制中的分散和弱肉强食状态下的分散并非同一分散。后者不问资源出让方的意志仅观察其力量（尤其是体力）强弱，而前者原则上不关心双方力量对比而看重各方表达的意愿。在"分散－集中"关系中，推崇市场并非简单地回归分散状态，而是对原始分散状态的否定之否定。

在经济基础进入以市场为主的过程中，社会观念也在发生相应的变化。人们不再仅仅是自发地被卷入分散或者集中的社会结构之中，而是开始自觉探索资源调配分散模式与集中模式所分别具有的属性。经历了耗时长久的争论，囊括了人类历史上一些最聪明的头脑，"资源调配"这一对于社会发展而言至关重要但又高度抽象的概念终于渐渐获得清晰的形态。分散的力量、自发的秩序在思想领域大获全胜，集权化、命令式的资源调配模式被认为是"致命的自负"，在观念的市场上一溃千里。

允许各个参与者通过自由谈判、运用价格机制来缔结合作关系的市场是资源调配的最佳模式，这一信念背后不仅有政治理念的支撑，更是逐渐发展起一整套技术化的分析工具。比较优势、边际效用、均衡等一系列经济分析工具的完善，满足甚至超越了当时人们对社会科学理论的期待。而在分散与集中这对概念中，古典经济学的一系列概念在解释"分散"的合理性时都游刃有余，但在说明"集中"有什么合理性时却乏善可陈。由此不难理解，当人们对社会科学产生理论化追求的现代，首先发明出一套专属于论证自身正当性工具的"分散"观念能够获得席卷思想界的力量。

而且，对分散格局的肯定和对市场的崇拜，本来也有其社会经济基础层面的坚实根基，因为从理论上讲，建立在意思自治和价格机制基础上的私人博弈，确实能在微观层面促成资源向更加高效的利用者流动。一个简单的假想例就很容易说明这种观念。甲拥有一个苹果，他对这个苹果的估价为10。在弱肉强食的社会中，这个苹果可能基于暴力被转移给乙；在威权社会中，这个苹果可能基于命令被转移给丙。根据常识，这两种转移都很可能是低效的，因为我们既很难确认体力更强者的利用效率更高，也很难保证统治者拥有足够知识来判断谁是苹果的最佳利用者。但是如果苹果在尊重意思自治的市场机制下从甲转移到丁，我们倒是很容易理解取得者多半能以更高效的方式利用苹果。在不考虑支付能力的情况下，甲和丁之间的谈判结果就能反映他们对苹果的利用效率：只有当苹果在丁手中能够产生高于 10 的社会福利时，丁才愿意提出高于 10 的出价，从而取得苹果。假如丁对苹果的预期收益不足 10，他自然不会提出足以满足甲的出价，而此时甲保留苹果恰好因为他才是苹果的高效利用者。总之，在传统的市场理论看来，建立在意思自治基础上的谈判是揭示资源利用效率的最佳中介：对资源估价更高的一方同时也是能以更优方式利用资源的一方。在充分竞争的情况下，双方报价都应当与他们预估的客体价值相差不远。对于希望了解社会福利的外部观察者而言，估价高者和估价低者分别打算如何利用资源、不同利用途径的目标价值有多大、成功率有多高，这些复杂因素都无须被披露。价格犹如黑箱，其中蕴含的因素有哪些、权重有多少、互动如何发生都不重要，观察者只需要了解双方的最终报价即可。

推而广之，甚至当市场上存在多方主体时，价格这一客观简便的信息中介仍然能够披露他们之中谁最有可能是资源的高效利用者。在理想的市场机制中，所有潜在买家都会将他们利用资源所能产生的社会福利转化为一个客观化的报价，而卖家则成了不同买家利用方式之间的协调者，通过集中评估自己和所有潜在买家的估价，最终将苹果交到最高效的利用者手中。无论多么复杂的社会结构、无论多么难以预测的资源利用方式，只要交给市场，资源都能流转到最优利用者手中。意思自治确保没有人的处境变劣，价格机制促成不同的资源利用方式之间的比较。"看不见的手"有着神奇的力量，能够在不借助有意识的中央化建构机制的情况下自然而然地将各种各样的资源送到最需要它的地方去。

（二）集中化资源调配机制的正当性

历史发展到 20 世纪 30 年代，上述关于分散化资源配置机制优越性的观念已经在经济学界确立起正统地位。当科斯开始寻求一套"既真实又可操作"的经济学理论时,他首先解构了对分散化资源配置机制的崇拜。在发表于1937年的《企业的性质》❶ 一文中,科斯为了界定"企业"的边界,对企业内外的资源配置方式展开了精彩的分析。

《企业的性质》"被公认为新制度经济学开山之作"。❷ 多年后,诺贝尔委员会在给科斯的经济学奖颁奖词中着重提及的只有两篇以现代学术标准看来并不算长的文章——《企业的性质》与《社会成本问题》。❸ 虽然后者对于法律研究而言貌似更加"普适",而前者似乎主要对于公司法等以组织为研究对象的部门法有意义,但实际上前者的学术影响并不逊于后者。《企业的性质》表面上看来仅与经济组织的存在和边界相关,实际上是对平行于市场价格机制的另一种资源调配方式的基础分析。此外,通常被人们认为是科斯最重要贡献的概念也早在《企业的性质》一文中便已经得到了相当程度的阐述,只不过当时它没有以"交易成本"(transaction cost)的面貌出现,而被科斯称为"市场成本"(market cost)。

《企业的性质》提出的核心问题是如何界定企业的边界。这一问题对于把握资源配置的规律至关重要。资源配置的基本模式不外乎是微观层面的个别交易(市场上的价格机制)、中观层面的组织决策(企业中的科层结构)与宏观层面的治理结构(国家与社会的各种规范)。当科斯于20世纪30年代写作《企业的性质》时,经济学对微观层面经济现象的研究已经基本成熟,对宏观层面的制度研究也已颇具心得,却没有给予中观层面的企业以足够关注。企业为何存在、企业边界由哪些因素决定这样的基本问题还基本处于无人问津的状态。

科斯从一个看似简单的问题着手,步步推进,最终给出了关于企业边界的基本理论。

科斯引用索尔特(Salter)爵士的论断作为对当时经济学界主流观点的

---

❶ Ronald Coase. The Nature of the Firm [J]. Economica, 1937, 16: 387.

❷ 盛洪,陈郁. 译者的话 [M] //[英]科斯. 企业、市场与法律. 盛洪,陈郁,译校. 上海:格致出版社,2009:2.

❸ Press release [EB/OL]. [2020 - 12 - 13]. http: //www. nobelprize. org/nobel _ prizes/eco-nomic - sciences/laureates/1991/press. html.

归纳："一个正常的经济系统乃是自运行的。其运转不依赖中央化控制，也不需要中央化调研。对于所有的人类活动和要求而言，供给适应需求，生产适应消费，整个过程自动完成、富于弹性而且善于响应。"❶ 用哈耶克的话语表示，经济系统是"有机体"（organism）而不是组织（organization）。❷ 科斯挑出"自运行"（works itself）分析道：任何经济体都不可能在完全缺乏计划的情况下运行。只不过当时的主流经济学对这种计划不予重视，仅仅将其视为价格机制的组成部分。以分散化资源调配模式为基础信念构建起来的理论"假设资源配置总是依赖于价格机制"。"针对经济的计划活动所试图追求的目标，价格机制统统已经实现。"❸

科斯打断主流经济学的叙事，提出了一个简单的问题：如果市场上众多分散交易的累积就能导致资源优化配置，为什么还会出现集权式配置内部资源的企业呢？如果"看不见的手"就能完美地配置资源，为什么会存在依赖"看得见的手"的企业呢？毕竟——科斯用充满常识的口气说道——在企业内部，如果雇员 A 从 Y 部门转至 X 部门，显然并非因为 X 部门的出价更高，而是因为上司要求 A 这样做。但根据价格机制理论，生产要素 A 之所以会在市场上从 Y 用途转投 X 用途，不过是因为 X 用途提供的报价更高。企业内部的资源调配手段与市场采用的价格调配机制明显不同。市场信赖价格机制，企业却遵循命令与服从。价格机制只是配置资源的模式之一，在市场主体之间发挥作用。而在作为市场主体的企业内部，资源流动遵循的却并非价格信号，而是科层指令，即公司内部决策者就资源流向所做的决定。新制度经济学之前的经济学家只注意通过价格机制来引导资源，而忽略了企业犹如一只只与市场隔离的"黑箱"，其中的海量资源并不依据价格机制的预言流动。❹ 根据价格机制理论，生产要素的流向取决于价格：一项生产要素会首先流向对其估价最高的用途，并在边际效用导致的价格下降过程中逐渐分流至其他用途，最终在各用途的边际价格一致时实现均

❶ Ronald Coase. The Nature of the Firm [J]. Economica, 1937, 16：387.
❷ F. A. Hayek. The Trend of Economic Thinking [J]. Economica, 1933 (5). 转引自：Ronald Coase. The Nature of the Firm [J]. Economica, 1937, 16：387.
❸ Ronald Coase. The Nature of the Firm [J]. Economica, 1937, 16：387.
❹ Roberta Romano. Foundations of Corporate Law [M]. 2nd Ed. Foundation Press, 2010：1.

衡。但生产要素在企业内部的流动，并不经历"出价－决定"的过程，而是由决策者意志支配，遵循的是科层模式：企业无须通过单次、分散的定价与成交过程，就能有效调配资源。在企业外，合作以价格为纽带得以实现；在企业内，合作则以命令为基础完成。在企业外，参与者无须进行有意识协调；在企业内，分配却以有意识计划为基础。在企业外，价格机制决定一切；在企业内，科层结构却成为主宰。企业之外的资源流动机理，在价格机制的解说下变得透明；而企业内部的资源配置，却是价格理论照耀不到的"黑洞"。如果价格机制就是最优的资源配置模式，为什么千百万次的社会实验没有导致资源都遵循价格信号流向最佳用途呢？为什么人类社会经过长期发展仍然保留了企业呢？为什么在"无意识合作的汪洋"中会出现"一个个体现着意识力量的小岛"，犹如"黄油奶上漂浮着的朵朵黄油"呢？❶ 一言以蔽之，企业的正当性何在呢？

　　科斯之前也有学者模糊地意识到这是个问题，但并没有人提出有力的答案。例如，康芒斯将交易分为买卖的交易、管理的交易和限额的交易，其中买卖的交易基本对应于企业外部通过价格机制完成的市场交易，而管理的交易则涵盖企业内部通过科层制完成的生产要素调配。❷ 再如，有人提出企业存在的根本原因在于劳动分工，不过科斯指出劳动分工完全可以通过价格机制完成。还有人提出企业存在的根源在于不确定性：在面对不确定性时，某些人选择接受固定回报，另一些人则乐于面对风险。这种差别很可能源于不同主体的对风险的判断能力不同。不同的风险偏好一旦结合，便产生了企业。科斯对这种解释同样不满意，因为他认为在运用价格机制达成的交易中，往往仍有获取固定回报和负担风险的结合，况且判断力的价值通过市场上的价格机制同样能够实现。在科斯看来，判断能力和风险偏好同样不足以解释企业存在的原因。❸ 科斯在对有限的几种既有解释逐一进行批判之后，以他惯常的风格提出了大道至简的解释："建立企业有利可图的主要原因似乎在于运用价格机制本身就是有成本的。"❹ 估价

---

❶ Ronald Coase. The Nature of the Firm [J]. Economica, 1937, 16：388.

❷ ［美］康芒斯. 制度经济学（上）［M］. 北京：商务印书馆, 1981：74－86.

❸ Ronald Coase. The Nature of the Firm [J]. Economica, 1937, 16：390－393.

❹ Ronald Coase. The Nature of the Firm [J]. Economica, 1937, 16：390.

的成本、谈判的成本、缔约的成本、执行的成本都无法完全消除，但企业的确能有效地降低这些成本。科斯尤其强调"通过价格机制'组织'生产最显著的成本，就是探索适当价格的成本。"❶ "市场成本是引入企业的主要理由。"❷

如果价格机制的运作成本为零，社会根本没有必要通过科层结构来调配企业内部资源，因为每项资源的每次运用，都可以通过询价报价完成；在无数合同的合力下，最终实现复杂的资源流动。问题在于，价格机制的每一环节——估价、谈判、缔约与执行，都无可避免地伴随着成本。对于经济参与者而言，回报不是投资产生的效益本身，而是效益减去兑现成本之后的余额。所以，经济参与者不仅追求提升效益，还追求降低兑现回报的成本。科层式的资源调配方式，常常是降低成本的有效工具。因为构成企业的合同具有长期性（典型的便是企业与雇员签订的合同），不仅省却反复缔约的成本，而且同时符合双方的风险偏好，避免寻求外部保险。

不过，科斯并没有盲目相信企业的作用，而是清醒地同时从反面加以考察。"既然组织可以降低……生产成本，为什么还会存在市场交易呢?"❸ 科斯给的理由中最主要的一条，就是企业规模的扩大会导致企业内部交易成本的上升。❹ 固然有企业家宣称"大象也能跳舞"，❺ 但大企业之所以需要正名，恰恰因为其常常深陷组织臃肿、人浮于事、信息阻塞、反应迟缓的困境，动弹不得。治疗大企业病的处方通常是降低组织复杂程度、减少组织内耗。这要求把单个长期关系契约拆分为多个短期即时交易。科斯看到了价格机制所失恰为企业决策所得，而企业决策所短正是价格机制所长。现实中的资源配置是二者合力的结果。当运用价格机制和企业决策的边际回报相等时，两种机制达到均衡，企业边界也恰到好处。假如企业进

---

❶ Ronald Coase. The Nature of the Firm [J]. Economica, 1937, 16：390.

❷ Ronald Coase. The Nature of the Firm [J]. Economica, 1937, 16：394.

❸ Ronald Coase. The Nature of the Firm [J]. Economica, 1937, 16：394.

❹ 科斯举出的原因包括企业家错误配置资源的可能性会提高，以及大企业有时需要比小企业付出更高的价格才能取得同样的生产要素。Ronald Coase. The Nature of the Firm [J]. Economica, 1937, 16：394.

❺ 借用 IBM 前总裁郭士纳（Gerstner）所著书名。中译本见：［美］郭士纳. 谁说大象不能跳舞 [M]. 张秀琴，音正权，译. 北京：中信出版社，2015.

行资源调配时，动用内部机制比求助于外部市场成本低，企业会扩大规模，将该项资源调配纳入企业内部；但当动用内部机制的成本反而更高时，企业会选择收缩，将生产活动外包给他人。形象地说，在企业内外配置资源的不同压力形成了压差：当在内部配置资源的压力更大时，正压差会将生产活动驱赶到企业之外，寻求在市场上配置所需的生产要素；而当在企业外部配置资源的压力更大时，负压差会将生产活动挤压到企业之内，寻求调动科层结构解决问题。理性企业家选定的企业规模恰好揭示了哪些资源配置在企业内部完成更有效，哪些资源配置更适合在企业外部完成。

换言之，价格机制和科层结构的交易成本虽不同，但二者的交易成本都会随着情势改变而波动。当需求是短期的或者变化迅速时，逐次清结的价格机制更为恰当；而当需求长期维持不变时，无须反复询价报价的科层结构更有效率。因此，价格机制与科层结构都不具有绝对的成本优势，最佳的资源配置方式应该是两者结合，且结合的具体样态需因时因势制宜。如果企业发现价格机制有缺陷，便会尝试将外生的生产要素纳入内部科层，并购由此产生。而如果企业发现通过内部科层配置生产资源过于昂贵，也会转采价格手段。外包、分部门决算和高管激励计划，都是企业以价格手段为补充，优化资源配置的表现。随时调整价格机制与科层结构二元模式的自由，正是企业效率的来源。

尽管有人质疑科斯的区分，❶ 但并不影响《企业的性质》中开创性洞见的强大生命力。无数后续研究由此生发开来，在经济学和法学中都促成了蔚为壮观的新局面。诚然，法学家们更习惯称道科斯二十余年后发表的《社会成本问题》，因为该文的研究对象超越特定部门法，影响波及法学的

---

❶ 例如，阿尔钦和德姆塞茨认为，企业内外的合同差别并不体现在是否能够发号施令上。雇主对雇员做出指示，与委托人向被委托人做出指示并无差别。两位作者举例说："指示雇员打印信件而非整理文件，和要求杂货店给我拿这个牌子的吞拿鱼而非另一个牌子的面包，二者并无不同。"（Armen Alchian，Harold Demsetz. Production，information costs and economic organization［J］. The American Economic Review，1972，62：777.）笔者认为，阿尔钦和德姆塞茨的反驳值得商榷，因为雇主无论指示雇员打印信件还是整理文档，都不影响交易对价；而顾客要求杂货店卖给自己不同商品，显然意味着交易条件的变化。反例恰好说明有时通过设定笼统的交易条件，能避免交易内容细微变化时交易成本的激增，而这正是企业存在的原因和价值。

整体方法论。但实际上，《企业的性质》才"被公认为新制度经济学的开山之作"。作为《社会成本问题》一文核心概念的"交易成本"术语，尽管没有出现在《企业的性质》中，但《企业的性质》通过对"市场成本"的分析，表达的正是"交易成本"作为影响社会安排之变量的核心地位。在《企业的性质》之前，经济学关心的是如何通过交易达到稀缺资源的最优化配置，但在寻求最优配置时，隐含的假设总是交易本身成本为零，不存在稀缺性。而《企业的性质》破天荒地指出：不仅通过交易配置的资源是稀缺的，交易本身也是稀缺的，因为交易本身必然伴随成本。正是在这一意义上，新制度经济学将自身与旧制度经济学区分开来。旧制度经济学重视制度对经济的影响，但视制度本身为超越经济分析的给定条件；而新制度经济学重视经济原理对制度的影响，视制度本身为经济决策的产物。❶这一视角同时增强了经济学的解释与建构功能。就解释而言，原本超脱于经济分析之外的各种制度可以被置于经济分析的显微镜下。就建构而言，经济分析提供了比较各种制度的通约机制，在引入新制度时，争论各方在传统的文化、社会、心理等视角之外，新添了成本 – 收益分析的视角。相较传统视角，新视角更可能导向焦点明确、理性客观的争论。制度选择，终于可以不再是情绪的、武断的、无意识的。

尽管在《企业的性质》和对各种具体制度的分析之间还隔着无数衍生研究，其中许多研究至今还在争论与发展之中，但作为思想源流，《企业的性质》的精神吸引力是难以抵挡的。该文发表 50 周年之际，耶鲁大学专门举办了一次学术研讨会。❷ 诺贝尔奖委员会在决定授予科斯诺贝尔奖时，《企业的性质》展现的学术与现实价值也是最重要的考虑因素。学术史上享有如此殊荣的论文并不多见。既然如此，当眼前话题恰好落入该文论题时，运用论文的经典洞见分析话题，便显得不可避免了。"《企业的性质》的生命力，既不在于长远看来均衡终将实现的假设，也不在于市场能

---

❶　盛洪，陈郁. 译者的话 [M] //[英] 科斯. 企业、市场与法律. 盛洪，陈郁，译校. 北京：格致出版社等，2009：4 – 5.

❷　盛洪，陈郁. 译者的话 [M] //[英] 科斯. 企业、市场与法律. 盛洪，陈郁，译校. 北京：格致出版社等，2009：1.

消除一切障碍……的推测，而是其对公司结构乃理性选择的强调。"❶ 任何一位意识到这一点的立法者在指挥企业采取特定的创新资源调配模式时，应该都会采取更加谦虚的态度。

三、代理成本理论

科斯对企业性质的精彩分析，终结了用单一眼光来评价不同资源调配方式的做法，人们逐渐接受了集中化资源调配模式和分散化资源调配模式各有利弊的观点。集中化资源调配模式能够避免反复缔约的成本，但有可能因为控制者欠缺必要的意愿、能力和信息，无法将资源配置到更能发挥其潜能的用途上，从而造成浪费。分散化资源调配模式能够避免错误指挥带来的浪费，但有可能因为市场交易的预期收益尚不足以抵消交易成本，从而仍然导致资源无法流向更加高效的用途。集中化所擅长者，恰为分散化所欠缺；反之亦然。科斯有力地揭示了二者的互补效应，论证了优秀的整体社会资源配置模式必然是集中化与分散化二者之结合的观点。一个能够高效运转的社会固然不能单纯依靠集中化资源调配模式，但同样不可能完全依靠分散化资源调配模式。

沿着这条思路，越来越多的研究者发现，集中化资源调配模式与分散化资源调配模式的互补性不仅存在于宏观层面，而且存在于非宏观层面。在许多经济结构内部都同时存在集中化与分散化资源调配模式。《企业的性质》所提供的"市场 – 企业二分法"与其被视为对资源调配模式的准确描述，不如被看作对两种不同资源调配模式运作方式的典范说明。科斯并没有将经济分为"市场"和"企业"两个不同领域，更没有主张市场仅仅遵循价格机制，而企业则完全遵守科层结构。与之相反，科斯明确表示"企业的本质是对价格机制的取代"，这种取代随处发生，并不局限于日常用语意义上的企业内部。只要存在纵向资源整合，集中型、命令式、非精

---

❶ Jason Johnston. The Influence of The Nature of the Firm on the Theory of Corporate Law [J]. Journal of Corporate Law, 1993, 18: 244.

确的资源调配模式就取代了分散型、谈判式、精确化的资源调配模式。

集中型与分散型的重大差别在于精确程度有所不同，即是否就单项资源进行精确估价、确保精确回报。所谓集中型资源调配模式，本质上是指不需要就每一次资源交换都进行讨价还价、缔结合约并且单独商定合约执行机制的模式。而所谓分散性资源调配模式，不外乎是指在每一次资源交换过程中，都允许双方对各自投入进行精确定价、要求精确回报的模式。

从精确程度上看，市场上同样存在粗略估价资源调配模式，而企业内部也同样存在精确定价的资源调配模式。在两个存在长期稳定合作关系的主体之间，未必产生犹如企业一般稳定的、受到法律承认的组织架构约束，但是双方仍然乐于遵循一套无须按照每次给付的精确价值逐一谈判的机制开展合作。长期供货合同就是典型情况：对于许多原材料而言，尽管供货方不能确保每次提供的货物质量都稳定如一，而是很可能在这批货物与下批货物的质量之间存在差别，双方仍然愿意按照多批货物的平均预期质量确定长期交易条件，除非长期累积的误差超过了某一方的容忍限度，否则哪怕有时货物质量低于平均值、买方吃亏，有时货物质量高于平均值、卖方吃亏，但是双方仍然愿意执行这套对于单次交付而言并不精确的合作模式。

在企业内部，同样不是完全遵循粗略的集中型资源调配的单一模式，而是精确定价和粗略定价两种模式并存。一部分资源按照典型的科层结构模式予以调配，生产要素提供者获得的回报未必精确反映他的贡献，而更多地反映了他在科层结构中所处的位置以及上级对他的评价；另一部分资源的调配则更多地反映了价格机制的精确调节功能，多劳多得、少劳少得，生产要素提供者所获得的回报更多地与其贡献而非其在科层结构中所处的地位挂钩。许多企业内部存在的部门核算机制或者员工奖励计划都是后一种资源调配模式的具体表现。

企业内部并没有一味采取科层结构来分配资源，而是仍然会仰仗"多劳多得"的市场化机制，理由仍然在于科斯揭示的道理，即二者各有比较优势。各个生产要素投入者集合在一起形成企业，这只能表明它们之间的交换关系总体而言更适合通过粗略的长期合同来进行调整，但并不意味着它们之间的任何交换关系都更适合通过粗略的长期合同来进行调整。即便在企业内部也存在某些情形，"多劳多得"的精确条款所带来的边际福利增长大于精确定价的边际成本。

上述企业内部的"多劳多得"合同还可以通过组织经济中常见的委托人–代理人关系加以理解。❶ 在委托人–代理人关系中，矛盾的核心在于代理人向委托人所负义务有可能与他的自利本性发生冲突。代理成本的根源，在于代理人的角色冲突：作为代理人，其承担了合同项下为委托人利益最大化行事的义务；但作为自然人，其又具有追求自己利益最大化的冲动。前者是法律关系赋予他的角色规定性，后者是自然个体天然具备的角色规定性，二者的冲突是委托人–代理人关系必须面对的矛盾。委托人固然可以通过在合同中明确描述代理人必须履行的义务，但在代理活动本身难以描述的情况下，精确描述或者完全不可能，或者精确描述的成本高过收益，结果都是只能通过不完备合同来固定委托人–代理人的利益格局。合同没有规定之处，便是代理人可以牟利或者偷懒之处。

所有的委托人–代理人关系，或多或少都要面对代理成本问题；而所有涉及委托人–代理人关系的规则体系，从公共治理❷到公司治理❸，很大程度上都围绕着合理克服代理成本展开。以公司治理为例，公司管理者的代理人身份要求他为公司利益最大化行事，如尽心尽力操劳公司事务；自私理性人个体的身份又要求他为自己利益最大化行事，如在不构成明显违约的情况下偷懒或者享受豪华的办公条件。

而委托人和代理人并不会消极等待法律提供解决方案，而是本身就有克服代理成本、促成委托关系、实现帕累托改进的动机。对于委托人而言，很多时候不具备亲自处理自己利益的能力，必须借助他人的帮助——选民需要通过国家工作人员、公司股东需要管理层、雇主需要雇员，都是具体表现。对于代理人而言，需要通过替委托人服务而获得报酬——前述

---

❶ 经济学上关于委托人（principal）和代理人（agent）的概念简析，参见：［美］曼昆. 经济学原理（微观经济学分册）［M］. 梁小民，梁砾，译. 北京：北京大学出版社，2012：470.

❷ 黄新华. 政治过程、交易成本与治理机制——政策制定过程的交易成本分析理论［J］. 厦门大学学报（哲学社会科学版），2012（1）：21.

❸ 尽管没有明确使用"代理成本"概念，但伯利（Adolf Berle）与明斯（Gardiner Means）早在20世纪30年代便对这一问题进行了深刻阐述。（Adolf Berle, Gardiner Means. The Modern Corporation & Private Property ［M］. Transaction Publishers，1991：196 – 206.）

国家工作人员、公司管理层和雇员，都有获得报酬的动机。正因为委托人和代理人都有促成代理关系成立和维系的动机，委托人固然有激励在符合经济合理性的前提下尽量消除代理成本，代理人也有打消委托人有关代理成本顾虑的动力。正因为双方都有促成并维系代理关系的动力，在千百次互动中探索出了通过私人合意消解代理成本的安排。允许代理人参与剩余价值分配正是常见的手段。在代理人参与的剩余价值分配范围内，委托人和代理人的利益分歧消失，代理人在为委托人利益努力的同时，也在增进自身利益的最大化。社会角色与自然角色得以统一，代理成本得以消除。企业给予管理层的激励，是通过允许代理人参与剩余价值分配降低代理成本的典型情况。

关于代理成本的理论，能为我们看待企业内部的智力成果利益分配问题提供有效视角。原则上，企业之所以愿意雇用自然人创新者为雇员，应当是因为双方之间的合作更适合通过粗略的长期合同来予以规制。但是，过于粗略的长期合同或许不能反映雇员的真实贡献程度，一揽子付酬有可能导致代理成本。此时，知识产权法便需要考虑是否有必要进行干预。在后续对职务发明和职务创作问题的分析中，代理成本理论都有可能提供有价值的视角。

四、其他分析工具

除了企业性质理论和代理成本理论，许多其他分析工具同样可以为认识组织化创新中的理想利益分配方式提供有益视角。此处仅简要呈现几项后文处理具体问题时会用到的分析工具。

一是测度难题理论。与企业性质理论和代理成本理论一样，测度难题理论同样来自组织经济学领域。实际上，该理论正是沿着科斯对企业性质以及交易成本的分析一脉相承的成果。测度难题发生在团队合作场景下，所以也称为团队合作理论。这项理论的核心认识非常符合常识，那便是当多人合作共同取得某一成果时，对团队成员贡献的单独测量并非越精确越好。阿尔钦（Armen Alchian）和德姆塞茨（Harold Demsetz）在其 1972 年的文章中发展了科斯对企业性质的分析，认为企业之所以比市场更为有效，原因在于团队合作避免了成本高昂的绩效测量。古典经济学的分析基础在于投入与产出之间的正相关性，假定价格机制会在贡献和回报之间自动建立联系，从而提供足够的激励。但阿尔钦和德姆塞茨提出，贡献和收益之间并不总是呈现严格的正相关性，重要原因在于测度贡献常常意味着高昂的成本。当某一成果的产生，是多项投入共同作用的结果，而且将最终效果依照贡献程度精确地归功于每一投入者的成本太高时，最经济的做法是放弃精确测度，不区分各个投入者的分别贡献，而将所有投入者作为整体，给予统一回报。❶ 精确的个别回报固然能最大化单个投入者的激励，但会带来个别测度的成本；笼统回报尽管可能减损某些单个投入者的激励，却能节省个别测度的成本。正是笼统回报节省的个别测度成本，可能高于个别回报提升的单独激励回报，在笼统回报的框架下被凝聚为一体的"团队"，才会产生"整体大于部分之和"的聚合效应。如果执意将团队拆分为单个要素，固然可能提高个别要素投入者的单独激励，却牺牲了聚合效应，降低了所有要素投入者的整体贡献。阿尔钦与德姆塞茨提出的"测度问题"，实际上是由获取信息和运用信息需要成本造成的。❷ 因此测度难题本质上是交易成本的具体表现形式之一。

二是反向激励理论。指标式管理可能造成反向激励这一事实，在管理学上并非新鲜事。有学者以苏联的计划经济为例，列举了指标管理造成的三种反向激励表现形式，即棘轮效应（ratchet effect）、门槛效应（threshold effect）和表现扭曲（output distortion）。棘轮效应发生在用前一年度表现作为后一年度指标参照系时，被管理者为了避免无法完成后一年度的指

---

❶ Armen Alchian, Harold Demsetz. Production, information costs and economic organization [J]. The American Economic Review, 1972, 62: 778 - 781.

❷ 阿尔钦和德姆塞茨强调，他们的研究并非对科斯企业理论的否定，而是深化与拓展。科斯眼中企业节省的交易成本主要是发现价格、缔结合同以及执行合同的成本，阿尔钦和德姆塞茨的贡献在于补充说明交易成本的具体表现形式是测量单个投入者的贡献所伴随的成本。（Armen Alchian, Harold Demsetz. Production, information costs and economic organization [J]. The American Economic Review, 1972, 62: 783.）其实，测量绩效可被视为确定价格的方式，运用测得的绩效信息制定确定回报可被视为固定合同条款的具体形式，而支付回报可被视为执行合同的具体表现，所以阿尔钦与德姆塞茨的贡献并未脱离科斯的框架。

标，会在前一年度工作时留有余力。门槛效应发生于管理者规定表现低于门槛者将受到惩罚时，所有被管理者的表现会集中在门槛值附近，既不过低也不过高。表现扭曲则发生于管理者以数项固定指标考评被管理者时，被管理者会倾尽全力提升能表现为指标的表现，而减少不能反映为指标的努力。❶ 总之，在为复杂的组织提供框架时太过简单化，在为应当重视合作的群体设定规则时太过个体化，都可能导致事与愿违的反向激励。

研究合作创新的学者还发现，奖励只可能提高行动的外部动机，却可能消减行为人的内部动机。因此奖励并不总是有效提升绩效的手段。例如，研究者发现，美国有偿献血体制获得的血液质量，反而不如英国无偿献血体制的表现。再如瑞典的一项研究表明，提供报酬会导致女性献血者数量显著下降，而解决这一问题的办法居然是给献血者提供捐献报酬的机会。❷ 与之相映成趣的，是"惩罚"作用的局限性。经济学家发现，要求迟到的家长向托儿所缴纳罚款，不仅没能减少迟到，反而使姗姗来迟的家长数量翻倍。❸ 对于奖励与惩罚"挤出"内在动机的现象，学者们提供了不同解释：第一种解释是规范框架会影响人们对自己行为类型的判断，奖励和惩罚给人的印象是规范框架赋予了行为商业性质，从而可能挤出行为人原本附着于行为上的情感、社会和道德价值。第二种解释是奖励和惩罚可能会传递错误的社会信号，有违行为人初衷，行为人因此会反奖惩之道而行，以达到传递符合自己要求的社会信号的目的。例如，行为人本想传递自己乐于探索的信号，奖励却可能给发明贴上追求利益的标签，不排除部分行为人因此会放弃创新。第三种解释是奖惩会破坏行为人的自主感，让行为人丧失主宰自我选择的感觉，结果也会导致行为人反奖惩之道而行之。❹

三是产权成本理论。德姆塞茨指出："在鲁滨逊·克鲁索的世界中，

---

❶ Gwyn Baven, Christopher Hood. What Measured Is What Matters: Targets and Gaming in the English Public Health Care System [J]. Public Administration, 2006, 84 (3): 521 –522.

❷ ［美］尤查·本科勒. 企鹅与怪兽：互联时代的合作、共享与创新模式 [M]. 简学，译. 杭州：浙江人民出版社，2013：171 –172.

❸ Steven Levitt, Stephen Dubner. Freakonomics [M]. Harper, 2009: 15 –16.

❹ ［美］尤查·本科勒. 企鹅与怪兽：互联时代的合作、共享与创新模式 [M]. 简学，译. 杭州：浙江人民出版社，2013：173 –176.

产权毫无用处。作为社会工具，产权的意义在于帮助个人形成与他人交往时的合理期待。"❶ 用更具经济学色彩的语言表述，产权的目的就是将个人行动的外部性内部化，从而在正外部性的场合避免搭便车，在负外部性的场合避免恣意妄为。产权的内部化效果，使个人行动决策与社会福利变化相一致。产权人知道自己不仅能获取当前收益，而且能合理期待得到未来收益，因此在使用资源时对当前收益和贴现后的未来收益进行权衡，不会涸泽而渔。❷ 按照德姆塞茨的思路，如果将外部性进行内部化无须成本，那么社会就应该致力于让每个个体从其好的行为中获益，并因其坏的行为受损。这样当每个人做每项决定时，对自身利益的衡量也将符合社会最优的标准，结果便是社会资源总能被分配到社会边际效用最高的地方。

　　问题在于内部化不可能是零成本的。因为将外部性内部化的过程，就是改变自然状态下利益分配格局的过程。那些因改变而受损的社会成员必然要求获益一方予以补偿。而这种利益交换只有通过讨价还价才能实现，因而必然伴随巨大的交易成本。交易成本包括但不限于科斯在《社会成本问题》中提到的"找出交易对象、告知交易意愿、澄清交易条件、进行讨价还价、拟定合同文本、监督以确保执行"等各种成本。❸ 德姆塞茨认识到，"通常而言，交易成本相对于收益而言很可能十分巨大。"❹ 结果就是，尽管产权带来的内部化多有裨益，却没有任何社会愿意针对每个人每次行为的每项结果进行内部化。德姆塞茨以人类早期社会的不同产权设置，来说明只有当社会中的经济、社会和科技水平使得进行某项内部化的成本小于收益时，才会产生相应的产权。❺ 如果让社会通过试错来自发演化产权，那么只有在产权界定的成本低于收益时才会出现界权。

---

❶ Harold Demsetz. Toward a Theory of Property Rights [J]. The American Economic Review, 1967, 57: 347.

❷ Harold Demsetz. Toward a Theory of Property Rights [J]. The American Economic Review, 1967, 57: 355.

❸ Ronald Coase. The Problem of Social Cost [J]. Journal of Law and Economics, 1960, 3: 15.

❹ Harold Demsetz. Toward a Theory of Property Rights [J]. The American Economic Review, 1967, 57: 347 – 348.

❺ Harold Demsetz. Toward a Theory of Property Rights [J]. The American Economic Review, 1967, 57: 353 – 354.

但法律存在的重要原因就是人们不愿总是耐心等待社会通过千百万次的讨价还价自发形成产权，而是试图通过干预，省略讨价还价的过程而直接模拟谈判结果。❶ 只有当一个社会的有组织程度、科技水平和经济环境发展到一定程度，从而内部化的收益超过成本时，自上而下建立的法定产权才会与自下而上的内部化冲动协调一致。真正将纸面之法变为实践之法（law in action）的，是社会内生的动力，❷ 即对以低成本带来高收益的制度的需求。

五、小结

企业性质理论、代理成本理论、测度难题理论、反向激励理论和产权成本理论等各项分析工具，都不属于传统的知识产权问题分析工具。但是，在创新活动的组织化、复杂化程度日益提升的当今社会，这些分析工具提供的视角并不会取代传统分析方法，而可以在很大程度上为传统视角提供补充。这些理论的共同点在于将资源调配置于复杂的组织化背景之中，探讨权利义务配置在不同场景下的相对优势。与传统的权利法分析路径相比，企业性质理论等视角更加强调从整个社会的角度来评估资源配置的效率。在知识创新愈发社会化的背景下，前述理论的价值会越来越凸显。

---

❶　实际上，如果讨价还价困难到了一定的情况，那么即使经过千百万次的分散互动，也未必能导出可欲的社会安排。因此，从下至上的自发秩序，缺陷不仅在于其直接成本，还在于有些情况下，即使付出了成本，也无法获得可欲的结果。此时，从上至下有意识的制度安排尤为必要。

❷　Rosco Pound. Law in Books and Law in Action［J］. American Law Review, 1910, 44：12–37.

第二章　职务发明奖酬问题之研究背景

一、职务发明奖酬问题的研究意义

职务发明的奖励与报酬（以下简称"奖酬"）❶ 看似复杂社会制度中不起眼的细节，即使研究专利法的学者也少有耐心详为剖析。但在复杂的社会网络中，不少貌似细节的设计，都会以相关制度为杠杆，将效用传递到远超直觉的其他社会层面。而且越是直接作用范围广泛、牵连环节众多的"细节"制度，涟漪效应越显著。职务发明奖酬的直接作用范围，是每年100万件以上的发明，❷ 不可谓不广；而其牵连环节，涵盖企业预算、研发管理、人事薪酬、外包服务等单位内外诸多方面，不可谓不多。职务发明制度，既是创新机制在大部分自然人发明者身上的落实，反映了一个国家创新制度背后的整体思路；也是影响创新资源流动的关键因素，犹如创新制度网络中的重要节点。制度节点的设定，往往"差之毫厘、失之千里"。

---

❶ 《专利法》将单位实施或许可他人实施前向职务发明人所为之给付称奖励，之后的称报酬。为行文简便，在无须区分二者时，本书统称"奖酬"。

❷ 国内申请授权中的职务发明数量，2013 年为 872 597 件，2014 年为 899 437 件，2015 年为 1 175 728 件，2016 年为 1 232 525 件，2017 年为 1 364 223 件，2018 年为 1 914 115 件，2019 年为 2 069 595 件。（国家知识产权局. 专利统计年报 ［R/OL］. ［2020 - 12 - 13］. https：//www. cnipa. gov. cn/col/col61/index. html. ）

这种节点效应，在很多问题上都有反映。正如浪漫主义与功利主义在著作权领域的体现，常被视为与解决具体问题无关。但如果拓宽视野，比较贯彻自然权论的德国著作权法和信守功利主义的美国著作权法，二者在权利转让、保护门槛等诸多方面都存在显著差异。后文将指出，职务发明奖酬在体现"差之毫厘、失之千里"方面，较之上述两例毫不逊色。正因如此，深入研究职务发明奖酬，寻求正确的理论起点，总结实践中的成败经验，对于避免形成错误的路径依赖，意义重大。

职务发明奖酬制度的上述起点效应，部分揭示了对深入分析职务发明基础理论的必要性。而对研究意义更为系统的分析，可从以下三方面展开：专利对创新很重要、职务发明在专利制度中很重要，以及现有研究在本领域的缺失。下面对这三方面逐一展开。

第一，职务发明基础理论研究的必要性，基于专利制度在创新体系中的重要地位。

推动社会发展的知识形式各异，有关技术创新的知识只是其中一部分。但在社会创新的全景图中，技术创新是最显性、最标准化、最易转化的部分。因此，任何对技术创新过程有实质影响的规则都会对社会造成影响。而受专利制度影响的技术创新，又在整个技术创新体系中占据极端重要的地位。美国专利商标局 1977 年的一份报告指出，80% 的美国专利都含有从未在非专利文献中公开的技术。❶ 西班牙专利商标局 2004 年的一份报告也指出，"专利包含了全球 80% 以上的技术信息"，"80% 以上的专利公开从未以其他任何形式予以发表"。❷ 诚然，非专利的社会框架在激励技术创新方面也起着重要作用，创作冲动、先发优势、国家投入均可能成为创新的动力来源。❸ 但创作冲动与先发优势是市场主体的自发行为和市场秩序的天然结果，不受公权力干预的影响；而由国家集中调配资源开展的研

---

❶ USPTO. Eighth USPTO Technology Assessment and Forecast Report，"about 8 out of 10 U. S. patents contain technology not disclosed in the non – patent literature"［R］. 1977 – 12：37.

❷ Spanish Patent and Trademark Office. Patents as a Source of Technological Information in the Technology Transfer Process, 2004［R/OL］.［2020 – 12 – 13］. http：//www. wipo. int/meetings/en/doc_details. jsp？doc_id ＝28840, at 8 – 9.

❸ 最著名的研究有：Fritz Machlup. An Economic Review of the Patent System, 1985［M］// Robert Merges, Jane Ginsburg. Foundations of Intellectual Property. LexisNexis, 2006：55 – 56.

发，常常又在效率方面落败给分散激励的专利机制。所以总体而言，专利制度是国家影响创新资源流动的主要政策工具。

第二，职务发明基础理论研究的必要性，在于职务发明会对创新过程产生实质影响。

很长时间内，职务发明制度并非学者关注的重点。当提及以创新为调整对象的法律，人们最容易想到的是专利法和著作权法。但实际上，创新是参与者众多、环节复杂、利益多样的社会存在。专利法和著作权法只是与创新的最终成果直接关系最紧密的法律，而不能涵盖对创新活动方方面面的调整。例如，创新活动离不开投资，但著作权法以作品为中心，规定了什么构成作品、创作作品的主体、作品产生社会价值的基本形态以及当直接基于作品的权利受到侵害时的法律救济。专利法亦同：整部法律都围绕"专利"这一核心设计，首先要解决的是什么样的社会存在可以被归入专利的范畴，然后才解决创造专利的主体、专利产生社会价值的基本形态以及当直接基于专利的权利受到侵害时的法律救济。如同对任何一种社会现象的法律规范，以创新为调整对象的法律规范也呈现出从中心向四周扩散的状态。形象地讲，以创新为调整对象的所有法律关系犹如一滴落入水池的墨汁：墨滴本身所在处最浓，离它越远越淡，渐变直至消失。上述论述使人容易理解专利法研究的重点与演进：在任意时间截面上，专利法研究的重点都是处理关涉创新的核心问题，即如何平衡发明的提供者（权利人）和发明的消费者之间（被许可人及公众）的关系，专利法的核心区域——就可专利性与权利要求解释展开的多维度研究——便落入上述范畴；但在核心区域之外，仍会有人关注涉及创新的其他问题，例如如何处理权利人内部不同群体的差异性诉求。而在动态的时间轴维度上，专利研究的初期会尤其关注核心问题，随着对核心问题的分析越来越充分，会有相对较多的精力被投注到非核心但同样重要的领域。职务发明便属于这样的领域。

职务发明制度近年屡经修改，折射出专利法不再仅仅关注权利人和使用者之间的利益平衡，而愈发重视对权利人内部利益格局的调整。这一趋势符合职务发明在创新活动中的重要性逐渐凸显的事实。图 2-1、图 2-2 分别展示了 1985~2019 年国内发明专利中职务发明绝对数量的增长，以及其在国内发明专利授权中比例的提升。

（万件）

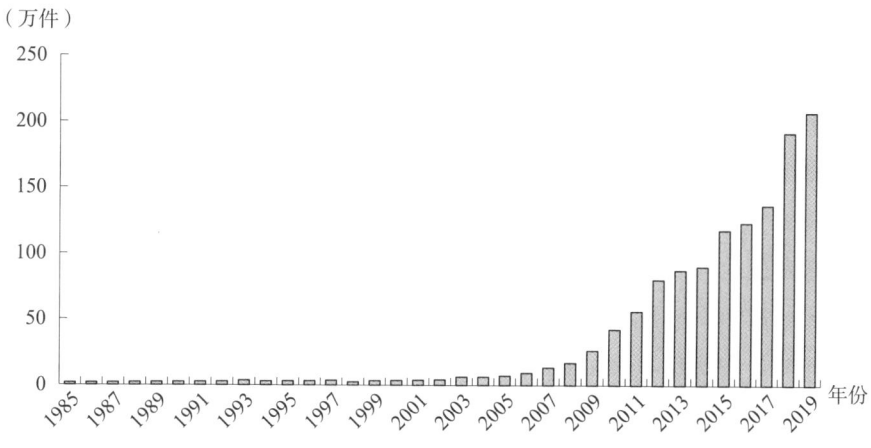

图 2 - 1　1985 ~ 2019 年国内发明专利授权中职务发明的数量

（%）

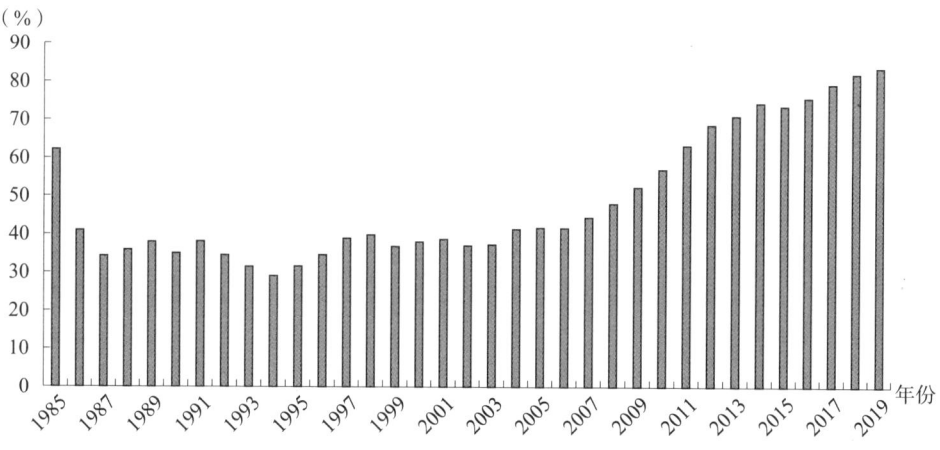

图 2 - 2　1985 ~ 2019 年国内发明专利授权中职务发明的比例

　　从图 2 - 1 可以看出，在我国，职务发明的绝对数量最近几年都在飞速增长。2014 年，总共约 120 万件国内发明专利申请中，有接近 90 万件是职务发明。而从图 2 - 2 可以看出，在 1984 年《中华人民共和国专利法》（以下简称《专利法》）通过后的最初 25 年中，国内专利申请授权中职务发明的比例始终不足半壁江山。❶ 2009 年，这一比例首次突破 50%；两年

───────────────

　　❶ 《专利法》于 1984 年通过，国家知识产权局提供的专利统计数据从 1985 年起提供信息。1985 年，职务发明在国内发明专利授权中占 62.2%，但这一数据不足以表明当时职务发明的重要性。因为 1985 年的统计数据，仅覆盖当年 12 月 26 ~ 31 日不足一周时间内提交的申请，总数不过百余件，样本过小，不具有代表性。

8

后，突破 60%；又过了两年，突破 70%。2019 年，国内职务发明比例已达 83.6%。❶ 实际上，职务发明的重要性并非我国的特殊国情。在美国❷、德国❸等发达国家，职务发明所占比重同样高居不下。正因为职务发明在专利制度中的重要作用，职务发明制度的每一点微小偏差，都会波及绝大多数技术创新主体，造成重大的社会影响。

第三，职务发明基础理论研究的重要性，还在于现有研究在本领域已经取得的成果，广度与深度有限，不足以支撑更进一步的制度评价。

与职务发明比重提高同时发生的，是立法者对职务发明制度的重视。近年来，针对职务发明制度的讨论不断。2010 年《专利法实施细则》的修改，将为每项职务发明单独给予奖酬的义务主体，扩展到所有单位。2015 年《促进科技成果转化法》的修改，将高额奖酬设置为特定单位必须遵守的法定义务。而国家知识产权局提出的《职务发明条例草案（送审稿)》（以下简称《职务发明条例草案》)❹ 更明显体现出法律加强干预雇佣关系中创新活动的趋势：《职务发明条例草案》扩大了"发明"的范畴、构建了报告制度、设立了行政机关的监督检查权责、强化了奖酬默认规则。企业在规划投入时可以在多大程度上偏离法定框架，存在巨大的不确定性。

或许由于职务发明相关规范调整的不是发明的提供者与发明的消费者之间的关系，因此过去对其关注有限。甚至在《专利法实施细则》2010 年修订过程中将职务发明奖励与报酬的适用范围从国有企事业单位扩大到所有单位时，也没有太多见诸文献的争论。直到国家知识产权局公开推进《职务发明条例草案》的制定，学界的讨论才越来越热烈。有学者就权属

---

❶ 2009 年为 52.3%，2010 年为 57.0%，2011 年为 63.3%，2012 年为 68.7%，2013 年为 71.0%，2014 年为 74.4%，2015 年为 73.6%，2016 年为 75.7%，2017 年为 79.3%，2018 年为 82%，2019 年为 83.6%。(国家知识产权局. 专利统计年报 [R/OL]. [2020 - 12 - 13]. https：//www. cnipa. gov. cn/col/col61/index. html.)

❷ John Allison，Mark Lemley. Who is Patenting What? An Empirical Exploration of Patent Prosecution [J]. Vanderbilt Law Review，2000，53：2101.

❸ 例如，德国 80% 以上的专利申请是职务发明申请。(Brent Schwab. Arbeitnehmererfindungsgesetz Kommentar [M]. Nomos，2014，Einleitung，Rn. 1)

❹ 国家知识产权局草拟，国务院法制办从 2015 年 4 月起公开征求意见。国家知识产权局网站设有专栏（职务发明条例专栏 [EB/OL]. [2020 - 12 - 13]. https：//www. cnipa. gov. cn/col/col351/index. html.)，提供各版草案以及大量参考资料。

问题提出了不同于现行法规范的看法，❶ 有学者就奖酬计算问题进行了较为细致的研究，❷ 有人对强化发明人奖酬权背景下的典型案例进行评述，❸ 也有人针对改革趋势提出质疑。❹ 但总体而言，现有研究偏重分析具体问题，且很大程度上倚重比较法研究，❺ 而忽视探求职务发明制度背后的理性基础。在极少数涉及职务发明基本理论问题的文献中，有的建议可能会导致高昂的交易成本，恐怕产业界难以接受；❻ 有的是对职务发明规则的经济解释的初步尝试，但选取的分析角度难以解释很多法域区别对待职务发明和一般劳动成果的现象，从侧面说明尚未找准职务发明规则的理性基础。❼ 在重大制度调整面前，原有研究不足以给支持或反对具体制度的任何一方提供全面而充分的理论支撑。在理论深度、分析方法、探讨角度与研究主题方面，现有研究还有很大的推进空间。

从理论深度看，原有研究关注的主要是职务发明领域的具体问题，例如如何理解作为职务发明判断要件的"主要利用了单位物质技术条件"，或者如何计算职务发明的贡献度，而很少关心对于理解职务发明制度而言具有基础意义的一些问题，例如同样是劳动成果，为什么以流水线产品为代表的普通劳动产品在归属和奖酬问题上各国都毫无二致地将决定权完全赋予雇主，而偏偏在职务发明的归属和奖酬问题上各国见仁见智？探索这

---

❶　张宗任提出"以'执行职务'为核心，缩减职务发明的范围"。[张宗任. 植物范明的权利归属和报酬问题研究 [J]. 知识产权, 2014 (10)：72 – 77.]

❷　例如：肖冰. 日本与德国职务发明报酬制度的立法比较及及其借鉴 [J]. 电子知识产权, 2012 (4)：48.

❸　例如：陶鑫良、张冬梅. "中央集权" IP 管理模式下职务发明报酬若干问题探讨——从张伟峰诉 3M 职务发明报酬诉讼案谈起 [J]. 电子知识产权, 2015 (7)：26 – 32；唐素琴, 刘昌恒. 职务发明奖酬给付义务单位及其相关问题探讨——从张伟锋诉 3M 中国有限公司案件谈起 [J]. 电子知识产权, 2015 (7)：19 – 25.

❹　例如：左玉茹, 罗丹. 职务发明条例：帮了谁的忙, 添了谁的乱 [J]. 电子知识产权, 2013 (Z1)：44 – 45.

❺　例如：王重远. 美国职务发明制度演进及其对我国的启示 [J]. 安徽大学学报（哲学社会科学版）, 2012 (1)：135 – 140；蒋舸. 德国《雇员发明法》修改对中资在德并购之影响 [J]. 知识产权, 2013 (4)：86 – 91；俞风雷. 日本职务发明的贡献度问题研究 [J]. 知识产权, 2015 (6)：94 – 98；申惠恩. 韩国职务发明制度——与中国法的比较 [J]. 电子知识产权, 2015 (7)：45 – 51.

❻　例如：何敏. 职务发明财产权归属正义 [J]. 法学研究, 2007 (5)：75 – 89.（何敏主张建立"以财产权利共享为核心的职务发明归属制度"。）

❼　孙春燕. 职务发明制度的合理性——以经济学为视角 [J]. 知识产权, 2012 (4)：56 – 59.

样的问题，尽管与职务发明细节问题的解决并不直接相关，却能引导研究者拨开不同情况下劳动成果分配问题上的迷雾，呈现决定劳动成果分配的关键因素。构建职务发明体系的理想方式，是在整体的框架中考察个别问题。因此，如果跳过基础理论，直接从具体问题入手，研究很容易偏离方向。

从分析方法看，原有关于职务发明的研究，在方法上比较单一，基本以简单的文本解释和比较法研究为主，跳出传统法学分析方法考察问题的成果比较少。但简单的文本解释和比较法研究都存在先天缺陷。作为法学研究典范研究方法的文本分析，很大程度上以澄清各个概念的含义，以及概念之间的相互关系为目的，而这一目的的实现，以概念的清晰性和稳定性为前提。而对于正在经历经济转型、所有制成分改革、劳资双方关系变化、发明模式演进的职务发明领域而言，众多概念"能指"背后的意义"所指"都在发生变化。停留在能指层面上的探讨，无法应对变化的挑战。只有转变到研究所指本身，才能实现突破。而比较法研究固然是常规的法学研究方法，但特别适合于在相同的问题背景下寻找规范表述的工具。在问题的社会背景差距太大的情况下，其他法域的规范未必能够提供本国立法的有效指引。职务发明涉及不同所有制下面劳资双方的经济活动模式不同，他国经验未必总是能够为我所用。此外，比较法研究比较重视规范制定层面的研究，而相对忽视规范效果层面的研究，从而错过了比较法的一项重要作用，即提供特定规范的实施效果。他国的生效规范，即使对他国而言也未必意味着合理规范。即使进行比较法借鉴，也需要考察该规范在其母国是否实现了预期的立法目的，而不能只要他国存在某一规范，这一规范便具有了比较法上的榜样与标本地位。现有研究即使在开展职务发明比较法研究时，基本也只关注了静态的比较法经验，而没有研究动态的比较法经验。总之，现有关于职务发明的研究，一方面对文本背后的真实世界关注尚不足，另一方面比较法研究的运用环境与运用方式都存在可以改善之处。

从探讨角度来看，现有的职务发明研究主要集中于从知识产权的角度出发，探讨职务发明制度的合理性。从研究主体的所属学科观察，参与职务发明问题讨论的，基本都是知识产权领域的研究人员。而从研究的内容观察，研究焦点也主要基于专利法及其实施细则的规定，很多研究甚至没有提及《合同法》等同样包含职务发明重要规范的部门法，更不用说劳动法、公司法或者非法学的研究角度。但专利法的核心问题是解决发明的提供者与消费者之间的关系，而非解决发明提供者的内部关系。所以专利法上具有独特启发性的研究，大多是通过深入分析发明人与公众之间的关系取得的。例如，关于可专利性和专利侵权的研究，有关专利挟持与许可费叠加的探索、❶有关专利质量的研究❷或者有关在前专利范围的讨论❸等。一旦超出该范围，研究很难在专利法积聚的特色研究成果中汲取养分。而职务发明恰恰不仅不属于专利法的核心研究范畴，而且其牵扯特别广泛。它不仅在实体法上处于很多部门法的交叉领域，包括专利法、植物新品种保护法、合同法、劳动法等，在所涉及的法学理论上，更不局限于专利法领域。专利法实际上并不能提供最适合研究职务发明的理论工具。本书第一章列举的分析工具并不在专利法的传统工具箱中，而是更经常被运用于公司法、劳动法等其他部门法领域。但职务发明问题并不因为其被规定于专利法中，就必须限于用专利法惯用的传统分析工具来解决，公司法、劳动法或者其他部门法中更加经常用到的工具，只要有助于解决问题，都应当被运用。

在研究主题方面，现有研究关注职务发明的权属❹多于关心职务发明的奖酬。有关职务发明归属的研究，特别关注职务发明究竟应该单独归属

---

❶ 例如：Mark Lemley, Carl Shapiro. Patent Holdup and Royalty Stacking [J]. Taxas L. Rev., 2007, 85: 1991.

❷ 例如：Mark Lemley. Rational Ignorance at the Patent Office [J]. Northwestern University L. Rev., 2001, 95: 1.

❸ 支持在先专利拥有较大排他权的，例如：Edmund Kitch. The Nature and Function of the Patent System [J]. J. L. & Econ., 1977, 20: 265；持反对意见的，例如：Robert Merges, Richard Nelson. On the Complex Economics of Patent Scope [J]. Colum. L. Rev., 1990, 90: 839. 尽管本讨论处理的是在先与在后发明人关系的协调，但在后发明人实际上可以纳入广义的"公众"，是在先发明的使用者，所以本报告将这组研究也归入传统的、研究发明提供者与发明消费者关系的范畴。

❹ 例如，尹新天对权属分析中的"单位""本职工作""本单位物质技术条件"等关键概念进行了详细剖析。尹新天. 中国专利法详解（缩编版）[M]. 北京：知识产权出版社，2012: 52 - 62.

于企业还是发明人，❶ 抑或应当双方共有这一层面的基本问题。❷ 而有关职务发明奖酬的研究，基本集中于奖酬的具体计算方法。❸ 但以上研究话题的选取，其实并不符合职务发明制度发展的现实需求：首先，职务发明归属问题并无太大的探讨空间。就我国实在法层面看，职务发明归属于雇主从专利法颁布至今，作为职务发明领域的基础规范，从未受到挑战。从他国实在法层面看，尽管表现形式各有不同，但核心类型的职务发明属于雇主是各国遵循的通例。即使表面规范看似允许雇员取得职务发明，但实际操作中并不如此。以美国和德国为例，美国法上的受雇发明（Hired to invent）原则使得研发人员在本职工作中做出的发明毫无疑义地归属于雇主，雇员只在其他类型的发明上有着享有权属的理论可能性，但在实践中也几乎统统由合同转移给了雇主。❹ 德国专利法尽管信奉发明人主义，但对于职务发明而言，雇员负有通知和报告的义务，而雇主在获悉后，除非明确放弃职务发明，否则依法律拟制的权利主张意思表示即获得职务发明。上述意思表示就法律性质而言是形成权，发明上的权利由雇员转移到雇主的结果单单取决于雇主的意思，而与雇员的意思无关。而从比较法的发展趋势来看，雇主取得职务发明越来越为各国所接受。德国 2009 年的《雇员发明法》改革，目的就是确保雇主取得职务发明，实际上架空了改革前雇员保留职务发明的可能。而日本 2015 年的职务发明改革，也旨在确保雇主取得职务发明。以上三方面共同表明，研究职务发明是否应当归属雇主，在理论和实践上都没有必要性。其次，职务发明奖酬问题的讨论缺乏根基。现有探讨集中关注如何计算奖酬，而很少追问制度前提是否合理，即企业是否应承担就每项职务发明单独计算并支付奖酬的义务。❺ 在不

❶ 曹昌祯，王迁. 改革我国职务发明制度的建议 [J]. 发明与创新，2004 (6)：24.

❷ 关于职务发明的讨论能够见于综合类法学核心期刊的很少。如果按照发表研究成果的刊物权威度排序，排在首位的是：何敏. 职务发明财产权归属正义 [J]. 法学研究，2007 (5)：75 – 89. 该文主张建立 "以财产权利共享为核心的职务发明归属制度"。

❸ 例如：肖冰. 日本与德国职务发明报酬制度的立法比较及及其借鉴 [J]. 电子知识产权，2012 (4)：48.

❹ Robert Merges. The Law and Economics of Employee Inventions [J]. Harv. J. L. & Tech.，1999，13：4 – 13.

❺ 有少数学者敏锐地注意到这一问题，例如：崔国斌. 专利法：原理与案例 [M]. 北京：北京大学出版社，2012：488 – 489.

澄清是否应该单独计算奖酬的情况下讨论如何计算奖酬，显然是无源之水、无本之木。

本书旨在推进职务发明领域的研究深度。研究者意识到，在实现专利制度社会价值的过程中，不仅需要关注权利人与使用者之间的关系，还有必要意识到"权利人"这一主体本身的多元化。当今有影响的发明，大多不是发明人单枪匹马的成就，而是有组织、成规模的商业投资的产出。解构权利人内部不同群体的诉求及其相互关系，是细化创造力供给研究必不可少的步骤。而且职务发明的研究既不应局限于职务发明的权利归属问题上，因为简而言之职务发明实质上归属于单位应该是合理的选择；也不应该局限于奖酬的具体计算方式上，因为在没有探究单独奖酬正当性的前提下讨论如何计算奖酬属于无本之木。质言之：仅关注权属的研究失之没有实践价值，而仅仅关注具体奖酬计算的研究则失之欠缺理论支撑。本研究旨在填补现有职务发明研究的空白，探索将单独制定职务发明奖酬作为所有单位的法定义务是否具有合理性。欠缺经济与社会理性的职务发明奖酬规则，将引发对发明人或单位创新动力的错误激励——表现为或者激励不足，或者激励过度；反之，恰当的职务发明奖酬计算规则，有利于将发明人和单位的创新动力调整到最适应社会需求的程度。因此，本研究尽管无关创新规则架构中最核心的问题，即如何调整创新提供者与创新消费者之间的平衡，但对于整个创新体制的健康发展仍然有着至关重要的意义。

研究职务发明——尤其是其奖酬制度——的主要目的，在于探求能合理解释职务发明制度的理论工具。唯有凭借恰当的解释工具，对现有制度和发展趋势的评价才不至于陷入"放任"或"干涉"的理念之争，而能凸显更具体的、可证伪的焦点。在确定解释工具后，研究将着重评价改革对职务发明法律框架的效率性产生的影响。作为补充，后文也会简要分析改革的再分配效果。这一详略分配乃基于如下认识：我国的职务发明制度以效率为主要诉求，再分配仅居次要地位。质言之，我国职务发明制度的主要诉求是促进创新，保障发明人权益只是达到促进创新的手段。❶

---

❶ 《关于〈职务发明条例草案（送审稿）〉的说明》。

二、研究对象

国家知识产权局起草、国务院法制办 2015 年 4 月公布的《职务发明条例草案》是在近年关于职务发明制度的讨论中最为系统的立法相关文献。尽管《职务发明条例草案》最终没有转化为立法，但其中提出的问题对于任何职务发明制度的研究者而言都是难以回避的。因此，从本章至第五章在论及职务发明制度时，多以《职务发明条例草案》为切入点。当然，研究同时也还会涉及其他相关规范。但是，鉴于《职务发明条例草案》对于研究的重要性以及其最终未通过因此将来未必方便从公开渠道轻易获得的事实，本书将其作为附件列于书末，以便读者参照。

职务发明的相关规定分散在《专利法》《专利法实施细则》《合同法》《促进科技成果转化法》等不同位阶的规范性文件中。但总体而言，现行有效的职务发明条例规则相对简单，其实践比较符合经济现实的需求，因此在实践中没有引发太多纠纷。但《职务发明条例草案》一度带来了改变奖酬规则的讨论。在不到三年的时间中，《职务发明条例草案》四易其稿。❶ 纵观四稿，并无改动原有职务发明权属之意。其目的似乎确如《关于〈职务发明条例草案（征求意见稿）〉的说明》所言，限于"从立法上予以规范……保障单位和发明人对职务发明各自享有的实体权利得以实现"。而程序性保障的核心体现，一是发明报告制度，二是奖励报酬制度，三是监督检查制度。设计这些制度时的主要参考依据和意见汇总，可从国家知识产权局为职务发明特设的专栏中获知。❷

从公布的资料看，国家知识产权局为《职务发明条例草案》的制定进行了充分的准备，尤其体现在比较法研究和实证调查方面。就比较法研究而言，既有对至少 24 个国家和地区的 28 部法律法规的翻译，❸ 也有对前

---

❶ 《职务发明条例草案》公布的三稿分别为 2012 年 8 月的《征求意见稿》、2012 年 11 月的《征求意见稿》和 2013 年 12 月的《送审稿》以及 2015 年 4 月的《送审稿》。

❷ https：//www.cnipa.gov.cn/col/col351/index.html，2020 年 12 月 13 日最后访问。

❸ 《职务技术成果条例国内外立法和政策资料汇编》第二部分。

述直接法律渊源的归纳整理;❶ 既有国家知识产权局自己完成的汇编,也有与外单位合作开展的研究。❷ 就实证调查而言,既有其他部委的参与❸,也有委托咨询公司开展的调查,调研对象为来自国有企业、民营企业、三资企业、科研院所以及大专院校的职务发明人、技术研发人员及管理人员。❹ 展开调查的角度,既包括雇主,也包括雇员。❺ 调查主要反映了我国境内的不同类型的雇主、雇员、行政机关对职务发明的理解、实践和顾虑,同时提及了境外的一些实证经验。❻ 结合总结性文献❼,应该说需要考虑的方向都有涉及,期待运用的手段也均有体现,比较全面地吸收并超越了《职务发明条例草案》制定前相关中文文献的成果。❽

但遗憾之处仍旧存在。国务院法制办于 2015 年 4 月开始就《职务发明条例草案》公开征求意见。如果《职务发明条例草案》通过,无论是遵守单位和发明人就职务发明做出的个别或集体约定,还是在没有约定的情况下由单位按照《职务发明条例草案》第 20～21 条的标准支付奖酬,都要求将职务发明的交易条件从雇佣关系的整体框架中剥离出来,单独定价。而剥离的立法成本、司法成本、行政成本以及不能忽略的企业管理成本,都要求剥离的社会收益足够大,才能保证成本不菲的剥离获得正当性。但对剥离的成本收益衡量,恰恰引人怀疑其正当性。正因为《职务发明条例草案》很可能将改变职务发明制度的实际运行方式,并对发明人与单位的创新动力产生实质影响,除非特别说明,否则后文均以《职务发明条例草案》及《关于

---

❶ 国家知识产权局条法司. 职务发明条例草案参阅资料［Z］. 2012 – 07.

❷ 《职务发明制度研究》,由中国人民大学和国家知识产权局共同主持,2012 年 10 月。

❸ 例如工信部,见《职务发明制度实施情况〈职务发明条例〉草案座谈会意见汇总》(2010 年 7 月)。

❹ 国家知识产权局条法司,北京君途管理咨询有限公司. 职务发明制度实施情况及完善发明人调研报告［R］. 2012 – 06.

❺ 中国发明人协会,国家知识产权局条法司. 职务发明人权益保护状况调研报告［R］. 2013 – 09.

❻ 日本劳动研究机构调查报告［R］. 2002 – 09.

❼ 《职务发明条例草案焦点问题》及《职务发明条例草案征求意见过程中的主要问题及论证》。

❽ 有少数几个问题,2012 年前的文献有探讨,但国家知识产权局的文献中没有反映。例如对《专利法》第 6 条的文义解释［尹新天. 中国专利法详解（缩略版）［M］. 北京:知识产权出版社,2012:57.］,以及从劳动法和经济学的角度对职务发明奖酬制度进行分析［李友根. 论职务发明制度的理论基础——一个初步探讨［J］. 南京大学法律评论,2000（秋季号）:168 – 174.］。

〈职务发明条例草案（征求意见稿）〉的说明》为对象，加以展开。

三、规范梳理与立法趋势

理论工具的发掘，来自对规范背后规律的思考；而理论工具的意义，在于评价现有与形成中的法律框架。规范可谓兼具理论的起点与终点双重身份。本部分力图呈现实在法之状态和立法趋势，为展开后续分析提供必要铺垫。

（一）实在法框架

就实在法而言，职务发明规范大致针对归属和奖酬两方面问题。

1. 务实的归属规范

《专利法》第 6 条规定了职务发明的归属。专利法之所以需要就此问题进行单独规定，与专利权的产生密切相关。不同于创作完成即自动产生的著作权，发明与设计只有经受特定公权力机关严格的审查与授权程序，才能给权利人带来专利权。但专利法就审查与授权程序进行的规定，并不涉及对权利人资格的审查。质言之，如果缺乏单独规定，就发明或设计的出现做出了贡献的不同主体，都可能向专利行政部门提出专利申请，而专利审查与授权过程的相关规范并没有提供化解这一权利冲突的途径。针对这一问题，专利法采取的办法是防范于未然，即通过澄清"申请专利的权利"的归属，解决后续"专利申请权"与"专利权"的归属。❶《专利法》第 6 条的职务发明和非职务发明归属原则、第 8 条的合作发明归属原则和委托发明归属原则均遵循以上路径，即通过明确谁享有"申请专利的权利"，从而指出谁享有"专利申请权"和"专利权"。

有学者思路清晰地指出，投入发明这一社会生产过程的要素大致可分

---

❶ 尹新天. 中国专利法详解（缩编版）[M]. 北京：知识产权出版社，2012：51.

为人的要素和物的要素，因此判断谁享有最终成果，不外乎是在人的要素提供者和物的要素提供者之间进行权衡。上述关于职务发明、非职务发明、合作发明和委托发明的规定，即依据不同资源组织模式下不同生产要素提供者的合理预期，制定的类型化权利归属规则。❶ 从专利法明确允许就大部分职务发明、所有的合作发明和所有的委托发明约定权属来看，专利法就职务发明、合作发明和委托发明的大部分权属规定属于默认规则。雇佣双方可以通过合同约定变更专利法的默认归属。

我国的职务发明归属制度基本保持稳定。从 1984 年第一部专利法开始，一直规定核心职务发明属于单位。❷ 可以说，我国在职务发明归属问题上，自始采取了务实的态度，没有追随很多国家浪漫的"发明人原则"，没有让发明人拥有发明之上的原始权利，从而省却了权利从雇员到雇主的转移过程。

我国专利法总体而言遵循实用主义目标。迄今为止 5 个版本的《专利法》第 1 条在规定立法宗旨时，尽管具体表述略有变化，但总的来说都涉及两方面：一方面是对发明人权益的保护，另一方面是对创新的推动。以 2020 年《专利法》为例，前一方面的具体表述为"保护专利权人的合法权益"，后一方面的具体行文为"鼓励发明创造，推动发明创造的应用，提高创新能力，促进科学技术进步和经济社会发展"。前一方面采取了个人主义视角，将发明人个人利益作为保护对象，反映了知识产权法正当性理论中偏向浪漫主义、欧陆传统的部分；后一方面采取了社会视角，将社会利益作为关注对象，反映了知识产权法正当性理论中偏向功利主义、普通法传统的因素。就二者关系而言，前者相当于手段，后者更接近目的。有学者分析了中国知识产权立法的社会历史背景，指出新中国在引入知识产权制度时，并不存在尊重自然权学说的社会共识。马克思主义的社会本

---

❶ 崔国斌. 专利法：原理与案例［M］. 北京：北京大学出版社，2012：419.
❷ 《专利法》（1984）、《专利法》（1992）第 6 条："执行本单位的任务或者主要是利用本单位的物质条件所完成的职务发明创造，申请专利的权利属于该单位。"《专利法》（2000）第 6 条、《专利法》（2008）第 6 条、《专利法》（2020）第 6 条："执行本单位的任务或者主要是利用本单位的物质技术条件所完成的发明创造为职务发明创造。职务发明创造申请专利的权利属于该单位，申请被批准后，该单位为专利权人。"

位基调，甚至对私有财产制度的根基提出了基本批判。而且，从当时国家领导人层面释放的立法意图分析，保护权利人最多也只是达到促进社会发展的手段，而非专利立法的根本目标。❶

我国在职务发明权属上偏向雇主的立场，既具备理论上的正当性，也体现了比较法领域的发展趋势，是一项正确的制度选择。

职务发明原始归属雇主的正当性，最容易通过科斯关于初始权利分配的理论加以阐述。如果不存在交易成本，立法者无须操心初始权利分配问题，因为利益相关方将通过交易使初始权利流向对其估价更高的一方。如果初始权利被随机分配到了对权利估价更高的一方，另一方缺乏通过交易取得权利的激励，结果是权利会保留在估价更高的一方。而如果初始权利被随机分配到了对权利估价较低的一方，估价较高的一方将会愿意购买权利，因为较高的估价，意味着估价较高的一方在充分补偿对方后，仍然有利可图。无论发生以上两种情况中的任何一种，随机配置的初始权利都不会阻碍社会资源的合理流动，因为初始权利最终流向估价较高的一方，即对该权利能够进行更有效利用的一方。

但由于真实世界中交易成本可谓无处不在，随机分配的初始权利未必总是能够流转到对其估价更高的一方。当初始权利被随机配置给估价较高的一方时，很容易想象权利将保留在该方手中。估价较低的一方没有意愿取得该权利，此时的结果与没有交易成本的假设情形是一样的。但当初始权利被配置给对其估价较低的一方时，权利的最终归属便有可能因为交易成本而发生变化了。如果交易成本低于双方估价的差值，权利很可能仍然会流转到估价较高的一方，因为估价较高的一方在扣除交易成本之后，仍有足够的利润空间说服对方缔结交易，实现双方的帕累托改进。但交易成本超过双方估价的差值时，权利便不会发生流转。因为估价较高的一方能够指望从交易中获得的利润上限就是双方估价的差值，当这一差值还不足以弥补交易成本时，交易自然是不明智的选择。结果是初始权利将逗留在对其估价较低的一方手中。估价较低意味着对该权利的利用效率较低，因此这是一种缺乏效率的社会设计。避免这一无效率情形出现的最佳途径，

---

❶ 崔国斌. 知识产权法官造法批判 [J]. 中国法学，2006（1）：151－152.

是将初始权利的随机配置变更为有意识的配置。简单而言，通过立法途径将初始权利配置给估价较高的一方，从而确保权利不因过高的交易成本而无法得到有效的利用。

通过立法分配初始权利的局限在于其粗糙性。为了保证简洁明晰，立法不可能针对具体交易中的双方配置权利，而只能对一系列具有共性的交易加以归类，并给交易各方贴上类型化标签，然后在类型化的交易方之间配置初始权利。但类型化的过程不可避免地伴随着信息损失。有时候，损失的信息甚至可能对于初始权利的配置至关重要。但社会除非愿意以个案裁决的方法来进行治理，否则就必须在一定程度上容忍个案对类型化判断的背离。制度设计者不可因噎废食，仍然只能以制度效率为取向制定规则。职务发明原始归属于雇主就是这样一条追求制度效率的规则。由于雇主对职务发明的利用效率在绝大多数情况下远比雇员估价要高，将职务发明归属赋予雇主是符合效率的规范。

2. 浪漫的奖酬规范

与我国实在法在职务发明归属问题上的实用主义立场不同，我国法在奖酬问题上采取了相对浪漫的态度，宣称要保障发明人获得奖酬的权利。❶发明人实现权利的途径，或者是与单位进行个别或集体的奖酬约定，或者是在没有约定时适用法定默认奖酬标准。只是，《专利法》尽管为奖酬定下了浪漫的基调，但区区一款条文欠缺可执行性。真正决定奖酬规范浪漫程度的，还是更为细化的规则。在过去，主要是《专利法实施细则》和《促进科技成果转化法》。《职务发明条例草案》如果通过，便会成为塑造雇员福利主义的奖酬规则的主要力量。所以接下来要分析的，是尚在流变中的奖酬规范。

---

❶ 《专利法》（2008）第16条规定："被授予专利权的单位应当对职务发明创造的发明人或者设计人给予奖励；发明创造专利实施后，根据其推广应用的范围和取得的经济效益，对发明人或者设计人给予合理的报酬。"

《专利法》（2020）第15条规定："被授予专利权的单位应当对职务发明创造的发明人或者设计人给予奖励；发明创造专利实施后，根据其推广应用的范围和取得的经济效益，对发明人或者设计人给予合理的报酬。国家鼓励被授予专利权的单位实行产权激励，采取股权、期权、分红等方式，使发明人或者设计人合理分享创新收益。"

（二） 立法趋势

就立法趋势而言，值得关注的主要是奖酬规范的变化。因为归属规范从 1984 年第一部《专利法》颁布至今，并无变动。在奖酬方面，却经历了法律调整范围越来越广、程度越来越深的过程，而且该趋势的走向尚待观察。

1. 已完成的修订

法律调整越来越深、越来越广的趋势，并不反映于《专利法》条文上，而反映在配套规范上。[1] 尽管《专利法》没有限定负担奖酬义务的单位范围，但《专利法实施细则》很长时间内仅要求特定类型的单位承担奖酬义务——最初是"全民所有制企业"[2]，后来扩大到"国有企事业单位"[3]。直到 2010 年《专利法实施细则》改革，才将奖酬义务扩大到所有类型的"单位"。[4] 当默认奖酬规范仅适用于特定类型的单位时，其他类型的单位如果没有与雇员约定职务发明奖酬，便无须支付《专利法实施细则》规定的最低奖酬。因为条文规定其他类型的单位"可以参照执行"最低奖酬计算标准。"可以"不同于"应该"，"参照执行"是权利而非义务。所以其他类型的雇主实际上无须遵循最低奖酬标准。[5] 但随着最低奖酬标准的适用范围从特定类型的单位扩大到所有单位，单位一旦没有和雇员达成奖酬约定，便推定雇主支付的劳动报酬中不包括激励职务发明的对价，雇主必须承担起支付最低奖酬的义务。

法律调整范围扩大不仅体现在《专利法实施细则》（2010）对奖酬义务主体的扩张上，还反映在《促进科技成果转化法》对奖酬比例的大幅提

---

❶ 职务发明制度是以《专利法》为核心，辅以众多配套规范形成的体系。在国家知识产权局为起草《职务发明条例草案》而整理的资料中，关于职务发明的中央与地方各类规范性文件有 123 份，共 425 页之多。

❷ 《专利法实施细则》（1985）第 75 条，《专利法实施细则》（1992）第 75 条。

❸ 《专利法实施细则》（2001）第 77 条，《专利法实施细则》（2002）第 77 条。

❹ 《专利法实施细则》（2010）第 77～78 条。

❺ 当然，司法实践对"可以参照执行"的标准把握不一。

升上。2015 年修法前，单位从转让成果收入中给科研转化团队的最低分成比例是 20%，❶ 修法后这一比例提高到了惊人的 50%。❷ 立法者希望提高科研人员创新积极性的意图很明显，但其采取的手段是直接设定雇佣双方的默认交易条件，其正当性值得讨论。尤其考虑到在单位承担风险的研发活动中，仅有一小部分能够产生技术成果，而其中能通过转化给单位带来利益的更是凤毛麟角，❸ 法律设定的默认交易条件很可能大大超出单位的承受能力。法律强调 50% 的计算基数是"该项"成果的转让或许可净收入，更加深了单位关于风险必须全担、收益只能分享的顾虑。

2.《职务发明条例草案》的内容

除了已经发生的变化，《职务发明条例草案》的内容也值得研究。尽管《职务发明条例草案》并未通过，但其代表的进一步加深奖酬管制的态度值得认真对待。《专利法实施细则》（2010）对奖酬主体范围的扩大，以及《促进科技成果转化法》（2015）对奖酬标准的拔高，所涉尚限于雇佣框架下创新活动利益格局的特定方面。但《职务发明条例草案》对职务发明制度框架的影响是全方位的。不仅行政管理部门的权力类型增加，涉及的知识产权类型变多，参与行政管理的部门扩大，并且默认最低奖酬额度也将大幅提高。

从行政管理部门能够行使的权力类型来看，《专利法实施细则》（2010）赋予专利行政部门在职务发明奖酬方面的参与权非常有限。专利行政部门既无权对奖酬约定进行事前审查；纠纷产生后，也只能予以调解，❹ 而无权就奖酬的数额和给付方式直接做出决定。《职务发明条例草案》则不仅增强了专利行政部门在纠纷发生前的干预空间，规定由专利行

---

❶ 《促进科技成果转化法》（1996）第 29 条。
❷ 《促进科技成果转化法》（2015）第 45 条。
❸ 2005～2010 年，已实施专利中的转让实施的比例，发明专利约为 11%，实用新型约 6%，外观设计约 4%。在已实施专利中许可他人的比例，发明专利约 14%，实用新型约 7%，外观设计约 7%。以上结果系根据《中国专利质量报告——实用新型与外观设计专利制度实施情况研究》[董涛，贺慧. 中国专利质量报告——实用新型与外观设计专利制度实施情况研究 [J]. 科技与法律，2015（2）：282 - 283.]（图 20、图 21）的数据计算得来。
❹ 《专利法实施细则》（2010）第 85 条。

政部门负责奖酬约定的备案❶、监督检查❷及相应的违规处罚❸，而且加强了纠纷发生后干预的力度，即不仅可以调解❹还能施以行政处罚❺。

从纳入专利行政管理部门监督的知识产权权利类型来看，现行规定有职务发明奖酬数额和方式的只有发明、实用新型和外观设计，而《职务发明条例草案》还增加了植物新品种权、集成电路布图设计❻和技术秘密❼。

从主管机关的范围看，现行职务发明奖酬事务并没有明确的行政主管机关。《职务发明条例草案》则列举了多方面的行政主管机关。不仅专利行政部门将明确获得管理企业职务发明事项的权限，农业行政部门、林业行政部门、科技行政部门和人力资源社会保障行政部门都将参与"全国职务发明制度实施的监督管理"。❽ 一方面，上述部门中有多少具备判断职务发明奖酬的数额、程序公平性的能力，值得怀疑；另一方面，各部门将如何协调职责，也不明朗。站在单位的角度，需要因职务发明面对数个部门的监督管理，压力势必不小。此外，通过著作权保护的计算机软件开发显然同样属于创新，负责计算机软件著作权登记的版权局却不在主管机关之中，这意味着某些类型的创新受到众多行政机关的监督，单位有必要为其支付奖酬；而另一些类型的创新则处于奖酬问题上的无政府状态。何以有此差异，也还缺乏令人信服的解释。

从默认最低奖酬额度来看，提升幅度也不小。最低默认奖酬标准的提高，正是制定者初衷的体现。❾ 随着奖酬涉及的经济利益提高，执行奖酬规范所关涉的利益范围相应扩大，执行机关的参与度也随之上升。知识产权行政主管部门在奖酬事宜上参与度的提高，至少有两方面后果：一是可能增加执行和监管的直接成本，主要是知识产权行政主管部门为完成前述

---

❶ 《职务发明条例草案》第 42 条。
❷ 《职务发明条例草案》第 32 条。
❸ 《职务发明条例草案》第 33 条（责令限期改正与警告）。
❹ 《职务发明条例草案》第 40 条。
❺ 《职务发明条例草案》第 36 条（罚款并通报）。
❻ 《职务发明条例草案》第 4 条。
❼ 《职务发明条例草案》第 24 条。
❽ 《职务发明条例草案》第 3 条。
❾ 《关于〈职务发明条例草案（送审稿）〉的说明》第 1 页。

新增任务而需投入的行政资源;二是可能引发干预的间接成本,即因干预雇佣关系而导致的种种问题,包括增加缔约成本、扭曲资源配置等。❶ 诚然,存在成本并非否认措施的充分理由。为可欲的目标而付出的必要成本,具有合理性。问题在于,缺省标准未必能达到《职务发明条例草案》追求的目的,即"提高自主创新能力,建设创新型国家"。❷ 这一目标,是效率取向而非公平取向,追求做大蛋糕而非分好蛋糕。改变分配模式,本身并非目的,只是提升创新能力的手段。《职务发明条例草案》的思路是通过细化职务发明奖酬制度,诱发创新增长,并从增量中分配一部分给雇员,实现雇主、雇员的双赢。问题在于,如果是双赢,为何假定雇主缺乏追求创新增量、实现劳资共赢的动力?何以证明来自单位外部的干预,比发自单位内部的决定更有利于引导资源流向有价值的创新活动?要回答这些问题,有必要了解职务发明制度更深层次的机理,以及出现职务发明现象的经济组织内部资源配置的规律。本书后续章节将进行相关探索。

尽管立法者在对待职务发明的归属和奖酬时态度不同,即在归属问题上偏向保护雇主而在奖酬方面倾向于雇员,但若将职务发明制度作为整体与其他雇佣劳动成果的规范相比,以上差别又显得不那么重要。现有职务发明文献局限于职务发明内部视野,却忽视了将职务发明与一般雇佣成果比较,错失了理解职务发明制度理性的良机。本书接下来便从职务发明与一般雇佣劳动成果的制度差异出发,试图揭示限定职务发明规范合理性的决定性因素。

---

❶ Robert Merges. Law and Economics of Employee Inventions [J]. Harv. J. L & Tech, 1999, 13: 38 –41.

❷ 《关于〈职务发明条例草案(送审稿)〉的说明》第1页。

第三章 职务发明奖酬制度之理论分析

职务发明奖酬问题的立法与相关学术探讨过程，典型体现出知识产权法在应对创新社会化过程中曾经出现的迷茫。

一、规范的差异表象与理论的一贯本质

同样是雇佣关系中产生的劳动成果，只要不是职务发明，立法者似乎并无兴趣介入其归属与奖酬交易条件的设定。基本的法律体系化思维，要求相同情况相同对待，不同情况方予不同对待。如果貌似相同的情况受到不同对待，或者差别待遇有误，或者貌似相同的情况实质有别。现有文献忽略了职务发明和一般雇佣劳动成果的制度比较，自然在上述两项突破口上都乏善可陈。本部分尝试检测两个突破口，从中找出理解职务发明制度的关键。

（一）职务发明与其他雇佣劳动成果的差别待遇

前已述及，尽管我国在职务发明归属和职务发明奖酬两个问题上，给予了雇佣双方不同的待遇，但如果将职务发明制度作为整体与其他雇佣劳动成果的规则相比，职务发明总体而言更多地考虑了雇员的利益。因为对一般雇佣劳动成果而言，无论就其归属还是奖酬，法律都没有设置强制默认规范，要求雇主为某一特定的雇佣劳动成果与雇员分享利益。与此相对，职务发明人则享受到法律的特别关照。

1. 权属上的优待

职务发明人不仅在我国受优待，在其他很多法域同样如此。只是在不同法域、不同时间段，优待程度有所差别。德国、日本与韩国优待尤甚，至少从法律规定上看来如此。

《德国专利法》遵循"发明人原则"（Erfinderprinzip），在理论上，职务发明人基于发明的事实行为原始取得发明上的权利，❶ 雇主只是继受地取得发明上的权利。而且事实上在 2009 年《德国雇员发明法》修改之前，雇员就发明之上享有的原始权利在实践中的确受到保障（虽然"保障"本身的合理性受到质疑），雇主因为疏忽或其他原因常常无法从雇员处取得发明。❷

日本在接近一个世纪的时间内遵循职务发明归属于雇员的原则，直到 2013 年才改由雇主原始享有职务发明的归属。❸

韩国的职务发明制度貌似借鉴德国模式，规定了权利原始归属于雇员，雇员有义务通知雇主做出了发明，而雇主有义务通知雇员是否受让权利等。❹

在美国，雇员做出的发明就权属而言分为三类：第一类归于雇主。当雇员在雇佣关系下承担的义务就是从事发明活动时（hired to invent），其为履行雇佣合同义务而完成的发明，原始地、法定地归属于雇主，即使雇主没有和雇员签署发明权属协议，仍然是发明的所有人。研发人员履行雇佣合同过程中完成的发明均属此类。第二类归于雇员，但雇主享有免费实施权（shop right）。当雇员并非为了履行雇佣合同义务而完成发明，但该项发明或者与雇员的工作职责密切相关，或者雇员利用了企业资源方能完成发明时，雇员拥有该项发明，但雇主享有实施权。第三类是与雇佣关系无关的发明，属于雇员。在实践中，雇主往往通过事前协定，取得雇员在雇佣期间完成的所有发明，而且有时为此支付的单独对价微不足道。除了少

---

❶ Melullis in Benkard, Patentgesetz [Z]. C. H. Beck, 11. Aufl, 2015, § 6, Rn. 34.
❷ 蒋舸. 德国《雇员发明法》修改对中资在德并购之影响 [J]. 知识产权，2013（4）：86–90.
❸ 俞风雷. 日本职务发明的贡献度问题研究 [J]. 知识产权，2015（6）：94–95.
❹ 申惠恩. 韩国职务发明制度与中国法的比较 [J]. 电子知识产权，2015（7）：45–51. 当然，单纯宣称发明上的权利原始归属于雇员，并不意味着雇员能真正支配这一权利。由于韩国允许事前约定权利转移，所以实际上可能比修改前的《德国雇员发明法》更有利于雇主。

数州在禁止雇主通过事前约定取得与雇佣无关的发明，通常而言法院会全面支持雇佣双方约定的权属转移和对价条件。[1] 但如果将法律条文与经济现实分离开来进行观察，就能发现雇主的优势地位的根基其实在于其经济上强势的谈判地位，而非法律的优待。就法律而言，雇员仍然受到优待。这在第二类上得到明显体现：很难想象，雇员利用雇主资源做出的与工作职责相关的有体物，能够归属雇员。对于发明而言，只要雇员不是专门受雇从事发明活动的，即使在发明的过程中利用了雇主的资源，而发明的结果也与本职工作相关，雇员仍然能够成为发明的所有人，雇主不能享有所有权，只能享有特定范围的使用权。质言之，尽管美国的雇主实际上享有职务发明，但并非因为职务发明规范将职务发明直接划归给了雇主，而是因为尊重合同自由的传统改变了职务发明规范的默认利益分配格局。至于职务发明规范默认的有利雇员的利益格局，恰好与其他雇佣劳动成果默认的有利雇主的利益格局相反。就此而言，完全可以说甚至在崇尚市场自由、原则上不倾向于干预经济事务的美国，单就纸面上的法律来看，职务发明人也受到了相当的优待。

2. 奖酬上的优待

除了以上在归属问题上不同程度"偏袒"职务发明人的法域，其他很多法域和中国一样，哪怕在职务发明归属上偏向雇主，但在职务发明奖酬上做出了有利于雇员的安排。例如法国规定，雇员所做的任务发明归属于雇主，非任务发明原则上归属雇员，雇主需要就任务发明向雇员支付额外报酬。[2] 英国法有关发明人的规定尽管带着浪漫发明者的烙印，原则上将发明的初始权利分配给发明人，但同时务实地承认了雇佣关系下雇主实际上原始取得发明的可能。在后一种情况下，发明人有权要求雇主进行补偿。[3] 至于连在归属问题上都照顾职务发明人的法域，在奖酬方面自然更不会亏待发明人。以德国为例，德国在各领域都推行高标准的劳工保护，

❶ Robert Merges. Law and Economics of Employee Inventions [J]. Harv. J. L & Tech, 1999, 13: 2.
❷ 陈驰. 法国的雇员发明制度及其对我国的启示 [J]. 江西社会科学, 2008 (2): 168 – 173.
❸ Lionel Bently, Brad Sherman. Intellectual Property Law [M]. 4th Ed. Oxford University Press, 2014: 601 – 602.

其公司法上独特的共决制度便是典型例证。但即使在如此高标准的雇员保护背景下，一般领域的雇员，并不能在工资之外就具体劳动成果再获报酬。只有创造少数几类智力成果的雇员才能享受法律保障的、获得单项报酬的权利。正因如此，此类报酬被称为"特殊报酬"（Sondervergütung）。

3. 差别待遇的理论盲区

以上的比较法例证，说明各国立法或多或少希望职务发明人能从发明中获取专项报酬。在比较的过程中，有两点引人注意。

第一是在普通劳动成果的归属与奖酬问题上，少有人对其背后的原因予以深究。普通劳动成果归属于雇主，而且雇主并无义务就取得每项雇佣劳动成果单独支付报酬，似乎是不言而喻、不证自明的真理，以致无须详加阐述。一般认为德国的成文法体系和教义学阐释特别发达，但对普通劳动成果归属这一基本问题，德国不仅在实在法体系中缺乏系统阐述，而且在教义学理研究上也最多一笔带过。尽管劳动法研究者普遍认为，雇员为履行雇佣合同义务而创造的工作成果毫无疑问归属于雇主。❶ 但"雇佣劳动成果归雇主"原则并不见于劳动法的实在法层面。德国实在法体系中，没有专门条款阐述雇佣劳动成果归属的一般原则。"谁在和谁的关系中享有什么权利？谁在什么程度上有权利用（verwerten）工作成果？谁有权获得收益？"在无数雇佣关系领域中，唯有《雇员发明法》对发明和实用新型领域的上述问题详加回答。除此之外，只有著作权法❷、外观设计法❸和半导体保护法❹中存在零星规定。❺ 而即使在分析文献中，一般雇佣劳动成

---

❶ Bernhard Ulrici. Das Recht am Arbeitsergebnis［J］. Recht der Arbeit（RdA），2009，92，96 mwn.

❷ 《德国著作权与邻接权法》第 69b 条规定："除非另有约定，作者执行任务或根据雇主指示而创作计算机程序的，仅雇主有权行使对计算机程序的所有财产性的权限。"Urheberrechtsgesetz vom 9. September 1965（BGBl. I S. 1273），das zuletzt durch Artikel 1 des Gesetzes vom 14. Dezember 2012（BGBl. I S. 2579）geändert worden ist，§ 69b. 中文译文可参考：德国著作权法（德国著作权与邻接权）［M］. 范长军，译. 北京：知识产权出版社，2013：106.

❸ 《德国外观设计法》第 7 条第 2 款规定："除非另有约定，雇员执行任务或根据雇主指示完成的外观设计，登记后权利属于雇主"。Designgesetz，in Kraft getreten 01. 01. 2014，§ 7 II.

❹ 《德国半导体保护法》第 2 条第 2 款规定："除非另有约定，在雇佣关系框架下或受他人委托完成的半导体拓扑，其权利属于雇主或委托人。"Halbleiterschutzgesetz，in Kraft getreten am 08. 09. 2015，§ 2 II.

❺ Bernhard Ulrici. Das Recht am Arbeitsergebnis［J］. Recht der Arbeit（RdA），2009，92，93.

果的归属显然也不是教义分析的重点。完整的教义学研究包含多方面的内容，以广度上的面面俱到与精度上的严丝合缝为追求。因此通常而言，人们很容易找到对部门法基本原则的长篇论述。对法律规范正当性的阐释是教义学研究的基本维度之一，所以研究者可能期待对于雇佣劳动成果归属这样的基本原则，能够找到长篇累牍的详细剖析。但对这一事关重大的基本原则，或许因为其过于"不证自明"，❶ 反而缺乏教义学上的充分阐述。实际情况是：甚至在详细的劳动法文献中，有关一般雇佣劳动成果归属的分析，客气地说，最多称得上"言简意赅"。《慕尼黑劳动法手册》中有关一般雇佣劳动成果归属的分析仅有区区两页，相对其超过 2500 页的总篇幅，可谓微不足道。而且这两页的分析中真正阐述这一基本原则正当性的，最多只有一个段落。简单说来，在雇佣关系下，雇员仅负有提供特定方式劳动的义务，而不负有完成特定成果的义务，而雇主则负有任何情况下支付约定劳动报酬的义务。质言之，只要雇员完成符合劳动合同约定形式的劳动，无论这样的劳动是否带来了雇主所需要的劳动成果，雇主都应当向雇员支付约定的报酬。而雇主之所以答应"不计后果"地支付劳动报酬，原因就在于希望获取雇员有可能完成的劳动成果的支配权。基于劳动合同，雇主直接并且原始地取得劳动成果的所有权。❷

第二是在职务发明人的特别获酬权理论基础上，解释各异，学界并未定论。我国学界对此问题并无关注。德国因特别重视职务发明人的特别获酬权，故就此问题形成多派观点。下面分别介绍和分析其中四种观点。

（1）严格垄断说之批判。

严格垄断说（die strenge Monopoltheorie）认为，特别获酬权的基础在于以发明专利和实用新型给雇主带来的排他权，这种排他权帮助雇主在市场中界定一片可以限制其他竞争者行动自由的领域，从而取得相对市场优势。❸ 这种学说明显存在两方面缺陷。第一是不符合德国实在法的规定。

❶ Hueck, Nipperdey, Lehrbuch des Arbeitsrechts [M]. Band 1.

❷ Frank Bayreuther in Muenchener Handbuch, Arbeitsrecht, Band 1, 3. Auflage, C. H. Beck 2009, §89 Rn. 1, S. 1411.

❸ Ulrich Himmelmann. Vergütungsrechtliche Ungleichbehandlung von Arbeitnehmer – Erfinder und Arbeitnehmer – Urheber [J]. GRUR 1999, 897, 899 mwn.

《德国雇员发明法》中并没有将雇主取得发明专利和实用新型授权作为雇员获得特殊报酬的前提，而是规定雇主从雇员处要求权利（Inanspruch-nahme）时就产生向雇员支付额外报酬的义务。❶ 至于雇主在取得发明之上的权利后是否提出申请、是否获得授权，都不影响特殊报酬。即使雇主决定将发明作为技术秘密加以保护，仍负有向雇员支付报酬的义务。❷ 第二是将专利与垄断混同。即使雇主获得了发明专利和实用新型授权，也只是取得了排他的可能性，未必能转化为相对其他竞争者的市场优势。且不说获得专利授权之后，雇主未必自己或许可他人实施，而只是通过专利申请与授权实现防御性公开的目的。即使雇主自行或者许可他人实施了专利，是否真能因此取得市场优势，尚取决于许多与专利无关的因素。况且，哪怕借助专利获得了一定的市场优势，未必就能带来垄断租金，因为市场上存在的各种替代方案使得雇主仍然处于竞争之下，无法单纯因为享有某一技术方案的排他权就攫取超额利润。所以，严格垄断说难以令人信服。

（2）修正垄断说之批判。

修正垄断说（die abgeschwächte Monopoltheorie）认为，即使没有取得发明专利或者实用新型授权，只要雇员提出的技术改进方案能够给雇主带来获取排他权的可能性，即使雇主没有实际取得专利授权而仅仅是将方案作为技术秘密加以保护，雇员也有权要求特殊报酬。《德国雇员发明法》就是根据这一学说设计的。❸ 尽管这一学说比严格垄断说更适应德国实在法的规定，但仍然面临两个问题：第一个问题是无法解释为什么恰恰是《德国雇员发明法》所列的发明专利和实用新型能为雇员带来额外报酬，而其他类型的智力成果则不能，更不用问无法落入狭义智力成果范畴的其他雇佣劳动成果了。修正的垄断说相比于严格的垄断说，软化之处就在于不再恪守严格的形式主义。这样一方面将严格垄断说的不公平之处拒之门

---

❶ 《德国雇员发明法》第 9 条。

❷ 雇主有权基于商业考虑将技术方案作为技术秘密加以保护，而不一定要申请专利，前提是雇主认可雇员发明具有可专利性，并向雇员支付报酬（《德国雇员发明法》第 17 条）。如果雇主在支付报酬的义务履行完毕之前决定放弃申请专利，应当告知雇员，以便雇员有机会以自己的名义提出申请（《德国雇员发明法》第 16 条）。

❸ Ulrich Himmelmann. Vergütungsrechtliche Ungleichbehandlung von Arbeitnehmer – Erfinder und Arbeitnehmer – Urheber［J］. GRUR 1999，897，899 mwn.

外，即以超出雇员控制范围的专利授权作为雇员获得额外报酬的前提。但另一方面又将其他的不公平从后门引进来，因为完成外观设计、作品、非技术商业秘密的雇员，或者贡献优质的管理经验、准确的市场分析的雇员，其劳动却无法如《德国雇员发明法》所承认的职务发明人一样产生额外报酬。第二个问题是仍然无法摆脱严格垄断说的弊端，即无法解释为什么实质达到发明专利和实用新型授权条件的智力成果（尽管未必获得授权），一定能给雇主带来垄断利益。而如果雇员特定类型的劳动成果未必能给雇主带来额外利益，雇主又凭什么必须承担支付额外报酬的义务呢？可见，修正垄断说同样难以服人。

（3）结果取向特殊贡献说之批判。

结果取向特殊贡献说（die ergebnisbezogene Sonderleistungstheorie）认为，由于雇员不可能在雇佣合同中保证做出能让雇主获得发明专利和实用新型授权的智力创造，所以雇主在雇佣合同中许诺给雇员的报酬，针对的只可能是雇员尽量努力的过程，而非取得授权的结果。假如雇员的智力成果真的给雇主带来了发明专利或实用新型授权，相当于雇员完成了超越其承诺的业绩。正是针对这一业绩，雇主有必要向雇员支付特别报酬。❶ 该说可取之处在于，不强调发明专利或者实用新型授权会给雇主带来垄断利益，从而避免了这一在理论和实际中都无法获得支撑的论断。在理论上，发明专利和实用新型赋予权利人的排他权，无法和法律意义上的垄断相提并论。前者所谓"排他"，仅指就特定技术方案而言，他人未经权利人允许，不得实施法律规定的特定类型行为。例如在德国，这些行为指制造、许诺销售、销售、使用，以及为上述目的进口或占有；❷ 而在我国，这些行为指制造、使用、许诺销售、销售与进口。❸ 而具有法律意义的垄断，"指少数企业凭借雄厚的经济实力对生产和市场进行控制，并在一定的市

---

❶ Ulrich Himmelmann. Vergütungsrechtliche Ungleichbehandlung von Arbeitnehmer – Erfinder und Arbeitnehmer – Urheber［J］. GRUR 1999, 897, 899 mwn.

❷ Patentgesetz（Patentgesetz in der Fassung der Bekanntmachung vom 16. Dezember 1980（BGBl. 1981 I S. 1）, das zuletzt durch Artikel 1 des Gesetzes vom 19. Oktober 2013（BGBl. I S. 3830）geändert worden ist）, § 9.

❸《专利法（2020）》第11条。

场领域内从实质上限制竞争的一种市场状态"❶。二者的显著区别，在于一般而言，一项专利排他权的影响范围，远远达不到判断垄断时考虑的市场之广度。质言之，技术方案往往存在众多市场替代，从而使权利人尽管在专利技术方案范围内有权排他，但在更大的市场范围内处于其他技术与非技术方案的压力之下，完全谈不上对市场的支配，因此也无法攫取垄断利益。既然没有垄断利益，要求雇主向雇员因为排他权而支付额外报酬，实难服人。结果取向的特殊贡献说回避了垄断概念，因此无须面对前述质疑。

问题在于，结果取向的特殊贡献论尽管绕开了对"垄断"概念的误用，却无法回避职务发明人特殊报酬合理性的核心问题，即究竟是什么因素给予发明人要求额外报酬的权利。结果取向特殊贡献论的回答是"发明专利和实用新型授权本身"。这一回答显然同样难以令人满意。

首先，专利授权本身未必意味着价值，这使得授权本身难以成为额外报酬的合理基础。专利仅仅给予雇主开发特定细分市场的可能性，而绝非已经通过开发该市场获得利润的现实性。雇主的确能在一段时间内，干预特定细分市场上其他竞争者的行动自由。但这种干预可能性是否能给雇主带来现实利益，取决于很多发明之外的因素。历史上在技术上做出了重大贡献，甚至已经取得专利授权，但却无法转化为市场利益的例子，比比皆是。

有的发明尽管技术上先进，却不为社会接受。爱迪生的第一项发明是电子投票器，尽管可以提高投票效率，却遭到政治家们的拒绝，原因是他们害怕这项发明会限制政客施展伎俩的空间。据说爱迪生从此下定决心，只发明有市场需求的东西："我不想再发明任何卖不出去的东西了。它的销量是它实用的证明，实用才是成功。"❷

有的发明尽管技术先进，却被用于不成功的商业发明。蒸汽机轮船最重要的发明者是约翰·菲奇，他克服了巨大的技术和财政困难，将蒸汽技

---

❶ 刘瑞福. 中国经济法律百科全书［M］. 北京：中国政法大学出版社，1992：764. 转引自：徐士英. 竞争法论［M］. 北京：世界图书出版公司，2007：46.

❷ Harold Evans. They Made America：From Steam Engine to the Search Engine，Two Centuries of Innovators［M］. Back Bay Books/Little，Brown and Company，2006：180.

术应用于航行，并取得了专利证书。但这位天才的发明家在商业上似乎并不具有同样的天赋和运气，他选择开展业务的特拉华州航线交通需求严重不足。菲奇的商业计划连连受挫，55岁时在潦倒中吞下大量安眠药离开了世界。❶ 菲奇死后，另一位发明家罗伯特·富尔顿从希望靠蒸汽机轮船技术掘金的冒险者中脱颖而出，最终成功地建立了一个蒸汽船帝国。但富尔顿最主要的贡献却并非技术上的，而是能够将技术以适应市场的方式融入社会。后人将菲奇的失败和富尔顿的成功进行对比，总结出五项原因，位居首位的是两人选取的运营地区不同：菲奇选择的费城地区不仅交通需求不足，而且存在对航运构成有力竞争的马车运输；而富尔顿选择了纽约地区，哈德逊河流域的地形对发展蒸汽航运特别有利，马车运输无法威胁河运业务。这一成败的主要分界线显然与技术无关。而其他四项原因中，也仅有一项涉及技术，即富尔顿能够利用机械和材料领域的后发优势，实现菲奇无法完成的技术方案。对菲奇黯然失败而富尔顿大获成功的史实，评论者最后的归纳是"一个创新者的基本贡献，或许就是把已知的东西变为现实"。❷ 这一评论非常中肯，其体现的显然不是对技术本身的盲目膜拜，而是对正确运用技术的肯定。

有的发明具有改变历史进程的重要性，❸ 却没能给所有人带来一点金钱上的好处。伊莱·惠特尼发明了轧棉机，将轧棉效率提高了10~50倍，却不仅没能从中赚得真金白银，反而深陷债务囹圄。发明家自用专利赚取利润的宏图不幸毁于流行病与大火的天灾，而收取许可费的打算又受阻于当时低下的专利保护水平。"棉花为种植园主们赚取了上千万美元的收入，

❶ Harold Evans. They Made America: From Steam Engine to the Search Engine, Two Centuries of Innovators [M]. Back Bay Books/Little, Brown and Company, 2006: 21-27.

❷ Harold Evans. They Made America: From Steam Engine to the Search Engine, Two Centuries of Innovators [M]. Back Bay Books/Little, Brown and Company, 2006: 28-41.

❸ 在伊莱·惠特尼发明轧棉机之前，美国南部蓄奴制已经开始衰退，因为南方的传统作物大米、烟草和燃料都没有太大的经济价值。庄园主尽管也种植棉花，但由于南部内部所产棉花手工去籽困难，成本高昂，因此植棉也基本无利可图。在此背景下，有的庄园已经开始释放奴隶。而伊莱·惠特尼发明的轧棉机，结构简单，成本低廉，在去籽方面却效果显著，加上棉花本来便于运输的特性，使棉花出口迅速成为美国南部的支柱产业，从而在关键的历史时期加强了蓄奴的冲动。在此意义上，有人称惠特尼在无意间制造了南北战争的一条重要导火索。https://en.wikipedia.org/wiki/Eli_Whitney, 2020年12月22日访问。

而那个让他们富起来的人却未得到分文报偿。"❶

以上每一项在商业上失败的发明，都获得了专利授权，这清晰地说明从专利授权到经济利益，中间还需要迈过宽阔的鸿沟。彪炳史册的伟大发明尚且如此，全球每年数以百万计的专利申请中，❷ 真正能转化为商业价值的，可想而知更是少之又少。尽管难以知晓确切比例，但中美的以下两组数据或许可以提供一些初步印象。

在中国，2005～2010 年，已实施专利中的转让实施的比例，发明专利约为 11%，实用新型约 6%，外观设计约 4%。在已实施专利中许可他人的比例，发明专利约 14%，实用新型约 7%，外观设计约 7%。❸ 2001～2010 年，专利无效申请的数量共约 2 万件，平均每年约 2000 件。❹ 进入司法阶段解决专利效力争议的数量更少，2013 年全国法院新收一审专利行政案件 760 件。❺

根据 2001 年的一篇著名论文，在美国约 200 万有效专利中，平均每年最多约 2000 项被卷入诉讼。❻ 而被用于有偿许可的专利数量同样很少。❼当然，很多专利尽管未成为诉讼或有偿许可标的，仍能够给企业带来价值，例如被作为防御专利。❽ 但总体而言，并非所有专利授权都能给权利人带来经济效益。这一断言还受到专利维持年限的支持：根据当时的数

---

❶ Harold Evans. They Made America：From Steam Engine to the Search Engine，Two Centuries of Innovators［M］. Back Bay Books/Little，Brown and Company，2006：50－59.

❷ 仅发明专利一项，2012 年全球共受理 200 万件发明专利申请，截至 2012 年年底，全球共有 850 万项有效发明专利。参见：2013 年世界五大知识产权局统计报告［R/OL］.［2020－12－13］. https：//www. cnipa. gov. cn/col/col90/index. html.

❸ 以上结果系根据《中国专利质量报告——实用新型与外观设计专利制度实施情况研究》［董涛，贺慧. 中国专利质量报告——实用新型与外观设计专利制度实施情况研究［J］. 科技与法律，2015（2）：282－283］（图 20、图 21）数据计算得来。

❹ 董涛，贺慧. 中国专利质量报告——实用新型与外观设计专利制度实施情况研究［J］. 科技与法律，2015（2）：274.

❺ 中国知识产权司法保护年鉴［Z］. 北京：法律出版社，2014：80.

❻ Mark Lemley. Rational Ignorance at the Patent Office［J］. Northwest University Law Review，2001，95：6.

❼ Mark Lemley. Rational Ignorance at the Patent Office［J］. Northwest University Law Review，2001，95：9.

❽ Mark Lemley. Rational Ignorance at the Patent Office［J］. Northwest University Law Review，2001，95：9－11.

据，近 2/3 的专利没有维持到 20 年期满，近一半的专利甚至未能维持到专利保护期的一半。❶

可见，雇主即使获得了专利授权，离商业获利尚相距甚远。专利授权仅仅意味着方案在技术上是先进的，但其可否转化为利润，还取决于是否存在利用发明的社会需求、是否存在保障发明的法律体系等诸多因素。如果将雇主获得专利授权本身作为需要给予雇员额外报酬的理由，难以说明这种额外报酬的对价究竟是什么。雇主毕竟是经济实体，只有能够转化为利润的优势才是真正有价值的优势。就此而言，结果取向特殊贡献论对额外报酬的理论证成，存在难以克服的瑕疵。

其次，专利授权并非如结果取向特殊贡献论断言的不可控制，而其可控性使结果取向特殊贡献论失去了根基。结果取向特殊贡献论将特殊报酬的正当性根基建立在发明授权不包含在劳动报酬对价中。就短期的、个别的以研发为目的的雇佣合同而言，这种断言或许有一定的合理性。但就长期的、整体的雇佣研发而言，这一断言绝不符合现实。试想，如果雇主在制定研发的人员预算时对获得专利授权没有丝毫合理期待，作为理性人的雇主将资源投入研发人力上的经济基础何在呢？毕竟，雇用研发人员的目标就是完成技术方案，并获得相应专利，如果雇员完全不能带给雇主获得专利授权的合理期待，雇主支付的工资又以什么为对价呢？如果获得专利授权超出雇员订立雇佣合同时可能合理承诺的范围，如何解释众多企业拟定自己的专利指标，并且在财力允许的情况下往往能得偿所愿呢？

从短期、单次研发行为是否能够带来专利授权的不可控性，到长期、整体研发行为带来专利授权的可控性，横跨鸿沟的关键在于发明成功的概率。当研发不再是生产的副产品，而成为自成一体的部门时，其投入与产出不再像发明非常个性化的早期，被握于偶然之手；而是经过了严密成本收益分析的有组织过程。在此组织与流程中工作的雇员，尽管未必能精确描述完成技术创新的时间，但在目标明确、后勤充分的情况下，很大程度上是按部就班地向雇主的预定目标前进。尤其在存在前期专利调研的情况

---

❶ Mark Lemley. Rational Ignorance at the Patent Office ［J］. Northwest University Law Review, 2001, 95: 8.

下，取得技术突破却无法获得专利授权的风险也极大降低。职务发明对于雇主而言绝非天上掉的馅饼，对雇员而言也谈不上超出承诺的意外履行。结果取向特殊贡献说就此角度而言也解释乏力。

所以，无论从发明对于企业的意义，还是从发明没有超出雇员承诺的分析来看，将发明授权定性为超额贡献都是站不住脚的。在此基础上发展出的结果取向特殊贡献说，在论证特殊报酬的正当性上，自然欠缺说服力。

（4）行为取向特殊贡献说之批判。

行为取向特殊贡献论（die tätigkeitsbezogene Sonderleistungstheorie）认为，只有当雇员在工作过程中付出的努力超出了合同约定时，雇主才需要支付额外报酬。[1] 这一理论与结果取向特殊贡献说相同之处在于，二者均试图从雇员的特殊贡献方面寻求职务发明奖酬的正当性；而二者的区别，显然在于对"贡献"的界定不同。结果取向特殊贡献说否认发明专利与实用新型授权是雇员在雇佣合同下必须履行的义务，因此将授权作为雇员的额外贡献，并进而作为奖酬的基础。而行为取向特殊贡献说认为，雇佣合同可以要求雇员付出能带来发明授权的努力，雇员正常履行合同义务就会做出的发明以及在此基础之上的发明授权，因此已为合同所覆盖。只有当雇员做出了超出合同要求的努力时，才有权要求雇主支付雇佣合同约定工资之外的报酬。

这一理论对结果取向特殊贡献论的否定是正当的。但问题是这一理论难以与现实中规定职务发明奖酬的实在法规范相协调。因为根据行为取向特殊贡献论，只要雇员的努力程度没有超出合同约定，即使雇员的努力给雇主带来了发明专利或者实用新型授权，该授权并非雇主的意外收获，而是雇主可以合理期待从合同中获得的利益。在此情况下要求雇主支付额外报酬，违背了雇佣双方签订合同时的约定。而绝大部分职务发明恰恰都是雇员在正常努力工作范围内产生的结果，按照结果取向特殊贡献论，雇主根本无须为绝大多数职务发明支付额外报酬。这与各国职务发明奖酬规定

---

[1] Ulrich Himmelmann. Vergütungsrechtliche Ungleichbehandlung von Arbeitnehmer – Erfinder und Arbeitnehmer – Urheber [J]. GRUR, 1999：897，899 mwn.

并不相符。因为规定职务发明奖酬的国家，并未将职务发明奖酬义务限定在雇员努力超出合同约定的前提下。不仅中国《专利法》❶ 和本研究着重分析的《德国雇员发明法》❷ 中不包含这一限定，而且从国家知识产权局条法司在制定《职务发明条例草案》过程中整理翻译的外国法规汇编看，挪威❸、芬兰❹、韩国❺均不以做出发明是否需要发明人付出超出合同的努力为前提。

以上分析表明，即使在以教义法研究见长的德国，至今无人提出既反映实在法规范，同时具有坚实理论基础的奖酬正当性理由。严格垄断说、修正垄断说、结果取向特殊贡献说和行为取向特殊贡献说这四种德国学界提出的解释中，只有修正垄断说体现了德国实在法规范，但其具有理论上无法克服的障碍。

如果对职务发明的优待，仅仅是某一个法域遵循的做法，或许是出于偶然，无法为差别待遇找到正当性理由，并不会太烦扰研究者。但当许多重要法域不约而同地给予职务发明者优待时，很难说纯粹是偶然。即使一时无法从现有研究中找到足够有说服力的论证，研究者仍然很难轻易放弃对差别待遇正当性的探寻。毕竟，各国不约而同遵循的规则，似乎说明了这种规则在社会中的自发生长性。而自发生长规则的生命力，往往来自其

---

❶ 《专利法（2008）》第 16 条，《专利法（2020）》第 15 条。

❷ 《德国雇员发明法》第 9 条第 2 项规定："在确定报酬时，应当主要考虑该职务发明的商业实用性、雇员在公司的职务和职位，以及该公司对该发明的贡献等。"

❸ 《挪威关于雇员发明的权利的法律》（1970 年 4 月 17 日，第 21 号，国家知识产权局整理并翻译）第 7 条第 2 款规定："补偿额的确定应当特别考虑发明的价值、雇主获得的权利的范围、雇员的工作情况以及在其他方面对发明的贡献程度。"（https：//www.cnipa.gov.cn/transfer/pub/old/ztzl/ywzt/zwfmtlzl/gnwlfzczd/201504/P020150413385483222977.pdf，p.477.）

❹ 《芬兰关于雇员发明的权利的法律》（1967 年 12 月 29 日，第 656 号［包括 2000 年第 1078 号法案的修改］，国家知识产权局整理并翻译）第 7 条第 2 款规定："在确定补偿数额时应特考虑发明的价值、雇主获得的权利的范围、雇佣合同中的相关条款和条件以及与雇佣有关的其他情况对发明的贡献程度。"芬兰关于雇员发明的权利的法律（1988 年 6 月 10 日，第 527 号［包括 2000 年第 1218 号法令的修改］）第 3~6 条对前述各项因素有更详细的阐述（https：//www.cnipa.gov.cn/transfer/pub/old/ztzl/ywzt/zwfmtlzl/gnwlfzczd/201504/P020150413385483222977.pdf，p.480，482.）。

❺ 《韩国专利法有关职务发明的规定》（2001 年 2 月 3 日最后修订，国家知识产权局整理并翻译）第 40 条第 2 款规定："报酬的数额应当根据雇主从该发明中获得的利润和雇主对该发明的完成所做贡献进行计算。"（https：//www.cnipa.gov.cn/transfer/pub/old/ztzl/ywzt/zwfmtlzl/gnwlfzc-zd/201504/P020150413385483222977.pdf，p.514，482.）

隐藏的理性。规则的制定者，常常是隐形理性操纵的工具，被用于导向更合理的社会结构。如果规则制定者正确发现了隐藏的理性，明确以之订立规范，更可能直接有效地导向更合理的社会结构。但常常规则制定者发现的并非隐藏的理性本身，而是其某些具体的表现，并将其误作为理性本身，据以订立规范，规范的基础便有所偏差。这种偏差最初可能很小，因为制定规则时被误作为规则的表象，正是规则在当时特定社会条件下的具体表现，一直作为规范基础，在同一社会条件下只有理论上的问题，却不大会带来实践上的困难。实践困境的出现，往往基于社会形式的变迁，由于规则反映的只是理性在特定社会背景下的要求，而非背景变迁后的恰当应对方式，便可能与实际生活的需求产生巨大的出入。为了避免起点处差之毫厘、实施中谬以千里的情况，最好在设计制度时尽量发掘出理性本身。如前所述，各国不约而同给予职务发明人的优待，增大了这一制度背后存在隐形理性的可能性。既然既有理论都无法被合理地接受为理性本身，有必要进一步探寻制度背后共同理性的真正所在。

（二）代理成本理论提供的一致解释

如果说特定法域区别对待职务发明和其他雇佣劳动成果还可能是出于历史的偶然，那么众多法域做出同样的区别对待，恐怕还是暗示了职务发明与其他雇佣劳动成果间的根本差异。质言之，差别待遇作为一种自发生长的秩序，必然有其合理性。如果能找出差别待遇的合理性根基，应该能更好地理解各项零散的职务发明规则背后的原理。

要为差别待遇寻求解释，首先需要澄清差别待遇的本质。雇佣劳动的基本模型本是使劳动者收入与劳动效果相分离。对于普通雇佣劳动产品的生产者而言，除非存在特别约定，否则不参与劳动成果剩余价值的分配。与之相应，劳动者也无须负担劳动成果的市场风险。劳动者获得的对价，是旱涝保收的工资。在此之外，劳动成果在市场上是成就辉煌还是惨遭失败，均与劳动者的收入无关。而不同国家的职务发明制度，实质都是在劳动者收入与劳动效果间建立正相关关系，即劳动效果越好，劳动者收入应该越高。无论是在归属还是奖酬上给予职务发明人优待，本质都是允许、鼓励甚至强制让职务发明人参与剩余价值分配，只是程度有所不同。程度最深的，当然是让职务发明人享有发明上的完整产权，上述考察的立法例中并不存在这样的情况。程度稍浅的，是将职务发明人就发明享有的权利，从财产性权利转变为责任性权利，❶ 不允许职务发明人处分权利，但通过细致的制度安排，尽量确保发明人所获报酬与其贡献度相称。❷ 程度更浅的，原则上要求发明人所获报酬与其贡献相称，但未必通过细致的制度安排，在个案中追求上述目标的实质实现。程度最浅的，只要雇员同意了将发明转移给雇主，便推定雇员已经取得了合理对价，美国便是这种做法的典型代表。❸

作为委托人的雇主通过支付劳动报酬，让作为代理人的雇员为提升雇主的利益付出劳动。在委托人－代理人语境下，差别待遇可以表述为：针对标准委托人－代理人结构，默认的利益分配格局将代理人排除在剩余价值分配之外；但当代理人的任务是进行智力创作时，默认的利益分配格局往往要求代理人参与剩余价值分配。

有效制度设计中的默认规则，往往是对真实经济活动中各方合理期待的总结，其目的在于降低交易成本。具体而言，表现在两方面：一是当交易各方打算就规范对象订立合约时，省却谈判中冗长的讨价还价，通过法定默认条款直接提供各方容易接受的利益格局；二是当交易各方出于各种原因没有就规范事项订立合约时，通过法定默认规范还原各方最可能的合

---

❶　财产性权利保障权利人主观定价的权利，权利非经权利人同意不得转移；责任性权利则仅保障权利人客观定价的权利，权利人无法阻止权利转移，仅能要求取得权利者支付对价。（Calabresi, Melamed. Property Rule, Liability Rule and Inalienability, A View from the Cathedral [J]. Harv. L. Rev. , 85：1092.）

❷　例如，德国不仅有专门的《雇员发明法》，而且为确定职务发明报酬专门制定了《私营雇员发明报酬指南》（Richtlinie für die Vergütung von Arbeitnehmererfindungen im privaten Dienst vom 20. Juli 1959, BAnz. Nr. 156, S. 1）和《公共服务雇员发明报酬指南》（Richtlinie für die Vergütung von Arbeitnehmererfindungen im öffentlichen Dienst vom 1. Dezember 1960, BAnz. Nr. 237 S. 2）。

❸　美国法院仅在极端情况下否认雇佣双方的奖酬约定，而通过法庭确定雇员发明奖酬额。如 Sears 案中，原告是 Sears 公司的一名低级别雇员，但做出了一项价值巨大的发明。公司在要求雇员转让发明时，其经理尽管意识到了发明的价值，但告诉发明人该发明仅值 1 万美元。法院判决 Sears 公司支付给原告 100 万美元的补偿。[Roberts v. Sears Roebuck & Co. , 573 F. 2d 976 (7th Circuit, 1978). Robert Merges. Law and Economics of Employee Inventions [J]. Harv. J. L & Tech, 1999, 13：9.]

理期待。前者可谓事前降低交易成本，是对效率目标的直接促进；后者可谓省却事后本可能发生的交易成本，既是对公平目标的直接促进，也是对效率目标的间接实现。

正因为默认规则体现的往往是真实经济活动中各方合理期待的总结，因此本研究希望探讨的差别待遇之间可以被总结为：为什么真实经济生活中，委托人－代理人会选择不同的利益安排。针对这一问题，委托人－代理人关系中的关键点，即代理成本，可以提供识别差别待遇本质的角度。

雇佣关系在经济上是一种典型的委托－代理关系。智力创造和其他雇佣劳动之间存在的代理成本差别，最可能为职务发明和其他雇佣劳动成果之间的默认利益格局提供解释。很多普通雇佣劳动易于监督。尤其是以生产有体物为目标的传统雇佣劳动，简单的合同条款就可以明确代理人必须履行的合同义务，代理人几乎没有谋取私利或者偷懒的机会，因此并不存在显著的代理成本价。流水线工作是最好的例子，代理人的劳动方式、劳动频率和劳动结果既可以被精确地事前约定，也可以被简便地事后监督。通过要求代理人履行合同义务，委托人已经达到委托目的，而无须通过和代理人分享剩余价值实施进一步激励。

智力活动则容易存在难以监督的问题。一方面，智力活动的过程并不必然伴随客观可差别的身体活动，因此难于观测。另一方面，智力活动的结果具有一定偶然性，因此难以强求。委托人既难以在合同中描述代理人必须进行的活动，又难以规定代理人必须实现的产出，合同具有强烈的不完备性。在委托人难以完全监督代理人时，代理人的自利本性诱使其不像委托人期待的那样行事，是为道德风险。具体到雇佣关系中，从事智力劳动的雇员很可能比从事其他劳动的雇员有更高的道德风险。经济学上通常认为代理人可能通过三方面措施应对道德风险：一是更好的监督，二是延期支付，三是额外激励。❶ 前述对智力活动过程的分析，首先意味着雇主往往无法以合理成本监督雇员是否妥善履行了义务，第一项措施并不能解决问题。前述对智力活动结果的分析，又意味着雇员通常事前无法承诺一

---

❶ ［美］曼昆. 经济学原理（微观经济学分册）［M］. 梁小民，梁砾，译. 北京：北京大学出版社，2012：470.

定的结果，雇主也难以以特定结果的实现作为支付前提，所以第二项措施也未必能解决问题。第三项措施因此常常成为委托人的最佳策略。委托人通过提供额外激励，令委托人和代理人双方利益倾向一致，代理人因此愿意全身心投入智力活动，尽可能创造出有价值的智力成果。

可见，智力活动与其他类型的雇佣劳动间，常常存在程度大不相同的代理成本。职务发明与其他雇佣劳动成果的默认利益分配格局，正是应对不同代理成本的理性选择。各国法律制度在不同程度上体现出的差别对待，实质上是在不同程度上对经济个体长期以来自发选择的确认与固定。当然，各国立法之时，未必有意识地从经济理性角度解释社会上利益分配格局的成因，而是选取了更容易被规范体系接受为正当性根基的话语体系，例如智力劳动者的特殊贡献与特殊权利。但在历史的长程视野中，利益格局的演变往往比固定的权利想象更深刻地决定了社会关系的演变方向。如果不希望僵化的想象侵蚀社会的弹性，有必要回溯到社会关系变迁的起点，思考制度是否仍然符合基本的经济理性。尤其在制度转变之时，回溯思考更显必要。

（三）代理成本理论暗示的差别待遇正当性限度

代理成本在解释职务发明和其他雇佣劳动成果差别待遇合理性的同时，也揭示了差别待遇的适用前提。正因为允许代理人参与剩余价值分配是消除代理成本的私人安排，所以只有在存在代理成本的情况下，偏离标准的委托人－代理人利益分配格局才有必要。不同的委托人－代理人格局，存在不同程度的代理成本。代理成本越高，质言之，委托人利益最大化和代理人利益最大化之间的差别越大，委托人通过和代理人共享剩余价值消解代理成本的动机越强。在不存在代理成本或者代理成本很小的情况下，委托人会认为分享剩余价值得不偿失，从而容忍代理成本。

对委托人而言，无论是代理人偏离最大化委托人利益的合同利益带来的损失，还是允许代理人分享剩余价值减少的收入，对委托人而言，相较于理想的完备合同状态，都意味着利益减损。尽管两种减损表现形式有别，但实质并无差异，简单而言都是为了获得代理人劳动而支付的成本。

所以理性的委托人并不会先入为主地选择一种减损形式而排斥另一种减损形式，而会根据具体情况选择最合算的组合。对理性委托人而言，分享剩余价值是为获得代理人优质劳动支付的对价，而这一对价又由两方面构成，一方面是代理人享有的剩余价值份额，另一方面是计算代理人利益的成本。两方面中任意一项提升，都会导致分享剩余价值的总体成本增高，从而使其在与其他投资的回报比较中趋于劣势。毕竟，委托人在决定如何使用资源时，分享剩余价值并非唯一投资途径，提高代理报酬（在雇佣关系中即提高工资）和容忍代理成本（包括中饱私囊和消极怠工）都是可选的投资方式。善于利用资源的委托人在投入每一单位资源时，都会考虑这一单位的资源被用于何种途径能够带来最大的回报。最初的资源会被用于回报率最高的途径，但如果该途径的回报率随着投入的增加而降低，后续资源就会被转投其他途径。最后一单位资源在各种途径上的回报率相同，达至均衡。行业不同、时代不同、劳动力市场格局不同、终端市场形势不同，委托人的投资均衡组合不可能相同。许多法域不约而同地肯定职务发明人参与剩余价值分配的权利，只能说明分享剩余价值对于激励发明活动而言，往往是回报率较高的投资途径。但各法域的规制程度不一，也说明了这并非唯一具有经济合理性的途径。强求雇主总是与雇员分享职务发明的剩余价值，也许常常能达到有效激励雇员的效果，但并不必然实现这一目标。区别对待职务发明和其他雇佣劳动，尽管常常体现了理性人可能达成的最佳合意，却绝不总是经济理性的化身。

以雇佣劳动成果是否为发明做标准，区分雇员是否享有分享劳动成果剩余价值的权利，不仅有前述效率方面的不足，还存在公平方面的缺陷。如果职务发明人被允许参与剩余价值分配的原因，归根结底在于这是最能"把蛋糕做大"的资源配置方式，符合交易各方的长远利益，那么在经济特征上与职务发明类似的其他雇佣劳动行为，为什么不应受到相同的法律对待呢？发明活动之外众多其他形式的雇佣劳动，同样事前难以精确描述、事中无法合理监督、事后不易有效问责，简言之，代理成本同样高昂。而且，这些活动的社会贡献，未必小于发明；从事这些活动的代理人，其辛勤程度未必小于职务发明人。在剩余价值分配方面赋予此类劳动者同样的权利，似乎更为公平。但实际上，法律并不强求雇主和此类雇员分享劳动成果的剩余价值，而将是否以及何种程度上共享剩余价值的决定权交给雇主。商业现实中普遍存在的管理层激励便是最好的注脚。相比职务发明人，管理者以权谋私或者怠于履职的可能性更高、危害更大、监督也更困难。正因如此，管理层激励成为普遍的商业实践，❶ 并引发了相当多的学术关注。尽管如此，并没有法律要求企业与管理者分享管理活动的收益。如果从劳动对企业的重要性来看，"管理与服务的进步远远比技术进步重要"，因为"没有管理，人才、技术和资金就形不成合力"，❷ 如果在更关键的管理问题上，法律都愿意让企业自己决定最佳的利益分配格局，那么在发明激励上，强求企业与职务发明者分享剩余价值并不具备充分的正当性。

可能有人反驳，指出管理者尽管和职务发明人一样，其劳动可能体现了高额代理成本；但与职务发明人不一样之处，在于职务发明人往往不具备决定自己薪酬的权利，面临薪酬过低的问题，而管理者常常能够直接或间接地决定自己的薪酬，法律需要处理的反而是其薪酬过高的问题。❸ 且不论欧美部分学者提出的管理层薪酬过高命题本身是否成立，❹ 也不表中国的管理层薪酬实践与欧美截然不同，❺ 即使承认这种质疑有一定的合理性，仍无法回避诸多其他形式的雇佣劳动者不能受到职务发明人享有的优待的问题。例如，对于现代经济而言，符合市场需要的成功营销能够有力促成供给与消费的匹配，催生更多的合意，从而提升社会福利。而且现代

---

❶ 至少在美国，"在 20 世纪 90 年代早期，股票期权取代了基本工资，成为除了共用事业企业外所有行业［CEO］薪酬最重要的组成部分"。(Kevin Murphy. The Level and Structure of Executive Compensation［M］//Handbook of Labor Economics, vol. 3B, Elsevier, 1989: 2485 – 2563, 转引自: Roberta Romano. Foundations of Corporate Law［M］. 2nd. Ed. Foundation Press, 2010: 427.)

❷ 黄卫伟. 以奋斗者为本: 华为公司人力资源管理纲要［M］. 北京: 中信出版社, 2014: 25.

❸ 批评管理层高薪的主要著作见: Lucian Bebchuk, Jesse Fried. Pay Without Performance: The Unfulfilled Promise of Executive Compensation［M］. Harvard University Press, 2006. 对中国管理层激励的简要介绍，参见: 邓峰. 普通公司法［M］. 北京: 中国人民大学出版社, 2009: 598 – 599.

❹ 贝布丘克和弗里德提出的管理层过度激励命题，遭受了广泛批评。(Roberta Romano. Foundations of Corporate Law［M］. 2nd Ed. Foundation Press, 2010: 427.)

❺ "我国国有企业经理人一直存在激励不足的问题"。(张维迎. 理解公司: 产权、激励与治理［M］. 上海: 上海人民出版社, 2013: 474.) 更多鲜活的故事，可见《激荡三十年》(吴晓波，中信出版社，2014)。例如，褚时健管理玉溪卷烟厂时，收入曾长期与职工持平 (《激荡三十年 (下)》第 162 页)；倪润峰任长虹董事长期间，薪酬仅为 2.6 万股长虹股票外加年薪 20 万元 (《激荡三十年 (下)》第 219 页)；春兰集团改制前，其主要管理者陶建幸的月薪为 3500 元 (《激荡三十年 (下)》第 260 页)。

社会众多的科技消费，都完全不是维持生活的必要消费，因此不由消费者的需求预先决定，而是在很大程度上由企业所引导。前期市场调查因而甚至决定研发的方向。换言之，过去的科技市场很大程度上是研发主导型的，即先研发再推销；而现在的生存法则转化为了销售主导型，即先探索和培育客户需求，再调动研发手段实现销售目的。❶ 就此意义而言，市场调研和市场营销部门的贡献，同样不低；而其劳动，同样难于监督；至于这些部门的劳动者，大部分和职务发明人一样，并不具有决定自己薪酬的能力。无论法律是出于效率还是公平考虑，给予职务发明人参与剩余价值分配的权利，都面临着解释为什么不基于同样考虑，赋予类似雇佣劳动者相同权利的理由。

在过去，发明活动更个性化、单独化，发明者个人在发明带来的社会福利中的贡献比例更高；而现在，发明活动趋于组织化、复合化，发明者个人的贡献比例降低。因此在过去，认为职务发明人有权参与剩余价值分配很可能是有益的想象现实；但这一做法在今天更合适的定位，是可供选择的投资建议。如果立法者执意在时过境迁之后，将过时的想象现实上升为法律制度，相当于抛弃这一想象现实成因中的深层合理化因素，单单保留其已经未必合理的形式因素。❷

总之，同样是对职务发明和其他雇佣劳动成果的分配予以不同对待，演化形成的差别待遇承载着理性主体长期磨合出的集体智慧，而建构定型的差别待遇却面临刻舟求剑的尴尬。各种类型的雇佣劳动都可能依具体情况不同体现出不同的代理成本，覆盖代理成本光谱上的一段连续区间。劳动类别的标签，最多只能提示这段区间接近代理成本光谱某一端的概率，却无法

---

❶ 黄卫伟. 以奋斗者为本：华为公司人力资源管理纲要［M］. 北京：中信出版社，2014：27.

❷ 人类与其他生物的根本区别之一，在于人是"未被规定的"动物，人的生物规定性不同于白蚁或蜜蜂，无法完全建立社会规范。人与人之间的互动模式，很大程度上是人为拟制的产物。（［德］齐佩利乌斯. 法哲学［M］. 金振豹，译. 北京：北京大学出版社，2013：59，189.）宗教、国家、金融与法律，莫不属于人为拟制的产物，在人类社会发展过程中却起到了决定性作用。这种非由基因决定行为的模式被称作"想象的现实"。有学者认为很多想象的现实最初产生于功利层面的社会需求，甚至只是历史的偶然，但一旦在认识层面被固定，往往就不再受制于产生之初的需求检验，而走上独立发展的道路。如果不经常检验想象现实的表现形式，任其按照自己的教条路线发展，想象的现实很容易蜕变为扭曲的制度，阻碍社会发展。（［以］尤瓦尔·赫拉利. 人类简史：从动物到上帝［M］. 林俊宏，译. 北京：中信出版社，2014：134–135.）

确定个案中该类劳动代理成本的具体大小，因此也不可能预见个案中解决代理成本问题的最佳途径。无论是职务发明，还是其他雇佣劳动，都既可能通过允许代理人参与剩余价值分配达到资源最佳分配的效果，也可能通过其他途径达到同样目的。忽略各种劳动在代理成本光谱上的连续性，硬生生地根据劳动成果是否为发明将利益格局一分为二，难以找出正当化理由。

可见，强制雇主为每项职务发明计算并支付奖酬的规则，无法在与其他雇佣劳动利益分配模式的比较中获得充分的正当性。代理成本能够为自发生成的区别对待职务发明和其他雇佣劳动成果提供解释，这一解释却恰好说明强制进行区别对待有违经济理性。

二、资源调配的二元模式及其对应的职务发明奖酬规则

既然职务发明归根结底是经济组织内部的资源调配方式，以理解经济组织生成和运行的基本视角来检验职务发明默认奖酬制度显得天经地义。而科斯为经济组织提供的存在理由，恰恰否决了职务发明默认奖酬作为强制规则的正当性。

在具体运用科斯就企业性质提出的洞见分析职务发明问题前，首先有必要明确科斯的企业性质理论适合用以分析职务发明制度的原因。

一方面，职务发明制度的基本价值取向是功利性的，而企业制度的一系列基石原则正是秉承功利原则设计资源调配最佳方式的典范，因此分析经济组织的基本原则完全可以作为检验职务发明制度的有效工具。设计与调整职务发明制度的目标固然可以有很多层次，但其最根本的诉求不在于照顾发明人的情绪、保障发明人的个体利益，而在于引导社会资源在创新与非创新活动之间、在不同类型的创新活动之间进行最合理的分配，从而实现社会利益的最大化。在调整创新活动的规则中，专利法和著作权法是最典型的两部分。无论是从典型的法律想象还是实在的立法表现来看，发明人与发明之间的精神联系，都比不上作者与作品之间的精神联系。这一点从著作权包括精神权利而专利权纯粹由财产性权利构成，可见一斑。换

言之，将专利法的基本价值取向理解为功利性的，应该是正确的方向。

另一方面，职务发明区别于非职务发明之处，正在于职务发明产生于组织化而非零散化的社会生产框架中，而公司法的基本原则正是处理社会经济组织中效率与公平问题的最佳工具。从调整资源分配的角度来看，经济规则可以大致分为两类：一类关注在即时清结的、零散的交易中如何设定参与各方的最佳激励；另一类则关注在笼统处理的、持续的交易中如何引导参与各方的最佳行为模式。两类不同的社会关系背后，有不同的经济理性基础，其差异性应当体现在相应的法律框架中。如果对零散交易适用长期契约的规则，或者反之强迫长期存在的交换关系适用即时清结的规则，都会扭曲最佳的交易模式，从而阻碍不同交换关系促进社会福利增长的活力。职务发明产生于雇佣关系中，而雇佣关系是后一类法律关系的典型代表。早期关于职务发明制度的分析都没有关注这一点，"替每位职务发明人精确计算奖酬"的理念更是直接要求职务发明奖酬采取类似零散交易的议价模式。本研究从经济组织基本原理的角度分析职务发明奖酬制度，意在将职务发明奖酬置于更贴切的视角之下，从而检验这一贴切的视角能够带来原本应当是显而易见的启示。

（一）资源配置的价格机制与科层结构

既然公权力干预职务发明奖酬的最终目的在于激励创新，自然需要各种不同的激励机制，并从中选取最恰当者加以运用。

常规激励模式是价格机制，即根据对收益的预判来决定是否付出成本。如果缺乏收益预期，理性人会选择退出特定市场，将自身资源转投其他领域。可能正是基于对价格机制的理解，才一度存在确保发明人贡献与奖酬精确挂钩的冲动。政策制定者致力于通过保障雇员从每一项职务发明中获得收益，试图提升雇员从事职务发明的积极性。

这一思路看似理据充分，却忽视了价格机制并非唯一的激励范式。价格机制只是配置资源的模式之一，在市场主体之间发挥作用。在市场主体内部，资源配置却遵循着迥异于价格机制的模式。这种模式，科斯将其称为企业内部的"科层制"。如同第一章所述，将价格机制和科层式的企业运作并列为资源配置的两种方式，正是科斯 1937 年在《企业的性质》中做出的开创性贡献。

（二）激励发明的自决模式与强制模式

职务发明奖酬制度的实质，在于通过法律手段规定企业内部与职务发明相关的资源配置，即企业应以何种对价"购买"雇员的发明。不通过法律规定职务发明奖酬制度的国家，将定价权赋予交易双方。而定价权，既包括约定的内容，即企业"购买"发明的金钱或非金钱数额与方式；也包括约定的形式，尤其是企业"购买"发明的交易条件，是否必须通过形式上独立的合同或合同条款加以确定。在通过法律规定职务发明奖酬制度的国家，根据法律干预的程度，前述交易双方可以自由约定的范围会相应受到不同的压缩。

在研究典型的法定职务发明奖酬制度时，目光容易被法定的金钱化奖酬数额所吸引，并认为这是法定职务发明奖酬制度的根本特征，即压缩职务发明奖酬约定的内容空间。但实际上更为基本的干预，还在职务发明奖酬约定的内容方面。如果假定生产资料在企业之间的流动是自由的，即企业为了获取生产资料，相互间必须展开竞争，则有理由相信，企业在边际成本不高于边际收益的情况下，有动力支付对价以获取必需的生产资料，包括具有创新能力的雇员。因此，无论雇佣双方是否就发明单独约定了奖酬的支付方式与支付数额，对于竞争中的企业而言，合理的推定都应该是雇主已经支付了激励雇员做出发明的对价，而非假设发明是在雇主没有提供足够激励的情况下做出的。❶

---

❶ 本段推理的前提是雇员承载的劳动力生产要素能在企业间自由流动。如果这一前提不成立，当然无法得出雇主向雇员的发明支付合理报酬的结论。例如当企业通谋限制雇员流动、压低雇员报酬时，报酬便没有充分反映雇员的贡献。典型事件如苹果、谷歌、英特尔和 Adobe 公司被指控达成"互不挖角协议"，最终以 4.15 亿美元同雇员达成和解，作为原告的每位雇员将获得平均约 6500 美元的补偿。（Chris Isidore. Google，Apple and Other Tech Giants Settle Antipoaching Case for ＄415 Million［EB/OL］.［2020 - 12 - 13］. http：//money. cnn. com/2015/01/16/technology/google - apple - antipoaching - settlement/index. html.）这种弊端应由反垄断法处理，而非由职务发明规范予以解决，因为职务发明规范调整的是个别雇主与雇员的关系，而前述弊端源于不同雇主之间的合意，二者口径完全不吻合。

从《企业的性质》提供的视角看，在竞争充分的前提下，雇佣双方就职务发明奖酬进行的约定，可能存在两种情况：一种是以单独合同或单独条款的形式存在；另一种是作为劳动合同的一部分，不具备单独合同或单独条款的形态。企业在决定是否需要单独明确职务发明奖酬条件时，考虑的最重要因素是单独缔约的成本与收益。将职务发明奖酬约定单独化的成本很好理解，雇主无论是通过与各雇员个别缔约，还是通过公司规章的形式进行集体约定，都不仅存在谈判成本，而且存在执行成本，尤其是为计算合理的奖酬额度而产生的成本。而职务发明奖酬约定单独化收益的主要体现，在于通过清晰的事前约定，明确双方的出价意愿与合理预期，避免事后追溯各方，尤其是雇员，希望通过合同获得的利益范围产生的巨大成本。很显然，职务发明奖酬的约定越详细，事前缔约的成本越高，但事后反推约定内容的成本越低。因此企业在决定是否将奖酬约定单独化时，会在力图避免新增成本的同时，追求避免约定不清带来的成本与风险。如果节省下来的单独缔约成本，不能抵消约定不清带来的成本与风险，企业会将约定条件单独化、明确化；但如果节省下的单独缔约成本多于约定不清带来的成本与风险，企业将容忍具体事项上的约定不清，安于在风险出现后再予承担。从雇员的角度看，单独计算每项职务发明的奖酬可能造成多发明多得的假象。但由于发明支出预算的控制权在企业，单独化未必能够提高发明人所得，而有可能只是对原有发明预算的分割支付。所以发明人真正关心的不是报酬支付是否足够细分，而是总体上获得足够的报酬。在劳动力市场足够健康的情况下，雇员只有在获得足够报酬的情况下，才会有足够的积极性付出工作所需的体力与智力。

雇佣合同中规定的工资与福利，已经体现了雇佣双方对雇员发明能力的事前估价。尽管这一估价，在发明成功的情形下可能显得对雇员补偿不足，但结合事前双方对风险的态度，仍是对双方事前估价的最真实反映。毕竟雇员和雇主在发明前都不知道发明是否能成功，鉴于自然人通常比企业更倾向于规避风险，尊重雇员在事前接受的、作为工资和福利构成部分的发明能力估价，实际尊重了雇员的规避风险的偏好。如果一定要求雇佣双方将雇员的发明能力单独估价，雇主的自然反应将是降低给予雇员的固定回报，即无关发明成功可能的回报。这相当于将发明失败的风险从企业

转移给了雇员。而这极可能违背雇员寻求一份稳定报酬的初衷。❶

《职务发明条例草案》一方面督促企业通过单独的合同或条款进行单独定价，另一方面通过缺省规范设定了单独计算职务发明奖酬的量化标准，两种方式的实质都在于要求企业将与雇员发明相关的能力从雇员向企业做出的其他贡献中剥离出来，单独定价。而这种单独定价恰恰违背了企业因其统和性而具备的优势，从根本上动摇了企业对其内部资源不通过价格机制、而通过统筹规划加以调配的能力，因此也从根本上危及了企业作为非市场资源调配机制的正当性。企业之所以采用雇佣方式将具有发明能力的个人纳入企业的生产机制中，而没有采取委托方式让这些个人游离在自己的生产机制之外，就是因为长期的雇佣合同比零散的委托合同更能有效地利用企业资源，降低交易成本，提高企业产出。强制企业对发明单独定价，类似于将雇佣关系中关涉发明的生产资料供给剥离出来，设定类似委托的合同条款。二者此时的委托，对被委托人（雇员）而言近似风险代理：做出发明才有报酬，做不出发明便没有报酬。

如果是否能够做出发明完全取决于作为自然人的被委托人（雇员）是否有足够的激励，那么将关涉发明能力的雇佣关系转化为类似委托的交易框架，似乎并无不妥。问题在于，现代社会中，是否能够做出发明，最重要的因素常常不是在物理意义上从事了发明活动的自然人是否有足够的激励，而是为了实现发明而整合资源的经济体是否有足够的激励来进行资源整合。现代社会的典型发明，并非自然人发明者孤军奋战的结果，也迥异于天才灵光一现式的假想图景，而更多的是市场分析、需求拖动、资金先导、团体奋战的结果。所以仅仅是单个自然人发明者具有足够的激励，未必能成就发明。发达经济体中的大部分发明系职务发明而非委托发明，说明要求外包发明活动，为发明相关劳动单独定价，并不符合经济现实中主流发明活动背后的生产资料组织结构。

合同的长期性，意味着企业和某项生产资料的提供者无须每次都就生产资料的供应洽谈成本、订立合同以及设定合同履行机制。双方将一连串

---

❶ Robert Merges. Law and Economics of Employee Inventions [J]. Harv. J. L & Tech, 1999, 13: 16.

彼此分割的合同综合为一份合同。分别订立合同的优点在于合同条件能够真实反映双方的贡献，简单地说，生产资料提供方获得的价格，真实地反映了该部分生产资源对企业的贡献。但正如前文所言，缺点在于发掘、谈妥该价格的代价太高。长期的、笼统的合同，关心的不是生产资料提供的单次真实对价，而是较长时间段内的平均真实对价。当着眼点在于单次生产资料的交换时，对价可能显得过高或过低。但在资源流动自由的大环境下，平均对价能够基本真实地反映生产资料对企业的长期价值。因此，在资源流动自由和市场有效的前提下，通过企业框架下的长期合同取代普通交易的零散合同，在降低交易成本、实现效率目标的同时，并未妨碍公平目标的实现。

合同的开放性，意味着企业和生产资料提供者在就未来很长一段时间签订合同时，并不能如单次合同谈判般精确定义各项合同条件。实时履行完毕的合同重视具体权利义务关系的认定，而持续性合同除此之外还重视未来调整机制的设定。调整机制可以分为两大类：一类是事前分配机制，典型的如公司章程中除了规定股东的出资额、利润的分配方式等具体权利，还特别重视公司内部的权力架构和表决机制；另一类是事后分配机制，典型的如劳动法除了规定劳动时间、工资水平等具体权利义务，还特别重视纠纷解决机制的设定。上述两类调整机制的共性在于承认持续性合同的很多条件无法在缔约当时精确设定，而有必要随着时间推移而进行必要的补充。强求缔约时具体设定所有条款，并不经济。

合同的风险偏好适应性，意味着同一份长期合同，可以满足不同当事方的不同风险偏好。设想一个不存在长期合同的环境对风险规避的生产资料提供者意味着什么：他只能签订一份份零散的单次即时履行合同。在签订第一份合同前，他并不知道将来的市场变化会造成这些合同中的哪一些带来较高的获利，哪一些只有很低的获利。如果他偏好规避风险，自然的选择很可能是从获利较高的合同中抽取部分资金进行投保，以便在未来某些零散合同回报不高时维持一定的收入水平。但外部投保伴随较高的成本，既因为保险公司作为企业和生产资料提供者之外的主体，要确定合适的保费需要付出高昂的成本；也因为履行投保程序本身就意味着不菲的时间与精力付出。一次谈判、长期有效、持续履行的合同，可以满足生产资料投入方规避风险的需求。因为合同对价尽管低于未来零散合同中可能获利的峰值，但峰值与实际价款之间的差额恰恰是生产资料利用方（企业）承担风险的对价。由此，企业实际发挥了保险的作用。❶ 而且，由于企业和生产资料提供者更容易获得市场上此类生产资料价值与风险的相关信息，所以由企业消化生产资料市场化风险的成本，低于通过外部保险机制消化该风险的成本。

三、奖酬自决的经济理性基础

职务发明奖酬约定的形式自决包含两个层面的含义：一是是否允许将职务发明奖酬交易条件并入整体雇佣约定之中，不强求将其单列；二是单位在多大程度上享有支付非金钱对价的自主空间。《职务发明条例草案》意味着对第一层面自由的绝对限制，因为《职务发明条例草案》不承认未进行单独奖酬约定的雇佣合同中包含了职务发明的对价，所以职务发明的奖酬条件，或者通过雇佣双方的约定，或者通过适用默认最低奖酬，一定会被单独化。雇主丧失了不为激励职务发明单独制定交易条件的自由。

《职务发明条例草案》对第二层面的限制相对间接，但影响不容小觑。《职务发明条例草案》认可的约定自由包含三个方面，即"程序、方式和数额"。❷ 其中"方式"一项，应该理解为奖酬采取金钱还是非金钱，以及具体哪种金钱或非金钱形式。例如《职务发明条例草案》明确提及的"股权形式"，鉴于兼具财产权和社员权，可属金钱和非金钱利益的结合，但以金钱利益为主。❸ 但基于两方面的考察，仍然有理由相信《职务发明条例草案》在一定程度上限缩了采取多样化对价激励发明的自由。一方面，在缺乏约定的情况下，法律认可的奖酬支付方式限于纯粹的金钱方式。另

---

❶ 将企业视为抵御风险的工具的观点并不新奇。作为公司基本特征的有限责任，就被视为保险之替代形式。Frank Easterbrook, Daniel Fischel. Limited Liability and the Corporate [J]. U. Chi. L. Rev., 1985, 52: 89 – 93.

❷ 《职务发明条例草案》第18条。

❸ 《职务发明条例草案》第23条。

一方面，即使有约定，该约定也受到《职务发明条例草案》第18条、第19条和第22条的限制。第18条是关于约定效力的主要条款，从正、反两方面对约定的方式和内容进行了限制。就正面而言，约定必须符合第19条和第22条的要求，其中第19条致力于保障雇员的意见陈述权和信息获取权，第22条确定了单位在确定报酬额时必须考虑的因素。就反面而言，"任何取消发明人根据本条例享有的权利或者对前述权利的享有或者行使附加不合理条件的约定或者规定无效"（第18条第2款）。该款的宽泛措辞可能使《职务发明条例草案》中提到的各项发明人权利丧失可转让性。当然，如果在具体操作中对第18条第2款严格解释，将"取消权利和附加不合理限制"界定在非常狭窄的范围内，仍能基本保障约定自由。但如果采取宽泛解释，则会对约定自由造成实质减损。《职务发明条例草案》的措辞，尤其是第18条第2款中"任何"一词，若采文义解释，很可能导致宽泛而非严格的解释结果。因此有合理理由担心，《职务发明条例草案》在实务操作中给希望自由约定合同内容的当事人造成不确定感，以及随之而来的不敢任意约定的心理压力。因为偏离默认规则越远，效力越可能被质疑。在不确定约定自由将在多大程度上受限的心理支配下，最保险的途径是以《职务发明条例草案》的默认规则为标准，照搬或至少尽量模仿默认规则，作为约定的职务发明奖酬。

限制奖酬自由约定的空间，非但不能促进技术进步，而且可能阻碍创新，这一点可以得到不同分析的支撑。

（一）团队合作与测度难题的矛盾

"测度问题"在智力贡献回报领域，体现得尤其明显。这主要是因为智力贡献的多少不似有体产品的产量一般容易测度。有体产品的产量具有直观性、客观性，无须过多成本，便能确定与投入挂钩的回报，并加以执行。一旦当投入脱离有体产品范畴，确定贡献的边界本身就花费不菲，将贡献转换为回报并加以执行的成本也不低，因此总体而言，单独测量不直接表现为有体物的贡献，成本不容小觑。市场给予单位的回报，是对各种智力投入和非智力投入总和的回报。其中的智力投入，既包括《职务发明条例草案》列举的发明活动，也包括不能囊括入其中的活动，例如产生著作权法上作品的活动、企业管理活动或者市场营销活动。区分不同类型智力活动各自的贡献，已非易事。若要细分每种智力活动内部单个投入者的贡献，很可能造成细分成本超过细分收益的结果。诚然，正如阿尔钦和德姆塞茨指出的，很多时候投入与收益之间的正相关关系是明显的，因此测度的成本并不高昂。但如果精细测度贡献的成本低于收益，没有理由认为企业不会主动采取细致的测量方法，加强单独激励。本部分的分析只是指出，不应要求在任何情况下必须单独测算单项发明活动的贡献，因为不排除单独测量的成本大于收益，破坏企业"整体大于部分之和"的聚合效应。

国内关于研发管理的文献充分体现了前述理论。企业研发管理的效绩考评有鲜明的特点，即创新性工作监管不易。❶ 更有研究指出，尤其在开拓新产品的"非连续性创新活动"中，研发与营销是齐头并进、不可分割的两部分。❷ 要从成功开拓新产品市场的收益中将研发的贡献分割出来，难度很大。更何况将研发本身再分为不同部分，分别确定对应于其贡献的收益。尤其在面对复杂技术难题时，往往只有高度合作的团队才能有效解决问题。对创新群体内部绩效管理的模型分析表明，在需要高度合作的创新团体内部，成员地位趋于平等。❸ 随着发明的单兵化程度降低、组织化程度提高，发明团队逐渐扩大。例如德国的数据显示，每项发明涉及的发明人数量一直在增长。❹ 而中国的大量发明也有不止一名发明者，例如，1985～1998 年 PC/ABS 中国专利进行分析，排名靠前的通用公司平均每项专利涉及 3.33 人。❺ 其他国家的研发也呈现同样的趋势，考虑到就每项发

---

❶ 韩育彤. 企业的研发管理与绩效管理［J］. 中外管理导报，2001（11）：42.

❷ 马玲. 面向不连续创新的企业协同产品研发管理研究［D］. 上海：复旦大学，2005：61.

❸ 戚湧. 创新群体合作研发绩效的制度分析［J］. 科学学与科学技术管理，2011（10）：170.

❹ 德国专利商标局 2005 年年报表明，每项专利平均涉及的发明人数，从 1995 年起持续增长，分别为 1.96、2.00、2.02、2.03、2.03、2.08、2.15、2.22、2.26 和 2.30 人。DPMA Jahresbericht 2005，S. 13. 该年报可通过电子邮件（presse@ dpma. de）从德国专利商标局处获取。

❺ 袁绍彦，刘奇祥，叶南飚. PC/ABS 中国专利分析［EB/OL］.［2020－12－13］. http://wenku. baidu. com/link? url = AVmRxwXx1l3_EEzWL5qUMG0AXgtZLj2J2plpQOAE55_JO6hDt4Cr88IC_N_sry－hTHtfS_bGvGm20p9IjOsz5－ja7IcouA9JvgLIh329a.

明给予雇员的奖酬总额往往<u>不</u>高，每位雇员从中获得的份额更是微薄。❶

其他国家大量关于研发管<u>理</u>的文献也表明，企业创新活动中的各个子项呈现强烈的互补性，精细<u>化</u>非常困难。很多研发项目管理中，最重要的任务就是如何发挥团队优势<u>、</u>实现聚合效应。❷尤其在创新团队扩张的情况下，确定每名团队成员贡<u>献</u>的成本也相应提高。有趣的是，《职务发明条例草案》的起草者并非没<u>有</u>注意到现代研发的团队性。在阐释起草动机时，明确提到"随着科学技<u>术</u>水平的提高，发明本身的复杂程度增加，完成一项先进的技术不仅需<u>要</u>知识和技巧，而且更多地依赖于团队合作"。❸但起草者并没有意识到<u>伴</u>随团队合作而来的测量难题。实际上，不同国家的文献在涉及研发管理<u>问</u>题时，都强调团队合作的重要性以及精确测度个别成员贡献的困难。这<u>是</u>由研发活动不同于体力劳动的本质决定的，具有普遍性。职务发明奖酬<u>如</u>果以激励研发为目标，不能不考虑研发管理的管理成本。

判断哪些产品或部件运用了<u>发</u>明，已属不易。德国专利商标局所设的职务发明仲裁机构主席在总结仲裁实践中遇到的问题时，曾提到"在很多企业，尤其是大企业和企业集团中，分析营业额中有多少与特定发明有关，非常困难。有的时候只有发明人自己才知道，企业或企业集团的哪项产品、哪个部件或者哪个生产环节用到了自己的发明"。❹

（二）创新多样与奖酬限定的抵触

前文质疑了《职务发明条例草案》希望引入的职务发明奖酬规范，是

---

❶ 据推测，很大一部分发明的每年奖酬不足 250 欧元。即使在德国专利商标局仲裁机构解决的纠纷中，每年 2000 欧元以下的奖酬仍然构成主要部分。每年 12500 欧元以上的不足 0.2%。（Brunc. Bewährtes Deutsches Arbeitnehmererfindergesetz？[M]. Carl Heymanns Verlag, 2010：281 – 282.）

❷ Robert Merges. Law and Economics of Employee Inventions [J]. Harv. J. L & Tech, 1999, 13：21.

❸ 《关于〈职务发明条例草案（送审稿）〉的说明》第 5 页。

❹ Ortwin Hellebrand. Änderungsbedarf für das ArbEG aus der Sicht der Schiedsstellenpraxis（Vortrag anläßlich der VPP – Fachtagung Frühjahr 1999）[J]. VPP – Rundbrief, 1999（2）：39 – 40.

否能起到激励《职务发明条例草案》所列发明的作用。除了这一质疑，还有研究表明，专注于狭窄创新活动的职务发明奖酬，可能减损其他创新的激励。

根据起草者的初衷，职务发明奖酬规范的目的在于"提高自主创新能力、建立创新型国家"。❶ 但"创新"的范围其实极其宽泛，而职务发明奖酬涉及的只是其中极为有限的一小部分。"创新"就其最直观的意义上理解，即任何增大现有知识存量的行为。其范围既不限于产生知识产权法客体的行为，更不限于产生《职务发明条例草案》列举的"发明"行为。对于不落入职务发明奖酬规范的其他创新活动而言，职务发明条例奖酬不仅没有激励作用，甚至存在阻碍作用。创新明明是犬牙交错、环环相扣的复杂机制，职务发明唯独挑选发明人一环，要求单位给予奖励。这样的制度不仅不能激励创新，反而可能存在阻碍作用。❷ 在众多批评意见中最值得注意的，是法律干预下的职务发明奖酬所激励的创新，未必是最符合市场效率的创新。

从雇主的角度讲，如果未能与雇员单独就奖酬进行明确约定，而法律又推定笼统的劳动报酬中不包含职务发明奖酬，则为了避免另付奖酬，雇主可能放弃职务发明的申请和实施，而选择无须支付奖酬的其他方案（例如，选择只涉及著作权，而不涉及职务发明的创新）——哪怕不存在单独计算奖酬义务，这一无须支付奖酬的方案仍然只是次优选择。❸

从雇员的角度看，职务发明奖酬规范激励雇员在进行创新活动时，首要的考虑因素未必是经济上最高效的解决方案，而是最可能符合获得职务发明奖酬的方案。毕竟，不同创新活动符合职务发明奖酬前提的程度大不

---

❶ 《关于〈职务发明条例草案（送审稿）〉的说明》，第 1 页。

❷ Manly, D. G. Inventors, Innovators, Compensation and the Law [J]. Research Management, 1978, 21: 29 – 32. 转引自: Dietmar Harhoff, Karin Hoisl. Institutionalized Incentives for Ingenuity – Patent Value and the German Emmployees' Invention Act, Discussion paper 2006 [EB/OL]. [2020 – 12 – 13]. http: //epub. ub. uni – muenchen. de/1262/1/German _ Inventor _ Compensation _230106 _ DP _ LMU. pdf, S. 6.

❸ 德国工业界曾表达过这一顾虑，参见德国工业产权专家协会主席在 1999 年年会上的讲话: Begrüßungsrede des Präsidenten des VPP, Herrn PA Dr. K. Höller, anläßlich der Frühjahrstagung am 29. Und 30. April 1999 in Dresden, VPP – Rundbrief 2/1999, S. 28.

相同。例如在优化商业结构和进行职务发明之间，或者在涉及著作权和设计发明专利权的活动间，雇员都更有动力从事后者——哪怕对单位而言后者并非收益 - 成本率最高的活动。❶ 如果单位根据实施或者许可他人实施发明所获得的年收益支付报酬，甚至可能出现雇员为了延长获得报酬的时间，避而不用更优方案的可能。❷ 在发明人身兼技术开发和团队管理双重身份时，这一担忧最可能成为现实。以上来自单位的抱怨与担心，不过是公司法中代理成本问题的具体反映而已。对市场化的单位而言，如果没有职务发明规范，将只在成本合理的情况下单独固定职务发明奖酬条件，雇员依此投入的创新成本，将自动筛选出符合企业利益的创新活动，从而降低代理成本。而法律干预下的职务发明奖酬规范，破坏了这一筛选机制，也破坏了雇员层面激励和雇主层面激励的一致性，从而恶化了代理成本问题。

（三）激励目标与激励效果的背离

正如对创新多样性和奖酬限定性矛盾的分析所展示的，不恰当的激励不仅不会带来正面效果，反而可能造成意想不到的负面影响。这与《职务发明条例草案》默认有激励就有正面效果的假想图景并不符合。强行让雇员收入与特定类型智力成果挂钩，相当于以这些特定智力成果作为指标考核雇员的工作。

笔者无意指责《职务发明条例草案》着力推行的默认奖酬会打击雇员的发明热情，但的确希望通过对反向激励现象的剖析，提醒立法者❸物质奖励的效果未必如设想般灵验。指望通过强制把职务发明人纳入剩余价值分配，激励职务发明人做出更多的发明，未必能够达到目的。或者，即使

---

❶ Brune. Bewährtes Deutsches Arbeitnehmererfindergesetz? ［M］. Carl Heymanns Verlag, 2010：302.

❷ Klaus Brockhoff. Ist die kollektive Regelung einer Vergütung von Arbeitnehmererfindungen wirksam und nötig？［J］. ZfB, 1977：683.

❸ 《职务发明条例草案》如果通过，系部门规章。其制定者并非制定立法法意义上"法律"的立法者。但为了行文简洁，本书将部门规章制定者也称为立法者。

能够达到目的，也可能是激发了职务发明人做出《职务发明条例草案》认可的发明的动力，而相对消减雇员参与无法测度、却利于企业整体生产能力提升的活动的动力。立法者固然可能通过奖励提高《职务发明条例草案》认可的发明的数量，但这些发明数量的提升并不等于企业能力的提升。对于身处市场中的企业而言，只有能够转化为市场需求的创新才值得追求，指标式的创新本身并无意义，甚至可能牵扯太多精力，影响资源向其他方面的流动。

前述三方面分析，从不同方面指出《职务发明条例草案》规划的奖酬制度并非提升国家创新力的灵丹妙药，反而可能事与愿违地破坏良好的研发生态，使《职务发明条例草案》追求的效率目标落空。本章的后一部分，还会进一步分析，如果《职务发明条例草案》意图追求再分配目标，其选择的默认奖酬规则也无法实现。

四、对可能质疑的回应

前文已从正面阐述了支持企业奖酬自决的理由，下文将从反面分析以下质疑不足为虑的理由。

（一）约定自由已受保障，放宽限制有损创新？

对这一质疑可以从两方面予以回应。一方面，关于职务发明的现行规范和发展趋势并没有保障足够的合同自由；另一方面，允许单位享有更大的奖酬自决权并不会减损创新激励。就第一方面而言，《专利法实施细则》2010 年修改后确定的现行框架下，所有类型的单位都必须为职务发明奖酬制定单独的交易条件，并不享有将职务发明奖酬条件并入整体雇佣交易框架中的自由。如果《职务发明条例草案》通过，合同自由的范围会进一步受限。例如雇员知情权将成为一项不可转让的权利——哪怕在客观第三人看来，实施权利的成本将超过权利带给雇员的利益，雇员将知情权出卖给雇主的约定有着充分的经济理性基础，转让也会被判无效。❶ 所以现有合同自由已经不足，进一步限制或者会引发不合理的经济结果，或者会造成对规则的规避。另一方面，对于市场化的单位而言，放宽约定空间并不会减损激励。如果雇主预见创新活动有利可图，通常会选择以成本恰当的方式给予雇员激励。德国工业协会曾展开过一项针对接近 800 家企业的问卷调查，问题之一就是如果没有法定职务发明奖酬规范，企业是否会选择给予职务发明人奖酬。结果总共有 86% 的企业做出了肯定的回答。而且每年专利申请量越高的企业，主动给予职务发明奖酬的积极性也越高。❷ 这项调查结果不仅说明取消奖酬义务并不意味着雇员创新的动力会消失，而且说明企业的商业模式越不依赖发明，强制奖酬义务给企业带来的收益越少而成本越高。如果一项制度，少了它市场基本能达到同样的效果，实施它则会在社会和企业层面上都造成额外的成本，建立该制度的正当性很值得推敲。

（二）外国立法肯定奖酬，取消规制有违主流？

比较法是法律干预职务发明奖酬规范的重要论据。但比较法上的经验并不支持就所有职务发明给予奖励。例如英国专利法规定，只有当发明超越职责范围并给雇主带来显著利益时，雇主才有义务补偿雇员。❸ 丹麦专利法也规定，原则上推定职责范围内的发明已经以劳动报酬的方式获得了补偿。❹ 奥地利和意大利指出了以研发人员的特殊性，推定这类雇员已从

---

❶ 《职务发明条例草案》明确表明，雇员依法享有的基本权利既不能取消也不能限制。而"发明人的基本权利"不仅包括获得奖酬权，而且包括知情权。

❷ Brune. Bewährtes Deutsches Arbeitnehmererfindergesetz? ［M］. Carl Heymanns Verlag, 2010.

❸ Section 40 (1) English Patents Act。转引自：Dietmar Harhoff, Karin Hoisl. Institutionalized Incentives for Ingenuity – Patent Value and the German Emmployees' Invention Act, Discussion paper 2006 ［EB/OL］. ［2020 – 12 – 13］. http：//epub. ub. uni – muenchen. de/1262/1/German_Inventor_Compensation_230106_DP_LMU. pdf, S. 6.

❹ Rebel, D. Handbuch Gewerbliche Schutzrechte – Übersichten und Strategien：Europa – USA – Japan ［M］. Wiesbaden, 1993. 转引自：Dietmar Harhoff, Karin Hoisl. Institutionalized Incentives for Ingenuity – Patent Value and the German Emmployees' Invention Act, Discussion paper 2006 ［EB/OL］. ［2020 – 12 – 13］. http：//epub. ub. uni – muenchen. de/1262/1/German _ Inventor _ Compensation _ 230106_DP_LMU. pdf, S. 6.

工资中获得了职务发明的充分补偿。❶ 法国专利法则规定，雇员的职务发明补偿请求权需要合意基础。❷ 上述国家都没有要求单位就所有职务发明单独给予奖酬。

比较法上的经验尤其不支持细化的职务发明奖酬规范。以精细著称的《德国雇员发明法》的修改过程，可资借鉴。该法的立法动机是"为雇员发明领域制定尽可能全面而无遗漏的规范"。❸ 在这一思想的指导下，该法一直以"尽可能追求个案正义"为目标，通过复杂的制度要求，希望确保雇员获得应当属于自己的合理份额。但要实现这一公平目标，所需付出的效率成本实在过于高昂。后文关于职务发明的实证研究提供了详细数据。《德国雇员发明法》在遭受多年批评之后，终于在 2009 年大修，向着减少干预企业内部事务的方向发展。❹ 可见，无论是《专利法实施细则》2010 年修改对职务发明奖酬适用范围的扩大，还是《职务发明条例草案》着眼推进的职务发明奖酬的细化，都不能获得比较法上的支持。

（三）雇员地位额外弱势，必须施以立法矫正？

或许有人会从中国劳动力市场的特殊情况入手，论证法定最低职务发明奖酬的必要性。这一论证可能提出的论据，一是中国缺乏能充分保障雇员诉求的工会；二是在中国，雇员方面资源专用性投资的风险尤其突出。

---

❶ Rebel, D. Handbuch Gewerbliche Schutzrechte – Übersichten und Strategien：Europa – USA – Japan［M］. Wiesbaden, 1993. 转引自：Dietmar Harhoff/Karin Hoisl, Institutionalized Incentives for Ingenuity – Patent Value and the German Emmployees' Invention Act, Discussion paper 2006［EB/OL］.［2020 – 12 – 13］. http：//epub. ub. uni – muenchen. de/1262/1/German_Inventor_Compensation_230106_DP_LMU. pdf, S. 6.

❷ Reitzle, H. , Butenschön, A, Bergmann, J. Act on Employees' Inventions［M］. 2nd edition. Weinheim, 2000. 转引自：Dietmar Harhoff/Karin Hoisl, Institutionalized Incentives for Ingenuity – Patent Value and the German Emmployees' Invention Act, Discussion paper 2006［EB/OL］.［2020 – 12 – 13］. http：//epub. ub. uni – muenchen. de/1262/1/German_Inventor_Compensation_230106_DP_LMU. pdf, S. 6.

❸ Begründung des Entwurfs eines Gesetzes über Erfindungen von Arbeitnehmern und Beamtern, BT – Drucks. 02/1648, S. 14.

❹ 蒋舸. 德国《雇员发明法》修改对中资在德并购的影响［J］. 知识产权, 2013 (4)：86 – 91.

第二项论据所涉及的资产专用性，指在不影响资源现有价值的情况下，将资源配置给其他使用者的程度，● 是分析合同双方谈判地位的重要工具。在中国，户籍制度仍在很大程度上限制着人员流动自由。雇员一旦选定工作并进行相应住房、教育等生活投资，转换工作的成本将大大升高。这一背景使雇员在谈判中，即使雇主提出的条件不利，只要其负面影响不超过转换工作的成本，雇员仍会接受。雇员被挟持的可能性，是否要求法律干预，保证利益关系向着有利雇员的方向回调？

以上情况不是没有可能。但这一情况非中国特有，雇员因工作而进行的资产专用性投资，各国各行业均存在。而且在雇主挟持雇员之外，同样存在雇员挟持雇主的可能。例如直到 2012 年前，雇主无法要求对侵犯商业秘密的雇员执行行为保全。● 并且中国 2008 年《劳动法》修改之后，雇员的谈判地位得以加强。因此，尽管雇员作为谈判中的弱势方的确需要保护，但在现有法律框架已经通过劳动法、合同法等予以利益平衡的情况下，以雇员需要特殊照顾的假设为推理出发点，尚需更为充分的论证。而且，如果雇员处于弱势地位，更恰当的解决框架应该是劳动法而非专利法的辅助制度。

更何况，如果强制奖酬以提升雇员地位，实现更公平的再分配为目标，《职务发明条例草案》试图建构的体系能够有效实现这一目标，非常值得怀疑。对于雇主而言，短期内可能为了满足《职务发明条例草案》的需要，在研发人员原有薪酬预算之外，增加单独的奖酬预算。但从长远看来，由于《职务发明条例草案》根本不可能调控雇主的总体奖酬预算，所以雇主仅仅需要在固定预算中拨付一部分，建立奖酬基金，再从基金中支付《职务发明条例草案》规定的奖酬。这是典型的"羊毛出在羊身上"，最终的结果是研发人员作为整体，长期而言并不能从雇主处获得比没有强制奖酬状况下更多的报酬。只是在没有强制奖酬要求的情况下，雇主可以

● Oliver Williamson. Transaction Cost Economics ［J］. Handbook of Industrial Organization, 1989, 1: 135 – 182. 转引自：Roberta Romano. Foundations of Corporate Law ［M］. 2nd Ed. Foundation Press, 2010: 13.

● 2012 年上海一中院才首次颁发了针对商业秘密侵权人的临时禁令。潘静波. 上海发出首份商业秘密行为禁令 ［N］. 人民法院报, 2013 – 08 – 03 （003）.

根据自己企业的具体情况决定，研发开支中是否需要单列奖酬一项；而在存在强制奖酬要求的情况下，雇主必须细分研发开支。如果企业原本就预计与雇员分享发明剩余价值的边际收入大于边际成本，因此原本就有单独的奖酬计划，固然不会因为法律强制要求雇主履行奖酬义务本身而增添企业的管理成本，❶ 但此时显然也没有给职务发明人带来额外的再分配利益。而如果企业原本认为与雇员分享发明剩余价值并非企业的资源配置方案，而仅仅出于法律要求才单列奖酬预算，并辅以配套的单独条款谈判和执行成本，此时法律的强制要求不仅不能达到有利于雇员的再分配效果（如前所述，《职务发明条例草案》无权约束企业的总体研发支出），反而由于增加了企业的负担，可能负面影响雇员的利益。

（四）引入惩罚性默认规则，避免无效合同漏洞？

最后一条可能反对取消最低默认奖酬规则的理论，是惩罚性默认规则。这一规则认为，合同漏洞可被区分为有效率和无效率两大类。许多纠纷的发生概率非常低，事前约定成本将高于事后解决的成本，因此与其逐一事前缔约，不如留待将来万一发生纠纷再行解决，此时合同漏洞是有效率的。但如果通过事前约定解决纠纷的成本更低，则应当鼓励当事人选择约定。否则事后解决不仅引发当事人的成本，而且耗费司法资源。所以该理论视角下的规则目的，在于通过惩罚没有效率的合同漏洞，督促当事人选择最符合社会效率的合同详细程度。❷ 落实到职务发明问题，即通过设置最低默认奖酬，促使当事人进行有效率的事前约定。《职务发明条例草案》说明提到，设置最低默认奖酬的目的之一在于"促使单位完善内部规章制度"，❸ 似乎说明《职务发明条例草案》的确希望借最低奖酬标准督促各单位订立职务发明奖酬规范。

---

❶ 但仍然可能因法律的配套细则要求过于僵硬，企业为了规避法律风险而尽量贴近法律的标准利益分配模式，而偏离具体经济运作中本来最佳的个性化激励方案，从而变相增加企业成本。

❷ Ayres. Making a Difference: The Contractual Contributions of Easterbrook and Fischel [J]. University of Chicago Law Review, 1992, 59: 1398

❸ 《关于〈职务发明条例草案（送审稿）〉的说明》第 7 页。

但职务发明的三项特征排除了惩罚性默认规则的适用。

第一，适用惩罚性默认规则的前提是存在选出该规则的可能。因为惩罚性默认规则的根本目的不在惩罚，而在激励。正如刑法条款的理想不是被适用，而是通过威慑达到备而不用一样。如果不存在选出惩罚性默认规则的可能，意味着无论当事人如何努力，都不能规避被惩罚的结果。而切断努力与后果之间的联系，意味着规则并不具备引导行为的功能。尽管目的意义上的"惩罚"，其基本含义是回溯性的报复，是道义论正义观的体现，但"惩罚性默认规则"中的"惩罚"并非目的而是手段，并非回溯性的报复而是前瞻性的预防，其正当性根基在于功利主义而非道德解读。如果丧失了引导行为的功能，惩罚性默认规则也就失去了存在的意义。《职务发明条例草案》并未提供选出单独奖酬的可能。一方面，《职务发明条例草案》明确表示"任何取消发明人根据本条例享有的权利……的约定或者规定无效"，[1] 说明直接排除单独奖酬规范不可行；另一方面，如果通过约定间接排除单独奖酬，例如降低原固定工资、以降幅作为奖酬储备金，这样的约定也可能被行政机关或者司法机关认定为无效。在不确定性的压力下，雇主的理性选择是接受单独奖酬规范，哪怕单独奖酬并无效率。无法选出单独奖酬规范的事实，意味着单独奖酬只是惩罚性默认规范的定性无法获得支撑。

第二，从价值定位看，单独奖酬也不是惩罚性默认规范。惩罚性默认规范的客体，是法律持否定态度的行为或后果。正因如此，才需要以惩罚为手段促使其被选出。但从国家推进职务发明奖酬制度的初衷看，让奖酬给付单独化被认为是提高奖酬这一可欲目标的途径。所以就职务发明而言，单独奖酬不仅不是法律所欲否定的对象，反而是努力追求的方向。惩罚性默认规则在此方面也难以自圆其说。

第三，惩罚性默认规则适用的前提是无效率的合同漏洞。而在职务发明领域，前述分析均旨在表明，对处于竞争压力下的企业而言，就职务发明奖酬订立详细的事前规范，有时并不合理。此时合同对职务发明奖酬保持沉默，是理性无知的具体表现形式。如果政策制定者不能令人信服地证

---

[1] 《职务发明条例草案》第18条第2款。

明，其惩罚的主要对象是非效率的漏洞而非理性的无知，则引入的规则欠缺正当性。

以上四方面辩驳表明允许企业自由决定职务发明奖酬，并不存在理论上的障碍。

五、合理的路径选择

前述分析表明，一刀切的要求所有单位在任何情况下都承担单独计算职务发明奖酬的义务，并不合理。对于受到市场压力的单位，即使没有法律关于职务发明奖酬规定的干预，同样有动力为发明人提供足够的创新激励。比起法律干预下的激励，单位自由选择的创新激励框架，成本更小。而且《职务发明条例草案》列举的"发明"类型，不能覆盖所有有利于企业创造社会价值的创新活动。因此将调动雇员积极性的决策权交给单位，才有利于资源均衡有效地分布。理想的状况，是取消体系化的职务发明奖酬管制，依靠合同法和劳动法来平衡个案中的利益平衡失调，信赖雇佣双方能够在互动中维系动态均衡的最佳资源调配模型。

如果要在职务发明奖酬领域引入独立于合同法和劳动法的强制规范，有必要至少从承担奖酬义务的主体范围、奖酬义务针对的发明相对价值以及合理性审查的范围三方面加以限制。

职务发明制度被德国马克斯普朗克创新与竞争研究所（原知识产权与竞争法研究所）恰如其分地称为"处于劳动法和专利法交界处的法律领域"。❶ 如果单独构建一套职务发明制度的目的在于调整雇佣双方的谈判实力，劳动法应该是更恰当的工具。因为劳动法处理的基本问题，就是合同在雇佣关系中的特殊体现。所以才有学者认为，连劳动法本身都缺乏特殊性，用于理解公司法的思路完全可以用于理解劳动法。❷ 考虑到类型化可

---

❶ Straus. Arbeitnehmererfinderrecht: Grundlagen und Möglichkeiten der Rechtsangleichung（《德国雇员发明法：法律统一的基础与可能性》）[J]. GRUR Int. , 1990, 353.

❷ Daniel Fischel. Labor Markets and Labor Law Compared with Capital Markets and Corporate Law [J]. University of Chicago Law Review, 1984, 51.

能带来的效益，支持将劳动法从更一般的法律制度——无论是合同法还是公司法——中独立出来，应该还是有必要的。至于在已经存在劳动法规则体系的情况下，再将职务发明规则单独出来，建立一套繁复的制度，以确保在每项职务发明的贡献和奖酬间建立联系，很可能有违效率。尽管至今为止，法学界探讨该制度的学者还主要来自知识产权法领域，但从建构可以平滑运作的制度出发，更多地从劳动法与合同法角度考察制度的理性基础，才有利于建立理论自洽、实际有效的制度。

所以，理想的职务发明改革路径不是依循《职务发明条例草案》的思路加强对企业内部事务的干预，而是去除管制、尊重企业的自主决策。在合同法、劳动法构建的基本规则，和公司法（职务发明人有可能取得股权性回报）与反垄断法（前文述及的硅谷雇主互不挖墙脚协议❶）的共同作用下，职务发明问题应该基本能够得以解决，通过系统性的行政规章加以管制恐怕会适得其反。

《职务发明条例草案》没有言说的正当性基础，是揣测中的市场失灵。但正如科斯❷、弗里德曼❸和数不胜数的其他学者所指出的，市场固然有时会失灵，政府同样会失灵。而且，所谓市场失灵，往往指市场在某个特定的时间点没有发展出足够方便和廉价的交易机制，并不意味着将来永远不能发展出合适的交易机制。

以著作权法上的间接侵权责任规则发展为例。索尼案❹中设备制造商不用承担版权侵权责任的理论依据之一，是戈登（Gordon）认为的市场失灵理论。❺但一旦在法律上固化了市场失灵的结论，即使后续技术发展提供了交易的可行手段，享受着"合理使用"庇护的被诉侵权人便很难再有动力促成交易了。而后来网上作品传播发展出的"流量收费"（pay by use）模式，证明了市场在发掘交易模式、矫正曾经的失灵方面，有着多么

❶ 黄卫伟. 以奋斗者为本：华为公司人力资源管理纲要［M］. 北京：中信出版社，2014：27.
❷ Coase. The Problem of Social Costs［J］. The Journal of Law & Economics，1960，3（10）.
❸ ［美］米尔顿·弗里德曼，罗斯·弗里德曼. 自由选择［M］. 张琦，译. 北京：机械工业出版社，2015：29–33.
❹ Sony v. Universal City Studio，464 U. S. 417（1984）.
❺ Wendy Gordon. Fair Use as Market Failure：A Structural and Economic Analysis of the Betamax Case and its Predecessors［J］. Columbia Law Review，1982，82：1601.

强大的生命力。

但与市场天生的自我矫正机制相比，政府却没有那么"从善如流"，而切实存在被滥用的风险。"经验表明，某项政府活动一旦启动，就很难停下来；这项活动很可能不会'寿终正寝'，却极有可能不端扩大而非逐步废止，不断增加而非削减预算资金。"❶ 弗里德曼这段话所指，不限于美国，而适用于任何政府。正因为如此，弗里德曼才强调："我们应当大力发展检验手段，以对拟议的政府干预措施的收益和成本进行考察。"❷ 如果《职务发明条例草案》能真实充分地开列制度成本，主要包括政府运作与企业管理两方面的成本，还可能包含新增诉讼耗费的司法资源成本，理想的职务发明制度改革方向，将会更为明晰。

六、现实规划

（一）限制奖酬义务主体的范围

从主体角度进行限制奖酬管制，意味着即使引入奖酬义务，最多只应适用于尚未充分市场化的单位。本研究强调，适用奖酬自决原则的对象是"处于市场压力下的单位"。在中国，并非所有的单位都能归入这一类别。正是注意到这一区分，2010 年之前的《专利法实施细则》才明智地将默认的职务发明奖酬标准局限于特定类型的单位，最初是"全民所有制单位"，后来是"国有企事业单位"，因此私有经济主体在职务发明奖酬方面实际享有比较大的自由。《专利法实施细则》（2010）和《职务发明条例草案》取消了市场化主体和非市场化主体之间的界限，不能反映两种主体遵循的不同资源调配方法。

---

❶ ［美］米尔顿·弗里德曼，罗斯·弗里德曼. 自由选择［M］. 张琦，译. 北京：机械工业出版社，2015：32.

❷ ［美］米尔顿·弗里德曼，罗斯·弗里德曼. 自由选择［M］. 张琦，译. 北京：机械工业出版社，2015：32.

我国现阶段，私营经济主体和非私营经济主体在提升国家创新能力的过程中均肩负着重要任务。一方面，或许受产业升级压力所致，私营经济主体的创新动力逐渐加大。❶ 基于中关村高科技园区的 600 家企业数据的分析，显示民营中小企业的研发动力最强，而且研发效绩最优，而国有控股科技企业的研发动力最弱，研发绩效最差。❷ 从我国现在的专利申请来源看，大部分专利申请人是企业，而且企业的专利质量高于其他申请者的专利质量，❸ 尽管企业不等同于私营经济，但在相对充分市场化的主体和尚未充分市场化的主体这对二元结构中，应该基本能代表前者。因此，企业在质与量两方面成为专利申请主力的事实，应当可以被诠释为相对市场化的主体，在我国创新蓝图中占据了主要地位。对于这类主体，赋予其自主决定资源调配模式的自由，更能充分发挥其价值。但另一方面，在一些具有战略意义的重要领域，非市场化单位仍是申请者的中坚。❹ 将职务发明奖酬具体规定适用于后者，有可能改变后者中人浮于事、单位不能充分利用存量智力资源的现状。因此，如果立法者执意引入强制的默认职务发明奖酬制度，将其适用范围限定于尚未充分市场化的主体，或许能够起到一定的积极作用。

（二）限定奖酬义务的发明种类

从发明的相对价值限制奖酬管制，意味着对本身价值微小的发明，不

---

❶ 例如：福建：私人控股企业和中小型企业成为福建省企业专利申请主力军 [J/OL]. 国家知识产权局规划发展司. 专利统计简报，2006（4）. [2020 - 12 - 14]. https：//www. cnipa. gov. cn/transfer/pub/old/tjxx/zltjjb/201509/P020150911504544648114. pdf.

❷ 郭研，刘一博. 高新技术企业研发投入与研发绩效的实证分析——来自中关村的证据 [J]. 经济科学，2011（2）：117.

❸ 截至 2021 年 4 月，在国内有效专利的职务发明权利人中，企业占 68.4%，高等院校占 19.5%，科研机构占 7.2%，事业单位占 0.9%。[国家知识产权局审查注册登记月度报告（2021 年 4 月），表 4 [R/OL]. [2021 - 06 - 25]. https：//www. cnipa. gov. cn/module/download/down. jsp? i_ID = 159376&colID = 2535.]

❹ 例如，截至 2006 年 12 月 31 日，我国生物领域发明专利中排名前十的申请者，无一例外，全是大专院校和科研单位。[国家知识产权局专利业务工作及综合管理统计月报（2014 年 12 月）[R/OL]. [2020 - 12 - 31]. https：//www. cnipa. gov. cn/module/download/down. jsp? i_ID = 1731&colID = 262. pdf]。

应设定过于苛刻的单独奖酬义务。应当避免出现《德国雇员发明法》改革之前，计算每项职务发明奖酬的社会成本，超过雇员从中所获利益的情况。尽管效率并非社会所追求的唯一目标，但在试图保护的利益并非维系社会基本发展的有益品（merit goods）时，以社会成本远远超出个体收益的方式向特定个体赋权，减损的是其他社会个体的利益，而且这种减损并无足够的非效率理由加以支撑。考虑到我国目前大部分发明的质量并不高，相应的价值也并不大，原则上应该接受雇佣双方间条款简单、执行便利的约定，在缔约过程符合形式正义的前提下，尽量避免以追求实质正义为理由干预约定的具体内容。所以如果立法者执意要在既有的合同法和劳动法外，单独规制职务发明奖酬，将奖酬义务限于特定发明，例如能为雇主带来重大利益的发明。在限定发明范围时，具体措辞可以斟酌，例如将引发奖酬义务的发明描述为价值大到如果雇员缔结雇佣合同（包括职务发明条款）时如果能合理预见到该价值，将不会同意缔结雇佣合同的发明。但基本原则应该很清楚，即不能过于严格地执行《职务发明条例草案》，追求就任何一项实施的发明都"根据该发明取得的经济效益、发明人的贡献程度等"计算报酬，否则将违背产权划界成本不应高于产权本身价值的规律。❶

有些国家的法律通过将价值较大的发明和价值较小的发明区别对待，尤其是放宽对低价值发明奖酬义务的规制，一定程度上缓和了雇主为计算低价值发明而承担的不合比例的负担。例如芬兰雇员发明的权利的法律规定："发明具有较小经济意义、发明被使用或者存在其他特殊原因的，可以一次性付清补偿。在下列情形下，也可以一次性付清补偿：完成发明明显属于雇员固有的职责，且发明具有较低价值，或者无法确定销售价格从而计算专利权许可使用费的。"❷

---

❶ Harold Demsetz. Toward a Theory of Property Rights [J]. The American Economic Review, 1967, 57 (2): 347–359.

❷ 从国家知识产权局整理和翻译的外国相关法律法规汇编看，芬兰前后出台两部有关雇员发明权利的法律，第一部制定于 1967 年，第二部制定于 1988 年。第一部没有区分高价值和低价值发明。此处所引规范见第二部第 7 条第 2 款。（https：//www.cnipa.gov.cn/transfer/pub/old/ztzl/ywzt/zwfmtlzl/gnwlfzczd/201504/P020150413385483222977.pdf，p. 482.）

　　英国在职务发明报酬方面的规定，体现了对给予报酬的职务发明进行限制的思想。《英国版权、外观设计和专利法》第 40 条的标题即为"对雇员某些发明的报酬"。该条第 1 款规定："根据雇员在规定时期内提出的一项请求，法院或专利局局长认为，该雇员所完成的已获得专利的一项发明属于雇主，且此专利（关系到雇主业务的大小和性质）对雇主意味着显著的收益，因而根据这些情况，雇主向雇员付给报酬是合理的。法院或专利局局长应判给雇员根据后面第 41 条确定数额的报酬。"❶ 这意味着雇主并不需要为每一项雇员发明专门计算并支付报酬。只有在发明本身的价值足够大、雇主单独计算与支付报酬显得合理、并且雇员专门就报酬提起请求时，雇主才负有支付额外报酬的义务。实际上，该条第 2 款明确道，当"雇员从转让或赠授合同或任何补充合同（亦称"相关合同"）获得的利益与雇主从此专利中获得的利益相比是不够的"时，"在相关合同中规定的利益之外给予雇员额外报酬［才］是合理的"。❷ 质言之，如果雇员从相关合同中所获利益已经足够，雇主并不负有就职务发明支付额外报酬的义务。正因为英国法上的这一限制，雇员提起职务发明报酬的诉讼少之又少。❸

（三）限制合理性审查的范围

　　如果公权力执意对职务发明奖酬的合理性进行审查，也应当尽量避免干预奖酬方式和数额的实质合理性，而侧重于从达成奖酬合意的过程是否

---

❶　英国 1977 年专利法有关职务发明的规定（根据 1988 年版权、外观设计和专利法案最后修正，国家知识产权局整理并翻译）。（https：//www. cnipa. gov. cn/transfer/pub/old/ztzl/ywzt/zwfmtl-zl/gnwlfzczd/201504/P020150413385483222977. pdf，p. 517. ）

❷　英国 1977 年专利法有关职务发明的规定（根据 1988 年版权、外观设计和专利法案最后修正，国家知识产权局整理并翻译）。（https：//www. cnipa. gov. cn/transfer/pub/old/ztzl/ywzt/zwfmtl-zl/gnwlfzczd/201504/P020150413385483222977. pdf，p. 517. ）

❸　笔者未对英国案例进行穷尽检索，在此依赖英国驻华大使馆 2012 年 11 月提供给国家知识产权局的一份内部简要文件。我国也有学者研究表明，英国职务发明奖酬的"显著贡献"要求，减少了企业支付奖酬的人员范围，事实上也减少了产生纠纷的可能性，而将发放薪酬的范围集中在做出突出贡献的技术专家。（刘强. 英国职务发明奖酬制度的发展及其对我国的借鉴［C］//国家知识产权局. 专利法研究. 北京：知识产权出版社，2012：26 - 27. ）

合理展开分析。因为通常而言，职务发明奖酬雇佣关系的组成部分，任何一方在此小范围特殊合意中被亏欠的，都可能在雇佣关系的其他方面受到补偿；而在这一特殊合意中所获得的意外之财，都可能在雇佣关系的其他方面予以偿还。雇员和雇主在漫长的合作过程中形成的互惠关系，是复杂网状结构，而且无法被化约为单项雇员贡献和单项雇主报酬一一对应的状态。理解这一道理最简单的方法，是观察普遍的报酬计算方式：雇员在工作中，状态往往有起伏，一天与另一天、一月与另一月给雇主做出的贡献都不相同，但雇主不可能每天、每月进行调整，而是往往支付同样的报酬。没有人认为，在雇员状态的低谷期，雇员获得这笔报酬对雇主不公；正如没有人认为，在雇员状态正佳时，雇主仅支付固定报酬对雇员不公。旁观者会自然而然地从平均的角度去评价这一段长期关系，明白尽管在很多时间断面上存在雇员贡献和所获报酬不匹配的现象，但若将眼光放宽到雇佣关系存续的整个期间，不匹配之处却彼此抵消，显得公平。职务发明的报酬也是一样，雇主以什么方式补偿和进一步激励雇员最为合适，未必统统体现在单项职务发明的奖酬合意中。如果刻板地仅以单项职务发明的奖酬来判断雇佣关系是否不公平，类似于将雇员表现峰值与平均单日工资相比，而忽略其他时段贡献与报酬之间的平衡与调整。审查职务发明奖酬的实质合理性将是危险的尝试，稍有不慎就有以后见之明取代事前双方根据自己的风险承载能力做出的真实意思表示。

作为替代，如果公权力要干预奖酬合意的合理性，进行形式审查将是更合理的途径。这一侧重点的选择，在比较法上有所依托。《韩国发明振兴法》第15条第2款确定了判断约定奖酬是否合理的考虑因素：一是在确定给予补偿的形式和数额的条款时，雇员和雇主协商的方式；二是补偿条款对雇员的呈现形式，比如补偿条款是否公开；三是在确定补偿形式和数额时，听取雇员意见的方式。❶ 以上三方面均是以达成合意的过程作为检测对象，进行合理性判断。

---

❶ 韩国发明振兴法有关职务发明的规定（国家知识产权局整理并翻译）[EB/OL].［2020 – 12 – 15］. https://www.cnipa.gov.cn/transfer/pub/old/ztzl/ywzt/zwfmtlzl/gnwlfzczd/201504/P02015 0413385483222977.pdf，p. 516.

笔者并非主张一定引入以上三项限制。因为以上三项限制，都以独立的职务发明奖酬管制为前提，而笔者原则上并不赞同该管制。只是在管制无可回避的情况下，作为减轻管制负面影响的手段，上述三方面限制可供参考。

七、小结

发明人作为一个群体，不仅收入在加速度增长，社会地位也在不断提升。继武力、身份与资本之后，技术似乎正在成为新的权力引擎。从"体脑倒挂"的无奈，到对科技新贵习以为常，越来越多的财富创造与分配，在围绕科技展开。但创新群体收入与地位的提升，是其社会贡献与影响力提高后水到渠成的现象，而非立法干预之结果。发明与奖酬一一对应的方案或许能创造出纸面上的权利假象，却一定会破坏现实经济中的共赢基础；丰富而微妙的单位内部劳动市场激励，尽管没有被固化为权利，却能实实在在地支撑起复杂的创新体系。"很多情况下，法律都并非保持社会秩序之核心。"❶ 作为法律人，发现法律不能实现的目标很多，或许令人沮丧；但作为社会人，意识到无须法律就能实现的目标很多，何尝不应感到欣慰。

---

❶ ［美］罗伯特·埃里克森. 无需法律的秩序——邻人如何解决纠纷［M］. 苏力，译. 北京：中国政法大学出版社，2003：346.

第四章 职务发明奖酬制度之实证研究

  本部分试图从实证的角度，进一步论证"一发明一奖酬，奖酬与贡献精确挂钩"思路不适合创新社会化的当代背景。后文将对德国职务发明制度的实施效果进行实证考察。因为德国有关职务发明管制效果的实证研究，大概是解决职务发明管制利弊之争最为直接的可得资料。传统比较法研究较多倚重文本，较少关注实证。但实际上，他国的实证研究，重要性恐怕并不亚于文本经验。毕竟，法学由于研究对象的性质，原本难以通过实验来检验和发展理论假设。所以如果针对特定制度，他国恰好能提供实施效果方面的信息，相当于为理论假设提供了证成或证伪的初步证据。除非有充分理由相信，同样的制度会在我国带来截然不同的结果，否则设计制度时便应严肃考虑他国的经验或教训。以此而论，实证意义上的比较，犹如提供了法学研究的实验室，有助于研究者展开"猜想与反驳"的认知积累。

  本书之所以选取德国为研究对象，是取其典型性与可比性。所谓典型性，指德国模式在细化管制方面具有代表性。所谓可比性，指我国在制定《职务发明条例草案》的过程中，很可能以德国作为最重要的比较法来源国。《德国雇员发明法》中详细的发明报告流程与强制奖酬要求均在《职务发明条例草案》中有所对应，便是借鉴的痕迹。问题在于，《德国雇员发明法》运行已满60年。其间大量学者从不同角度进行了考察，偏偏表明这套制度的运行效果令人担忧。这些研究给我国正在进行的职务发明立法提供了思想实验室，暴露了看似美好的管制思路能够带来始料未及的负面影响，包括对国家创新能力的削弱、对企业运作效率的损害和对发明人长远福利的侵蚀。下文将一一呈现。

一、细化管制在国家层面不能促进创新

（一）发明活跃度降低

尽管人们在如何全面衡量国家创新能力上各执己见，但专利申请量可以作为衡量指标之一，而且是其中重要与客观的一项，这一点大家通常不怀疑。由于一国的总人口规模、从业人口规模以及与专利相关行业的从业人口规模并非一成不变，所以单纯比较不同历史时期的专利申请量并不科学。更有说服力的，是比较单位数量雇员的发明量。又由于德国专利申请量长期主要来自制造业，因此制造业每千名雇员的当年发明申请量（以下简称"千人申请量"）可被作为衡量国家发明活跃度的主要指标。而对德国 1907～1939 年和 1957～2004 年两段时间内的千人申请量进行比较，可以发现：细化管制不仅没有提升，反而降低了发明活跃程度。

在没有职务发明法定补偿规范的 1907～1939 年，德国的发明活跃度总体而言呈明显上升趋势。1907 年的千人申请量大约为 1 件，之后一直上升，在 1933 年危机来临时这一数值已经非常接近 3 件。虽然 1933～1939 年，千人申请量呈下降趋势（1939 年的千人申请量略高于 2 件），但这主要是受经济危机与战争的影响，而非缺乏管制的结果。在这三十余年，即使有极少数行业的集体合同涉及补偿条款，但绝大多数企业能够自由决定是否给予雇员职务发明补偿。可见，不存在法定补偿义务，并未阻碍产业界发明热情的高涨。

相比而言，反倒是存在职务发明法定补偿规范的 1957～2004 年，发明活跃度长期呈现颓势。自从 1957 年《德国雇员发明法》通过，千人申请量长期徘徊在 2.5 件以下，尚不及 20 世纪 30 年代初的水平。从 1957 年到 20 世纪 80 年代初，甚至总体呈现下滑态势。千人申请量尽管从 80 年代中期起有所回升，但截至 90 年代一直在 2.5 件以下。尽管从 90 年代起，千人申请量开始上升。但正如开展这项研究的学者所说："实在无法把上升

归功于一部三十年多年前生效的法律。"❶

(二) 研发竞争力不佳

尽管德国有最详尽的职务发明补偿法律体系,但并未因此在全球竞争中取得巨大的创新竞争力。比较德国与瑞士制造业每千名雇员提交欧洲专利局的申请数量,可以看出德国始终大幅低于同处欧洲的瑞士。

以 2000 年为例,瑞士制造业的欧专局千人申请量接近 3.5 件,而德国仅为其一半。❷ 这其中固然有瑞士制药产业发达,特别依赖专利保护的原因,但鲜明的对比无疑对法律干预职务发明补偿的必要性提出了质疑。瑞士对雇员为履行工作合同义务而做出的发明不做补偿要求,❸ 因为立法者认为雇主已经通过劳动报酬支付了发明对价,而且雇主必须承担发明活动的风险。❹ 由于绝大多数职务发明是任务发明,所以瑞士法律实际上将绝大多数职务发明的补偿问题交给了雇佣双方解决。实务中,雇佣双方通常认为研发人员取得的工资已经构成对任务发明行为的合理补偿,无须另行支付补偿。总之,没有全面法定补偿要求的瑞士,最终在欧专局每千名雇员专利申请量方面,遥遥领先于德国。

(三) 不能定分止争

《德国雇员发明法》的立法理由明确表示希望"通过详细规制填补法

---

❶ 本部分研究所依据的数据表格,参见:Axel Brune. Bewährtes Deutsches Arbeitnehmererfindergesetz? [M]. Carl Heymanns Verlag, 2010: 147 - 149.

❷ Axel Brune. Bewährtes Deutsches Arbeitnehmererfindergesetz? [M]. Carl Heymanns Verlag, 2010: 153.

❸ 2 BGE 80 IV 22.

❹ Sarah Henneberger - Sudjana, Fred Henneberger. Gesonderte Honorierung von Diensterfindungen als Beitrag zur (besseren) wirtschaftlichen Entwicklung? Nr. 128 der Reihe DISKUSSIONSPAPIERE des Forschungsinstituts für Arbeit und Arbeitsrecht an der Universität St. Gallen, 2013 [EB/OL]. [2016 - 05 - 18]. http://www.faa.unisg.ch/~/media/internet/content/dateien/instituteundcenters/faa/publikationen/diskussionspapiere/2013/dp128.pdf.

律漏洞，澄清争议，建立法律确定性"❶。遗憾的是，该法自通过以来，不仅调解申请数量持续上涨，而且迅速化解纠纷的比例越来越低。大量原本可以被直接投入创新的资源，无谓地被消耗在无休止的职务发明摩擦中，对提升社会创新能力有弊无利。

《德国雇员发明法》生效当年，德国专利商标局就设立了专门处理雇员发明纠纷的调解机构。❷ 该机构不做出裁决，而意图引导双方和解。❸ 在20世纪60年代，该机构平均每年受理约50件申请；而到了20世纪90年代，平均年受理量已经达到100件。❹ 如果从每千件国内申请对应的调解申请量来看，在20世纪60年代，每千件专利申请大概对应2件调解申请；而到了20世纪90年代，已经上升到大概3.5件。❺ 可见，详尽规制并未如立法者期待一般"澄清争议，建立法律确定性"，反而引发了更多的纠纷。

同样值得注意的是，通过调解迅速解决纠纷的成功率越来越低。根据《德国雇员发明法》第2章第5节的规定，当事方可以在雇员发明纠纷过程中随时申请调解机构介入，帮助双方和平解决纠纷。❻ 如果双方接受调解机构的和解建议，意味着能以较低的成本化解纠纷。如果一方当事人不参加调解，或者尽管参加但不接受和解建议，都意味着调解失败。拒绝和解建议的比例，能够比较有力地说明了当事人之间的分歧程度。

在调解机构运作的最初5年中，没有当事人就和解建议提出异议。在20世纪60年代，已经有大约20%的和解建议被异议。到了20世纪90年

---

❶ BT – Drucks. 02/1648 Entwurf und Begründung eines Gesetzes über Erfindung von Arbeitnehmern und Beamten，S. 16.

❷ Schiedsstelle nach dem Gesetz über Arbeitnehmererfindungen. § § 28 – 36 ArbErfG. "Schiedsstelle" 一般译为仲裁，但由于德国专利商标局下的机构并不做出仲裁裁决，只是"尽量促成善意和解"（《德国雇员发明法》第28条第2句），因此称为"调解机构"更合理。

❸ BT – Drucks. 02/1648 Entwurf und Begründung eines Gesetzes über Erfindung von Arbeitnehmern und Beamten［A］. 44.

❹ Axel Brune. Bewährtes Deutsches Arbeitnehmererfindergesetz? ［M］. Carl Heymanns Verlag，2010：156.

❺ Axel Brune. Bewährtes Deutsches Arbeitnehmererfindergesetz? ［M］. Carl Heymanns Verlag，2010：158.

❻ 《德国雇员发明法》第28条。

代，异议比例翻了一番，达到约 40%。● 如果说调解申请数量的增加，意味着详细的规范没能阻止纠纷萌芽，则当事人对和解建议的拒绝，意味着非正式纠纷解决机制在化解分歧方面的作用越来越小。究其原因，"一发明一奖酬"的法律许诺诱惑着发明人去争取"权利"。而分离发明贡献的巨大阻力，却使权利不过是镜花水月。由于法律上的许诺无法在现实中兑现，纠纷不仅在所难免，而且难以化解。由立法强推每项发明的贡献与奖酬挂钩，看起来固然很美，执行起来却越来越举步维艰。《德国雇员发明法》给予雇员就每件发明获得补偿的期待，这一期待是否有利于创新效率和再分配，适合专文探讨，本书按下不表。但这一期待使原本可能借助企业内部机制消弭的纠纷浮现至法律层面，成为需要动用公共资源解决的问题，却是《德国雇员发明法》的直接后果。这一点对中国现行立法进程的启发，在于《职务发明条例草案》赋予县级以上知识产权行政部门职务发明争议调解权，很可能不过徒增了解决纠纷的步骤。

二、细化管制给单位造成巨大负担

（一）被迫奖励无商业价值的创新

绝大多数发明并不能给雇主带来直接确定的商业利益。要求雇主对其给予补偿，对雇主而言既不合算也不合理。●

有关发明专利的实施转化率，众说纷纭。据德国专利局估计，只有大

● Axel Brune. Bewährtes Deutsches Arbeitnehmererfindergesetz？［M］. Carl Heymanns Verlag, 2010：155 – 160.

● 表面上看，《德国雇员发明法》第 9 条只要求雇主在取得每项职务发明时给予雇员"补偿"（Vergütung），而没有像中国《专利法（2020）》第 15 条一样，区分授权后给予的"奖励"和实施后给予的"报酬"。但一方面，德国雇主常常也会采取"一次性奖励 + 多次报酬"的支付方式。这是因为计算补偿需要考虑发明的经济价值，而经济价值往往只有在实施过程中才能加以测量。另一方面，中国雇主在实践中通常并不把奖励与报酬分开支付，而是采取一揽子支付方式。总体而言，尽管两国法律对支付方式的规定貌似不同，其实并无实质差异。本书视行文所需，交替使用"补偿""奖酬""奖励""报酬"。

约 8% 的发明专利申请能转化为实际应用。❶ 学者们提供的数据各不相同，但即使根据其中最乐观的估计，也只有不足 15% 的发明专利申请能被运用于实践。❷ 至于悲观的数据，甚至认为只有 5% 的申请最终能被用于实践。研究者以自然现象作比，认为"发明的前景，犹如果树上众多胚芽的命运，貌似潜力相同，最终却只有少数能绽放为花朵。而其中又只有极少部分能成熟为果实"❸。

　　不同行业、不同企业将专利申请转化为产业应用的比例也大有不同。同属制药企业，拜尔（Bayer）的转化率为 6%，而默克（Merk）的转化率只有 2%。❹ 转化比例低下的原因，主要在于专利审查标准与商业成功因素的不同。考虑到专利申请不被授权、即使授权也不能产业化的种种可能，上述比例都均情有可原。德国劳动与社会秩序部❺颁布了《私营经济职务发明补偿指南》和《公共部门职务发明补偿指南》❻（以下简称"《补偿指南》"），以明确补偿计算方法。《补偿指南》指出：一项技术方案是否能够获得专利授权，主要取决于其实用性、新颖性和创造性，而与其能否实现商业利益无关。❼ 而且单位往往为了符合专利申请的新颖性标准，就尚未达到产业运用水平的技术方案提出专利申请。这些申请往往仅仅是产业化运用道路上的阶段性成果，尚需进一步的技术开发与商业开发，方可能产生经济效益。专利申请的产业转化率不高，是专利制度的自然结果。

---

❶　Begründung des Arbeitgeberentwurfs der Arbeitgeberverbände Wiesbaden, Akten des Bundesarchivs, Band B141/2798 (Bundesministerium) [A]. Blatt 109, 117. 转引自：Axel Brune. Bewährtes Deutsches Arbeitnehmererfindergesetz? [M]. Carl Heymanns Verlag, 2010：295.

❷　Erich Franke. Stand der Novellierung des Gesetzes über Arbeitnehmererfindungen [J]. VPP – Rundbrief Nr. 2004 (2)：49, 51.

❸　Mediger. Gedanken eines Praktikers zur Regelung des Rechts des Angestellten – Erfinders [J]. GRUR, 1952, 67：72.

❹　Erich Franke. Der Lange Weg zur Reform des ArbEG und alternative Incentive – Systeme der Industrie [M] //Festschrift für Kurt Bartenbach, hrsg. von Manfred Haesemann, Klaus Gennen, Britta Bartenbach, Anja Bartenbach, Carl Heymanns Verlag, 2004：127, 135.

❺　当时称 Der Bundesminister für Arbeit und Sozialordnung, 即现在的 Bundesministerium für Arbeit und Soziales。

❻　Richtlinie für die Vergütung von Arbeitnehmererfindungen im privaten Dienst vom 20. 7. 1959; Richtlinie für die Vergütung von Arbeitnehmererfindungen im öffentlichen Dienst vom 1. 12. 1960.

❼　Richtlinie für die Vergütung von Arbeitnehmererfindungen im privaten Dienst vom 20. 7. 1959, V (22).

在前述小部分投入产业应用的专利中，又只有极少数能取得商业成功。很多时候，雇主申请专利仅仅是维护一种在将来竞争中不处劣势的可能性。这种可能性很可能永远也不会转化为竞争优势。但对雇主而言，无论专利是否取得竞争优势，无论是否实现商业利益，都必须向雇员支付补偿。这实际上提高了雇主在追逐竞争优势这一充满风险的游戏中，必须承担的成本。由是观之，1957 年《德国雇员发明法》生效后连续 20 年专利申请量呈下滑趋势，也就不足为奇了。

（二）被迫遵循昂贵的合规程序

根据《德国雇员发明法》，雇主必须遵守一系列复杂的程序，而昂贵的程序自然会带来高昂的成本。我国《职务发明条例草案》规定的程序尽管与之并不完全一致，也有大量重合之处。下面根据《德国雇员发明法》和我国《职务发明条例草案》都需要遵循的程序，描述其相应费用。

一是雇员向雇主申报的费用。因为雇员申报属于工作，所以该成本实际上由雇主承担。二是雇主处理申报的费用，在德国是主张权利的过程，在中国是告知雇员是申请专利还是作为商业秘密保护的过程。❶ 三是专利申请费。四是计算补偿金额的费用。由于现代单项产品中专利数量越来越多，而产品成功中的市场因素所占比重也越来越不容忽视，再加上企业间合作增多，从产品商业成功中剥离单项发明贡献的难度与成本往往越来越可观。五是补偿本身。六是单位放弃申请时与雇员沟通的成本。❷ 七是保障雇员知情权的成本。❸

上述成本究竟有多高？最权威的数据，当见于德国工业产权与著作权协会（GRUR）提交给德国司法部的报告。报告称："企业为每个最终获得

---

❶ 《职务发明条例草案》第 13 条。

❷ 我国《职务发明条例草案》第 15 条第 1 款："单位拟停止职务发明的知识产权申请程序或者放弃职务发明的知识产权的，应当提前通知发明人，发明人可以通过与单位协商获得该职务发明的知识产权申请权或者知识产权。发明人通过协商获得前述权利的，单位应当协助发明人办理相关权利转移手续。"

❸ 我国《职务发明条例草案》第 14 条第 2 款："申请知识产权过程中，发明人有权向单位了解申请的进展情况。"

专利保护的职务发明平均投入的管理成本，在不包括给予雇员的额外报酬的情况下，已经高达 4300 马克。"——与之形成鲜明对比的，是高昂管理成本下的雇员收益：在同一份报告中，GRUR 表示"根据职务发明调解机构的统计，绝大多数系争发明的雇员发明人最终得到的补偿每年还不足 2000 马克"❶。可想而知，产生纠纷的发明已经处于职务发明价值体系的上层。海量普通职务发明的发明人获偿，只会大大低于上述标准。奖酬管制得不偿失并非德国工业产权与著作权协会的一家之言。其他研究结果也与之相近。柏林技术大学 1994 年的一项研究认为，平均每项发明不包括补偿本身的管理成本是 1740 欧元，与平均每项发明的补偿本身相当。❷

　　制度成本之所以如此高昂，原因在于确定贡献的固有难度。单是将每项发明的贡献从单位的商业成功中分离出来，就是耗时费力的工程。❸ "很多时候，无论是发明人还是研发主管，都无法准确说出究竟哪些产品中使用了哪些专利。"企业越大、产品上的发明密度越高、每项发明的发明人越多，管理成本就越高。❹ 调查表明，如果法律要求在发明的数量与质量和发明人报酬间建立联系，并且不希望这一要求在无限制的约定优先条款下被规避，企业为了符合法律的要求，则很需要设置单独职位专门管理职务发明事务。基尔大学研究创新经济学的布罗克霍夫（Brockhoff）教授推测，大致的岗位需求为每 100 名发明人需要 1.5 ~ 2 名专职人员（2%），每 300 名发明人可能需要大约 3 名专职人员（1%），每 3000 名发明人需要大约 18 名专职人员（0.6%）。❺ 尽管专职管理人员所占比例因规模效用而

---

❶ Gloy/Loschelder：Gesetz zur Änderung des Gesetzes ueber Arbeitnehmererfindungen，GRUR 2000，385. 本文是德国工业产权与著作权协会（Deutsche Vereinigung für gewerblichen Rechtsschutz und Urheberrecht e. V.，简称 GRUR）向联邦司法部长提交的意见。

❷ Fritz Teufel. Portfoliomanagement，Innovationsförderung und Arbeitnehmererfindergesetz，in Festschrift für Kurt Bartenbach，Mediger，Gedanken eines Praktikers zur Regelung des Rechts des Angestellten – Erfinders［J］. GRUR 1952：100.

❸ Hans – Peter Rosenberger. Kriterien für den Erfindungswert，erheblicher Unbilligkeit von Vergütungsvereinbarungen，Vergütung bei zu enger Fassung von Schutzrechtsansprüchen Kritsches zu BGH "Vinzlchlorid" und "Schwermetalloxidationskatalysator"［J］. GRUR 1990：239.

❹ Axel Brune. Bewährtes Deutsches Arbeitnehmererfindergesetz？［M］. Carl Heymanns Verlag，2010：275 – 276.

❺ Klaus Brockhoff. Ist die kollektive Regelung einer Vergütung von Arbeitnehmererfindungen wirksam und nötig？［J］. Zeitschrift für Betriebswirtschaft，1977：682.

逐渐降低，但其绝对数量仍然非常可观，而每一位专职管理人员原本都可以被配置在其他岗位上，直接产生效益。诚然，这是 20 世纪 90 年代的估算。或许有意见认为，随着企业管理电子化程度的提升，管理人员的负担下降，用于管理职务发明实务的人力资源投入也会相应降低。但考虑到单一产品上发明富集程度的提高，以及成功产品上非技术因素比重的上升，均可能抵消技术进步带来的减负效果。所以，如果认真执行《职务发明条例草案》要求的"一发明一奖酬"，至少不能肯定企业投入的人力资源是否会少于德国 20 世纪 90 年代的水平。当然，如果认为企业与执法机关并不会对"一发明一奖酬、奖酬与贡献相称"的原则较真，所以《职务发明条例草案》将不会给企业造成负担，那或许美国联邦最高法院几年前在版权案件中的一段点评值得深思："一部只有不被执行才能在实践中运作的版权法，不是好的版权法。它会带来不确定性和选择性执法，而且如果总是得不到执行，还会滋生对版权法本身的不尊重。"❶ 如果《职务发明条例草案》把运作基础建立在单位与执行机关不认真对待的基础上，"不确定性""选择性执法"和"对法律本身不尊重"，都是立法者需要慎重面对的问题。

（三）引发内部矛盾

《德国雇员发明法》仅适用于发明、实用新型及不符合发明与实用新型保护条件的技术改进方案，而不适用于其他类型的智力成果。同样是为企业发展做出贡献的雇员，有的受到法律的青睐，能获得有法律保障的额外补偿；大多数则受制于劳动成果归属的一般原则，只能寄望于通过与企业谈判获得更多的收益。这难免让其他雇员心生不平。

这种不平之感，首先可能出现在其他进行智力创作的雇员——如创作作品的作者——心中。尽管他们同样进行智力创作、产出智力成果，而且

---

❶ Kirtsaeng v. John Wiley & Sons, Inc., 133 S. Ct. 1351, at 1366 (2013).

成果同样受法律保护，却无权主张法定补偿。❶ 这种不平之感，还可能出现在其他任何类型的雇员心中。企业能够取得成功，依靠的绝不仅仅是狭隘的、产生知识产权的智力创作，而更多的是对市场需求的洞察、对必要资源的组织、对智力成果的推广。越是远离稀缺经济，技术本身越难以满足消费者的需求，更不用说塑造消费者的欲望。对消费者心理的把握、对消费者行为的引导，在将生产力转化为社会福利的过程中，起到了更为重要的作用。而承担这一重要任务的，并非发明或者实用新型的发明人。国家动用公共资源确保狭义发明人的权利，却将实现发明社会价值的重要贡献者交给市场，难免引发不满。

《德国雇员发明法》的起草者可能早已预见到企业中广义研发群体和非研发群体之间、研发群体内部不同类别之间法定补偿规则不同，可能引发不满，但权且将此种不满作为厚待特定技术发明人不得不付出的代价。问题是，当初的立法者恐怕并未预见到法定补偿甚至在发明人内部同样引发了诸多矛盾。德国工业联邦协会（Bundesverband der Deutschen Industrie e. v., BDI）调查了大量每年专利申请超过 50 件的企业，结果发现奖酬在发明人与企业之间，甚至获得奖酬发明人群体内部都引发了纠纷。有 86% 的受访单位表示，曾经在履行法定补偿的过程中，与发明人产生过纠纷。有 75% 的发明人群体内部产生过纠纷。而多达 36% 的企业表示，法定奖酬制度对单位内部的团队合作产生了负面影响。❷

心理学上的自利偏见（self-serving bias）可以很好地解释纠纷频发的现象。自利偏见让人倾向于将成功归因于自身，而将失败归结于环境。❸ "每项发明的贡献与补偿挂钩"原则，要求对企业内不同成员的贡献实施精确切割。而自利偏见恰恰说明高估自己的贡献、低估他人的贡献，是人性与生俱来、难以克服的一部分——心理学上所谓"系统化错误"。❹ 在试

---

❶ 在德国，无权主张法定补偿的还有外观设计的设计人、植物新品种的育种人或者半导体产品拓扑图的设计者。

❷ Studie BDI, BDA zum ArbEG. Industrie - Position; Kritik am Iststand [J]. VPP - Rundbrief, 1999 (2)：31.

❸ [美] 理查德·格里格，[美] 菲利普·津巴多. 心理学与生活（原书第 16 版）[M]. 王垒，王甦，译. 北京：人民邮电出版社，2013：491.

❹ Daniel Kahneman. Thinking, Fast and Slow [M]. Penguin, 2011：3-4.

验中，每位家庭成员被要求评估自己的家务贡献百分率。然而将每位成员的评估值相加，却会得出大于 100% 的结果。在对职务发明的贡献评估过程中，也会面临一样的问题。无论是把一项职务发明的贡献从企业的整体成就中切割出来，还是把某位发明人的贡献从一项职务发明的贡献中切割出来，切割者都不得不与人类心理中的"系统化错误"正面交锋。面对这项不可完成的任务，怨声载道原本应在意料之中。

（四）形成反向激励

在设计任何激励机制时，都不能忽略管理学上的共识，即"考核什么、得到什么"（you get what you measure）。只有选择正确的考核标准、赋予各项考核标准正确的权重，才能引导资源进行最佳配置。错误的考核标准将导致资源低效流动，与制度设计者的初衷事与愿违，形成所谓反向激励。创新工作既要求每位实质创新者思路开阔，也要求创新小团体与身处其中的组织架构密切配合。一项创新成果的涌现，最终是众多个人甚至众多团体的努力水乳交融的结果。法律试图从中提取个体发明人直接带来可专利性的活动，并予以单独激励，容易导致参与者的注意力过于狭隘地集中于此类活动。结果便是法定职务发明奖励在德国研发实践中导致了不同形式的反向激励。

第一，雇员可能为了获得奖酬，避而不用更好的方案。此处所谓更好的方案，是能够更加高效地利用企业各项资源，提高企业整体产出的方案。更好的方案既可能根本不取道于技术，而是通过产品定位、商业宣传或者组织重构加以实现；也可能虽落入广义的技术范畴，但并非专利权的客体，而仰赖著作权法等不引发奖励义务的法律加以保护。如果雇主不负有奖励雇员发明的法定义务，雇员只会在自己的劳动确实有助于提高雇主利益时获得奖励，从而更有动力提高雇主的长期、整体利益。但在法定职务发明奖酬的背景下，这些不能给雇员带来法定奖酬的方案很可能被雪藏。同理，不排除一项有利于雇主的方案给雇员带来的奖励较低，而相对不利于雇主的方案给雇员带来的奖励较高。这种情况下，雇员也很可能舍

弃前者而选择后者。在雇员是部门领导时，上述危险更为明显。❶

　　第二，主管人员可能为了获得奖酬，在自己并未实质参与发明的技术方案上署名。这种行为尽管违法，执法者却并无足够的资源（发明人常常也缺乏足够的动力和勇气）予以严加禁止。有调查表明，23.9%的发明将研发团队的上级作为共同发明人。60%的受访者认为这更多是上级影响力的表现，而非上级真正参与了专利法意义上的发明活动。在一家大型化工企业中，45%的发明都将上级领导列为共同发明人。❷ 立法承诺保障每位发明人获得奖励，原本出于保护发明人的考虑。这一许诺能否实现尚且不论，但法定奖励激励了非实质发明人署名，却不幸成为事实。可见，如果雇主迫于法律必须向雇员传递"通过发明测度贡献"的信号，那么雇主得到的多半也只是发明，而非真正有利于企业的贡献。

三、细化管制侵蚀了发明人的长远利益

　　前述分析表明，遵循严格管制思路的职务发明制度不仅给企业造成巨大的负担，而且很可能拖累国家创新能力。以上两点，已经足以使追求效率目标的职务发明制度设计目标落空。问题是，制度设计者有可能宣称管制追求的是再分配目标。质言之，社会甘愿付出效率方面的代价，以提升雇员群体的利益。以下分析将说明，即便是这一再分配的说辞，也不能赋予职务发明管制以正当性。管制的制度成本过高，降低了雇佣双方的效率总和，因而也消磨了雇员从制度中获利的可能。

---

　　❶ Klaus Brockhoff. Ist die kollektive Regelung einer Vergütung von Arbeitnehmererfindungen wirksam und nötig？［J］. Zeitschrift für Betriebswirtschaft, 1977：238，683.

　　❷ Klaus Brockhoff. Ist die kollektive Regelung einer Vergütung von Arbeitnehmererfindungen wirksam und nötig？［J］. Zeitschrift für Betriebswirtschaft, 1977：681.

（一）补偿数额微薄

严格管制的职务发明奖励制度究竟给发明人带来了多少奖励，并不容易统计。但来自不同渠道的调查结果尽管在具体数额上略有分歧，却都指向同一结论，即雇员发明人最终获得的奖励微不足道。

根据职务发明争议调解的结果，绝大多数系争发明的雇员发明人最终得到的补偿不足每年 2000 马克。❶ 可以想象，没有提交仲裁的职务发明，发明人获得的报酬更少。而一项不局限于仲裁职务发明的调查表明，考虑到适用于研发人员的税率，一项发明平均每年只能给发明人带来最多 315 欧元的税后收入。❷ 进入 21 世纪后，平均每项发明的发明人一直超过两人，❸ 这意味着每位发明人仅能得到区区百余欧，❹ 尚不及绝大多数研发人员的税后日薪。难怪问卷调查显示，69.1% 的被调查研发人员认为，奖励数额如此之低，对激励研发并无太大作用。❺ 而且随着专利技术的平均实施年限越来越短，发明人能够获得报酬的年限也相应越来越少。根据德国工业协会开展的一项调查，在制药、营养品、工具、玩具和化妆品专利方面，1994 年统计的产品周期比 1939 年极大缩减，最长只有过去的三分之

---

❶ Gloy, Loschelder. Gesetz zur Änderung des Gesetzes ueber Arbeitnehmererfindungen［J］. GRUR, 2000：385.

❷ Klaus Brockhoff. Ist die kollektive Regelung einer Vergütung von Arbeitnehmererfindungen wirksam und nötig?［J］. Zeitschrift für Betriebswirtschaft, 1977：683.

❸ 德国专利商标局 2005 年年报统计了 1995 ~ 2004 年，每项发明的平均发明人人数。结果显示，每项发明的发明人人数在持续增长，而且从 1996 年起，一直维持在每项发明 2 人以上。具体而言，每项发明的平均发明人人数分别为：1995 年 1.96 人，1996 年 2.00 人，1997 年 2.02 人，1998 年 2.03 人，1999 年 2.03 人，2000 年 2.08 人，2001 年 2.15 人，2002 年 2.22 人，2003 年 2.26 人，2004 年 2.30 人。［DPMA Jahresbericht 2005, 13. 该年报可通过电子邮件（presse@dpma.de）从德国专利商标局处获取］.

❹ Klaus Brockhoff. Ist die kollektive Regelung einer Vergütung von Arbeitnehmererfindungen wirksam und nötig?［J］. Zeitschrift für Betriebswirtschaft, 1977：683.

❺ Axel Brune. Bewährtes Deutsches Arbeitnehmererfindergesetz?［M］. Carl Heymanns Verlag, 2010：340.

一。❶ 这意味着与《德国雇员发明法》实施初期相比，绝大多数发明人如今获得的报酬总额很可能不是更高，而是更低。❷

如果说以上调查显示的，还只是实务中发明人平均获酬的额度很低。那么至今为止在针对德国法的借鉴研究中一直被忽略的一点，是德国从立法的实施细则到法院判决，都明确承认零补偿（Nullvergütung）。在司法实践中，最典型的零补偿情形，是"当发明价值和发明人贡献率极低时，依指南计算的补偿可以低至象征性数额，甚至取消"。❸ 该情形被直接规定于《私营经济职务发明补偿指南》和《公共部门职务发明补偿指南》中。❹ 这两部指南由德国劳动与社会秩序部颁布，是出于细化《德国雇员发明法》第9条有关补偿计算原则性条款的考虑而制定的，❺ 名义上并不具备法律拘束力，仅为企业掌握恰当的计算方法提供线索。❻ 但企业、调解机构和法院实际上都遵循两部指南计算补偿。❼

除了上述情况，当专利申请失败风险极大时，❽ 或当企业内部现有技术水平远高于一般现有技术，因此职务发明并不能显著提升企业内部现有技术水平时，❾ 补偿数额也可以为零。不过，根据《德国雇员发明法》，"零"这一数值同样应当是计算出来的——哪怕是粗略的计算。这种认真对待规则的态度固然值得尊重，但作为制度标本，恐怕却是产权界定成本

---

❶ 以上行业在1939年时的产品周期分别为（原始资料为图标，以下数据均为约数）：24年、20年、16年、14年和11年；到1994年分别为：8年、5年、4年、3年和3年。1994年的产品周期为1939年的33%、25%、25%、21%和27%。(Brune. Bewährtes Deutsches Arbeitnehmererfinder-gesetz？ [M] Carl Heymanns Verlag, 2009：251.)

❷ 笔者在德国律师事务所工作期间，曾接触过近千件汽车行业和机械制造行业的职务发明，企业均采一次性定额付酬法，所付报酬大多为500欧元左右，有的只有300欧元，多也不超过1000欧元。尽管笔者的个人经历有限，但这一范畴的报酬在所属领域非常正常。

❸ 《私营经济职务发明补偿指南》边码38。

❹ Richtlinie für die Vergütung von Arbeitnehmererfindungen im privaten Dienst vom 20. 7. 1959；Richtlinie für die Vergütung von Arbeitnehmererfindungen im öffentlichen Dienst vom 1. 12. 1960.

❺ 《德国雇员发明法》有关奖励的第9条非常简短，其中有关奖酬计算的第2款仅仅要求"计算补偿时尤其需要考虑职务发明的经济利用性、雇员在企业中的任务和职位，以及企业对完成发明所做贡献的比例"。

❻ 《私营经济职务发明补偿指南》引言边码1，《公共部门职务发明补偿指南》参照前者执行，故以下均仅以《私营经济职务发明补偿指南》为分析对象。

❼ Brent Schwab. Arbeitnehmererfindungsgesetz [M]. Nomos, 2. Aufl. , 2014, § 9, Rn. 17.

❽ BGH 30. 03. 1971 X ZR 8/68 "Gleichrichter". GRUR 1971, 475.

❾ Brent Schwab. Arbeitnehmererfindungsgesetz [M]. Nomos, 2. Aufl. , 2014, § 9, Rn. 33.

抵消产权激励作用的反面典型，并不值得推崇。

（二）补偿计算透明度不高

调查显示，只有 8.5% 的受访雇员发明人认为指南提供的计算指引有助于奖酬计算透明化，另有 24.5% 的受访者持中立态度，而多达 67% 的受访者对指南明确表示不满。❶ 尽管国家"致力于尽可能详尽而周全地"规制职务发明领域，❷ 但在雇员看来，实务中的补偿计算过程犹如"猜测"，❸ 根本谈不上透明。

企业计算补偿时连猜带蒙并不奇怪。如果企业真能从整体经济效益中抽丝剥茧地分离出单项发明的精确价值，倒是令人惊讶。毕竟，大部分职务发明并未转化为产品、服务或者许可收入，计算其价值谈何容易。即使被市场化的发明，要区分经济效益中有多少归属于技术方案、有多少归属于市场调查与推广，也接近不可完成的任务。更何况，前已述及，发明的平均价值并不高，从而否定了投入大量成本精确划定补偿请求权边界的正当性与可行性。社会之所以允许个体享有产权，目的在于通过产权进行激励。问题在于，天下没有免费的午餐。产权产生的激励固然可谓"社会收益"，界定产权却总是伴随着"社会成本"。产权的产生过程，就是划界收益超过划界成本的过程。❹ 相应的，如果法律意图保障的产权，制度成本超过了激励效果，人们不外乎或者无效率地遵守，或者有效率地违背。既有守法传统又有商业头脑的德国产业界，恰好被困在了这两种选择的结合地带。雇员心存不满却又无法改变的补偿计算不透明，正是无效率遵守和有效率违背二者妥协，趋于"不太有效率地敷衍"之表现。

---

❶ Klaus Brockhoff. Ist die kollektive Regelung einer Vergütung von Arbeitnehmererfindungen wirksam und nötig? [J]. Zeitschrift für Betriebswirtschaft, 1977: 684.

❷ BT – Drucks. 02/1648 Entwurf und Begründung eines Gesetzes über Erfindung von Arbeitnehmern und Beamten, S. 14.

❸ Herbert Danner. Der Erfindungswert, das A und O der Erfindervergütung [J]. GRUR, 1974: 243.

❹ Harold Demsetz. Toward a Theory of Property Rights [J]. The American Economic Review, 1967, 57: 347 – 350.

（三）存在规避手段

发明人通常甘愿为了稳定性而牺牲高回报，企业则乐意放弃稳定性来追求高回报。这是因为劳动回报往往关乎发明人的生计，企业却可以仰仗大数法则，而无须将存亡系于单一发明回报之上。所以劳方通常期待从雇佣关系中得到的是旱涝保收的安稳，而资方则愿意享有剩余价值索取权的刺激。尊重定额报酬，实际上是尊重雇员规避风险的偏好。如果一定要求雇佣双方将雇员的发明能力单独估价，雇主的自然反应是降低雇员的固定回报，将节约下来的预算作为发明奖酬，只在发明成功时方予支付。这相当于将发明失败的风险从企业转移给雇员。❶ 而这极可能违背雇员寻求稳定报酬的初衷。所以，违背企业内资源调配规律的单一化政策，既不能达到提升效率的目的，在再分配方面也乏善可陈。

四、小结

前述分析表明，细化管制的德国职务发明制度既无助于国家提高创新能力，也不利于企业提高生产效率，而且在牺牲了巨大的制度效率之后，甚至没能换来发明人的满意。难怪德国工业产权与著作权协会将《德国雇员发明法》的规定描述为"试图追求完美，实则徒劳无功；没有给雇员带来好处，却给企业造成巨大的行政负担，并为法律纠纷提供了温床"。❷

比较法研究的意义，不仅在条文之对比与借鉴，更是为法学提供了堪比自然科学试验的猜想与反驳机会。毕竟，"对一个理论的反驳——即对问题的任何认真的尝试性解决的反驳——始终是使我们接近真理的前进的

---

❶ See Robert Merges. Law and Economics of Employee Inventions [J]. Harv. J. L & Tech, 1999, 13: 16.

❷ Gloy, Loschelder. Gesetz zur Änderung des Gesetzes ueber Arbeitnehmererfindungen [J]. GRUR, 2000: 385.

一步"。● 如果坚持管制的德国模式在促进创新方面乏善可陈，《职务发明条例草案》选择的管制立场自然应当接受质疑。

诚然，比较法实验室中幸存的制度未必适合中国。但如果由国家为了解决相似的问题、遵循相似的思路，试验并不成功，我国在解决问题时至少可以绕道而行。王尔德曾说："经验是每个人提到自己错误时所用的婉转词汇。"其实，经验何必局限于昂贵的亲自体验？德国的教训，我国不妨引以为鉴。

● ［英］卡尔·波普尔. 猜想与反驳 ［M］. 傅季重，纪树立，周昌忠，等译. 北京：中国美术学院出版社，2013：序言 vii.

第五章　职务发明制度改革中的其他问题

前述第三章和第四章分别从理论与实证角度对职务发明制度改革中的核心问题——是否应当确保"发明者贡献与奖酬精确挂钩"——进行分析。本章致力于分析职务发明制度中涉及的一些其他问题，包括《职务发明条例草案》在改革目标、权属规范和具体奖酬规范方面涉及的事项。

一、改革所追求的制度目标难以实现

如果法律规范对象、裁判人员和社会公众，能够方便地把握法律法规的目标，将大大便利这些读者对以立法形式呈现的公共产品的消费。法律规范对象能拥有明确的指引，据以调整自己的行为；公众能够理解公权力追求构建的社会图景，凝聚社会共识；裁判者可以把握立法目的，进行恰当的解释。但现实生活的复杂性，以及立法行为所追求目的本身的多样性，往往使立法目的不会以特别清晰的方式呈现出来，而需要结合立法背景加以诠释。对《职务发明条例草案》的理解也是如此。要正确地理解、适用或者检讨《职务发明条例草案》，不能不首先对其追求的目标进行探讨。而笔者遗憾地发现，无论《职务发明条例草案》追求的是效率、再分配还是二者的结合，《职务发明条例草案》采取的手段都存在缺陷。

《职务发明条例草案》第 1 条规定："为了保护职务发明人和单位的合法权益，充分激发职务发明人和单位的创新积极性，提高单位知识产权管理水平，推动知识产权的运用实施，促进经济社会发展，建设创新型国家和人才强国，制定本条例。"从字面看来，该条同时包含再分配和效率两项目标。保护职务发明人的合法权益可以归入再分配目标，其余有关目标的描述可以归入效率目标。尽管第 1 条先提及再分配目标，然后才阐述再分配目标。但从条文的详略分配来看，效率目标才是《职务发明条例草案》追求的主要目的。

《职务发明条例草案》的说明性文件（以下简称"《说明》"）也表明效率是职务发明制度的主要目标。《说明》开宗明义表明："人才是我国经济社会发展的第一资源，创新是我国经济社会发展的根本动力。提高自主创新能力、建设创新型国家，必须依靠科技人才，充分调动和发挥科技人员及其所在单位从事科技创新及转化运用的积极性、主动性和创造力。"❶从《说明》的用语看，保护"人才"本身尚不构成目的，保护"人才"的原因，在于其是"资源"、是"依靠"，能够"提高自主创新能力、建设创新型国家"。质言之，即使《职务发明条例草案》措施的最直接效果是改变雇佣双方对职务发明利益的分配，让职务发明人获得更大的份额，但其实如何分蛋糕只是手段，将蛋糕做大才是目的。

《职务发明条例草案》的制定背景同样能印证其主要目的在于效率而非再分配。《国家中长期人才发展规划纲要（2010～2020 年）》（以下简称"《人才发展规划纲要》"）可谓制定《职务发明条例草案》的政策依据。❷在《人才发展规划纲要》"序言"第一段，人才就被定义为"我国经济社会发展的第一资源"。在《人才发展规划纲要》的绝大多数篇幅中，人才作为手段而非目的的含义非常明显。例如人才发展方针的第一项是"服务发展"，即"把服务科学发展作为人才工作的根本出发点和落脚点"；第三项是"以用为本"，即"把充分发挥各类人才的作用作为人才工作的根本任务"。❸ 在此，人才显然也是手段而非目的。作为国家的政策性文件，这无可厚非。因为政策性文件不同于纲领性文件，其效用原本就在于落实而非宣誓。

----

❶ 《说明》第 1 页。

❷ 《说明》第 1 页。《人才发展规划纲要》第四（十）部分表示，要"制定职务技术成果条例"。

❸ 《人才发展规划纲要》第一（一）部分。

诚然，《人才发展规划纲要》稍后也提及再分配目标。第四（十）部分表示：要"完善科技成果知识产权归属和利益分享机制，保护科技成果创造者的合法权益。明确职务发明人权益，提高主要发明人受益比例"。但如果以解释法律法规的方法来解释《人才发展规划纲要》，该纲要序言之后的具体条款在解释时，不应与序言设定的功利基调相矛盾。本着这样的思路再度审视第四（十）部分有关职务发明的措辞，其含义便显得明朗起来：当效率和再分配两项目标不相冲突之时，应当根据第四（十）部分的要求，提高主要发明人的收益比例；但如果追求再分配目标会损及总体创新，则这种为公平而牺牲效率的方式并不为《人才发展规划纲要》所取。这一思路不仅符合解释规律，能够澄清《人才发展规划纲要》中具体语句的含混之处；而且符合《人才发展规划纲要》的根本追求，是追求创新的正确途径。

以《人才发展规划纲要》为指导制定的《职务发明条例草案》，自然应当沿袭提升效率、增强国家整体创新能力的目标。《职务发明条例草案》文本基本反映了这一事实。但同时，《职务发明条例草案》也反映了对再分配目标的追求。总体而言，效率为主，再分配为辅，应该是对《职务发明条例草案》目标的恰当定位。为了达到目标，《职务发明条例草案》采取的核心措施是要求雇主为每项职务发明单独计算并支付奖酬，而且将雇员获得奖酬的权利规定为不可取消。无论是通过雇佣双方就奖酬达成的个别或者集体约定，还是在没有约定时适用法定默认奖酬规范，总之雇主必须承担单独计算与支付奖酬的义务。因此核心措施简而言之就是默认职务发明奖酬制度。遗憾的是，这一制度，无论对于效率目标，还是再分配目标，都不是恰当的手段。

（一）效率目标不可得

默认职务发明奖酬并不能达到提升效率、增强国家创新实力的目标。前文已经从不同角度对此加以证明。从代理成本的角度看，在雇佣这一委托人–代理人关系中，委托人既可能选择仅以工资作为对价，也可能选择在工资之外另行支付与特定成果（如发明）挂钩的额外奖酬。在市场化的环境中，两种选择均可能是合理的。至于委托人究竟选择哪种，需要根据具体雇佣关系中代理成本和消除代理成本的成本之比较来确定。在很多以智力创作为雇佣活动内容的合约中，雇主选择给予雇员职务发明报酬，是因为事前详细缔约或事中监督成本太高，事后奖励是降低代理成本、最大化雇佣双方利益总和的最佳途径。但在另一些哪怕以智力创作为雇佣活动内容的合约中，雇主并不主动选择给予雇员职务发明奖酬，因为奖酬成本甚至超过被消除的代理成本，因此雇主宁可将代理成本作为正常的成本支出加以容忍。总之，雇佣劳动的内容是智力活动，并不意味着雇主必须支付额外奖酬，方能使雇佣双方的利益综合最大化。强制雇主为职务发明支付奖酬，剥夺的是雇主根据具体情况选择最恰当的合同架构的可能性，带来的僵化合同架构自然谈不上提高效率、促进创新。从科斯关于企业性质的角度看，经济组织的效率恰恰来源于其无须为每一项交易单独设定并执行详细的交易条件。取而代之的，是通过发布命令的科层结构来进行资源调配。价格机制与科层结构，是两种并行的资源调配方式，可以自由组合以追求最佳资源调配方式。强制雇主为每项职务发明计算并支付奖酬，剥夺了企业在职务发明问题上以科层结构取代价格机制的可能，是一套自我束缚、不利于资源灵活有效配置的制度。

当然，还存在其他可供分析《职务发明条例草案》正当性的思维工具。例如从财产权的经济理性出发，财产权的社会本质，在于当划定产权范围的成本小于财产权带来的激励时，产权有利于总体社会福利的提升。但在产权的界权成本高于产权带来的激励时，如果法律执意确立产权，不仅不会促进社会实现效率目标，反而有所阻碍。所以如果《职务发明条例草案》坚持在任何情况下都要划定职务发明人的奖酬产权范围，对于划界成本高于激励收益的职务发明而言，奖酬产权在整体社会福利层面的影响将是负面的。

以上三方面均说明，为了达到促进效率的目的，职务发明奖酬应当是选项之一，而非强制规范。误将职务发明奖酬作为强制默认规范，不仅不利于、反而有碍效率目标的实现。美国在职务发明方面几乎没有管制，仍然始终站在全球创新前列的事实，则从侧面说明了管制的非必要性。诚然，美国将职务发明奖酬交给私人自治的实践，遭到了一些美国本土学者的批判。❶ 但同样有很多学者相信美国既有模式的合理性，❷ 并且美国的实践并未因批判而有所改变。尽管美国没有默认奖酬规范同样能够顺利创新，从逻辑上并不能否定默认奖酬规范可能实现促进创新的效果，但至少可以从一定程度上看出默认职务发明奖酬并非促进创新的唯一途径。

所以，无论从有效性角度，还是从必要性角度，作为手段的默认职务发明奖酬规范与作为目标的效率之间，都无法建立起良好联系。

（二）公平目标不可得

默认职务发明奖酬也不能达到促进公平、增加职务发明人利益的目标。

第一，职务发明奖酬只是发明人从雇主处所获各种利益中的一种，立法能够要求增加职务奖酬，却不能规制发明人从雇主处所获利益的总和，意味着雇主有巨大的空间，通过降低发明人的其他获利，达到表面上增加发明人获利、实际维持支出不变的目的。最直接的做法，是将原本一揽子计算的发明人报酬切分为两部分：一部分是无论是否做出发明都支付的固定报酬，另一部分是只有发明人完成发明后才支付的奖酬。无论立法者如何提升职务发明奖酬的规制程度，只要立法者无法控制雇主在发明人群体上的总体支出，就无法避免雇主通过"一分为二""拆东墙补西墙"的方法，架空职务发明奖酬预计达到的再分配目标。❸ 而在市场经济的大背景下，通过立法调控总体工资水平显然不切合实际。为了在劳动力市场上实

---

❶ 理查德·坎普拉斯（Richard Kamprath）认为美国近年来引领创新能力的下降，部分是因为美国职务发明规则对雇主有利，对雇员不利，降低了雇员发明的积极性。（Richard Kamprath. Patent Reversion：An Employee – Inventor's Second Bite at the Apple ［J］. Chi. – Kent J. Intell. Prop. ，2012，11：187. ）

❷ Robert Merges. The Law and Economics of Employee Inventions ［J］. Harv. J. L. & Tech，1999，13.

❸ 这一顾虑并非空穴来风。笔者曾与咨询外商来华投资的律师简短提及职务发明改革动向，其中不乏咨询者迅速反馈到，只要将来有严格执行默认职务发明奖酬的趋势，他们就会建议客户在涉及薪酬方案时，预留职务发明奖酬准备金。此外，笔者在与一位德国职务发明领域富有经验的律师交换意见时，曾听该位律师提及跨国公司在德国支付给研发人员的总体报酬，并未因《德国雇员发明法》及相关规范的严格规定而提升。

现再分配目标，立法可能采取的手段是规定最低工资。即使就这一针对低收入群体的管制，都遭到经济学家的反对，认为最低工资不仅不能实现合理的再分配目标，反而会挤出最低端的劳动力。因为这些劳动力原本可以通过获得低于最低工资的薪酬获得工作，而工资一旦被强制规定在高于其自由市场价值的水平时，雇主只能选择放弃雇佣此类劳动力。最低工资尽管饱受自由派经济学家的批评，但其存在尚可能获得正当性，例如最低工资保障的生活水平，是维持社会成员获得"有益品"（merit good）的水平。如果劳动力不能获得这些必需品，负外部性将波及社会安定与持续发展。总之，即使在最低工资问题上，学界都还存在激烈争论。对于平均收入远远高于最低工资水平的、可能做出职务发明的员工而言，没有任何理由动用立法手段强制确定其具体工资水平。

第二，默认职务发明奖酬最多能带来发明人群体收入的短期提高，绝对无法带来该群体收入的长期提高。长远看来，该群体的收入水平取决于能为雇主带来的收益，而不取决于法律规定该群体获得报酬的形式与种类。

长远来看，笔者并不怀疑发明人群体在社会收入分配中的比例会上升。工业化以来的历史，证明了智力创造者作为一个群体，相对于其他群体的经济实力在不断增强，社会地位也在不断提升。工业革命之前，文学、艺术、科学领域的创造者，如果能寻求到既有实力又有意愿的庇护人，不用为基本生存发愁，已属幸运。但即使这些幸运儿，也只是权贵阶层的附庸，无论在生活还是创作上，都屡屡受制于庇护人。作为群体的创作者从未在政治和经济上享有巨大的社会影响。左右社会并为民众仰视的，最早是依靠出生而掌控国家命运的贵族，后来又加入了依靠土地、资金等资本而掌握社会命脉的企业家。而即使在工业革命开始很长时间以后，在进入知识经济之前，大部分"发明人"仅仅受雇于"企业家"，两个群体的交集并不多。但在进入知识经济之后，发明人群体不仅经济力量急遽增长，社会地位也飞速攀升。其对社会观念、社会结构的影响，超越了诸多传统主流群体，在最近几十年间逐步登顶。贵族早已没落，政客从来没有过好名声，资本家越来越需要学习如何理解和讨好技术精英，而大众正在习惯将自己的生活方式与社会链接送进科技的熔炉，继而欣然接受被熔炼得焕然一新的工作、生活与社交模式。与科技影响力飞涨相应的，是富豪榜上科技人才数量与位置的上升。半个世纪在人类历史上毫不夸张地只是白驹过隙。但仅仅半个世纪前，人们还很难想象富豪榜上如此密集的科技人才比例。在 19 世纪乃至 20 世纪上半叶，富可敌国者在美国是如洛克菲勒般掌握能源者，在欧洲是如克虏伯般掌握钢铁者。大名鼎鼎如爱迪生，不仅善于科技而且长于商业，就财富而言却无法与传统非科技行业的巨头比肩。大概从比尔盖茨开始，公众开始慢慢习惯技术创新能把邻家男孩变为百万富翁的现象。2007 年，当马克·扎克伯格（Mark Zucker-berg）年方二十三就跃入亿万富翁之列时，人们已对科技精英家财万贯习以为常了。诚然，科技精英只是小众群体，不可能完全代表潜在职务发明人这一庞大得多的社会存在。但任何大群体中的精英小众，多少代表了大群体的社会角色。例如在中国，要找出农业精英，远不如列举科技精英或者商界精英来得容易。从特定精英的社会定位观察其背后大群体的生存状态，应该能有一些启发。而且，即使抛开潜在发明人群体中的顶端精英，其整体生存状态位于社会平均水平之上，这一点大概无论在中国还是在其他国家，都不会引起太大争议。为具备潜在发明人素质而需投入的教育成本（包括机会成本），雇佣潜在发明人单位的盈利能力，都使得发明人获取高于社会平均收入既合理也现实。正因为如此，部分脑力劳动者（未必做出发明）的收入一时未能居于较优的社会水平才会引起社会热议。从 20世纪 80 年代的"体脑倒挂"和"造原子弹不如卖茶叶蛋"现象，到 2015年福布斯中国富豪榜前十位中至少一半来自科技相关行业，❶ 围绕科技被创造和分配的财富不仅在绝对值上增量惊人，而且在相对值方面比例一再提高，是近三十年中国社会的现实。但科技人员收入的提高，是其社会贡献与社会影响力提高的结果，而绝非以再分配为目标的立法干预的结果。

如果从即日起严格执行默认职务发明奖酬，职务发明人的确可能获得额外报酬。因为雇主很难立刻下调为潜在发明人群体支付的其他成本，所

---

❶ 2015 年福布斯中国富豪榜上，第二名马云来自互联网领域，第三名马化腾来自互联网领域，第四名雷军来自智能手机领域，第六名李彦宏来自互联网搜索，第九名刘强东来自电子商务，第十名丁磊来自网游。（China Rich List［EB/OL］.［2020 – 12 – 15］. www. forbes. com/china – billionaires/list/）

以职务发明奖励与报酬是发明人在既有报酬之外的额外收获。但随着时间推移，雇主有多种途径抵消职务发明奖酬带来的额外成本：最简单的，是放缓雇员其他收入增长的速度，将由此节约下的资源作为支付职务发明奖酬的储备金。能够达到同样效果的，还包括直接将潜在发明人开支分割为固定薪酬和职务发明准备金两部分。总之，最后的结果是一致的，即长远来看，雇主不会单纯因为法律要求为每项职务发明单独计算与支付奖酬，就增加潜在发明领域的人工预算，而是会采取各种方法将预算维持在商业上最优的水平，既能够激励雇员开展必要的发明活动，又不至于占用资源更有效率的其他用途。而立法没有任何办法阻止雇主缓慢采取各种措施，抵消法律试图引入的、在雇主看来并非必要激励的发明人收入。

第三，如果默认奖酬规范真的如愿提高了市场化单位中发明人的收入水平，后果将是减少这类单位中受雇发明者的数量。没有理由认为，市场化单位在没有立法规定的情况下，不会给予雇员做出必要发明的足够激励。简单地说，单位雇佣的发明人数量和支付的发明人报酬，都应该接近市场出清价。如果法律强行规定的收入形式与种类，容易导致雇主支付的总体报酬超出了该群体贡献的市场出清价，此时单位会考虑将资源转投其他领域，例如不伴随职务发明奖酬义务的市场开发、企业管理等活动。简单的经济模型尽管有局限，很多时候却是能够提供缺乏模型无法发现的洞见。劳动市场中最简单的经济模型是劳动力的供需关系模型。和其他商品的供需关系一样，劳动力供需关系模型最显著的特点便是其下行的需求曲线，即如果劳动力的价格真的有所提高，雇主的正常应对将是减少需求。❶而如果减少需求，对于留在市场内的劳动力而言，增加的只是原本就高于社会平均水平的收入；但对于被挤出研发市场的劳动力而言，丧失的则是赖以谋生的工作。如果从收入的边际效益递减角度看，很难论证留在研发市场中劳动力收入增长带来的福利增加，超出了被挤出市场的研发劳动力丧失研发工作岗位带来的福利减损。这样的结论，不仅谈不上有效，对于个体而言，更难言公平。

---

❶ Samuel Estreicher, Stewart Schwab. Foundations of Labor and Employment Law [M]. Foundation Press, 2000: 2-5.

　　第四，默认奖酬规范不仅无法长远地、整体地提高发明人群体的收入，长远看反而会侵蚀发明人群体的可得利益。前面的分析表明，长远看来，雇主并不会增加在科研人工方面的总体预算，"羊毛出在羊身上"，职务发明奖酬不过是从科研人工预算总额中切割出的一部分。如果没有默认职务发明奖酬，根据产权划界的基本原理，雇主会在切割带来的激励收益大于切割成本时进行切割，而在激励收益尚不足以负担成本时放弃切割。质言之，雇主并非一定不愿意为激励职务发明而计算和支付奖酬。默认职务发明奖酬规定有可能产生效果的范围，局限于如果没有默认职务发明奖酬，职务发明人就无法得到额外报酬的情形。既然对于市场化单位而言，职务发明人无法获得额外报酬是刻意追求的结果，其原因在于计算与支付额外报酬有损单位效率，那么法律强制追加单独计算与支付额外报酬的义务，握有预算权的单位会尽量让发明人群体承担由此产生的成本。对于市场化单位中的职务发明人而言，将原本可以一揽子支付的研发人工预算进行分割的成本，将从研发人工预算总额中扣除，由此带来的结果是发明人群体的收入尽管在类型上有所增加，但在数额上反而有所减少。这显然与再分配意图背道而驰。

　　第五，立法当然可以追求再分配目标，但全面干预单位内部创新资源的具体配置绝非恰当的方法。立法追求再分配目标的途径有二：一是通过税收与福利的公法手段，二是通过修正私人合意的私法手段。"尽管经济学家往往无法就恰当的再分配目标取得共识，但一般能就合适的再分配手段达成合意。"❶ 这一合意便是公法手段比干预私人合意在实现再分配目标方面更有效率。

　　首先，私法手段更容易出现目标定位偏差。例如，同样是为了矫正社会各群体间的不平等，税收既能采集到目标群体的所有收入来源，避免一叶障目；也能运用精确的量化手段，比如采取差额累进税率，由此准确调整收入差距。个人所得税的目的在于劫富济贫，而处于差额累进税率表顶端者富，低端者穷，目标群体定位稍有偏差。有了准确的目标群体定位做

---

❶　Robert Cooter, Thomas Ulen. Law & Economics（《法和经济学》）（影印本）［M］. 上海：格致出版社，2012：7.

基础，让顶端者多纳税，低端者少纳税，劫富济贫的再分配目的不难达到。但私法手段则不具备同样的优势。为了干预私人合同，相关私法规范需要在没有量化分界线的情况下给特定主体贴上"需要防范"或者"需要保护"的标签。而且在贴标签时，目光局限于特定合同发生的情形，而将特定主体在社会生活其他方面的表现与处境抛诸脑后。对于私法手段而言，局部视角、个别处理显然是唯一可行的途径。私法的本质就决定了其干预的只能是主体复杂社会存在中某一被析出的层面。问题在于，私法文本运用的标签其实是社会化、整体化的，待处理的问题却是个体化、析出化的，二者很可能存在冲突。消费者保护法的目标是抑强扶弱，但在具体情形中，经营者未必强势，消费者也不总是弱者。以中国飞速发展的网络消费为例，顾客评价机制不仅在很大程度上消除了经营者和消费者之间的信息不对称，消灭了过去经营者强势的重要原因；而且令经营者如履薄冰，有时只能忍气吞声、委曲求全。❶ 总之，为私法干预所贴之标签，时常不能实现精确的矫正。❷

其次，私法手段的后果更难预料。仍以经营者和消费者的关系为例，通过私法手段干预二者约定的权利义务配置，目的本在于将财富从被贴上"强势"标签的经营者一方，转移到被贴上"弱者"标签的消费者一方。但至少存在两种立法者无法掌控的情况，可能挫败再分配意图。一是经营者本身并非强者，而是从事小本生意勉强谋生的普通社会成员；二是经营者未必会承担提升后的成本，而可能通过提高售价将成本转嫁给消费者。无论上述哪种状况，立法者都无法实现抑强扶弱的目标。❸

再次，私法手段的交易成本往往更高。这是因为私法手段相对分散，需要在每起案件中重复投入交易成本；而公法手段相对集中，能够实现规

---

❶ 姜琳. 论网络交易评价体系中的欺诈问题——基于淘宝网"差评门"及"职业差评师"事件［J］. 法制与经济，2015（2）：127.

❷ Robert Cooter, Thomas Ulen. Law & Economics（《法和经济学》）（影印本）［M］. 上海：格致出版社，2012：8.

❸ Robert Cooter, Thomas Ulen. Law & Economics（《法和经济学》）（影印本）［M］. 上海：格致出版社，2012：8.

模效益。❶ 私法手段的不足，典型地体现在涉及利益较小的情况下。对于理性的权利人而言，如果维权成本大于维权可能实现的收益，恐怕只能放弃，尽管放弃可能有违正义感，但每个分散的私人主体如果出于理性考虑，便只能接受。而要改变这一情况，将分散的权利集中起来行使，是更合理的方式。著作权集体管理体制便可作为类比：音乐作品权利人尽管享有表演权，理论上有权制止他人未经许可向公众进行包括机械表演在内的表演，但如果指望每位音乐作品著作权人自己去餐厅、酒吧、购物场所、交通枢纽等地方，一一发现并制止未经许可的表演或机械表演，显然不现实。而正因为如果希望个别维权，那么发现侵权、制止侵权、获得赔偿的成本将远超收益，结果权利人采取不作为态度反而是理性的。集体管理组织则通过将细碎、分散的权利集中起来，统一行使，大大降低了平摊到每一项权利上的维权成本。同样的道理，在千百万项具体的社会强势方和弱势方关系中一一进行纠正，成本将非常巨大：各方为此投入的时间与精力，以及各方获取资讯的成本，其累计无疑惊人地巨大。但通过税收和福利，制度化地实现从社会强势方到弱势方的再分配目标，交易成本将大为降低。可以打个比方：再分配犹如将水从绿洲运到沙漠中某位干渴的旅行者处一样，如果用小碗运很多次，每次都难免滴漏与蒸发；而如果用大桶运一次，滴漏与蒸发的总量很可能更低。

最后，私法手段比公法手段对经济动机的扭曲更强。税收与福利不像私法手段一样可能直接改变供需关系。考特（Cooter）与尤伦（Ulen）举例道，如同通过私法手段调整西红柿买卖关系中的经营者和消费者关系，经营者需要承担更高的成本，他或者将这部分成本转嫁给消费者，从而挫败再分配目的；或者选择缩减投资，减少供给，最终消费者不得不为西红柿支付更高的价格，而这正是对市场状态下供需关系的扭曲。

以上四方面理由说明，对于追求再分配目标而言，税收福利是比干预私人合同更有效的手段。而默认职务发明奖酬所起的作用，恰恰是直接干预雇佣双方合意的内容。就此而言，默认职务发明奖酬对再分配目标之实

---

❶ Robert Cooter, Thomas Ulen. Law & Economics（《法和经济学》）（影印本）［M］. 上海：格致出版社，2012：8.

现，亦非良策。

立法者追求的再分配目的落空，未见得是雇主的本意，却是其依照市场规律行事的结果。市场化的单位不会为了违背而违背，但的确会为了更好的成本收益分析结果而违背。既然存在种种立法者和司法者无法管制的规避手段，可以绕开不效率的法律规定，市场化主体当然会尽量降低守法成本。需要检讨的，不是市场主体的规避行为，而是规则制定者的意图与手段。

（三）效率与公平不可兼得

本来，论证了默认职务发明奖酬既不能提高效率，也不能促进公平，从逻辑上讲，无须再分析二者的关系，已经能安全得出手段不具有合目的性的结论。但笔者仍希望再次强调，对于默认职务发明奖酬这一手段而言，其追求的效率与公平目标之间存在明显冲突。指望以提高效率为主，促进公正为辅，并不现实。职务发明领域的效率目标与再分配目标常有分歧，"鱼与熊掌兼得"往往是不切实际的幻想。最典型的表现，便是本研究一再强调的情况，即雇主恰恰是出于效率考虑，认为单独计算与支付每项职务发明奖酬的成本大于其收益，因此刻意避免单独计算与支付。但默认职务发明奖酬，要求雇主在任何情况下均进行计算与支付，如此即使达到了公平目标，也是以牺牲效率为代价的。

实际上，政府直接干预资源调配，最终既不能提升效率，也不能促进公平，这样的例子已经不少。例如政府曾大力补贴光伏产业，试图在这一闪耀科技魅力的新能源领域引领市场，但事实是中国的光伏产业并未得到良性发展，同时还挤占了本可被更有效运用的公共财政资源。再如家电下乡，实际上是花纳税人的钱，让已经过时的产业苟延残喘，效率自然谈不上，公平同样无法实现。❶

---

❶ 吴敬琏. 改革就要打破党国大公司 [EB/OL]. [2020 - 12 - 22]. https：//www.globrand. com/2019/612099. shtml.

二、职务发明权属领域的一些具体问题

（一）发明者的"署名权"

《职务发明条例草案》第 8 条明确采用了"署名权"概念，规定"对于职务发明，单位享有申请知识产权、作为技术秘密保护或者公开的权利，发明人享有署名权和获得奖励、报酬的权利。"但《专利法》并未采用"署名权"概念，而是规定"发明人或者设计人有权在专利文件中写明自己是发明人或者设计人"。❶《职务发明条例草案》界定了专利领域的署名权内涵，即"（一）未将发明人署名为发明人的；（二）将不是发明人的人署名为发明人的"。这与早已为人熟悉的署名权内涵存在不可忽略的差异。

现行法律体系中使用署名权概念的，是《著作权法》。《著作权法》第 10 条第 1 款规定："署名权，即表明作者身份，在作品上署名的权利。"具体而言，即"作者有权署名，也有权不署名；有权署真名，也有权署假名（笔名）。作者也有权禁止他人在自己的作品上署名"。❷ 立法技术的基本要求是同一法律概念内涵的一致性。如果按照著作权人享有的署名权内涵，则《职务发明条例草案》在专利法领域内明确引入的署名权概念，应该指"发明人有权署名，也有权不署名；有权署真名，也有权署假名。发明人也有权禁止他人在自己的发明上署名"。这一类推，至少存在三方面显而易见的问题。

首先，发明人是否有权不署名？从《审查指南》的规定看，答案是否定的。发明人可以在提出专利申请时请求不公布自己的姓名。但既然是请

---

❶ 《专利法》（2008）第 17 条，《专利法》（2020）第 16 条。
❷ 国务院法制办公室. 中华人民共和国著作权法注解与配套［M］. 北京：法制出版社，2014：20.

求，就意味着不公布姓名并非发明人的权利，而是需经专利局批准的行为。只有经专利局审查认为符合规定的，才会在专利公报、专利申请单行本、专利单行本以及专利证书中不予公布。而且，即使发明人不希望在专利文件中公布自己的姓名，也只意味着发明人可能能够阻止专利局向公众公开自己的发明人身份，而不意味着发明人有权向专利局隐瞒自己的身份。实际上，发明人只有在请求书的"发明人"一栏中填写自己姓名后，才有机会在姓名后注明"（不公布姓名）"的请求。在发明有多位发明人的情况下，不希望公布姓名的发明人尚可通过不出现在申请文件中隐匿身份；❶ 但在只有一位发明人的情况下，发明人如果希望获得专利，就首先必须向专利局表明自己的身份，至于专利局是否同意不向公众披露发明人身份，并不处于发明人的绝对掌控之下。❷

其次，发明人是否有权署假名？从《审查指南》的规定看，答案也是否定的。《审查指南》要求发明人在表明身份时，不能填写单位或集体，而只能填写作为自然人的发明人之真实姓名，并且明确强调"不得使用笔名或者其他非正式的姓名"。❸

最后，如何理解"在发明上署名"？著作权人行使署名权的方式，是在作品载体上署名。但发明人行使所谓"署名权"的方式，显然不是在发明的每一个有形载体上署名。《专利法》的说明非常清楚，发明人表明身份的场所是"专利文件"。《专利法实施细则》（2010）第16条规定专利申请书中应当写明的事项之一就是"发明人或者设计人的姓名"，因此申请书毫无疑问属于专利文件。此外，《审查指南》在阐述不公布发明人姓名的文件时，提及"专利公报、专利申请单行本、专利单行本以及专利证书"，这说明如果发明人没有请求不公布姓名，发明人的姓名原本也应该出现在这些文件上。无论如何，发明人表明身份的地方，与作为技术方案或者设计的产品载体或者方法流程完全无关。因此与著作权人享有的署名

---

❶ 在此情况下，发明人就丧失了在正式专利文件中提及自己发明人身份的机会，与其姓名记载于申请书，只是未被公之于众的发明人，将来在主张权利时，难度将大有差别。这也说明，发明人主张权利和至少向专利局公开身份之间存在紧密联系，发明人希望取一舍一，不为政策鼓励。

❷ 《审查指南》第15页（1-5部分）。

❸ 《审查指南》第15页（1-5部分）。

权不可同日而语。

著作权人几乎完全控制署名权的行使方式，而发明人在表明身份时，除了受到以上三方面的重要制约，其他方面也存在约束。例如在行使权利的时间方面，发明人请求不公布姓名，必须在专利申请进入公布准备之前，在此之后提出的请求不会被考虑。与此相对，著作权人可以随时变更行使署名权的方式，既可以在最初发表时未署名的作品上署名，也可以将发表时的署名撤销，还可以改变署名方式。尽管著作权人出于必要性或可行性的考虑通常不会行使上述权利，或者署名权的行使方式受到合同的约束，但事实或约定的限制并不等于法律上的限制。从法律上讲，著作权人对署名权的控制程度非常高。再如在对权利的持续控制方面，一旦发明人申请不公布姓名的请求获得批准，专利局将在专利文件的相应位置注明"请求不公布姓名"字样，发明人将来不得再请求重新公布其姓名。从以上种种限制看来，发明人享有的表明身份的权利，无论是行使时间、行使方式、行使对象，都远比著作权人享有的署名权范围狭窄得多。由于《著作权法》中对署名权有明确定义，为了保持各部门法之间概念的一致性，不宜在专利法领域使用"署名权"概念。

《职务发明条例草案》的支持者当然完全可以说，各部门法面对的情况不一，需要解决的问题不同，即使采用同一概念，当然需要有不同解读。现实中职务发明人遭遇的问题是想署名署不上，而既非不想署名偏被署上，也不是想署笔名而被要求署真名。这一对现实问题的诊断固然恰当。但这并非任意使用既定概念的正当化理由。如果立法者坚持在专利领域提升对发明人非经济权利的保护水平，可以选择使用"表明发明者身份权"概念，而非在含义已经著作权法固定的"署名权"中，塞入不同于《著作权法》规定的内容。《职务发明条例草案》不加解释就采用"署名权"概念的做法，未免不够严谨。尽管《职务发明条例草案》制订之前，已有文献❶和司法机关颁布的文件❷将发明人表明身份的权利称为"署名

---

❶ 例如：尹新天. 中国专利法详解（缩编版）[M]. 北京：知识产权出版社，2012：147-148.

❷ 《最高人民法院关于印发修改后的〈民事案件案由规定〉的通知》（法〔2011〕42号）。

权"，但在法律层面上，提及"署名权"的只有《著作权法》，在行政法规层面提及的只有《著作权法实施条例》和《计算机软件保护条例》，也均属于著作权领域。国家知识产权局在制定部委规章时，应当尊重上位法对概念的使用方式。

（二）雇员申报与雇主通知制度

《职务发明条例草案》第三章花费了七项条文，详细规定了雇员向雇主报告，以及雇主向雇员通知的制度。但无论其必要性还是有效性，都不乏令人质疑之处。

只要是与单位业务有关的发明，发明人都应当自完成发明之日起两个月内向单位报告该发明。❶ 而根据《专利法》第 6 条的规定，并非所有与业务有关的发明都属于职务发明，只有"执行本单位的人物或者主要是利用本单位的物质技术条件所完成的发明创造"，才是职务发明。所以《职务发明条例草案》实际上要求发明人将职务发明和非职务发明都向雇主报告，而且在报告内容上并无差别，都需要包括发明人姓名、发明的名称和内容、发明属于职务发明或非职务发明的意见及理由以及其他需要说明的事项。

对于非职务发明而言，是否需要发明人向雇主报告，尚需权衡利弊。《职务发明条例草案》规定非职务发明报告制度的用意有二：一在尽快澄清权利归属，二在防止发明人将职务发明据为己有。但其实即使《职务发明条例草案》不规定发明人报告制度，如果根据《专利法》第 6 条，发明人将职务发明作为非职务发明据为己有，单位同样有权要求发明之上的权利。《职务发明条例草案》第 34 条第 1 款给发明人规定的后果，即"发明人违反本条例的规定，对职务发明申请知识产权的，该申请产生的权利由单位享有，发明人获得的收益应当全部返还单位"，这并未增加对雇主的保护，因为这本是《专利法》第 6 条的题中之意。我国不像《德国雇员发明法》，要求雇员报告非职务发明，目的在于保障雇主的优先权，即雇员

---

❶ 《职务发明条例草案》第 10 条。

在实施非职务发明前，如果该项发明落入雇主业务范围，则雇员应该先向雇主提出条件合理的、至少涵盖非独占许可的要约。而且德国规定雇员向雇主报告非职务发明，并不带来行政机关干涉企业内部事务的可能。而在我国，将雇员向雇主报告非职务发明纳入部门规章，同时便赋予了专利行政主管部门直接管制单位和发明人的可能。这一规定的利弊，有必要进一步权衡。

对于职务发明而言，其实无论《职务发明条例草案》是否规定通知制度，雇员都有义务向雇主移交发明，而在移交的过程中，必然涉及雇员向雇主进行的汇报。《职务发明条例草案》的通知制度，应该借鉴自《德国雇员发明法》第12条。❶ 但德国的规定，实际上并不适用于中国。首先，《德国雇员发明法》订于1957年，其规定详细申报制度的原因，是为了在严格的发明人主义和雇主利益之间寻求平衡。《德国专利法》严格秉持发明人主义，发明原始归属于自然人发明者；而职务发明的实际利益享有者，又应该是雇主。德国立法者固然可以选择通过彻底的法律拟制，在职务发明问题上仅仅保留形式上的发明人主义，而规定实践中职务发明已经完成即自动转移给雇主。但1957年的立法者并不打算如此明显地维护雇主的利益，而是通过申报制度，一方面建立发明从雇员转移到雇主处的平台，另一方面在雇主不积极主张权利时让发明人享有权利。但在几十年的实践过程中，申报机制的巨大成本和其带来的收益完全不成比例，尽管法院一再试图软化僵硬的申报机制，如果雇主出于种种原因未能在收到申报四个月期限内以符合法律要求的方式主张权利，就会丧失发明。种种不效率与不公平，使德国最终于2009年修法时彻底翻转了《雇员发明法》的基本规定，将雇主未能及时对申报做出反应的法律后果，从发明归雇员变为了发明归雇主。《德国雇员发明法》尽管仍然保留了申报制度，但其作

---

❶ 《德国雇员发明法》将职务发明和非职务发明的申报义务予以分别规定，第5条规定了职务发明的申报义务（Meldepflict），第18条则规定了非职务发明（《德国雇员发明法》上称为自由发明）的通知义务（Mitteilungspflicht）。申报义务和通知义务的内容是不一样的：发明人申报时，应当进行详细说明，至少包括对技术问题、解决方案和发明过程的描述，以及对各发明人的贡献比例的说明，如有可能，还应附上图纸。但第18条仅仅要求发明人澄清发明是什么，至于与发明过程相关的信息，发明人仅需提供判断是否构成职业发明所必要的信息。

用从过去能对权利归属产生实质调节效果，沦落为对权利归属不能产生任何实质影响。很难讲，如果德国一开始就在职务发明的实体权利归属方面选择了修法后归雇主的模式，是否还会引入烦琐昂贵的申报制度。很可能不会。至于德国修法时为什么没有完全摒弃申报制度，原因大概可以从两方面进行探究：第一是德国强大的工会制度，使得过于彻底的、显得取消雇员权利的改革，难以彻底推进。第二是大部分业务涉及专利的德国企业，在过去半个多世纪中，多多少少已经了解了申报制度，尤其是大企业，基本已经建立了申报制度的框架，因此不存在太多接下来还需要投入的成本。但是对于尚未系统建立申报制度的中国则不同，如果公权力一定要通过行政手段将申报制度几乎从无到有地以法律规定的方式建立起来，既不考虑如果没有公权力干预，部分私主体是否本来就有动力建立适合自己的雇员、雇主研发信息沟通机制；也不考虑大部分私主体，根本没有建立一套事无巨细的沟通机制的必要性。因此，即使为德国修法后仍然保留申报制度找出理由，这些理由也不能为在中国通过部门规章推行申报制度提供合理性。

与雇员就职务发明所承担的申报义务相对应，《职务发明条例草案》还规定了雇主在接到申报后通知雇员的义务。即哪怕发明毫无疑问属于职务发明，处于单位的掌控之中，单位仍负有义务，在法定期限内将如何处置职务发明的决定通知发明人。❶ 这样规定，目的可能是保障雇员在雇主放弃发明时，重获发明的可能。根据第 15 条规定，"单位拟停止职务发明的知识产权申请程序或者放弃职务发明的知识产权的，应当提前通知发明人，发明人可以通过与单位协商获得该职务发明的知识产权申请权或者知识产权。""发明人通过协商获得前述权利的，单位应当协助发明人办理相关权利转移手续。发明人依照前款规定无偿获得有关权利的，单位享有免

---

❶ 《职务发明条例草案》第 13 条："除单位与发明人另有约定或者在其依法制定的规章制度中另有规定外，发明人主张其报告的发明属于职务发明的，单位应当自收到复核本条例第十一条规定的报告之日起六个月内决定是否在国内申请知识产权、作为技术秘密保护或者予以公开，并将决定书面通知发明人。"

费实施该职务发明或者其知识产权的权利。"❶ 但如果仅仅为了保障发明人重获雇主放弃的发明的权利，没有必要规定如此严格的期限。即使雇主在收到申报 6 个月后再通知雇员其处置方式，甚至不就利用方式予以单独通报，而直接支付职务发明奖酬，并不应因此判定雇主违背了法律规定。德国曾规定 4 个月的通知期，是因为违反这一程序性规定会直接导致实体法上的严重后果，即雇主丧失职务发明。至于《德国雇员发明法》修改之后仍然保留 4 个月的规定，仍有其必要性，因为从"发明人原则"转换到雇主拥有职务发明，需要法律上的转换。德国立法者固然可以选择从发明完成时起，法律就拟制发明之上的权利从雇员转移到了雇主处，但这无疑是彻底架空雇佣关系中"发明人原则"的做法。而保留 4 个月的期限，意味着如果雇主在收到申报后不作为，需要等到法律规定的 4 个月期限届满，才能结束发明之上权利的不确定性，落实职务发明的权属。而《职务发明条例草案》中 6 个月期限的规定，显然不能起到对应的作用。实际上，在中国《专利法》根本不以"发明人主义"为原则的前提下，也完全不需要安排 6 个月的期限来达到转移发明的目的。总而言之，如果规定 6 个月的期限是为了保障雇主的利益，基于中国《专利法》务实的基调，职务发明原始地就归属于雇主，该期限没有必要性。而如果规定 6 个月期限的目的在于保障雇员的利益，则由于缺乏雇主违反规定所需承担法律责任的规定，该期限又没有效果。

除此之外，该规定至少在以下两个方面引人质疑。

首先，限时通知的可行性存疑。中国不存在美国法上的可专利性障碍规定，因此享有申请专利的权利的主体，可以将技术方案长时间作为技术秘密，直到竞争对手申请专利或者防御性公开技术方案前夕方才提交专利申请。当享有申请专利的权利的主体在本领域遥遥领先，并且对竞争对手

---

❶ 从第 15 条文本看，《职务发明条例草案》制定者似乎并不打算赋予雇员无条件获得雇主放弃取得知识产权的发明的权利。首先，雇主通知雇员放弃知识产权或放弃知识产权申请后，雇员并非必然获得发明上的权利，而是"可以通过与单位协商获得"权利。如果《职务发明条例草案》试图保障的只是雇员发起协商的机会，雇主应该可以拒绝雇员的要约。其次，第 15 条第 2 款规制的情况是"发明人依照前款规定无偿获得有关权利的"，这说明发明人也有可能是有偿获得的雇主放弃的权利。这从第 15 条第 1 款规定雇员只有通过与雇主协商才能取得权利相符。以上两点，与《德国雇员发明法》要求雇主必须将放弃的发明无偿交予雇员处置不同。

的追赶程度比较了解的情况下，权利人通过先以技术秘密的形式加以利用，在不丧失对技术的控制权的情况下尽量推迟专利申请日期的方式，能够最大限度延长技术方案带来的领先优势。

其次，也是最重要的一点，职务发明是雇主财产，不应仅仅为了保障雇员的奖酬权给雇主形式财产权施加不合理负担。如果立法者坚持监督雇主向雇员交流信息的机制，可以考虑相反的方式：原则上不要求雇主在固定期限内通知雇员对职务发明的具体利用方式，但如果雇员对奖酬的数额产生了合理怀疑，可以申请雇主说明奖酬的计算方式，包括雇主收到雇员申报后，何时提起专利申请，以及申请前是否已经加以利用。这样能将雇主普遍负担的通知义务，降低到小得多的范围内。而且这种方式下雇主的通知义务，实际上与雇员的知情权重合。笔者认为不再有单独规定的必要。

三、职务发明奖酬领域的一些具体问题

（一）不可转让的奖酬权

总结职务发明奖酬制度的发展趋势，其中显著的一点是对约定优先的保障逐渐清晰。《专利法》仅仅原则性地规定了单位应当给予发明人奖酬，但既没有提及奖酬的额度，也没有涉及奖酬是否遵从约定优先。这些问题被留给了《专利法实施细则》。《专利法实施细则》单辟一章，即第六章，处理职务发明奖酬问题。最初四版（1985 年版、1992 年版、2001 年版和 2002 年版）《专利法实施细则》采取的都是法定奖酬，即规定发明、实用新型和外观设计专利的最低奖励与报酬额。文本完全没有涉及约定奖酬额的效力，但从文本使用的"最低不少于"和"不低于"用语判断，直至 2002 年版的《专利法实施细则》，仅仅承认高于法定奖酬的约定，而当约定奖酬低于法定标准时，约定不生效。但到了 2010 年修改《专利法实施细则》时，第六章开篇就增加了对约定优先的明确保障。新增的第 76 条规定"被授予专利权的单位可以与发明人、设计人约定或者在其依法制定的规章制度中规定专利法第十六条规定的奖励、报酬的方式和数额。"《职务发明条例草案》沿袭了约定优先的思路，允许单位"在其依法制定的规章制度中规定或者与发明人约定给予奖励、报酬的程序、方式和数额"。❶《职务发明条例草案》制定者明确承认，"考虑到单位与发明人之间的关系首先是民事关系，应当遵循平等、自愿、公平等民法基本原则。因此，《职务发明条例草案》充分尊重当事人的意思自治，在权利归属和奖励报酬方面采取约定优先的原则，即当事人依法达成的协议对权利归属和奖励报酬有约定的，优先适用其约定。"❷

但在承认约定优先的同时，《职务发明条例草案》还提出了"最低保障"的理念。《说明》在阐述约定优先之后，紧接着写道："为了防止单位变相剥夺或者限制发明人的权利，《职务发明条例草案》对约定优先原则进行了一定限制。"❸ 具体到《职务发明条例草案》条文，即第18条第2款："任何取消发明人依据本条例享有的权利或者对前述权利的享有或者行使附加不合理条件的约定或者规定无效。"❹ 其中所称"权利"，可被解释为任何一项《职务发明条例草案》提及的权利，至少包括发明人获得奖酬的权利和署名权。❺ 就获得奖酬的权利来看，雇佣双方如果约定一揽子工资中已经包含未来职务发明的奖励和报酬，有极大的可能落入《说明》所称"单位变相剥夺权利人的权利"，从而被认定无效。即使雇员愿意将职务发明奖酬与其他名目劳动报酬合并计算与支付，通过协助雇主简化管理流程、降低行政成本来间接最大化自己的可分配利益范畴，这样的意愿并不为立法支持。简而言之，发明人获得职务发明奖酬的权利，将被塑造为一项不可转让的权利。

否定一项权利的可转让性，通常有两方面的解释：一方面从保护权利人角度出发，一方面从保护公众的角度出发。前一思路的关键词是家长主

---

❶ 《职务发明条例草案》第18条第1款。
❷ 《说明》第二（三）部分。
❸ 《说明》第二（三）部分。
❹ 《职务发明条例草案》第18条第2款。
❺ 《职务发明条例草案》第10条："对于职务发明，单位享有申请知识产权、作为技术秘密保护或者公开的权利，发明人享有署名权和获得奖励、报酬的权利。"

义，后一思路的关键词是外部性。❶ 以下就两种思路及其在奖酬转让问题上的适用，做一分析。

1. 保护权利人

不可转让的权利存在的原因，可以从效率与再分配两个方面加以考虑。从效率的角度看，公权力可能基于父爱主义禁止权利转让。父爱主义中的自我父爱主义（self paternalism）针对的是权利主体自我限定权利处分的情况，❷ 与《职务发明条例草案》禁止发明人转让奖酬权无关，故不加深入讨论。典型的父爱主义（true paternalism）针对的情形与职务发明人不可转让奖酬类似，即公权力限制权利处分的情况。但典型父爱主义背后的效率理由，在于公权力比权利主体更清楚权利主体的需求与福利。❸ 落实到职务发明人，典型父爱主义为不可转让的奖酬提供的解释，在于公权利比发明人更清楚，发明人应当从雇主处要求说明。但本书之前的分析已经表明，发明人从雇主处期待获得的利益往往是构成复杂的整体，处于整体核心位置的是稳定的工作关系，围绕这一核心的其他利益包括工资形式的劳动报酬、其他形式的劳动报酬与资本利得、职位晋升的机会、团队的组建、研发资源的投入等，强行要求雇员关注在职务发明奖酬名义之下获得的报酬，甚至将这项报酬设定为不可转让的权利，有可能限制雇员获得其他方面利益的机会。因此典型父爱主义的基本考虑，并不能支撑获得奖酬权不得转让的制度设计。

2. 保护第三人

根据卡拉布雷西（Calabresi）和梅拉梅德（Melamed）提出的著名分析框架，权利可以分为财产型权利（property rule）、债权型权利（liability

---

❶ Ian Ayres, Robert Ayres. Filling Gaps in Incomplete Contracts: An Economic Theory of Default Rules [J]. Yale L. J., 1989, 99: 88.

❷ Cuido Calabresi, Douglas Melamed. Property Rules, Liability Rules, and Inalienability: One View of the Cathedral [J]. Harv. L. Rev., 1972, 85: 1113.

❸ Cuido Calabresi, Douglas Melamed. Property Rules, Liability Rules, and Inalienability: One View of the Cathedral [J]. Harv. L. Rev., 1972, 85: 1113.

rule）与不可转让的权利（inalienability）。❶ 这一著名的三分法❷是对科斯创立的新制度经济学在法学领域的重要拓展，秉承对交易成本的重视，加深了通过经济学视角融会贯通不同领域法律规则的研究。科斯在《社会成本问题》中，解决了在有交易成本的社会中，初始权利如何分配的问题。卡拉布雷西和梅拉梅德则关心，在完成权利的初始分配之后，权利如何实施的问题。❸

三种权利在权利人支配力程度方面有显著不同；与之相应，公权力的干预程度也不一致。所谓财产性权利，即如果使用者不能与权利人就转让条件达成一致，就无法获得权利。这意味着使用者必须接受权利人的主观定价。公权力仅仅决定权利的初始归属，并不干预权利人转让权利时的定价。在三种权利中，财产型权利之上的权利人支配权最强，而公权力干预最弱。所谓债权型权利，即使用者只要同意支付公权力设定的转移条件，就能从原始权利人处取得权利。这意味着权利人不能对权利进行主观定价，而只能接受公权力设定的客观价格。公权力不仅决定权利的初始归属，而且干预权利人转让权利时的定价。相比财产型权利，权利人的支配力有所下降，而公权力的干预度有所上升。所谓不可转让的权利，指即使权利人与第三方形成了转让合意，权利也无法从权利人处转移到第三方处。三种权利中，这显然是权利人支配力最弱，而公权力干预度最高的类型。对不可转让的权利而言，公权力不仅承担起保护作用，还扮演限制的角色。

实在法上的各种权利，大多是以上三种类型的结合。卡拉布雷西和梅拉梅德所举的例子，是房屋所有权：原则上所有权人能够自由定价，即使市场上同等商品的定价只有 50 万元，如果所有权人定价 500 万元，那么第三方只有在同意支付所有权人的主观定价后才能取得房屋所有权。所以一

---

❶ Cuido Calabresi, Douglas Melamed. Property Rules, Liability Rules, and Inalienability：One View of the Cathedral［J］. Harv. L. Rev., 1972, 85.

❷ 截至 2015 年 10 月 26 日，提出该三分法的文章在 HeinOnline 数据库中被 2202 篇文章引用，在法学期刊文章总引用率中排名第九。

❸ Cuido Calabresi, Douglas Melamed. Property Rules, Liability Rules, and Inalienability：One View of the Cathedral［J］. Harv. L. Rev., 1972, 85：1092.

般而言，权利人享有的是财产型权利。但如果政府决定征收房屋，所付价格未必符合权利人的预期，而很可能只是非权利人依照某一客观标准确定的补偿价。此时权利人享有的权利类型"降级"为了债权型权利。而在非常特殊的情况下，例如，当权利人丧失行为能力时，即使表面上与买方达成了出售房屋的合意，公权力也不会执行合意内容。❶

知识产权法上很容易找到类比：著作权原则上是财产型权利，只要著作权人愿意承担无人问津的市场风险，大可开出远高于市场价格的著作权转让或者许可条件，法律并不会加以干预。但在特定情况下，公权力干预加强，著作权受到限制，权利人只需支付由权利人之外的其他社会成员客观确定的对价，就能够对作品加以特定类型的利用。该客观对价之高低，依被使用的作品类型和使用的方式不同。用著作权法的术语表述，可分为合理使用与法定许可。两者都可以被理解为使用者在支付社会客观认定的对价之后，"征用"了著作权人的部分权利。在合理使用的情况下，使用者支付的客观对价仅仅是"指明作者姓名、作品名称"。此时，著作权人享有的权利，便被"降级"为了债权型权利。而与房屋所有权的例子一样，著作权人在丧失行动能力的情况下达成的著作权转让或者许可合意均不具备法律上的可执行力。专利法上也有可供类比的情况：专利原则上是财产型权利，但标准必要专利权人很可能无法成功主张禁令救济，享有的只是债权型权利。

三分法既是对纷繁复杂的实在法权利的一次视角独特的梳理，同时也窥视到了实在法背后的自发理性。财产型规则所需要的公权力干预最少，社会成本最低。但有的时候，私人交易由于种种原因受制于过高的交易成本，无法达成，导致交易各方原本可以通过权利转移实现的福利改进落空。此时公权力加以干预，允许使用者在支付权利的客观定价后加以使用，目的在于"润滑"交易，提升社会福利；或者在交易成本阻碍合意情况下，允许使用者直接使用，目的同样是提升社会福利。总之，原则上财产型权利最有效率，但当交易成本阻碍财产型权利产生社会流转增值时，

---

❶ Cuido Calabresi, Douglas Melamed. Property Rules, Liability Rules, and Inalienability: One View of the Cathedral [J]. Harv. L. Rev., 1972, 85: 1092 - 1093.

公权力将加强干预，将权利转变为债权型权利。❶

从效率方面限制权利人处分自己权利的正当性，更重要的理由在于交易过高的负外部性。即尽管权利人和受让人能够达成合意，从而通过权利转移改善双方福利，但同时造成的非合同主体社会福利的减损大于合同主体累积的福利增长。在此情况下，公权力将施以最高程度的干预，直接禁止权利转让。❷ 除了正外部性，导致权利不可转让的过高外部性分为货币化与非货币化两类。货币化外部性比较容易理解：武器不能自由买卖，是因为不受公权力监控的该类交易可能造成大量非交易方受伤、死亡、承受痛苦。此时的负外部性远超交易方的货币化福利增量。如果没有交易成本，无论法律是否允许武器交易，最终的结果都是武器交易不会发生；而在存在交易成本的真实社会中，公权力能够做的最佳选择就是模拟无交易成本状态下权利的最终归属，结论是直接禁止交易发生。而非货币化外部性指社会无法就外部性达成足够客观化、一致性的定价，此类外部性被称为"道德主义"（moralismus）的考虑。❸ 无论是卖身为奴、过度冒险，出售子女或者出售器官，即使买卖双方能够达成合意，此类交易将给第三人（例如被出售的子女）或公众（例如获知街头巷尾将出现大批过度投机后身无分文的流浪者的居民）造成巨大的不安全感和道德厌恶。即使这种不安全感与道德厌恶很难量化，也基本被推定为从总量上大于交易双方之所获。原则上，受到负面影响的个体或者厌恶此类交易的公众可以从交易双方中购买交易的可能性，即通过支付不低于交易双方能从交易中获得的收益、但不高于受影响个体或公众因交易而遭受的损失之数额，达到阻止交易的目的。但现实中存在两方面障碍，将使通过理想化市场交易来避免社会层面不可欲情形的方案无法实现。一是受到负面影响的个体欠缺支付能力。例如在出售子女的情形中，被出售的子女可能遭受多方面的损害，无

---

❶ Cuido Calabresi, Douglas Melamed. Property Rules, Liability Rules, and Inalienability：One View of the Cathedral [J]. Harv. L. Rev., 1972, 85：1106.

❷ Cuido Calabresi, Douglas Melamed. Property Rules, Liability Rules, and Inalienability：One View of the Cathedral [J]. Harv. L. Rev., 1972, 85：1111.

❸ Cuido Calabresi, Douglas Melamed. Property Rules, Liability Rules, and Inalienability：One View of the Cathedral [J]. Harv. L. Rev., 1972, 85：1111 –1112.

论是脱离原生家庭的孤独，还是融入新环境的困难，无论是被作为商品处置带来的自我贬低，还是继受家庭可能施加的虐待，即使无法准确地将被出售子女的痛苦进行货币化，推定这种痛苦的数值非常高并无障碍，由此推断被出售子女有很高的支付意愿来阻止交易，也是自然而然的结论。问题在于，被出售子女的支付意愿和支付能力间，可能存在巨大的鸿沟，尽管支付意愿很高，但作为社会中绝对弱势存在的被出售子女，其支付能力异常有限。最终的结果是被出售子女只能忍受巨大的痛苦，这种痛苦如果能量化，将超出买卖双方的总和收益，如果没有公权力的干预，这种不效率的情形将因为支付能力的欠缺而无法阻止。二是公众的集体行动难题。例如面对卖身为奴的交易，正常的公众都会产生不安全感与道德厌恶感。每位公众都愿意为了消除自己的负面情绪支付一定的对价。如果能成功地汇集每位公众微小的支付，总额将超过卖身为奴交易双方的合同收益，从而众筹式地预防卖身为奴的出现。问题在于，不仅汇集每位公众支付的交易成本过高，将阻碍众筹的实现；而且绝大多数公众都不会愿意主动行动，而更可能选择搭他人的便车。因为主动行动意味着由自己支付全部的成本，却只能享受到平摊到自己身上并不高的收益。质言之，个体行动有巨大的正外部性，而绝大多数个体仅仅会依照自己的成本收益分析决定自己的行动。而在解决卖身为奴这一问题上，单个社会个体的成本收益分析，如果按照结果将是每一位社会个体最理性的选择都是无动于衷，容忍一项在社会总体层面上减损超过增益的行为。为了防止这一结果的出现，公权力选择进行干预，干预的方式是将个人自由设定为不可转让的权利，从而宣告任何卖身为奴的交易无效，模拟如果不存在交易成本的情况下，市场原本会选择的最终状态。

无论从货币化还是非货币化的负外部性视角进行考察，都不应完全排除获得奖酬权的可转让性，即应该允许雇佣双方以一揽子报酬的形式决定发明人获取发明回报的方式。

首先，允许雇佣双方在职务发明奖酬问题上自决，并不会产生大于雇佣双方所得的社会货币化损失。发明行为就本质而言，不仅没有负外部性。恰恰相反，发明行为从来都被作为具有巨大正外部性的典型加以分析。知识产权领域的诸多制度构造，都源于克服正外部性问题的冲动。所以能够激励创新的制度，就是具有正外部性的制度，自然也就不存在负外部性。至少对于市场化雇主而言，允许职务发明奖酬自决才是激励这类经济组织创造出符合社会最佳需求量的创新的有效途径。反而限制职务发明奖酬自觉，可能干预企业的最佳资源调配方式，从而影响企业的整体创新积极性，结果是降低创新活动带来的正外部性，与规制的目的背道而驰。最多只有在雇主为非市场化主体的情况下，完全将职务发明奖酬权交给雇佣双方决定，可能出现雇主没有动力开发雇员发明人潜力的情况，怠于通过给予职务发明奖酬激励雇员发明人的创造积极性，降低雇主的创新能力，从而减少社会本可能获得的创新收益，是为负外部性。就此而言，针对未市场化主体的职务发明人规定不可转让的奖酬权，能够消除负外部性，具有正当性；但对于市场化主体而言，将职务发明人的奖酬规定为不可转让的权利，不仅不能消除负外部性，反而可能减少正外部性，因而并不可取。

其次，允许职务发明人转让奖酬权，并不会带来过大的非货币化负外部性。转让既不会给公众带来不安全感，也不会造成道德厌恶。从对非货币化外部性的分析来看，会造成非货币化外部性的转让行为，通常都让交易双方或者直接受交易影响的人产生了与基本生存状态密切相关因素的关切。例如在卖身为奴的情形下是人身自由，在器官买卖的情形下是身体的健康与完整，在销售武器的情况下是人身安全与社会安宁，而在出售子女的情况下是以血缘关系为支架的基本家庭伦理。但职务发明奖酬权并不涉及与人生存状态密切相关的深层关切。无论是否允许职务发明人自由处分获得奖酬的权利，都不会影响发明人的基本生存状态。发明人群体已经处于劳动力资源的上层，原则上不是最需要政策制定者通过父爱主义规则加以细心呵护的社会弱势群体。而且正如前文分析，职务发明奖酬在发明人的所获利益构成中并不占据主体地位，而只是众多构成部分中的一项，就重要性而言，既无法与稳定的工作机会相提并论，也无法与固定劳动收入相抗衡，甚至无法与晋升机会、团队资源等隐性利益比肩。诚然，对于极个别做出了突破性贡献的职务发明人而言，其针对单项发明行为的合理利益预期，可能构成总体所获利益预期中举足轻重的部分，但从长期实施细致入微的职务发明奖酬制度的德国的经验看，职务发明奖酬在发明人整体

所获利益构成中的比例极低。❶ 根据收入的边际递减效应，发明人从职务
发明奖酬中所获报酬是在已经存在固定劳动收入的情况下，有可能增加的
少量收入。对发明人而言，这笔收入无论从重要性还是从数额来说，都不
能带来显著的效益，与基本生活状态可以说是并无关系。所以，抛开将职
务发明奖酬权设为不可转让的权利是否真的可以增加发明人收入不谈，即
使对于非市场化主体，不可转让的职务发明奖酬权的确能够给发明人多带
来一点收入，变化也远非根本性的。从反面观察这一结论，可以看出即使
允许职务发明奖酬权转让，也不会带来社会的不安全感或道德厌恶。由是
观之，从非货币化负外部性的角度看，将职务发明报酬权设定为不可转让
的权利，仍然没有正当性。

《职务发明条例草案》将职务发明奖酬权规定为不可转让的权利的本
意，在于防止职务发明奖酬规范被约定架空。笔者认可雇佣关系接受底线
审查的必要性，但底线审查与是否涉及职务发明并无必然关联，更不应一
概禁止奖酬权转让。

（二）不容放弃的知情权

尽管国务院法制办公开征求意见阶段的《职务发明条例草案》不再包
含范围全面的不容放弃的发明人知情权，但这一权利出现于之前三版每一
版《职务发明条例草案》中。出于两方面的考虑，本研究认为发明人知情
权问题仍然值得讨论。一方面，公开征求意见的版本未必是最终版本，不
排除已删除的内容再次出现于《职务发明条例草案》中的可能性。另一方

---

❶ 前文提到过，根据德国专利商标局下设职务发明仲裁机构的调节与仲裁统计结果，绝大
多数系争发明的雇员发明人最终得到的补偿不足每年 2000 马克。（Gloy, Loschelder. Gesetz zur
Änderung des Gesetzes ueber Arbeitnehmererfindungen ［J］. GRUR, 2000: 385.）每年不足 2000 马克
的补偿相对于德国研发人员的平均年薪已经只占很小的比例，况且这还是数量庞大的职务发明中
极为少数被提交调节和仲裁的结果。可以合理推断，只有当研发人员认为职务发明具有足够经济
价值时，才会为其提起调解与仲裁。因此其他绝大多数没有反映在职务发明仲裁机构统计数据中
的职务发明报酬，平均而言应该远低于每年 2000 马克。（读者为了理解每年不足 2000 马克在总收
入中所占比重，可以初步考虑一下两项因素：德国 2014 年的人平均月收入是 3527 欧元，德国进
入欧元区时的汇率是 2 马克兑换 1 欧元。）

面，保障雇员不容更改的知情权，显然与《职务发明条例草案》偏向保护雇员利益的整体思路一脉相承，无论该权利最终是否为立法吸收，对其进行深入分析都能更好地把握职务发明制度应有的角色。

《职务发明条例草案》从最初由国家知识产权局在有限范围内征求意见，到2014年由国务院法制办公开征求意见，前后经历四稿。《职务发明条例草案》第一稿规定了广泛的发明人参与权和知情权：发明人不只是被动地接受单位的职务发明奖酬决定，还可以主动在单位决策过程中提出意见（但没有明确单位应该在多大程度上吸收发明人的意见）；发明人不仅有权知道单位支付给发明人团队的奖酬总额，而且每一位发明人都有权知道团队中其他每一位发明人的奖酬数额；发明人不仅有权因发明实施、转让或许可获得报酬，还有权知晓单位实施、转让或许可的有关情况。❶ 一定程度上出于未雨绸缪确保发明人知情权的考虑，单位早在支付奖酬的义务产生之前，已经背负上了确保发明人知情权的义务。奖励义务在单位获得知识产权时方产生，发明义务在单位自行实施、转让或者许可他人时方产生，但《职务发明条例草案》第一稿规定，还在单位申请知识产权的过程中，发明人就有权向单位了解申请的进展情况。权利与义务形影相随，发明人有权了解，就意味着单位有义务告知。❷

《职务发明条例草案》第二稿和第三稿缩小了发明人的知情权范围。对应第一稿中主要规定知情权的条款从三款缩减到了两款，即合并了第一稿中的第21条第2款和第3款的内容，删除了发明人有权知晓其他每位发明人所获奖酬额度的规定。立法者显然意识到了宽泛的知情权可能给企业带来的负担，缩小知情权范围的努力值得肯定。不再规定各发明人有权相

---

❶ 《职务发明条例草案（第一稿）》第21条分三款，对发明人的参与权和知情权进行了规定：

单位在确定给予职务发明人的奖励和报酬的程序、方式和数额时，应当听取职务发明人的意见。

一项职务发明有两个或者两个以上的发明人的，单位应当将奖励和报酬的总额与每一发明人获得的数额告知所有发明人。

单位应当自实施职务发明之日或者转让合同、许可合同生效之日起的两个月内，将实施、转让或者许可他人实施等有关情况告知发明人。

❷ 《职务发明条例草案（第一稿）》第15条第2款。

互知悉奖酬数额，能够避免单位内部许多不必要的摩擦力。但《职务发明条例草案》第二稿和第三稿总体上仍然坚持保障发明人的知情权，要求单位将实施、转让和许可职务发明所获经济利益的情况告知发明人，实质上是确保发明人能对自己所获奖酬的计算依据有所认识。第二稿与第三稿保留了第一稿中的其他规定，总的来说仍为职务发明人提供了高水平的知情权保护。

到了《职务发明条例草案》第四稿，对应《职务发明条例草案》第一稿中主要规定知情权的条款，即《职务发明条例草案》第一稿第 21 条，继续缩减，最终只剩一条。尽管《说明》仍然提及发明人的"知情权"，❶但从文本表述看来，仅剩的一款并没有明确保障发明人的知情权。《职务发明条例草案》第四稿第 19 条规定："单位在确定给予职务发明人的奖励和报酬的方式和数额时，应当听取职务发明人的意见。"这一款既不针对单项发明，也没有规定单位披露信息的义务，很难被定性为保障发明人知情权的条款。当然，《职务发明条例草案》第四稿保留了前三稿中发明人在申请过程中向单位了解申请进展的权利，但是仅仅了解申请进展，并不足以确保发明人掌握对于职务发明奖酬计算必要的信息。而《职务发明条例草案》引入知情权最重要的目的，恰恰是保障发明人获得上述必要信息，以制衡雇主在奖酬计算方面的绝对主动权，尽量保障奖酬与雇员的贡献匹配。本部分试图讨论，规定不容放弃的知情权可能的正当性理由，以及在职务发明奖酬语境下这些理由的不适用性。

与获得奖酬的权利本身不同，知情权是一项程序性权利。设置程序性权利的目的，在于保障实体性权利顺利实现。在经济组织中，最经常出现的知情权是股东的知情权。本部分拟通过对股东知情权进行分析，探究其正当性基础与运用局限，然后对比《职务发明条例草案》，尤其是《职务发明条例草案》前三稿的规定，分析发明人的知情权。

无论是有限责任公司，还是股份有限公司，法律都会设计出专门的机制保障股东的知情权。只不过出于股权结构的不同，有限责任公司股东知

---

❶ 《说明》第三（四）部分："考虑到实践中职务发明的奖励和报酬数额难以确定，草案规定了确定奖励报酬时应当考虑的相关因素以及发明人的知情权。"

情权的保障，更多地通过非公开途径进行；而股份有限公司股东知情权的保障，更多地通过公司的公开披露进行。但无论具体知情权的具体架构如何，公司法框架下的股东知情权都有两点共性：一是知情权针对的信息类型固定，二是股东行使知情权受到利益衡量的限制。但《职务发明条例草案》中发明人的知情权并不具备这两项特征。股东获知公司运作状况的重要性，只可能高于而不可能低于发明人获知发明利用收益的重要性，由此可见，《职务发明条例草案》前三稿中没有边界、没有限制的发明人知情权，欠缺恰当制度架构的基本考虑。尽管第四稿条文中删除了发明人知情权的大部分条款，但《说明》中仍旧保留对知情权必要性的论述，引人担忧。

（三）计算报酬时的考虑因素

制定《职务发明条例草案》最重要的目的，在于保障发明人获得合理回报。种种复杂的制度设计都是为这一目的服务的。如何判断发明人所获报酬是否合理，自然应当是整套制度的核心关怀。立法者真正可以为市场更有效、更平滑运行做出贡献的，或许是提供有效计算合理报酬的指南。即使由于各行业差异过大，统一指南不可行，至少可以提供计算奖酬时需要考虑的因素。但在这一核心问题上，《职务发明条例草案》采取了与其他问题不同的进路：在其他无须繁复之处，《职务发明条例草案》规定得细致；但在这一需要指引之处，《职务发明条例草案》又不全面列举需要考虑的各方面因素。这不能不说是一大遗憾。

《职务发明条例草案》列举的影响报酬计算的因素主要是该发明取得的经济效益和发明人的贡献程度。[1] 这是过度简单化的列举，在操作中容易引发很大的不确定性。例如，如何判断发明人的贡献程度？在研发架构

---

[1] 《职务发明条例草案》第17条第2款："单位转让、许可他人实施或者自行实施获得知识产权的职务发明的，应当根据该发明取得的经济效益、发明人的贡献程度等及时给予发明人合理的报酬。"

第22条："单位在确定报酬数额时，应当考虑每项职务发明对整个产品或者工艺经济效益的贡献，以及每位职务发明人对每项职务发明的贡献等因素。"

中处于更高级别的项目负责人，相较于处于稍低级别的普通研发人员，如果做出了同样的发明，谁的贡献更大？很可能将来有不少的政策适用者（包括司法人员和行政人员）会认为前者的贡献更大。因为研发所需要的不仅是物理意义上的研发行为，现代社会的研发对前期的市场调研、过程中的部门协调、研发后的企业内部资源获得，以及走向市场后的持续推广力度都会大大影响发明最终所能产生的经济收益。在企业内部具有更大话语权的个体，更容易充分调动资源，最大限度地挖掘特定发明的经济价值。但如果严格按照鼓励发明的思路，对发明市场化所做贡献不是对发明做出的贡献，因此计算发明奖酬时不应考虑在内。这种理解虽然显得僵化，显得与技术在现代实现社会价值的方式不符合，显得对不属于狭义发明人的单位其他领域工作者不公平，但加强法律对职务发明领域的干预，本质就是将狭义上的发明行为从本是有机整体的单位活动中抽离出来，区别对待，因此本质上就存在对其他领域工作者的歧视。如果严格贯彻仅仅激励发明，而不评价非发明行为的原则，则在上述对比中，发明人在单位中的职位更高，不仅不会成为加分因素，反而应当导致其获得的报酬降低。因为职位越高，意味着越代表单位而非个人意志行事；同时，也意味着已经从单位获得了优渥的待遇。从逻辑自洽的角度出发，有必要增加发明人在单位中的职务一项，作为计算职务发明报酬时的考虑因素。

其他有法律明确调整职务发明奖酬计算的法域，在列举计算参考的考虑因素时，也通常不会仅仅列举发明带来的经济利益和雇员的贡献程度。因为这两项考虑因素，没有明确需要考虑雇主在发明中的贡献。而职务发明实际是由雇佣双方合作生产的产品，不应当单向度地考虑一方面的贡献，而不提及——或者最多非常隐晦地提及——另一方的贡献。

第六章　职务作品奖酬制度研究

现行著作权法在特殊职务作品奖励问题上允许自治，但在著作权法的第三次修改过程中曾一度打算引入强制奖励。尽管这一修改意见最终并未被采纳，但其反映出的问题仍然值得我们重视。修法者以为贡献与奖励的联系越精密，越能激发创作并实现公平，殊不知强制奖励引发的测度成本不仅将大大降低组织效率，而且有违产权划界成本应当小于收益的原则。对照专利领域对职务发明强制奖酬的批评，著作权领域特殊职务作品强制奖励正面意义更小、负面成本更高，因此更不合理。理想方案是维持现行规范，实行奖励自治。如果将来有人再次提出类似方案甚至被采纳，强制奖励也应在解释论上被视为引而不发、促成谈判的工具。与著作权法相比，劳动法与合同法在提升合作效率、促进合作公平上的作用也应更受重视。

《中华人民共和国著作权法》（修订草案送审稿）（2014 年 6 月版）（以下简称"《著作权法修订草案（2014）》"）曾经拟修改特殊职务作品奖励规范，将 2010 年《著作权法》上单位"可以给予作者奖励"❶ 改为要求"单位应当根据创作作品的数量和质量对职工予以相应奖励"。❷ 从"可以"到"应当"，表明修法者以保障作者贡献与单位奖励相联系为目标。而对"作品的数量和质量"的强调，显示修法者认为这种联系越精确越好。在职务创作重要性迅速提高的背景下，特殊职务作品奖励规则的修改

---

❶ 《著作权法》（2010）第 16 条第 2 款。
❷ 《著作权法修订草案（2014）》第 20 条第 4 款。

无疑将对著作权领域的利益分配产生深远影响。❶

令人颇感惊讶又遗憾的是，面对这一重要转变，当时的著作权法学界完全缺乏关注。在北大法宝和中国知网法律数字图书馆中，没有一篇针对特殊职务作品奖励规则修改的文章。❷ 无论从哪个角度看，这种漠不关心都令人费解：一方面，《著作权法修订草案（2014）》中的诸多条款都被反复评头论足，可见漠不关心并非因为修法不受重视。另一方面，专利法界针对职务发明奖酬改革的讨论如火如荼，❸ 可见漠不关心也不是因为职务创新的利益分配机制无足轻重。著作权法学界的漠不关心更可能源于以下因素：一是没有体察到职务创作利益分配机制的重要性；二是没有注意到专利法学界相关讨论与著作权法相关问题的联系；三是现行法不鼓励相关诉讼，因而少有点燃讨论的司法素材；四是著作权法涉及的单位远不如专利法涉及的单位游说力量集中，因而听不见来自产业界足够有力的反对声。不过，上述因素只能解释漠不关心的原因，却不能证明漠不关心的正确。本章的目的就在于通过证明特殊职务作品强制奖励规范的立场是错误的，加深关于劳动雇佣关系下权利人内部利益分配规范的认识，探索能够真正提升我国创作产业运作效率、改善创作者生存环境的制度架构。

单位作为与市场平行的资源调配方式，其效率精髓就在于无须将笼统、长期的关系契约，拆解为细碎、短期的市场交易，从而降低交易成本、提升社会福利。❹ 单位内部约定的关系契约性质，要求立法者接受单位内部讨价还价形成的利益分配方案，而不干预讨价还价进行利益交换的过程。《中华人民共和国著作权法（2010）》在特殊职务作品奖励问题上的宽容态度，正好符合这一要求。但修法过程中试图引入的强制奖酬，要求强制赋予作者针对特殊职务作品的剩余价值索取权。提倡强制奖酬者以为如此便能创造更多更好的激励，殊未意识到打破黑箱的做法既破坏了单位

---

❶ 有关职务创作在当代社会重要性的分析，参见：蒋舸. 雇佣关系与法人作品构成要件 [J]. 法律科学，2014（5）：102.

❷ 最后检索日期：2017 年 9 月 25 日。

❸ 文献综述参见：蒋舸. 职务发明奖酬管制的理论困境与现实出路 [J]. 中国法学，2016（3）：126.

❹ Ronald Coase. The Nature of the Firm [J]. Economica, 1937, 1.

优化资源配置的社会功能，又不符合产权划界成本应当小于收益的原则。既然对于界权相对收益更大、相对成本更低的职务发明问题，专利法都对细分产权持否定态度；那么对于界权的相对收益更小、成本却更高的特殊职务作品，著作权法更是必须坚决反对强制奖励规范。上述理论的规范寓意十分明确：在立法论层面，尊重自治的现行规范就是特殊职务作品利益分配问题的理想答案。即使立法者执意以错误的强制奖励规范取而代之，那么退而求其次，强制奖励规范在解释论上也应当引而不发，被视为促成谈判的工具，与其他部门法协同提升创作产业中不同利益相关方的合作效率。

一、特殊职务作品奖励改革的干预意图

本部分将对比现行规范和特殊职务作品强制奖励规范，以呈现后者的干预本质。本部分在实然层面进行的解读，将为后续第二、第三、第四部分应然层面的评价奠定基础。

（一）容忍"黑箱"的原有规范

《著作权法修订草案（2014）》意图修改的对象是《中华人民共和国著作权法》（2010）（以下简称"《著作权法》（2010）"），其第16条第2款规定："有下列情形之一的职务作品，作者享有署名权，著作权的其他权利由法人或者其他组织享有，法人或者其他组织可以给予作者奖励……""可以"一词，清晰地传递出《著作权法》（2010）对单位决策"黑箱"的宽容。对于特殊职务作品，现行规范既不禁止也不强求单位给作者奖励，而是让单位和作者自行通过谈判披露信息、产生期待、交换利益，探索能带来双方福利最大化的安排。

这种宽容态度不应被理解为无所作为，而应被理解为进行倡导。也只有将现行规范理解为倡导性规范，才符合法解释规则。从文意解释的角度看，"可以"一词可以被解释为许可或者鼓励。但由于并不存在禁止奖励的规范，许可奖励也就无从谈起。只有解释为鼓励，"可以"一词才不至于无意义。而从目的解释的角度看，将既有规范解释为倡导性规范也符合《著作权法》（2010）第 1 条所称"保护文学、艺术和科学作品作者的著作权"的立法宗旨。

既为倡导性，现行规范便不诉诸国家强制力保障下的实施，而诉诸利益相关方的理性自决。现行法不仅不要求单位按照数量和质量计算奖励，甚至根本不要求单位为特殊职务作品单独计算奖励。无论单位在特殊职务作品问题上如何规定，现行规范都予以认可。当然，这并不排除职工从劳动法或者合同法角度提出质疑。但至少从著作权法的角度看来，单位并不承担基于职务作品而产生的奖励给付义务。正因为现行规范倡导而不强制，所以几乎不存在相关诉讼。

著作权法针对职务作品奖励的"不管制"态度，还可以通过与专利法的职务发明"管制"进行比较，得以更清晰的呈现。专利法使用了态度强硬的"应当"，而没有采取著作权法上语气宽和的"可以"。《专利法》（2008）第 16 条（即 2020 年《专利法》第 15 条）规定："被授予专利权的单位应当对职务发明创造的发明人或者设计人给予奖励；发明创造专利实施后，根据其推广应用的范围和取得的经济效益，对发明人或者设计人给予合理的报酬。"而且《专利法实施细则》（2010）包含有关奖励和报酬默认最低额度和比例的规定，❶ 而不像《著作权法实施条例》（2013）只字未提职务作品的奖励问题，这同样体现了两部法律在职务创新特殊给付问题上的不同。当然，专利法是否应当强化干预，本身就十分值得怀疑。但抛开专利制度的应然状态不论，从两个领域的实在法对比可以看到立法者的不同态度。专利法相对倾向干预，而著作权法至今为止都给予意思自治充分的尊重。

（二）打破"黑箱"的修法意图

上述分析表明，现行规范将单位和员工在包括特殊职务作品奖励在内

---

❶ 《专利法实施细则》（2010）第六章。该细则由国务院于 2010 年 1 月 9 日通过，2010 年 2 月 1 日实施。

的缔约过程视为黑箱，乐于接受其结果而无意还原其过程。但《著作权法修订草案》（2014）第 20 条第 4 款显然意图打破"黑箱"，将单位和员工有关特殊职务作品奖励的谈判从整个劳资谈判中独立出来加以评价。《著作权法修订草案》（2014）中的"应当"一词具有明显的强制意味。"数量和质量"的要求更是给单位计算奖励设定了难以企及的标准。根据《著作权法修订草案》（2014）的要求，单位应当将特殊职务作品的贡献与作者的其他贡献区别对待，而不能笼统地根据的作者综合表现给予一揽子报酬，恐怕尤其是不能给予事前约定了固定数额的报酬，因为一揽子的、事先固定数额的报酬，很难反映"创作作品的数量和质量"。《著作权法修订草案》（2014）的核心意图是要强制单位在作者贡献与单位对价之间建立更精确的联系。

但要强制到什么程度才合适？《著作权法修订草案》（2014）并未言明。《著作权法修订草案》（2014）第 20 条共 4 款，全文如下：

职工在职期间为完成工作任务所创作的作品为职务作品，其著作权归属由当事人约定。

当事人没有约定或者约定不明的，职务作品的著作权由职工享有，但工程设计图、产品设计图、地图、计算机程序和有关文档，以及报刊社、通讯社、广播电台和电视台的职工专门为完成报道任务创作的作品的著作权由单位享有，作者享有署名权。

依本条第二款规定，职务作品的著作权由职工享有的，单位有权在业务范围内免费使用该职务作品并对其享有两年的专有使用权。

依本条第二款规定，职务作品由单位享有的，单位应当根据创作作品的数量和质量对职工予以相应奖励，职工可以通过汇编方式出版其创作的作品。

从上述条文观之，至少存在三个没有缺乏明确答案的关键问题。

第一，奖励是否适用约定优先？如果适用，强制奖励将被架空。这和美国法上雇员通常不拥有职务发明的道理相通：美国法一方面规定非为完成本职工作所做的职务发明归雇员，另一方面允许双方约定转移发明权属，结果劳动合同几乎都规定受雇期间的所有发明归雇主，职务发明归雇员的规范近乎虚设。❶ 如果修法者不希望强制奖励成为装饰，照理不该支持宽泛的约定优先。问题是如果否定约定优先，又与《著作权法修订草案》（2014）第 20 条第 1 款在职务作品归属上允许约定优先的做法相冲突。因为归属比奖励更重要，既然归属可以约定，就没有理由禁止就奖励进行约定。可见，在约定优先这一对强制奖励的内涵影响巨大的问题上，《著作权法修订草案》（2014）无论作何解释都难以令人满意。

第二，归属有约定的作品是否适用强制奖励？从第 20 条的字面意思来看，答案是否定的。设定强制奖励的第 20 条第 4 款以"依本条第二款规定"开头，而第 2 款针对的是归属没有约定或者约定不明的作品。但如此狭窄的适用范围难免引人疑惑，因为如果在所有约定了归属的作品上的奖励约定也不再受到审查，可能会被认为违背了《著作权法修订草案》（2014）加强干预、保护雇员的修法目标。与第一个问题相同，《著作权法修订草案》（2014）在第二个问题上也给不出自洽的答案。

第三，如何理解"根据创作作品的数量和质量对职工予以相应奖励"？如果单位或者仅仅考虑数量，或者仅仅关注质量，而没有同时关心数量和质量，算违背规定吗？如果单位没有采取单独计算货币化奖励的方式，而是采取提高年薪、变动岗位、分派期权等方式，是否符合规定呢？如果单位根本没有将特殊职务作品的贡献作为支付劳动对价时单独的考虑因素，而是根据职工的整体表现给予一揽子报酬或者与工作中非职务发明因素挂钩的报酬，又算不算违反规定呢？

总之，《著作权法修订草案》（2014）以一种蕴含着巨大不确定性的方式表明了打破单位决策过程"黑箱"的意愿。根据法官在奖励自决问题上的宽容程度和对"根据作品的数量和质量予以相应奖励"的不同理解，个案打破"黑箱"的程度会有所不同。但可以肯定的是，如果类似《著作权法修订草案》（2014）中特殊职务作品强制奖励规范的规则通过，法院将更多地倾向于干预。而这种干预所推高的交易成本，将远远超过其带来的社会收益。

---

❶ Robert Merges. The Law and Economics of Employee Inventions [J]. Harvard Journal of Law & Technology, 1999, 13: 4 - 10.

二、强制奖励的成本收益分析

知识产权法没有提供分析强制奖励制度成本收益的工具。本部分从其他学科提供的有益视角中选取关联度最高的两项进行分析。科斯的企业性质理论阐发了产业组织"黑箱"的正当性，恰好可以评价《著作权法修订草案》(2014) 打破"黑箱"的意图。而德姆塞茨指出了产权发挥积极作用的条件，为分析强制奖励制度的成本收益提供了模板。

(一) 企业性质理论提供的视角

特殊职务作品是单位内部资源调配的结果，而强制奖励是源于单位外部的力量。因此，要评价强制奖励，首先应该了解单位"内""外"有别的社会经济含义。而在这一问题上，科斯所著《企业的性质》可谓鼻祖。

科斯的企业边界理论同样适用于创作。既然在企业内外配置资源各有利弊，必然有部分创作完成于企业外、部分完成于企业内。一件作品完成于企业外，意味着创作所需的生产要素来自于市场中一对一的询价与报价机制；而一件作品完成于企业内，意味着创作所需的生产要素是通过命令与执行机制统筹的。至于创作究竟完成于何处，取决于何者的边际成本更低。笔者在分析职务发明奖酬问题时，曾提出过对价格机制与企业决策各自利弊的解释。❶ 这些解释完全适用于特殊职务作品奖励问题。具体而言，价格机制的优势在于或许可以节约智力活动中特别高昂的代理成本。当作者贡献与回报密切挂钩时，作者出于自利之心，有可能更积极地投入创作。但另一方面，让每一项智力成果的贡献与收益挂钩，又将不可避免地产生大量交易成本。因为单位的获益是单位作为资源调配系统整体效率的

---

❶ 蒋舸. 职务发明奖酬管制的理论困境与现实出路 [J]. 中国法学，2016 (3)：126 – 133.

综合反映。❶ 要通过反向工程单独算出某件特殊职务作品的作用是十分困难的。无论是单位的市场策略、管理水平还是融资能力，乃至看不见摸不着的企业文化，都极大地影响着资源运用的效率。同样的作品完全可能在A单位不见天日，而通过B单位的运作名扬天下。两个单位的差别，既可能出于鉴别作品的眼光有差别，也可能出于不同企业的既有资源对同一部作品的消化能力不同。《哈利·波特》的出版经历便清晰地展示出不同单位对同一作品的利用能力大不相同。站在事后诸葛亮的视角，我们都已了解这套小说具有巨大的商业价值。但当初 J. K. 罗琳拿着这一系列小说中的第一部《哈利·波特与魔法石》寻找出版商之时，却处处碰壁。罗琳的代理商最初洽谈了 12 家出版商，他们无一例外全部拒绝出版该书。❷ 类似的故事反复在出版界上演。这固然表示最终决定《哈利·波特》的出版社独具慧眼，但这家出版社未必没有在关于其他图书的决策上犯过类似拒绝出版《哈利·波特》的错误。从出版行业的整体情况观之，这说明即使 B 单位取得商业成功，也未必能够归结于其拥有的特殊职务作品在"数量和质量"上具备优势。退一步讲，即使二者间存在正相关关系，要从单位的商业成功中将单位的市场经验、营销投入、组织效率、融资网络等因素剥离出来，也会导致明显的测度难题。即由于测度单项贡献所需要的信息获取与运用成本过高，在拆分贡献的过程中损耗大量资源，结果破坏了组织的协同效应，导致"部分之和小于整体"的尴尬局面。❸

　　除非有充分的理由让人相信单位是不理智的，否则就应当尊重单位视情况选择市场分散交易机制或企业笼统交易机制的自由，而非强制其选择一种机制。❹ 问题是，强制奖励规范要求"单位应当根据创作作品的数量和质量对职工予以相应奖励"，不亚于强制单位只能选择分散交易机制，

　　❶ Paul Milgrom, John Roberts. Economics, Organization & Management [M]. Prentice Hall, 1992：19 - 50.
　　❷ 穿越军的知识殿堂《哈利·波特》不为人知的幕后故事 [EB/OL]. (2020 - 04 - 22) [2021 - 06 - 25]. https：//baijiahao. baidu. com/s? id = 1664669376576918581&wfr = spider&for = pc.
　　❸ Armen Alchian, Harold Demsetz. Production, Information Costs and Economic Organizations [J]. 62 The American Economic Review, 1972，62：778 - 781.
　　❹ V. Hayek. Individualism and Economic Order [M]. The University of Chicago Press, 1948：77 - 91.

而不能选择笼统交易机制。这种思路的本质，在于认为贡献与回报的一一对应关系越精密，个别交易带来的社会总福利就越高。这种想法如果出现在 20 世纪 30 年代，倒是颇符合当时的主流认识。但《企业的性质》已经指出总福利不仅取决于个别交易的效率，还与交易成本相关。如果在科斯提出这一洞见后 80 年的今天，还以为只要细化个别激励就能提高总福利水平，未免太过天真。

（二）产权制度基础理论提供的视角

如果说科斯在 80 年前所著的《企业的性质》，已经可以很好地说明公权力干预企业内部决策通常而言不合理；那么德姆塞茨在 50 年前所著的《产权理论探析》，则进一步丰富了批判的工具库。❶ 用极端概括的语言表述德姆塞茨的理论，大致可以归纳如下：产权能够提供激励，从而提升社会福利，但界定产权需要成本，因此只有在界权收益高于成本的情况下，产权之设立与维持方为合理。

特殊职务作品强制奖励规范恰恰不能通过上述收益成本检测。该规范希望通过赋予特殊职务作品的作者更强势的产权保障，激励作者创作更多更好的特殊职务作品。遗憾的是，这种思路只看到了产权带来的正面激励，却忽视了产权设置不能摆脱的负面成本。甚至，这种思路在分析产权带来的正面激励时，考虑都不够完善。

针对特殊职务作品设置强制奖励，收益偏小，因为其能够激励的额外创作非常有限。这里需要强调"额外"二字：动用公权力设置产权，是基于私人互动无法产生足够激励的假设。但特殊职务作品产生于单位中，本身就是经济组织内部资源配置的产物。无论是单位雇佣作者的事实，还是单位将物质技术条件提供给作者进行创作的事实，以及单位要为创作承担责任的事实，❷ 都意味着单位在有意识地将内部资源引向创作行为，人们

---

❶ Harold Demsetz. Toward a Theory of Property Rights ［J］. The American Economic Review, 1967，57：347－359.

❷ 根据《著作权法》（2010）第 16 条（《著作权法》（2020）第 18 条），特殊职务作品的构成要件应当有三项：作者受雇于单位，主要利用了单位的物质技术条件创作，并且单位要为承担责任。

由此可以合理预期这种资源配置已经能够为创作提供可观的激励。单位向作者支付的工资中，已经包含取得作者相应创作能力和结果的对价。如果作者不能按照岗位需求生产足够多足够好的特殊职务作品，处于市场压力下的单位将改变甚至终止与作者的合作。所以尽管现行法没有为特殊职务作品设定强制奖励，但并不妨碍作者会受到工作要求的激励，创作特殊职务作品。与知识产权法的一般原理相应：但凡不存在知识产权法也会出现的创新，都不是知识产权制度的收益。❶ 但凡没有特殊职务作品强制奖励也会产生的创作，同样谈不上是强制奖励的制度收益。

同时，针对特殊职务作品设置强制奖励的成本更大，因为界定特殊职务创作的贡献殊非易事。之所以不同领域的产权制度有别，重要原因就在于针对不同社会关系界定产权的难度不一、成本不同。就不动产而言，人们不难确定一片土地的产出。就动产而言，辨别其孳息通常也是可以办到的。但对于产生特殊职务作品的创作行为而言，如何才能确定其贡献大小呢？特殊职务作品只能通过单位实现其社会价值。所以对于执法者而言，只能站在单位这一"黑箱"的外部，观察整个"黑箱"对社会的贡献（反映在单位的获益上）。但如同前文提到的，要从单位的整体利益中切割出单件特殊职务作品的贡献，完全不切实际。

上述分析表明：在讨论是否要就特殊职务作品设定强制奖励的时候，必须同时关注制度的成本和收益，并将两方面进行比较。鉴于雇佣关系本身就提供了充分的特殊职务作品激励机制，强制奖励未必能创造多少社会收益，而计算该奖励却必然伴随着巨大的成本。因此从社会成本收益分析的角度看，强制奖励规则显失妥当。

三、专利法上职务发明强制奖酬批判之启示

著作权制度与专利制度，都以激励创新为目的。尽管二者的表层设计

---

❶ William Landes, Richard Posner. An Economic Analysis of Copyright Law [J]. Journal of Legal Studies, 1989, 18: 329 – 331.

多有不同，但底层原理实则相通，因此专利界对强制职务发明奖酬的评判可以作为评价特殊职务作品强制奖励规范的参照系。既然专利领域的职务发明强制奖酬已然不可取，在著作权领域引入更高更严的特殊职务作品强制奖励，更无道理。

（一）特殊职务作品强制奖励规范的要求比专利法更高

哪怕是专利法领域最激进的职务发明奖酬管制建议，也将单位的奖酬义务与发明的市场表现相挂钩。专利在实施前，单位向职务发明人负担的只是奖励，每项发明专利不低于 3000 元即可，每项实用新型或者外观设计不低于 1000 元即可。❶ 由于专利不像著作权一样伴随创作完成自动产生，而是必须经过形式化的申请、授权过程，所以单位在价值微薄的发明上可以通过不申请来避免支付（数额本来就不大的）奖金。可能给单位造成比较沉重的负担的，是针对报酬的管制。在单位自行实施时，报酬应当为每年"实施该项发明或者实用新型专利的营业利润"的至少 2%；在单位许可他人实施时，报酬应当为"收取的使用费"的至少 10%。❷ 由于报酬的计算基础是职务发明在实施的过程中取得的市场效果，如果职务发明没有被实施，那么单位并不负有向职务发明人支付报酬的法定义务。

特殊职务作品奖励机制则不同。《著作权法修订草案》（2014）第 20 条第 4 款规定："职务作品由单位享有的，单位应当根据创作作品的数量和质量对职工予以相应奖励。"根据该款规定，单位向作者负担特殊给付的前提仅仅是"职务作品由单位享有"，却不包括作品已经被实施。专利法上除了奖励，还有报酬，单位向发明人负担的特殊给付的主要部分是与发明市场表现挂钩的报酬。而特殊职务作品强制奖励规范在著作权领域设定的给付义务，针对与作品市场表现没有关系的奖励，这意味着无论特殊职务作品在市场中是表现出色、还是碌碌无为，单位都必须给予作者奖励。这显然比专利法给单位设定的义务更高。

---

❶ 《专利法实施细则》（2010）第 77 条。
❷ 《专利法实施细则》（2010）第 78 条。

　　特殊给付义务是否与职务创新的市场表现挂钩，不仅涉及特殊给付的计算方式，而且涉及正确计算特殊给付的责任被施加于哪一方。在专利法领域，由于特殊给付的主要构成部分与发明的市场表现挂钩，因此对于计算特殊给付而言必要的基础数据，很大程度上来自于市场。"创新成果的价值有多大"这个问题，无须被还原为对交易各方偏好的推测，而被简化为偏好互动形成的价格结果。这一点在许可他人实施专利的情况下尤其明显：单位无须深究被许可方为什么愿意支付那么多许可费，而只需要在许可费的基础上乘以10%，就满足了法律给单位设定的职务发明报酬义务。可见，在专利法上，单位并不为正确评估专利的价值负担完全的责任。

　　但是特殊职务作品强制奖励规范并没有明确特殊职务作品的奖励要与作品的市场表现挂钩，这意味着单位不能以缺乏市场价格信息为由，拒绝评估作品的贡献。如果严格按照特殊职务作品强制奖励规范的字面意思进行解释，那么对所有特殊职务作品，单位都有义务根据其"数量和质量"测度贡献，并支付相应的奖励。也就是哪怕在没有价格信息的情况下，单位也必须估计作品的价值。如前所述，即便在有市场价格信息的情况下，要确定某项特定创新成果在该价格信息中的比重，都困难重重。在没有市场化、没有价格信息的情况下，单位又怎么可能正确评估作品的价值呢？而且，"作品的质量"指向并不清晰。单位究竟是应该将作品与其他商品相区别，从智力创作高度上评价作品质量？还是应该将作品与其他商品一视同仁，从变现能力角度评价作品质量？从特殊职务作品强制奖励规范的初衷看，无疑是前者。因为雇佣劳动成果应当归于雇主，由雇主决定其剩余价值的分配。而特殊职务作品强制奖励规则背离了上述原则，强制单位与员工分享职务作品的剩余价值索取权，这意味着特殊职务作品强制奖励规范的支持者认为作品本质上不同于普通商品，不应受到一般原则的约束。既然如此，"作品质量"自然不应仅指作品的货币化价值。但"作品质量"可以被理解为作品的艺术质量吗？抛开著作权法强调的美学中立原则不谈，如何确定作品的艺术质量，本身就是无解之题。那么究竟如何判断"作品质量"呢？如果一部作品充满媚俗之气，但由于单位营销成功而占领巨大的市场份额，因此就成为高质量的作品了吗？反之，如果一部作品未能迅速获得大众市场的响应，因此就必定质量欠佳吗？这些问题即使对于立法者而言也属棘手，又怎能期待单位给出答案呢？

总体而言，哪怕和专利法领域最激进的职务发明奖酬管制建议相比，特殊职务作品强制奖励规范在著作权法领域提出的管制建议，都可谓严得惊人、高得离谱。之所以称其严，是因为该规范给单位设定的奖励义务，完全不以作品市场化为前提；之所以称其高，是因为该规范将评估作品价值的任务完全置于单位一方。对单位如此严苛的规定之所以被提出，会不会是因为评估作品价值比评估发明价值更容易，因此表面严苛的规则其实并不会给单位带来太大负担呢？接下来的分析显示答案并非如此。

（二）特殊职务作品强制奖励规范的操作性比专利法更低

讽刺的是，如果从评估单项智力活动的可操作性角度看，著作权法甚至还不如专利法。

第一，"作品的数量"远比专利的数量难于统计。这背后的根本原因，在于著作权并未提供逻辑一致的"作品"定义，因此"作品的数量"也不是可供统计操作的概念。《著作权法实施条例》（2013）将作品定义为"文学、艺术和科学领域内具有独创性并能以某种有形形式复制的智力成果"。《著作权法》（2020）对其中涉及"固定性"的部分稍作修改，基本意思不变，将作品定义为"本法所称的作品，是指文学、艺术和科学领域内具有独创性并能以一定形式表现的智力成果"。无论在学术研究还是司法实践中，关于"独创性"的认识都极不统一。从字体❶、字库❷、古籍点

---

❶ 对计算机字库中单个字体可版权性持肯定意见的，有北京北大方正电子有限公司与山东潍坊文星科技开发有限公司著作权纠纷案，北京市高级人民法院（2005）高民终字第 443 号。持否定态度的，如北京北大方正电子有限公司与广州宝洁有限公司等著作权纠纷案，北京市海淀区人民法院（2008）海民初字第 27047 号。

❷ 认为计算机字库构成美术作品的，有北京北大方正电子有限公司与广州宝洁有限公司等著作权纠纷案，北京市第一中级人民法院（2011）一中民终字第 5969 号。认为不构成美术作品的，参见：张玉瑞. 论计算机字体的版权保护［J］. 科技与法律，2011（1）：60.

校❶、游戏规则❷、游戏画面到近年来引发热议的体育赛事节目❸，一件智力成果是否构成作品，可能是极端复杂的问题。要求单位统计"作品的数量"，完全是强人所难，给单位造成的负担远非统计专利申请与授权可比。而且，著作权与专利权的不同产生方式，也对统计数量的难度有影响。专利权产生于高度形式化的申请和授权。单位知晓自己有多少项专利授权，只是专利申请行为的"副产品"，并无须额外成本。❹ 著作权却是随创作完成自动产生的。这一过程的高度去形式化意味着与"专利数量"作为其他生产活动的副产品不同，"作品数量"是需要单位专门投入资源进行搜集的昂贵信息。

第二，即使我们在某种不精确的意义上权且承认"作品的数量"是可统计的，作品的数量也远比专利的数量庞大，从而其统计成本更高。中国每年新产生的专利权远远不如著作权数量大。哪怕在近年来专利授权量世界第一的情况下，中国国家知识产权局 2019 年授予的国内外三种专利也只是百万级别。❺ 而 2019 年，中国出版的图书数量就有 50 万余种。❻ 而通常一本书的封面、前言、几乎每个段落、每幅图片、后记、封底等各部分无

---

❶ 认为古籍点校成果构成作品的，如葛怀圣与李子成著作权纠纷案，山东省高级人民法院（2014）鲁民三终字第 340 号。认为不构成作品的，如周锡山与江苏凤凰出版社有限公司等著作权纠纷案，上海市高级人民法院（2014）沪高民三（知）终字第 10 号。

❷ 认为游戏规则不构成作品的，如暴雪娱乐有限公司等诉上海游易网络科技有限公司案，上海市第一中级人民法院（2014）沪一中民五（知）初字第 23 号。认为游戏规则可以构成作品的，例如：任熙.卡牌游戏规则的著作权保护［J］.法制博览，2015（3 下）：67-68.

❸ 认为体育赛事节目构成作品的，如北京新浪互联信息服务有限公司与北京天盈九州技术有限公司等，（2014）朝民（知）初字第 40334 号。否认体育赛事节目构成作品的，如央视国际网络有限公司与华夏城视网路电视股份有限公司，（2015）深福法知民初字第 174 号。

❹《职务发明条例草案》对现行专利法上的务实态度有所偏离，试图将奖酬义务扩大到被作为技术秘密加以保护的发明上。参见：《职务发明条例草案》（2012 年 8 月征求意见稿）第 25 条、《职务发明条例草案》（2012 年 11 月公开征求意见稿）第 24 条、《职务发明条例草案》（2013 年 12 月稿）第 25 条和《职务发明条例草案》（2015 年 4 月送审稿）第 24 条。产业界对此表现出强烈反对，重要理由就是如果将技术秘密也作为奖酬对象，则单位根本难以知晓奖酬义务的范围。作为对产业界的回应，《职务发明条例草案》（2015 年 4 月送审稿）相关条款的语气略有软化，将约定优先的原则在针对技术秘密的补偿条款中进行了强调。

❺ 2019 年，中国国家知识产权局国内外三种专利申请授权合计 2591607 件。参见：国家知识产权局. 2019 专利统计年报［R/OL］.［2021-06-07］. https：//www. cnipa. gov. cn/tjxx/jian-bao/year2019/b/b1. html.

❻ 2019 年全国图书出版种数及各地区排行统计分析［EB/OL］.（2020-11-20）［2021-06-25］. https：//baijiahao. baidu. com/s? id = 1683841879191113485&wfr = spider&for = pc.

一不构成单独的作品，因此如果我们推测当年出版图书对应的作品数量百倍千倍乃至万倍于 50 万这一图书数量，应属合理。这还只是体现为图书的作品。而特殊职务作品针对的范围远远超过图书。特殊职务作品强制奖励规范的主张者在要求单位按照作品的数量和质量计算奖励时，似乎忽略了作品数量惊人的事实。庞大的作品数量，极大推高了界定这些作品的产权需要投入的制度成本。结合前述产权设置需要尊重制度成本收益比例的原则，作品数量远比发明数量庞大的事实，意味着在其他条件相等的情况下，著作权法甚至比专利法更不适合于强制要求单位确保每一项作品上的产权，而且更不适合的程度非常之高。

第三，相比专利，作品的排他权范围更难确定，这意味着要求单位根据作品本身来判断其价值，是更加不切实际的。经典理论认为知识产权是排他权。他人只要利用了知识产权的客体，就要受制于权利人。至于利用人做出了多少对社会有价值的贡献，在所不问。这种直觉在专利法领域的表现，是哪怕在后利用者获得了改进专利，仍然只有在取得基础专利权利人许可的情况下，方才能够利用改进专利。而在著作权法理论上，著作权法只关心抄袭了多少，而不关心抄袭者创作了多少。[1] 但知识产权的理论与实践其实存在诸多与排他权经典理解相抵牾之处。就理论而言，典型的权利限制条款多从利用行为的性质出发进行规定。例如专利权限制中的科研目的例外和医药行政审批例外，著作权法中的合理使用和法定许可涉及的各种情形。这意味着，权利人究竟能在多大范围内行使"排他权"，不仅取决于智力成果本身，还取决于利用人是如何利用智力成果的。当利用呈现为某些社会认可的特定形式时，权利人并不能真正通过"排他"从智力成果中获得收益。著作权法中的合理使用制度，就能清晰地体现这一点。近年来频繁被中国法院引用的合理使用四要素[2]中，至少有一项是权

---

[1] Sheldon v. Metro – Goldwyn Pictures Corp. , 81 F. 2d 49, at 56（2d. Cir.）（1936）. 汉德法官在判决中的原话是"任何剽窃者都不能通过提出自己的作品中有多少不来自于剽窃，从而逃脱责任"。

[2] 四要素测试法出自《美国版权法（1976）》第 107 条。但近年来在中国法院获得了一定认同，被数起重要合理使用案件的判决所采用，例如王莘与北京谷翔信息技术有限公司、谷歌公司侵犯著作权纠纷案，北京市第一中级人民法院（2011）一中民初字第 1321 号、上海美术电影制片厂与浙江新影年代文化传播有限公司等著作权侵权纠纷上诉案，上海知识产权法院（2015）沪知民终字第 730 号。

利人无法把握也难以预估的，即第一个要素"使用的性质和目的"。❶ 一旦利用行为表现出了高度的转换性，哪怕几乎原样照搬了权利人的作品，权利人也不再享有排他权。可见，"总是可以排他、但未必能自用"的经典排他权理论并不准确。权利人不仅在能否自用的问题上受制于人；而且在是否能排他上，同样不拥有完全的决定权。在专利领域，后一部分体现得尚不明显。专利法通常不关心利用者是否有贡献，而是只要发现权利人的发明未经许可被利用，就允许权利人行使排他权。❷ 但著作权法一直更为关心权利人与利用者各自贡献的比例。这可能是因为著作权法的保护门槛低于专利，平均每起需要处理的纠纷价值更低，但总体而言纠纷数量更大。以上因素导致著作权法体系在侵权判定环节与合理使用环节都纳入更大的弹性。体现就是当著作权在进行侵权判定时，显得逻辑不一致：有时候被告使用了原告创作的几个字就被判定侵权，❸ 有时候被告使用了原告创作的数千字却不被认定为侵权。❹ 看似不一致的判断背后，恐怕有着统一的逻辑，那就是将权利人的贡献和利用者的贡献进行比较。如果利用者贡献的比例十分大，法律便会选择忽略原告的排他权，以"避免一点点的瑕疵导致被告遭受过于严厉的惩罚"。❺ 这和专利法上通过权利限制避免挟

---

❶ 实际上，第三个要素"被使用部分的数量和重要性"也具有该特性，只是不如第一个要素明显。法院在判断第三个要素是否对利用人不利时，同样会考虑利用行为给社会带来的收益，而不仅仅关注权利人作品中被使用部分的贡献。因为"被使用部分的重要性"，既指该部分针对权利人作品的重要性，也指该部分对于利用者作品的重要性。而后者取决于利用者在借鉴了权利人的部分作品后，自己进行了多少"增值"创作。利用人贡献的比例越高、作用越大，相应的权利人作品中被使用部分的比例就越小、作用也越小，重要性因此也越低。有关第三个要素的详细解读，参见：Melvele B. Nimmer & David Nimmer, Nimmer on Copyright, Matthew Bender & Company, Inc., Chapter 13.05 [A] [3] (2003).

❷ 当然，即使在专利领域也有例外。美国法上明确认可的反向等同即为适例。所谓反向等同，指如果被告技术方案的改进达到实际上改变了原告发明的本质，哪怕被诉侵权的技术方案落入了原告专利权的字面含义之内，同样不构成侵权。Westinghouse v. Boyden Power Brake Co., 170 U. S. 537, at 568 (1989). 相关经济分析参见：Robert Merges, John Duffy. Patent Law and Policy [M]. 6th ed. LexisNexis, 2013：839 – 841.

❸ 例如被告未经作者许可使用八字广告语"横跨冬夏，直抵春秋"，被判侵权。参见：贾柏岩. 对一起广告语引发的著作权纠纷案的分析 [J]. 人民司法, 1997 (1)：54 – 55.

❹ 如王天成与周叶中等，最高人民法院 (2009) 民申字第 161 号。

❺ 崔国斌. 著作权法：原理与案例 [M]. 北京：北京大学出版社, 2014：672.

持问题的思路相通，❶ 只是适用范围更为广泛。而在后创新者对排他权范围的影响越大，在先创新者就越不可能事前估计排他权能够带来的收益。既然如此，要求单位替各个特殊职务作品预估价值，并不合理。

上述分析是将专利法与著作权法进行对比，说明特殊职务作品强制奖励的不切实际。实际上，另一个角度的对比，也能说明这个问题。那就是将特殊职务作品强制奖励规范和有关法人作品的规定进行对比。根据特殊职务作品强制奖励规范，如果单位取得了作品上除署名权外的其他权利，成为特殊职务作品的著作权人，则有义务向自然人作者支付奖励；但如果单位取得了作品上包含署名权在内的所有权利，成为法人作品的著作权人，却无须向自然人作者支付奖励。很难理解为什么单位在获得更多利益时，承担的义务更少；而在获取较少利益时，反而需要承担更多的义务。哪怕仅仅从立法技术上举重以明轻，也会得出不能强制单位根据特殊职务作品的数量与质量给予奖励的结论。

四、理论分析的规范寓意

"君子务本，本立而道生。"在改革时，对于立法者而言最关键的是选定立场。因为一旦确定了立场，总能找到实现的手段。相应地，对于评价者而言最需要考察的也是立场。因为如果立场有偏差，再好的立法技术也难以实现良好的社会效果。因此，本部分所有的论述，都意图证明特殊职务作品强制奖励规范所追求的基本立场——追求作品贡献和职工奖励间的精确联系——并不恰当。这一认识应当贯穿于与特殊职务作品利益分配相关的所有学术探讨和司法实践。

（一）奖励自治是理想规范

理想的特殊职务作品利益分配规范，应当允许单位在是否奖励、如何

---

❶ Robert Merges, Richard Nelson. On the Complex Economics of Patent Scope [J]. Columbia Law Review, 1990, 90: 865.

奖励上实行自治。现行著作权法规定的"可以给予作者奖励",正是这样一条尊重自治的理想规范。在特殊职务作品利益分配问题上的理想规范,应当兼顾价格机制与企业决策两种资源调配模式的优势,符合产权设置成本小于收益的原则。而要实现该目标,必须给单位预留足够的决策空间,允许其对价格机制与科层结构进行自由组合。根据两种模式在不同情况下相对优势的波动,随时调整两种机制的比重。受到竞争驱使的单位,主观上无疑追求两种机制的最佳比重,客观上也应该能在大部分时候做出正确的决定。哪怕偶尔出错——例如由于没有采用更有针对性的激励,而是实行一揽子报酬,扼杀了本可能被创作出来的特殊职务作品——对于立法者而言,恐怕除了容忍市场主体犯错,也别无良策。毕竟,如果连市场主体为自己利益着想时都无法避免犯错,立法者如何知道自己选定的方式就能避免犯错呢?如果立法者以为引入强制奖励就是在发挥市场的作用,恐怕首先应该明确市场的魔力从不来自于自上而下、万无一失的设计,而来自于自下而上、试错纠错的活力。所以理想的特殊职务作品规范,必定同时体现立法者对自身能力的谦抑和对市场主体能力的尊重。

结合中国的具体情况,特殊职务作品利益分配问题上的理想规范,还可以具有一定的倡导性。现行《著作权法》所规定的"可以给予作者奖励"就符合这一要求。在任何国家的雇佣劳动关系中,作为雇员的作者都有更大的可能处于相对弱势的一方。而在中国,人们可能会认为由于劳动者在转换工作时顾虑更多,因此立法者特别需要保护作者。这种想法或许有一定道理。中国特有的城乡二元结构、户籍管理制度、学籍制度等因素,的确可能带给作者更高的工作转换成本。换言之,对于中国的特殊职务作品作者而言,他有可能已经在现有工作中投入了更多的资产专用性成本,所以更容易被现有单位套牢。❶ 但反面证据同样存在。根据全球最大的职业社交网 LinkedIn 2014 年的统计,中国员工更换工作的频率比美国雇员更高。中国雇员在一个单位的逗留时间平均只有 34 个月,而美国雇员则

---

❶ 例如,有文献提到,在中国存在隐性或者间接的劳动力迁移障碍。[孙三百,黄薇,洪俊杰. 劳动力自由迁移为何如此重要?——基于代际收入流动的视角 [J]. 经济研究,2012(5):147.]

是 56 个月，相差近两年。❶ 综合两方面信息，现实中的情况可能是在任何国家，雇员都是雇佣劳动关系中相对被动的一方。中国的雇员尽管面临一些特殊困难，但这并不妨碍雇主之间存在竞争，雇员在劳动市场上享有"用脚投票"的自由。如果雇主不向雇员支付与其创作能力相称的报酬，将无法赢得优质雇员，并继而丧失竞争优势。单位支付的报酬，有可能体现为特殊职务作品的奖励，但也可能体现为各种货币化甚至非货币化的回报，例如年薪、津贴、股权、期权、升职加薪、更完备的团队支持或者更大的创作自由等。法律不应该、实际上也没有能力强制单位以奖励的形式单独为特殊职务作品计算报酬。而如果立法者采取强制之外的办法保护作者，最好的方式就是采取倡导性规范。倡导性规范既不会破坏单位选择效率最大化资源配置手段组合的自由，同时或许能在一定程度上令特殊职务作品的利益分配更加偏向作者。此外，倡导性规范能够宣示立法者的价值立场，提醒单位更多地考虑雇员利益，从而在有效合作中达成双赢。总之，倡导性规范不仅制度成本远较强制规范为低，而且能达成强制规范追求的大部分目的，甚至更多。诚如魏德士所言："法对'法律意识'的形成作用，远远超出法律规范的强制力。"❷

（二）引而不发作为次优选择

如果将来真的再次出现关于特殊职务作品强制奖励规范或者类似规范（例如法人作品强制奖励规范）的主张，而出于某种原因该规范得到立法者支持，得以进入立法。那么学术界和实务界应当坚持的底线是在司法层面尽量消除强制奖励的负面影响，采取引而不发的态度。

如果作者在没有和单位约定单独的特殊职务作品奖励的情况下，申请法院判决单位根据特殊职务作品的质量和数量给予奖励，法院应当采取极度谨慎的态度。法院应当设置安全阀进行测试，以确保作者的要求具有合理性和可行性，并且符合雇佣双方共同利益最大化。法院应当关注当事人

---

❶ 胡雯雯. 中国人都是跳槽帝？[J]. 南都周刊，2015（7）：18.
❷ [德] 魏德士. 法理学 [M]. 丁晓春，吴越，译. 北京：法律出版社，2013：44.

所在行业的交易惯例，并根据交易惯例来判断双方当事人可以接受的合理条件。如果没有单独约定特殊职务作品的数量和质量符合所在行业的交易惯例，那么法院不应强求单位就特殊职务作品奖励单独达成协议。

法官可以采用拟制同意的测试。即将自己假想为缔约时的职工，揣测自己是否能够接受劳动合同的约定。这一测试法有如下几方面的要求：一是要求法官放低身段，进行角色扮演。法官要假想，假如单位就特殊职务发明单独给予奖酬，是否能确保单位不处于更差的地位，反而可以通过奖励激励出更多更好的特殊职务作品，获得经济利益。二是要求法官假想回到创作之前的缔约时刻，而非站在创作之后的纠纷情境中进行判断。在职务作品的奖励问题上，关于创作风险和创作收益的信息是随着时间推进逐渐变得透明的。因此如果法官将自己放在特定作品已经实现收益的、事后判断的时间点上，很容易受后见之明的蒙蔽。三是要求法官关注单位和作者交易的全局，而非仅仅将特殊职务作品单独出来。因为作者与单位之间的合约，涉及很长一段时间内诸多方面的交换，作者在一方面失去的（如没有获得的特殊职务作品奖励），完全可以在其他方面赢取回来（如获得了稳定的薪酬）。如果法官仅仅将目光集中在有关特殊职务作品的约定上，极可能忽视很多影响双方在特殊职务作品上进行交换的因素。法官应当充分考虑到雇佣劳动关系作为关系合同的特征，避免对复杂的交换进行武断的切割，违背双方当事人缔约时的真实意愿。

此外，为了实现引而不发的目的，法官可以将强制奖励限制在单位和作者没有约定归属的情况下。只要是单位与作者约定过归属的作品，就不再是单位负有奖励义务的对象。

（三）注重发挥其他部门法的作用

无论是在立法论层面坚持奖励自治，还是在解释论层面选择对干预奖励的规范引而不发，都不意味着对单位和作者之间的利益分配关系完全置之不理，采取天真的放任态度。只是在著作权法中设立特殊职务作品强制奖励规范并非正确的方法。无论对于立法者还是司法者而言，正确的方法都是充分发挥劳动法与合同法的作用，实现效率与公平。此处所称劳动法与合同法，非指狭义上具体法典化的某部法典，而是广义上调整相关领域社会关系的法律规范的集合。

虽然没有明确的阐述，❶ 但引入特殊职务作品强制奖励的目的不外乎效率与公平两个方面。❷ 前文分析表明，在著作权法中规定强制奖酬既减损效率，而且因为违背了当事人在关系合同中进行复杂利益交换的真意表示而有失公平。实际上，只要将眼光放宽到著作权法之外，立法者和司法者很容易发现，法律早已提供了促进单位与雇主的合作效率、同时保障双方利益分配方案公平的手段。

劳动法主要在社会宏观层面维系着单位和作者的合作效率与分配公平。尽管劳动法上诸多规范针对的是私主体之间的平行关系，但具有明显的强制色彩，与放任式的意思自治形成鲜明对比。例如《中华人民共和国劳动合同法》（2012）中有关劳动合同的订立、履行与变更、解除与终止等部分的规定，以及《中华人民共和国劳动法》（2018）中有关集体合同、工作时间、休息休假、社会保险与福利和劳动争议的内容，均有大量强制性规范。这些规范从程序与实体两方面矫正了单位和作者在谈判中的不平等地位，确保了双方对于合作利益的公平分配。著作权法不应在此之外对单位提出更苛刻的要求。值得注意的是，劳动法在劳动报酬和劳动条件问题上的条款，可以直接为单位和作者有关奖励的纠纷提供明确的指引，即当双方发生争议时，首先应就奖励重新协商；协商不成的适用集体合同规定；没有集体合同或者集体合同没有规定劳动报酬的，实行同工同酬。❸并且，劳动法还提供了劳动纠纷仲裁程序，供作者选择，这也起到降低第三方争议解决门槛、提升公平对于作者的可及性的效果。除了上述这些具体的规定，当立法者和司法者面对特殊职务作品的利益分配问题时，还应当将眼光投向社会保障法。在法律制度为劳动者提供的保障中，针对单件作品、单次交易的个案裁决方案固然有一定的影响，更为重要的却是社会税收与福利提供的利益分配框架。而劳动与社会保障法庞大的规范体系，已经

---

❶ 《关于〈中华人民共和国著作权法〉（修订草案送审稿）的说明》没有对修改特殊职务作品奖励的目的进行说明。

❷ ［美］卡普洛，沙维尔. 公平与福利［M］. 冯玉军，涂永前，译. 北京：法律出版社，2007：3 - 14.

❸ 《中华人民共和国劳动合同法》（2012）第 18 条。

在此方面做出了巨大的努力。著作权法实非维护劳动者利益的恰当手段。

合同法主要在个案微观层面起到兼顾效率与公平的作用。相比于劳动法，合同法更注重意思自治。可以说，合同法是通过私人自治促进社会进步最直接的制度工具。但合同法中也有诸多规范，意在矫正个案中的不公平。通过强制程度不一的规范，合同法希望达到促进有效合作的目的。如果从事前角度看来，单位与作者交换的利益极端不相称，达到《中华人民共和国合同法》（1999）第 54 条第 2 款所称"在订立合同时显失公平"的地步，法官可以依照作者的请求对双方约定进行变更或撤销。只是既然合同法上适用显失公平条款的门槛很高，需要调整的又是复杂的长期关系合同，法院必须尤其谨慎。但无论如何，既然合同法已经提供了调整当事人利益分配的手段，立法者和司法者就应当充分运用。

五、小结

当确保贡献与奖励间的精确联系成为法律追求的目标时，动用公权力保障这种联系的实现，便成为不可忽视的逻辑结果。导向结果的具体形式多种多样，可以是细化立法，可以是行政干预，也可以是在司法裁判中对"不够精确"的奖励加以纠正。无论其中的哪一种，都与现行立法、行政、司法不干预职务作品奖励的状况存在巨大差别。而法律在此问题上是否真的应当追求这样的转变，绝非不证自明。随着越来越多的创作行为褪去天才灵光一现的魅惑，转变为复杂产业链上的一环，介入核心版权产业中劳资双方关系的规范将获得越来越不容忽视的重要性。因此，探索职务作品奖励的应然法律框架，对于建立符合经济与社会规律的著作权法律制度框架，至关重要。

特殊职务作品强制奖励规范以精确奖励为目标。殊不知产业组织的效率，并非来自无处不在的精确，而源于恰到好处的模糊。"水至清则无鱼，人至察则无朋"。好的规则从来未必要求最严格，而是最能紧密贴合自发秩序。如果被调整的社会关系需要和模糊同在的弹性，那么调整它的规范就不应追求与精确相伴的严苛。无论在立法层面还是司法层面，理解模糊的价值，该糊涂就糊涂，方显规则难能可贵。

第七章　非个人作品权属规则体系化研究

创作社会化要求更精确的非个人作品权属规则。现有法人作品研究重视其与职务作品的区分，轻视其与委托作品的区分，忽略了雇佣关系对作品归属的决定性影响。将非雇佣作品判定为法人作品的司法实践违背了产权原则，不符合对法人作品和委托作品的文义解释和体系解释，与比较法经验不符，同时存在法政策缺陷。所以法人作品必须以雇佣关系为要件，非基于雇佣关系产生的非个人作品是委托作品。

一、非个人作品权属的非体系化现状

作品归属看似简单：原则上归属于创作作品的自然人，例外情况下才归属于其他主体。❶ 但在现实中二者的关系可能已经颠倒：非个人作品❷才占据了现代文学、科学和艺术作品的大半壁江山。尤其是为履行雇佣合同而产生的作品，构成当代作品的主流。❸ 以德国为例：在德国版权相关产业的从业者中，只有 22% 的自我雇佣者，其余均是受雇于企业的"打工

---

❶ Joyce, Leaffer, Jaszi, Ochoa. Copyright Law [M]. LexisNexis, 2010：261.

❷ 本书所称非个人作品，指作者之外的意志、资本和组织因素对创作具备实质性影响，以致可能改变作品属于作者这一基本原则的作品。尽管从字面上看，合作作品具备"非个人"的特质，但并非本书所称非个人作品。因为合作关系的扁平民主结构并不改变作品属于作者的原则，只不过此处的作者以复数形式出现而已。

❸ Gennen in Moll：Münchener Anwaltshandbuch Arbeitsrecht, 3. Auflage 2012, § 16, Rn. 217.

者"。❶ 我国有调查显示，与受雇作者相比，试图保有自由职业者身份的作者整体经济状况不佳，❷ 因此越来越多的作者选择在"雇员"身份中寻求安全感。当非个性化创作成为创作的主流方式时，法律必须审视是否提供了合理的非个人作品权属规则。清晰而合理的产权配置是现实世界中市场有效运转的前提，❸ 由此可见，厘清雇员与雇主的产权配置是法律的重要任务。零成本交易能自动导向最有效率的结果，但有成本的交易需要非价格制度来实现配置的有效性。❹

遗憾的是，现有的非个人作品权属规范研究尚不全面，难以从容应对司法实践中出现的问题。现有文献偏重澄清法人作品和职务作品（尤其是特殊职务作品）的关系，❺ 但疏于探讨法人作品与委托作品之划分。❻ 究其原因，可能首先在于法人作品和职务作品要件相仿，所以探讨二者关系的必要性显而易见。其次在于不少文献认为"立法者通过规定'法人作品'想要解决的问题完全可以依完善'职务作品'的规定加以解决"。❼ 这一论断背后的逻辑是认为"法人作品就是版权全部归法人单位的职务作品"。❽ 既然法人作品仅仅关涉职务作品，一旦厘清二者关系，法人作品的范围乃至存废水到渠成，自然没有必要讨论法人作品和委托作品的关系。但在司法实践中影响当事人权益的，却不仅仅是法人作品和职务作品的重叠，而是还有法人作品和委托作品的混淆。这从下述两案中可见一斑：

在云南省高级人民法院 2012 年判决的"刘家柱等与云南自然与文化遗产保护促进会等著作权侵权纠纷上诉案"（以下简称"蝴蝶谷案"）中，❾ 一

❶ Rehbinder. Urheberrecht [M]. 16. Aufl. , C. H. Beck, 2010, S. 4.
❷ 吴波. 中国大多数作家收入不如白领 [N]. 广州日报, 2012 – 10 – 15（A4）.
❸ Coase. The Problem of Social Cost [J]. Journal of Law and Economics, 1960（3）：8, 16.
❹ [美] 巴泽尔. 产权的经济分析 [M]. 费方域, 段毅才, 译. 上海：上海人民出版社, 1997：11.
❺ 王迁. 论"法人作品"规定的重构 [J]. 法学论坛, 2007（11）：30 – 37.
❻ 少量的文献，例如许辉猛. 论委托作品条款的适用范围——以非独立创作的作品类型为视角 [J]. 河南财经政法大学学报, 2012（5）：83 – 89.
❼ 王迁. 著作权法学 [M]. 北京：北京大学出版社, 2007：153.
❽ 李承武. 浅析法人作品和职务作品的关系及其在法律适用上的意义 [J]. 知识产权, 1997（3）：16.
❾ 云南省高级人民法院（2012）云高民三终字第 24 号民事判决书.

审原告是两位专家，被告是云南自然与文化遗产保护促进会（以下简称
"促进会"）和云南省城乡规划设计研究院（以下简称"研究院"）。促进
会聘请原告周某为会员及常务理事；并与原告刘某"分别作为委托人（甲
方）和责任人（乙方）签订［了］责任书"。云南高院认为，被告在原告
前期成果基础上完成的调查报告和开发规划"应属法人作品，其作品的整
体著作权归组织的单位所有"。但显然，无论是被告与周某间的促进会 –
会员理事关系，还是被告与刘某间的委托人 – 责任人关系，均非雇佣关
系。而且从一审到二审，当事人从未主张过雇佣关系。可见在云南高院看
来，认定法人作品无须以雇佣关系的存在为前提。❶

无独有偶，甘肃省高级人民法院在同年的"兰州市城关区人民政府等
与张弓著作权侵权案"（以下简称"大河印案"）中持相同观点。❷ 二审法
院甚至明确指出"［原告］虽然参与了整理资料和文字编辑，但不属于该
部门公职人员"。即尽管法院明知双方缺乏雇佣关系，却并不认为这构成
被告无须合意便能拥有原告创作成果的障碍。

上述两案均历经二审，审级较高（均为高院），具有代表性。类似判
决在司法界颇有市场，本书不再一一列举。❸ 后文拟从产权理论、比较法
和法政策角度，指出这种实践的不妥之处。希望借此确立雇佣关系作为法
人作品规范要件的地位。

二、雇佣关系对产权分配的重要意义

立法之难，很大程度上在于需要平衡个案公平和整体效率。一刀切的

---

❶ 二审判决还存在其他问题，例如对何为系争作品语焉不详。本书不赘。

❷ 甘肃省高级人民法院（2012）甘民三终字第 87 号民事判决书。

❸ 例如，"杨松云与日喀则地区行署修建灵塔办公室著作权纠纷案"，该案在涉及法人作品
的文献中经常被提及。该案经历了一审［（1995）日中民初字第 07 号］、二审［（1998）藏法民终
字第 2 号］和再审申请［（2002）民三监字第 1 号］。一审、二审判决均未涉及是否存在雇佣关系
这一问题。尽管最高人民法院在其驳回再审申请通知书中简短提及"［自然人作者］付出的劳务
活动已经根据合同取得了相应的报酬"，但并没有剖析此处的"劳务活动"是否意味着自然人作
者与单位间存在雇佣关系。从一审、二审法庭认定的事实来看，当事人间不存在雇佣关系，自然
人作者系受单位委托进行的创作。

规则最可能违背个案正义，但最具预见性且最易实施；完全灵活的规则最便于追求个案正义，但可预见性最低且运作成本高昂。法律必须在众多影响因子中选出最有决定性的因素，在法律的预见性和灵活性间维持平衡。

具体到非个人作品的著作权归属，合意和雇佣关系是两个最重要因素。无论从法教义学还是法经济学的角度，合意的重要性都不待多言。本研究仅重点分析后者，即将雇佣关系设计为无合意时的缺省规则，能否平衡整体制度效率和个别案件公平。

从经济学的角度看，无论是否存在雇佣关系，法人作品、职务作品和委托作品中的双方都可以被归纳为委托人（principal）和代理人（agent），共同面对诸如应付道德风险、降低代理成本等问题。❶ 所以有文献认为："由于委托作品在很多方面与雇佣作品相似，所以在欧美国家一般都把委托作品归入雇佣作品，或者视为雇佣作品中的一种特殊情形。"❷ 这其实是对他国立法例的误读，后文将进一步分析。法人作品和委托作品的共性实不足以弥补其差异。委托人（principal）和代理人（agent）间是否存在雇佣关系，决定了资本投入方和智力投入方的合作是长期的还是临时的，是制度性的还是分散性的，进而影响到要素投入、风险承担和作品利用。因此必须区别加以对待。

（一）主要要素投入者不同

创作作品就是依比例配置资源投入生产，产生新价值的过程。社会发展不可逆转地改变了原子化的个人活动，包括创作在内的各项活动都在向集体行为的方向演变。尽管狭义的创作行为只能由智力投入者完成，但若

---

　❶　此处在经济学意义上使用委托人和代理人概念。经济学上的委托人（principal）指让另一个人完成某种行为的人，其外延比法律上委托关系中的委托人要广。经济学上的代理人（agent）指为另一个人完成某种行为的人，其外延也比法律上代理关系中的代理人要广。为示区别，本书在意图从经济学意义上使用委托人（principal）和代理人（agent）概念时，均在中文后附英文。中文后未附英文的，系从法律意义上加以使用。经济学上关于委托人（principal）和代理人（agent）的概念简析，参见：曼昆. 经济学原理（微观经济学分册）［M］. 梁小民，梁砾，译. 北京：北京大学出版社，2012：470.

　❷　李明德，杜颖. 知识产权法［M］. 北京：法律出版社，2007：76.

将文学、科学、艺术产品的供给作为不可割裂的整体看待，其前期组织与后期传播，往往不是智力投入者可以一力承担的。文学、科学、艺术产品的生产要素复杂性，使得在考虑作品归属时，不能不考虑各要素投入者的贡献。这一思路反映在著作权法中，就是法人作品和职务作品分别以"由法人组织"和"由单位提供主要物质技术条件"为要件，体现了立法者在决定作品归属时对投入的重视。

比较雇佣关系和非雇佣关系中创作的作品，普遍而言，雇主比委托人更可能成为主要生产要素的投入者。作品的成本由两部分构成：一部分与具体作品直接相关，不妨称为直接成本；一部分不关涉具体作品的创作，但对于自然人作者维持创作能力而言是必需的，不妨称为间接成本。雇佣关系对直接成本的分摊影响不大，但对间接成本的分摊可能影响巨大。因为无论是否存在雇佣关系，资方均需承担直接成本，否则自然人作者不会投入创作。例如若需要购买一套仅仅用于指定作品创作的专业软件，该购置费用必定由资本投入方承担。不仅对雇佣关系而言，该费用由雇主承担；对委托关系而言，自然人作者与委托人协商委托事宜时，也会将软件的价格考虑到报价中。一旦委托合同成立，委托人也就承担了专业软件这一具体成本。所以直接成本的承担通常不依雇佣关系而异。

但间接成本的承担则有所不同。相比于短期、单次、零散的委托关系，雇佣关系具有长期、连续、稳定的特征。相较非雇佣关系中的资方，雇佣关系中的资方更有动力承担间接成本，因为长期、连续、稳定的关系保障了其能享有间接成本的远期回报。雇主将乐于支付并非为具体作品创作而投入的学习、培训成本，委托人却往往难被说服为不与特定创作直接相关的长期投入买单。所以雇佣关系中的间接成本通常由资本投入方承担，而委托关系中的间接成本则由智力投入方承担。

因此从生产要素投入的角度来看，雇佣关系中产生的作品归雇主，而委托作品归自然人作者，相对合理。

（二）主要风险承担者不同

产权的分配还与风险承担紧密相关。创作中的各要素投入者，风险偏好各不相同，回报模式也因之各异。在雇佣关系中，其他投入者都是旱涝保收的，只有雇主需要直接面对市场风险。而在委托关系中，包括委托人在内的投入者都有稳定的回报预期，只有自然人作者需要为创作的所有成本（包括直接成本与间接成本）负担不确定的收益。

以写作为例，写作设施的提供者获得了货款，写作场地的提供者获得了租金，自然人作者如果是雇员则获得了工资。工资不仅抵消了他为创作所直接投入的人力资源成本，而且承担了与具体作品创作不直接相关的成本，例如养家糊口的成本、维持健康的成本、更新知识的成本等。总之，如果创作完成于雇佣关系之中，那么除了雇主外，其他利益相关人的投入都是旱涝保收的。只有雇主需要直接面对市场风险。和任何其他经济活动一样，创作也是一种在试错、纠错中趋向均衡的活动。投入未必意味着产出，而首先意味着风险。所以，当存在雇佣关系时，由于雇主才是创作活动的最终风险承担者，所以将作品权属分配给企业，尽管偏离了"作品归属于创作作品的自然人"的原则，仍是可以接受的。

相反，很难说委托人是委托创作的最终风险承担者。有文献提出"投资者（委托方）所冒的风险最大，所以委托方应该得到著作权归属安排的更大倾斜"。❶ 这种观点只认识到了创作社会化的大背景，但没有在非个人化创作中仔细区分雇佣关系与委托关系中，劳资双方的风险分配。委托关系相较于雇佣关系所体现出的孤立性、短期性、临时性，使得被委托人很难要求委托人承担全部的作品成本。无论是创作的设备与创作的场地，还是自然人作者谋生与继续教育的成本，风险都是由自然人作者承担的。

因此，从风险承担的角度看，应当区别对待雇佣关系和委托关系中的作品归属。

（三）利用成果的效率不同

如果交易成本为零，无论如何分配产权都能产生有效率的结果。但实

---

❶ 吴春岐. 效率视野中的委托作品著作权归属分析——简评《著作权法》第 17 条 [J]. 制度经济学研究，2003（2）：103.

际上，找出协商对象、进行协商活动以及实现协商结果都有成本。此时不再是每种法律规则都能带来有效率的结果。较优的法律规则是能够使交易成本的影响最小化的规则，^❶ 即将产权配置给最能影响财产收入流的人手中的规则。^❷ 美国关于雇佣作品的历史很好地说明了对利用作品效率的考虑，在决定作品归属问题上的重要性。^❸

在雇佣关系中，雇主通常能比雇员更有效地利用作品，人们对此通常不持异议。一方面，单位比自然人作者拥有更充分的经验。另一方面，单位比自然人拥有更多的资源来确定作品在市场上的有效传播途径。作品的传播和有体物的利用一样，要通过不同主体合作来实现，因此涉及搜寻合作对象的成本（例如寻找合适的被许可方）、谈判合作条件的成本（例如聘请律师或雇佣法务人员确定许可合同条款的成本）和执行合作条件的成本（例如当被许可方违约时诉诸法院寻求救济的成本）。无形财产的上述搜寻成本、谈判成本和执行成本，通常较有形财产更高。因为与有体物相比，知识产权的估价、使用和权利范围确定都更为困难，所以自然人作者很难全程操控。在作品的传播方面，无论是前期的市场调研，还是后期的投放广告以及参与谈判，雇主通常都比雇员更合适参与其中。由于雇佣关系的长期、稳定性质决定了雇主比雇员利用作品更有效，是反复、多次发生的情况，所以通过立法将雇佣中产生的作品的归属分配给雇主，节约的是无数次原本需要单独谈判方能达成的有效率结果（或者说避免了因无数次谈判成本太高而无法达成有效率结果的情况），因而是可以接受的。

非雇佣关系中的委托人则未必比被委托人更有效地利用作品。资方之所以选择在委托而非雇佣框架中获得作品的使用权，说明相关创作对于委托人而言不具长期性和稳定性，否则资方会有动力把企业外部的委托人吸纳为企业内部的雇员。^❹ 既然委托人就相关创作而言并无长期利益，其在

---

❶ ［美］波林斯基. 法和经济学导论［M］. 郑戈，译. 北京：法律出版社，2009：11 – 12.

❷ ［美］巴泽尔. 产权的经济分析［M］. 费方域，段毅才，译. 上海：上海人民出版社，1997：10.

❸ Trotter Hardy. An Economic Understanding of Copyright Law's Work – Made – for – Hire Doctrine 12 Colum［J］. VLA J. L. & Arts, 1988, 181.

❹ Coase. The Nature of the Firm［J］. Economica, New Series, 1937, 4（16）：404.

降低作品传播成本方面也就未必能取得规模优势。以蝴蝶谷案和大河印案为例，作为委托人的被告均非文化企业，未必较作为自然人作者的被委托人更具优势。在蝴蝶谷案中，作为委托方的被告只能将作品投入旅游开发方面的利用，而在包括作为学术文章发表等其他利用方面，原告更为熟悉，因而成本也更低。❶ 而大河印案中的被告人党史办作为公共机关，未必能以比原告低的成本利用作品，而且在促进作品广泛传播方面也缺乏充分的动力。❷ 在就作品各项可能的传播方式搜寻合作对象、谈判合作条件以及执行合作内容方面，委托人未见得更有效率。既然没有明确的证据证明委托人能比被委托人更有效地利用作品，就没有理由改变"作品属于创作作品的自然人"这一基本原则。而且委托的短期性和零散性决定了，如果法律规则将委托作品归于委托人，即使委托人偶尔能比被委托人更有效地利用作品，相比于雇佣中可能发生的劳资双方交易次数而言，类似的委托作品规则节约的只是少量交易的成本（或者因顾虑交易成本而无法达成的少量交易造成的社会损失），其规则效用远比不上雇佣关系中作品可能归雇主的效用。为了可能发生的些微效用而丧失"自然人作者拥有作品"原则的明确性，而且需要承担很多情况下违背个案公平的负面效果，实不可取。

有人担心将著作权配置给被委托人，会导致"委托人得不到或得不到足够充分的应有补偿"，以致"激励原则在委托人那里未能得到有效贯彻"，从而主张委托作品应归委托人所有。❸ 这种观点忽略了现有规范中保障委托人利益的两项平衡机制：一是意思自治，即如果委托人对委托作品估价更高，可以通过合同从被委托人处取得委托作品；二是免费使用，即委托人可以在约定范围内使用委托作品，甚至在没有就作品使用达成一致的情况下，委托人也可以在委托创作的特定目的范围内免费使用该作品。❹

---

❶ 云南省高级人民法院（2012）云高民三终字第 24 号民事判决书。

❷ 甘肃省高级人民法院（2012）甘民三终字第 87 号民事判决书。

❸ 吴春岐. 效率视野中的委托作品著作权归属分析——简评《著作权法》第 17 条［J］. 制度经济学研究，2003（2）：102.

❹ 《最高人民法院关于审理著作权民事纠纷案件适用法律若干问题的解释》（法释〔2002〕31 号）第 12 条。

由于"委托创作的特定目的"具有足够的灵活性，所以现有规则的弹性已经能够很好地反映出委托人和被委托人利益平衡关系。违背既有原则，是对这一微妙平衡的破坏。

三、比较法视角下雇佣关系的决定性地位

前面的分析揭示出：尽管影响作品创作的因素很多，但只有长期、稳定、坚固的雇佣关系才能从根本上影响"作品属于自然人作者"的原则。短期、临时、分散的委托关系并不具有从根本上影响作品归属的效果。而且即使个案中的委托人比被委托人投入更多、风险更大、更能有效利用作品，委托人还可以通过意思自治获得个案效率。雇佣关系在作品权属方面一枝独秀的制度性影响力，正好印证了学者的调侃："文学圈早就宣告'作者已死'。在我看来，如此断言为时过早。作者哪里死了？他不过找了份工作而已。"❶

各国立法也都印证了这一推论。《德国著作权和邻接权法》极端重视对作者的保护，甚至到了依曲高和寡的一元论不承认经济权利转让的地步。自然人作者外的任何主体若欲取得对作品的支配，只能通过许可实现。❷ 如此规定，当然是最大限度地避免了自然人作者稀里糊涂地丧失著作权。但如果自然人作者是以雇员的身份创作的作品，❸ 则即使欠缺转让具体作品的合意，法官也可以根据雇佣合同的性质推定雇主对作品的支配。质言之，雇佣合同是唯一在实质上突破"除非自然人作者同意，否则他人不能取得著作权"的情况（尽管在形式上著作权不能转让）。法院判决明确否认了将承揽合同关系等同于雇佣关系，从而使定作人取得著作权

---

❶ Catherine Fisk. Authors at Work: The Origins of the Work – for – Hire Doctrine [J]. Yale Journal of Law & Humanities, 2003, 15: 1.

❷ 《德国著作权与邻接权法》第 31 条。

❸ 此处的雇员不仅包括普通劳动法意义上的雇员，还包括公务员，在德语中表述为分别基于 Arbeitsverhaeltnis 和 Dienstverhaeltnis 为他人工作之人。参见：Gennen in Moll. Münchener Anwalts-handbuch Arbeitsrecht, 3. Auflage 2012, § 16, 边码 221 –222.

的企图。❶ 德国主流学说在强调雇佣关系影响著作权归属的重要性时甚至指出：即使自然人作者和单位间的关系类似于雇佣关系，只要不符合法律对雇佣关系的定义，著作权仍然属于著作权人而不属于单位。❷

美国版权法尽管在著作权基本理念和具体制度方面都和欧陆著作权法差异巨大，在以雇佣关系作为判断著作权归属标准这一问题上，却所见略同。美国法原则上也将著作权分配给自然人作者，❸ 但雇佣作品的著作权归属例外。❹ 需要注意的是，中文所译美国法上的"雇佣作品"（works – made – for – hire）并不等同于以雇佣关系为基础关系创作的作品。❺ 美国法上的雇佣作品分为两类：一类是雇员在职务范围内创作的作品（a work prepared by an employee within the scope of his or her employment），另一类是为特定目的而订购或委托创作的作品（a work specially ordered or commissioned）。❻ 前者以雇佣关系为基础，是美国法上的职务作品；后者不以雇佣关系为基础，可称为美国法上的委托作品。前者的著作权归属采取统一对待的方法，即只要符合"雇员在职务范围内创作"这一条件，无论作品表现形式与用途如何，均属雇主所有；后者的著作权归属则采取区别对待的方法，即在"为特定目的而订购或委托创作的作品"内部，根据作品的表现形式和用途，以完全列举的方式认定其中的九类著作权可依书面协议归属于委托方，其余类型则适用作品属于自然人作者的基本原则。这就意味着不仅对一般的委托作品而言，委托人非经书面约定无法取得著作权；而且对九类特殊委托作品而言，委托人也必须经书面约定方能成为著作权

---

❶ LG München I CR 1988, 556.

❷ Schricker/Loewenheim/Rojahn Urheberrecht § 43 Rdnr. 18.

❸ 《美国版权法》（1976）第 201（a）条。

❹ 《美国版权法》（1976）第 201（b）条。

❺ "雇佣作品"这一术语，容易引人误解为局限于雇佣关系为基础的作品。但其原文和定义都表明情况并非如此。"雇佣作品"原文为 works made for hire。尽管"hire"被翻译为容易和劳动雇佣关系联系在一起的"雇佣"，但根据 The Penguin Concise English Dictionary 词典（Penguin Books, London, 2002）的解释，"hire"的本意是作为动词时指"to obtain the temporary use of（something）for an agree sum"或者"to engage the services of（somebody）for a set sum"，即"以约定的价格短期使用某物"或者"以约定的价格获取某人的劳务"。与表示劳动法意义上雇佣关系的 employ 相比，hire 的本意不强调关系的长期性和稳定性。所以 works made for hire 并不等于职务作品。

❻ 《美国版权法》（1976）第 101 条。

人。区别仅在于对一般委托作品而言，委托人只能成为继受的著作权人；而对九类特殊委托作品而言，委托人有可能成为原始著作权人。总之，非经自然人作者书面同意，委托人无法取得作品的著作权。要突破"非经自然人作者明示同意，否则他人不得取得著作权"，必须以雇佣关系的存在为前提。

由此可见，两大法系在雇佣关系的重要性方面看法一致。个别立法例或有其国别特性，借鉴尚需谨慎。但对于众多国家均持一致意见的立法例，我们应当慎重对待并合理借鉴。当然，雇佣关系作为缺乏合意时影响著作权归属的决定性因素，在两大法系地位有所不同：在美国是著作权转移的充分必要条件，在德国是自然人作者之外的主体不经合意取得作品利用权的必要条件。但两大法系有一点是一致的，即如果既没有合意也不存在雇佣关系，作品只能属于自然人作者，而不可能归属于资方。蝴蝶谷案和大河印案中的法官，正是在此两大法系达成共识的问题上独辟蹊径，在既无合意又无雇佣关系的情况下，判定作品属于资方。这种做法从本质上蚕食了委托作品规则的用武之地，不当扩大了法人作品规则的适用范围。接下来的分析将说明，这样的做法在法政策上有何弊端。

四、忽略雇佣关系的法政策缺陷

（一）文义解释角度：减损法律确定性

《著作权法》（2020）第 19 条是"关于委托作品著作权的归属的规定"。该条规定："受委托创作的作品，著作权的归属由委托人和受托人通过合同约定。合同未作明确约定或者没有订立合同的，著作权属于受托人。"第一个分句"受委托创作的作品"是全称判断，即只要是委托作品，其权属均依第 19 条确定；唯有非委托作品方可摆脱第 19 条的调整。

前述两案恰与该解释相左。按照沈仁干先生的解释："委托者与受托者即作者之间主要是一种临时的经济关系"，即临时性是区分委托关系和雇佣关系的重要标准。据此判断，两案中均不存在雇佣关系，只存在委托创作。既然从字面上来看，第 19 条是全称判断，那么该条就应加以适用。法院绕开第 19 条而适用第 11 条第 3 款的结果，是使自然人作者根据第 19 条享有的正当期待落空。这不仅有违个案正义，而且从法律适用的整体效果来看，通过第 19 条调整委托作品的好处，在于简单规则之下明晰的归属规则。清晰的规则具备很高的法律确定性，有利于法律关系中的各方事先安排自己的行为，并预见自己行为的后果。当事人在事先不约定委托作品归属时，知道这种不作为带来的是委托作品归属于自然人作者的后果。如果这种效果符合当事人的期待，则无须另付交易成本订立契约。著作权法在此起到了为当事方提供范本并补充合意的作用，有利于整体社会效率的提高。而法院在两案中采取的做法，实际上使当事人无法预测行为的后果。因为如果没有约定，一旦诉诸法院，委托作品既可能归属于委托人，也可能归属于被委托人。第 19 条原本提供的法律确定性荡然无存。

（二）体系解释角度：与委托作品规范冲突

著作权法中的条款不是孤立存在的，而是必须作为整体看待。而体系解释重要的原则就是尽量使各条款相互协调。如果对某一条款存在不同解释的可能性，其中一种解释能与其他条款和谐并存，另一种解释则会与其他条款冲突，则应采取前一解释。

法人作品规定于第 11 条第 3 款。该款可以被解释为法人作品以雇佣关系的存在为适用前提，也可以被解释为不以雇佣关系的存在为适用前提。究竟何种解释更恰当，不妨从两种解释对其他条款造成的影响进行考察。

第 19 条规定，除非另有约定，否则委托作品归属于自然人作者。如果将法人作品解释为仅仅适用于存在雇佣关系的场合，这样的解释将恰好与该缺省规则互补。即在缺乏合意的情况下，只在有雇佣关系时，作品才可能归属于其他主体。否则只能归属于自然人作者。但如果将法人作品解释为不以雇佣关系为前提，法人作品将适用于委托创作的场合，则第 19 条应修改如下：在委托方与被委托方没有就委托作品的归属达成合意时，作品既可能归属于资方，也可能归属于劳方。这使第 19 条作为全称判断不再有意义，有违体系解释的原则。

（三）鼓励合意角度：错误分配缔约压力

委托作品权属规范由合意规范和缺省规范构成。前文列举的两案中的双方都未就作品归属达成合意，所以判决只影响对缺省规范的理解。就此而言，非雇佣作品能否成为法人作品的问题，就转化为何种委托作品缺省规范更为合理的问题。

如果认为法人作品必须以雇佣关系为基础，则委托作品的缺省规范表述为："除非另有约定，否则委托作品属于被委托人。"这符合著作权归属的一般原则。如果委托人意图改变，必须寻求与被委托人通过合同排除缺省规范的适用，即缔约的压力在委托方。这一压力对企业而言通常并不构成负担，因为企业通常有实力施压促成合同成立。如果委托方虽认为可以通过排除缺省规则进行帕累托改进，但怠于促使达成合意，理应承担懈怠导致的负面影响。

但如果认为法人作品不以雇佣关系为前提（如同前文所引两案的法官所认为的），则委托作品的缺省规范表述为："无约定时，委托作品可能归属于委托人，也可能归属于被委托人。"与前一种缺省规范相比，委托人将在很大程度上丧失缔约积极性，而乐于等待法院判决。因为最坏的结果不过是作品归自然人作者；而如果法官与蝴蝶谷案和大河印案的法官立场相同，委托人还有可能取得委托作品。假如被委托人希望获得委托作品的所有权，则不能仰仗缺省规则，而必须与委托人订立相应的合同。一旦合同不能订立，被委托人必须承担丧失作品的风险，尽管其承受风险的能力不如作为企业的委托人。所以忽略雇佣关系在认定法人作品方面的重要性，会将本应配置给委托方的缔约压力转移给被委托方，降低合意概率，提高合意成本，整体而言缺乏效率。这既不符合著作权法基本原理，也不能公平分配社会风险。是为不当。

（四）各方实力角度：不当扩大实力差距

通常说来，被委托方与委托方相比在谈判时处于弱势地位。除了极个别的明星作者外，普通作者在与企业谈判时，甚至不如"仅仅"享有表演权的演艺明星。以图书作者为例，出版人杨文轩认为"中国作家跟出版商在交流过程中一直处于一种被动的弱势状态"。❶ 长江文艺出版社副社长指出"中国出版市场并不成熟，发行环节占据了过多的利润，作者收入有限"。❷ 而且整体而言，中国的"出版产业化程度比较低，作家的商业价值不能充分体现"，❸ 收入低、谈判能力弱。与委托方相比，作者往往是弱势一方。

在美国，尽管作者境况比中国作家好，❹ 但自然人作者相对于资方通常仍处弱势。❺ 毕竟"大部分艺术家都不是明星"。❻ 甚至对著名作曲家而言，如果不接受委托方提出的条件，在本行业都难以立足。❼ 所以才有作者总结：谈判力量不均衡是自然人作者无法得到充分补偿的重要原因。❽

正因双方谈判实力对比悬殊，如果法律将委托作品配置给被委托人，对委托人不会产生巨大的负面影响。因为如果委托人希望取得委托作品的著作权，通常能够通过谈判如愿以偿。假设没有如愿，不外乎两种情况：一是出价没有达到充分补偿自然人作者的程度，这种情况下达不成合同说明自然人作者对委托作品效用的估价高于委托人的出价，达不成合同是有效率的。二是委托人因为疏忽没有就委托作品归属达成合意，此时由委托

---

❶ 桂杰. 畅销明星背后的经纪人是谁——作家经纪人成中国出版业成熟之后重要力量［N］. 中国青年报，2007 - 12 - 11（阅读周刊版）.

❷ 桂杰. 畅销明星背后的经纪人是谁——作家经纪人成中国出版业成熟之后重要力量［N］. 中国青年报，2007 - 12 - 11（阅读周刊版）.

❸ 吴学安. 作家经纪人走到台前还有几道坎［N］. 中国知识产权报，2013 - 03 - 13（8）.

❹ 桂杰. 畅销明星背后的经纪人是谁——作家经纪人成中国出版业成熟之后重要力量［N］. 中国青年报，2007 - 12 - 11（阅读周刊版）.

❺ Buttery，Maralee. Blanket Licensing：A Proposal for the Protection and Encouragement of Artistic Endeavor［J］. 1983，83：1245.

❻ Definition of Work Made for Hire in the Copyright Act of 1976：Hearing Before the Committee on the Judiciary United States Senate，97th Cong.，2d Sess. On S. 2044，A Bill to Amend the Copyright Law Regarding Work for Hire（1982），at 34（Robin Brickman 的发言）.

❼ Definition of Work Made for Hire in the Copyright Act of 1976：Hearing Before the Committee on the Judiciary United States Senate，97th Cong.，2d Sess. On S. 2044，A Bill to Amend the Copyright Law Regarding Work for Hire（1982），at 73（Elmer Bernstein 的发言）.

❽ Hamiltion，Marci A. Commissioned Works as Works Made for Hire Under the 1976 Copyright Act：Misinterpretation and Injustice［J］. UPalRev，1987，135：1311.

人承担不利后果并无不妥。但如果法律将委托作品配置给委托人，而自然人作者希望取得作品所有权，困难要远远大于委托人通过谈判导致著作权转移。委托人和被委托人在谈判能力方面的悬殊，本来只是其作为不同类型经济主体的不同先天特质。自然人作者尽管处于劣势，但市场关系中的各个主体原本不可能要求在谈判能力方面均相同，所以并无不公平之处。但如果违背作品归属于自然人作者的原则，将委托作品缺省配置给委托人，则是在没有正当理由的情况下通过法律手段扩大了差距，将自然人作者置于更加不利的地步，故而不可取。

（五）激励创作角度：减损作品创作激励

《著作权法》第 1 条表述的立法目的包括对权利人的保护和对作品的创作和传播的鼓励。前者折射出知识产权基础理论中的自然法色彩，后者体现了典型的功利主义论调。二者在不同法域著作权法中的地位不同。大陆法系更多地体现了浪漫主义的自然法色彩，英美法系则务实地从效用出发考虑问题。❶ 有学者认为中国著作权法的立法主导思想是功利主义。❷ 而从功利主义出发，若非为了刺激作品的产生和传播，毫无必要赋予作者专有权利。著作权体系的目的在于"就表达的使用创设可交易的权利，从而激励思想的产生和传播"。❸ 能否产生更多更好的作品，既决定着是否给予保护，也决定着如何给予保护。

从功利主义的角度考察，当不存在雇佣关系时，不适用委托作品规则而适用法人作品规则的弊端显而易见。任何作品都是由自然人作者直接创造的，原则上他们才是激励对象。这也是著作权归属于自然人作者是原则而非例外的解释。在任何情况下，如果需要偏离该原则，都必须慎重考虑对自然人作者激励的影响。即便是赞同"将投资者视为作者"的学者，强

---

❶ Joyce, Leaffer, Jaszi, Ochoa. Copyright Law [M]. LexisNexis, 2010: 28.

❷ 崔国斌. 知识产权法官造法批判 [J]. 中国法学, 2006 (1): 144 - 164.

❸ Harper & Row, Publishers, Inc. v. Nation Enterprises, 471 U. S. 539, 558 (1985).

调的也是"雇主的投资与组织对作品的产生起到了更为关键的作用"。❶

职务作品和法人作品都是对原则的偏离。之所以这种偏离不会对创作积极性产生消极影响，是因为自然人作者从雇佣关系中获得的回报抵消了对其著作权的限制甚至剥夺。这种回报主要体现为工资，同时也体现为企业替员工支出的其他成本和承担的经济风险，例如各种保险、税收、培训费用、职工福利等。对长期而稳定的回报的期待，将自然人作者和作品的长期表现联系了起来，决定了作为雇员的自然人作者必须保持持久的创作积极性。如果不能持续创作出数量足够且质量合格的作品，自然人作者固然无须直接承担作品效益差的市场冲击，但需要面对被解雇的危险。所以，尽管自然人作者不再享有（在法人作品的情况下）或者不再完全享有（在职务作品的情况下）对作品的排他性权利，作为趋利避害的理性人，仍然会维持长久的创作动力，而不会因为其著作权受到限制或剥夺而降低创作积极性。

但当雇佣关系不存在时，如果令作品归属于委托方，无异于在自然人作者没有获得充分补偿的情况下，切断了他和作品市场命运间的纽带。而功利主义视野下的自然人作者，其实全靠该纽带传送的作品市场价值，才得以维持质与量两方面的创作积极性。与雇佣关系不同，委托在劳资双方间建立起的是孤立的、短期的关系。如果作为被委托人的自然人作者发现作品最终很可能归属于委托人，会认为作品的长远价值与自己关系不大，难免减损创作的积极性。允许委托人在自然人作者未同意的情况下取得委托作品的所有权，可以看作对高质量作者的惩罚，❷ 因为自然人作者付出的额外努力带来了高质量作品的额外效用，其受益者却是委托人。所以在不存在雇佣关系时将作品的归属判给委托人，会阻碍自然人作者尽其所能创造出高质量的作品。❸

---

❶ 熊琦. 著作权法中投资者视为作者的制度安排［J］. 法学，2010（9）：79 – 89.

❷ Definition of Work Made for Hire in the Copyright Act of 1976: Hearing Before the Committee on the Judiciary United States Senate, 97th Cong., 2d Sess. On S. 2044, A Bill to Amend the Copyright Law Regarding Work for Hire（1982），at 130（John A. Lytle 的信件）.

❸ Hamiltion, Marci A. Commissioned Works as Works Made for Hire Under the 1976 Copyright Act: Misinterpretation and Injustice［J］. UPalRev, 1987, 135: 1281 – 1311.

五、小结

自然人作者之外的主体越来越多地参与创作，并不意味着应该剥夺自然人作者的著作权。创作社会化的趋势，要求对非个人作品权属规范展开更细致的研究。恰当的权属规则，应当能平衡个案效率和整体制度效率。如果单纯追求个案效率，则应该在考察每件作品的生产要素投入者、风险承担者和更优利用者的基础上，分别决定著作权的归属。但这样的分散认定，不仅会带来巨大的司法成本，而且剥夺了法律规则的可预见性，不是提高而是降低了整个法律制度的效率。这类似于在不同类型合同间取舍时的难题：没有在任何情况下都表现最佳的合同。影响合同选择的变化可能是渐进的，合同结构的改变却是全有或全无的。❶ 所以合同缺省规则不可能以求得所有案件中的具体公平为诉求，而应以满足制度正义为目标。

需要明确的是，赋予雇佣关系重要地位，并不意味着将雇佣关系作为著作权归属的充分必要条件，而是作为剥夺自然人作者著作权的必要条件。如果满足该条件，还要继续考察应该在何种程度上将本属自然人作者的著作权转移给雇主，是按照一般职务作品、特殊职务作品还是法人作品处理？如果根本不存在雇佣关系，那么除非双方约定由其他主体享有著作权，否则自然人作者才是著作权人。落实到对现行法律条文的理解，即《著作权法》第 11 条第 3 款关于法人作品的规定只适用于存在雇佣关系的场合；在不存在雇佣关系时，只能适用第 19 条关于委托作品的规范。这条界限看似刚性，但结合意思自治，这是在个案公平和整体效率间所能做出的最优选择。无论法人作品将来是存是废，只要其仍旧是调整非个人作品归属的规范，适用时就应当以雇佣关系的存在为要件，与委托作品划清界限。

---

❶ ［美］巴泽尔. 产权的经济分析［M］. 费方域，段毅才，译. 上海：上海人民出版社，1997：49.

第八章 创新社会化背景下的惩罚性赔偿

    本书至今为止的章节都在探讨知识产权制度的主体规范。换句话说，前文章节都以信息生产者内部关系为研究对象。创新社会化的浪潮对知识产权主体制度的冲击非常明显，而既有研究有限，故本研究对于此着墨较多。但是，创新社会化作为知识产权制度赖以存在的经济基础在当代的主要特征，对知识产权制度造成的影响无孔不入，显然并不限于主体规范。创新社会化的核心特征是令社会结构变得复杂，这种复杂性同时波及知识产权制度的主体方面和客体方面，并随之扩散到权能、限制和救济等所有环节的规范。本书第十二章将提及客体和权能的复杂化趋势给研究者提出的新视角，但由于该部分分析将着重从认识论层面展开，故置于最后。在审视客体和权能的非典型化趋势之前，本书第八章至第十一章首先处理创新社会化在知识产权制度救济规范领域造成的影响。

    创新社会化导致信息生产者与信息使用者之间的关系更加复杂。在过去，信息的生产行为和使用行为界限通常比较清楚，信息生产者和信息使用者二者通常也因此泾渭分明。但是，随着信息使用者的创造能力越来越强，信息的生产行为和使用行为之间的界限逐步模糊，信息生产者和信息使用者之间的利益衡量也越来越精妙。社会关系越简单，权利救济越容易以非黑即白的方式推行；反之，社会关系越复杂，权利救济越容易引发纠结，令人担心矫枉过正。创新社会化——如同我们前文一再所见——最核心的特征就是导致与信息生产和使用有关的社会关系越来越复杂。由此可知，其救济领域的传统规范与思路必然受到检验。我国现阶段大力强调"加强知识产权保护"，相信不久就能实现效果。单纯"加强"相对容易，而在复杂的利益沼泽中摸索出正确的羊肠小道更为困难。为了令社会化的创新保有持久活力，我们除了尽力探索而外别无他法。

第八章至第十一章均以知识产权损害赔偿——尤其是与创新联系紧密的专利法和著作权法损害赔偿——为研究对象，希望找出一些在社会化创新背景下有利于正确划分信息生产者和信息使用者之间的利益、充分发挥所有创新主体积极性、促成累积创新、长久保持创新活力的启示。

一、"惩罚目的"与"惩罚性赔偿"的概念

在与知识产权损害赔偿相关的诸多子话题中，我们首先关心"惩罚性赔偿"这一近年来知识产权领域最具话题性的问题。

著作权法和专利法可谓是调整创新活动的核心规范体系。这两个领域中任何重要规则的变化，都会给创新带来深远的影响。两部法律近年引入的倍数赔偿便属于可能引发创新行为模式变革的重要规则。[1] 若运用得当，其积极效果将大幅改善创新环境；但若出现偏差，变革的消极效果很可能会破坏健康的创新生态。关于倍数赔偿的现有理解恰恰蕴藏着危险。因为尽管立法文本没有采用"惩罚性赔偿"术语，这一概念却频频出现在包括立法理由在内的各类文献中，[2] 并随着倍数赔偿入法成为定论，不再遭受任何反对者的挑战。但在我们全面拥抱创新规则中的"惩罚性赔偿"之前，还是有必要澄清一个被忽视的基本问题：著作权法与专利法上的损害赔偿应该追求惩罚目的吗？

针对这一疑问，与其说尚未形成共识，不如说尚未意识到这一问题的存在。迄今为止的讨论都将著作权法与专利法领域的加重赔偿与惩罚目的

---

[1] 《专利法》和《著作权法》均于 2020 年修改时引入倍数赔偿。《著作权法》（2020）第 54 条第 1 款第二句规定："对故意侵犯著作权或者与著作权有关的权利，情节严重的，可以在按照上述方法确定数额的一倍以上五倍以下给予赔偿。"《专利法》（2020）第 71 条第 1 款第二句规定："对故意侵犯专利权，情节严重的，可以在按照上述方法确定数额的一倍以上五倍以下确定赔偿数额。"

[2] 例如，《关于〈中华人民共和国著作权法（修订草案送审稿）〉的说明》第二部分；《关于〈专利法修改草案（征求意见稿）〉的说明》第四部分。

捆绑评价：赞成加重赔偿者，通常以惩罚为目的❶甚至为主要目的。❷ 而反对者的理由也恰恰在于抵制惩罚。❸ 赞成加重者，未指出不应惩罚；而反对惩罚者，又不提倡应当加重。偶有文献强调加重赔偿的补偿或预防功能，可惜没有提出详细的适用规则；❹ 又或领域迥异，其重视填平的理由不能解释创新领域排斥惩罚的特殊必要性。❺ 此外，针对著作权法和专利法加重赔偿的研究缺憾，突出表现在至今没有文献从创新活动的特质出发，深入分析调整创新的法律能否与惩罚目的互相兼容。

　　实际上，加重赔偿与惩罚目的并无必然联系。惩罚必然要求补偿之外的加重，但加重未必追求超出预防的惩罚。加重赔偿是否追求惩罚目的，应当根据法律调整的社会关系具体分析。❻ 本研究认为，创新活动的独特格局，恰恰让"加重"与"非惩罚"缺一不可。一方面，某些智力成果侵权存在行为隐蔽、追究困难的特点，迥异于填平原则的原生环境，不加重无法预防。另一方面，创新的连续性又意味着许多创新都可能被视为侵权。若损害赔偿追求区别于预防的惩罚目的，由此导致的过度预防将直接冲击推动创新的制度目标。❼ 因此，对著作权法与专利法损害赔偿而言，加重赔偿与摒弃惩罚同样必要。但目前的讨论仅关注前一方面，剖析加重的必要性；而无人着眼后一方面，思考过度预防之危害。笔者理解约定俗

---

❶ 例如：曹新明. 知识产权侵权惩罚性赔偿责任探析——兼论我国知识产权领域三部法律的修订 [J]. 知识产权，2013 (4)：5；钱玉林，骆福林. 论我国知识产权法中的惩罚性赔偿 [J]. 法学杂志，2009 (4) 112；易建雄. 应在知识产权领域引入惩罚性赔偿 [J]. 法律适用，2009 (4)：95.

❷ 罗莉. 论惩罚性赔偿在知识产权法领域的引进和实施 [J]. 法学，2014 (4)：30.

❸ 李晓秋. 专利侵权惩罚性赔偿制度：引入抑或摒弃 [J]. 法商研究，2013 (4)：136 – 144. 在非知识产权领域，一般性反对惩罚性赔偿者，其理由通常也在于私法性质与惩罚目的的冲突。

❹ 胡海容，雷云. 知识产权侵权适用惩罚性赔偿的是与非——从法经济学角度解读 [J]. 知识产权，2011 (2)：70 – 74.

❺ 马新彦. 内幕交易惩罚性赔偿制度的构建 [J]. 法学研究，2011 (6)：112.

❻ 非知识产权领域的文献的确通常将惩罚作为惩罚性赔偿的目的。例如：王利明. 惩罚性赔偿研究 [J]. 中国社会科学，2000 (4)：112；朱广新. 惩罚性赔偿制度的演进与适用 [J]. 中国社会科学，2014 (4)：115. 在不以创新活动为调整对象的领域追求惩罚目的可能是合理的。例如，在食品安全领域，惩罚并不违背"保障公众身体健康和生命安全"（《食品安全法》第 1 条）的立法目的，也无须担心预防过度的不良后果。

❼ 关于最佳预防的阐述，参见：Mitchell Polinsky, Steven Shavell. Punitive Damages：An Economic Analysis [J]. Harv. L. Rev.，1998，111：877 – 896.（原则上完全补偿个案损失即带来最佳预防，但在被告逃避追究的概率很大时，损失还需乘以逃避追究概率的倒数才能实现最佳预防。）

成之于术语使用的重要性，因此尽管认为"加重赔偿"是更恰当的术语，但仍使用"惩罚性赔偿"一词。本部分研究希望通过矫正术语的误导效果，令其契合创新制度的目的。

二、创新连续性视角下的创新规则制度目标

调整创新的规则必须考虑创新活动的特点。而创新最明显的特点便在于它不是无中生有而是循序渐进的，不是彼此独立而是相互关联的。与之相应，许多产品上同时承载着多重智力成果的产权。调整创新活动的制度任何时候都应当坚持的理念，便是不仅需要维护在前创新者的利益，而且要为后来者留足空间。创新连续性及其引发的智力成果产权叠加性，是构建创新规则必须尊重的事实基础。

（一）创新活动的连续性

无论是具体技术还是抽象思想层面的探索，均系积跬步以致千里。因此，对著作权法与专利法而言，维持在后创新者的创作动力和保护在前创新者的智力成果同样重要。科学哲学认为：绝大部分创新都是对既有范式的微小拓展，包括进一步地收集素材、检验事实和开发运用。在此过程中，既有范式对原发领域的解释力不断增强，但无力应对的反常问题也在逐步累积。当难题积攒到一定程度，一套全新的认知体系便会取而代之，从而发生范式转化，开始新一轮循环。❶ 这一画面很好地契合了科技创新的真实图景：开创性的发明少之又少，绝大多数专利只是细微改良。❷ 新

---

❶ ［美］托马斯·库恩. 科学革命的结构 ［M］. 金吾伦, 胡新和, 译. 北京：北京大学出版社, 2012：4-5.

❷ 董涛, 贺慧. 中国专利质量报告——实用新型与外观设计专利制度实施情况研究 ［J］. 科技与法律, 2015 （2）：237.

技术总是从已有技术中被构建、被集成而来。❶ 现代社会享受的科技优势，是无数个体共同作用的结果。研究创新制度的学者很早就观察到该领域价值生产方式的特殊性。❷ 对创新连续性的理解，构成了诸多原创性专利制度研究成果的认知起点。❸

价值的累积性不仅反映在科技创新上，同样体现于文化创新中。文艺成就表面上专属于特定权利人，但在宏观的历史进程中，却是世代积累的创造力之最终呈现形态。❹ 刻意石破天惊常常无果，最打动人心的往往是恰当运用历史传承、表达时代精神的产物。❺ 无论文学还是艺术，无论取前后相继的纵向视角还是同时代的横截断面，都有众多分享相同元素的作品。在后创作稍不留意便会挪用表达，引发侵权顾虑。这既是文学艺术历史承继性的表现，也是文艺活动无法脱离社会体验的结果。曾以最优生身份毕业于耶鲁大学英文系的波斯纳法官在旁征博引剽窃的世间百态时，列举了文学史上众多的借用与自我重复，莎士比亚、艾略特、叶芝和柯勒律治尽被点名，❻ 全是创新与模仿无法截然区分的生动例证。不同创作者间藕断丝连的瓜葛，正是众多著作权疑难案件的来源。远有民歌改编之争，❼

---

❶ ［美］布莱恩·阿瑟. 技术的本质［M］. 曹东溟，王健，译. 杭州：浙江人民出版社，2014：Ⅻ.

❷ Suzanne Scotchmer. On the Shoulder of the Giants: Cumulative Research and the Patent Law［J］. J. Econ. Persp. , 1991, 5：30 – 31.

❸ 例如，基奇（Kitch）的前景理论论试图通过扩张在先创新的控制权，减少在后创新无序竞争的浪费（Edmund Kitch. The Nature and Function of the Patent System［J］. J. L. & Econ. , 1977, 20. ）。墨杰斯（Merges）和纳尔逊（Nelson）同样注意到发明的连续性，但提出了相反的观点，认为竞争性的后续创新优于受在先创新者调控的后续创新，从而主张较窄的在先创新权利范围（Robert Merges, Richard Nelson. On the Complex Economics of Patent Scope［J］. Colum. L. R. , 1990, 90. ）。

❹ Pierre Leval. Toward a Fair Use Standard［J］. Harv. L. Rev. , 1990, 103：1109.

❺ ［英］E. H. 贡布里希. 艺术的故事［M］. 范景中，译. 南宁：广西美术出版社，2014：596；［法］丹纳. 艺术哲学［M］. 傅雷，译. 南京：江苏文艺出版社，2012：10 – 17.

❻ ［美］波斯纳. 论剽窃［M］. 沈明，译. 北京：北京大学出版社，2010：60 – 86.

❼ 黑龙江省饶河县四排赫哲族乡人民政府与郭颂、中央电视台、北京北辰购物中心著作权纠纷案，北京市高级人民法院（2003）高民终字第 246 号（《中华人民共和国最高人民法院公报》2004 年第 7 期，第 26 页）。

近有剧本侵权纠纷，❶ 是非曲直从来不止一种声音。对于相似但不相同的文艺创作，合理借鉴与不法抄袭的界限远非黑白分明。这正是著作权法学者强调保护作者利益不能以牺牲合作文化为代价的背景。❷

尽管创新的连续性时常给裁判者出难题，然而其不仅难以避免，而且为社会所必需。若一切创作均需从头做起，乃是巨大的浪费。反面典型是莱姆利（Lemley）和奥布林（O'Brien）反思下的软件著作权，其特定保护方式常迫使程序员"重新发明软件中相当于轮子和晶体管一样最基础的部件"，每年因此浪费的资源可能价值20亿~1000亿美元。❸ 而开源软件与开放式多人协作网站（如维基百科、百度知道）则可作为正面榜样，展现借鉴与合作之于创新的巨大意义。牛顿曾说："如果我看得更远，那只是因为我站在巨人的肩膀上。"据说由于创新活动在产生价值时的连续性如此明显，软件行业甚至为这句名言创设了专门的缩写，称为 OTSOG（"on the shoulders of giants"）原则。❹ 便利后续创新与保护在先成果同属专利与著作权的核心价值。保护既有创新者的利益，是激发更多创新的手段，而不应成为未来创新的障碍。这一基调，需要贯穿创新制度的每一环节。

（二）智力成果产权的叠加性

不同于有形财产上所有权单一的常规模式，智力成果往往以产权错综层叠的形式得以呈现。著作权与专利权都主要表现为排他权而非自用权。❺ 以著作权为例，每一项权利内容均对应一种非经许可不得实施的行为——例如复制权意味着他人非经许可不得复制作品，表演权意味着他人未经许

❶ 陈喆与余征等著作权纠纷案（琼瑶与于正等著作权纠纷案），北京市第三中级人民法院（2014）三中民初字第07916号；陈喆与余征等著作权纠纷案，北京市高级人民法院（2015）高民（知）终字第1039号。

❷ Peter Jaszi. On the Author Effect：Contemporary Copyright and Collective Creativity [J]. Cardozo Arts & Ent. L. J. , 1992, 10：304.

❸ Mark Lemley, David O'Brien. Encouraging Software Reuse [J]. Stan. L. Rev. , 1997, 49：256, 260.

❹ Mark Lemley. The Economics of Improvement in Intellectual Property Law [J]. Tex. L. Rev. , 1997, 75：997.

❺ 王迁. 知识产权法教程 [M]. 北京：中国人民大学出版社，2014：9.

可不得公开表演作品。但权利人只能制止他人未经许可的复制或表演，本人未必有权复制或表演作品。如果作品包含有保护期内的在先创作，例如某剧本依据小说改编，则剧本著作权人在复制与表演前，还需征得小说著作权人之同意。专利权的排他而非自用性同样明显。例如，无论是原始专利人还是改进专利人，都只能禁止对方利用本人的智力成果，却无法不经对方同意完全实现本人智力成果的全部社会价值。一个权利人通过对本人智力成果的控制，常常影响到他人智力成果增值目标的实现。多重智力成果只能拥塞在同一最终产品上被消费，在法律层面便表现为不同智力成果产权的叠加。

智力成果产权的叠加与创新的连续性密切相关。有形财产的生产可能由单一主体完成，而智力成果的呈现注定是累积的结果。有形财产的生产者既可自行生产各项要素，也可从他人手中购买。如果生产过程不涉及受保护的智力成果，则所需的各项要素都具有物理可控性，在后生产者非经支付对价无法将其纳入最终产品。以家具生产为例，厂房、设备、劳动力与原材料等各项要素，均需支付对价才能利用。这意味着最终产品的生产者已经吸收了要素贡献者的权利，最终产品上仅余整合后的单一产权。创新过程的特性则决定了最终产品上复杂的产权结构。首先，后来者常常不具备"自己动手、丰衣足食"的制度空间。例如，专利是严酷的"赢家通吃"游戏，遵循对先申请者唯一授权的原则，后来者即使独立发明也只能在获得许可的情况下实施，而无法通过独立创作绕开产权瓶颈。其次，由于缺乏物理控制力标识的产权边界，在后创新能够轻易整合先前创新，而且未必就此支付对价。翻译小说、拍摄电影、改进工艺或者运用技术标准均是如此，产权叠加由此产生。存在后续改进的著作权与专利侵权，往往就是产权叠加的具体表现。

智力成果的产权叠加既然有事实基础，便不缺乏道德和经济理论的支撑。产权叠加在道德层面的根基最容易从自然法角度得到阐释。在前创新和在后创新都包含了劳动，也承载了创新者的人格。无论从劳动论还是人格论出发，每位创新者都应就其贡献得到合理回报。产权叠加的合理性还能通过激励的经济效果加以解释。激励前后双重创新的产权制度不外乎有三种：将最终价值分配给在先创新者、分配给在后创新者或者承认双方利益均沾。第一种方案最容易排除，因为这种方案意味着后来者将缺乏改进动力。第二种方案则具有相当的迷惑性。有人认为，既然在先创新者可以从对本人创新的直接利用中获得激励，便没有必要再赋予其对改进利用的控制权。这一思路考虑欠周之处在于，有的创新成本高昂，而且单独实施收益有限，其意义更在于为后续创新奠定基础。如果剥夺在先创新者从改进中获得回报的预期，可能让初始创新者无法收回投资，从而造成某些基础创新激励不足。因此，只有第三种方案才可行，即仅激励在先或者在后创新者都不可取，完善的激励必须二者兼顾。❶

本部分所述创新的连续性与智力成果产权的叠加性，是创新规则调控对象的特殊事实基础，有必要在制度设计的各环节加以考虑，以防著作权和专利权激励后续创新的目的落空。

三、权利模糊性基础上的智力成果救济原则

著作权与专利权主要体现为财产性权利，其功利意图非常明显，即通过产权激励促成更多智力成果的出现。但激励效果的实现，通常以事先明确排他权边界为前提。而著作权与专利权所面临的特殊挑战，恰恰在于事前界定产权的社会成本往往大于社会收益，大量产权的边界只能事后界定，从而给在后创新带来巨大风险。理解"创新就可能侵权"是集体理性无奈的选择，有助于在著作权与专利领域实施救济时，更合理地衡量纠纷双方的利益。

（一）智力成果产权边界模糊的具体表现

无论是著作权还是专利权，通常都缺乏十分明确的权利边界。权利边界的模糊体现在两方面：一是事先难以确定权利本身是否存在，二是事先

---

❶ Suzanne Scotchmer. On the Shoulder of the Giants: Cumulative Research and the Patent Law [J]. J. Econ. Persp., 1991, 5: 31.

难以判断使用是否落入排他权范围。

就著作权而言，满怀期望的创作者无法得到著作权保护的事例，比比皆是。原告成果或被认定为思想，❶ 或者属于事实。❷ 即使同一法院，在客体判断标准上也会时有变化，令人难以把握。❸ 中国更有一系列具有国情特色的问题，例如古籍点校❹、计算机字体独创性❺以及字库独创性❻，统统异议迭出。要求创作者和使用者事先澄清权利的有无，实属不易。而且即使权利的有效性不存疑问，使用是否落入排他范围，还蕴含着更多的不确定因素。著作权仅保护表达，而思想、事实和实用性都被排除于保护范围之外。但在具体作品中如何区分表达和思想、事实与实用性，却最多只有指引性的标准（standard）而缺乏具备可预见性的规则（rule）。❼ 正如汉德法官在阐述思想表达二分法的经典判决中悲观而现实的结论：思想与表达的"分界线过去不曾有人划定，将来也没人能找到"❽。

---

❶ 例如，就重走茶马古道的活动计划，胡明方与曹文志等著作权与反不正当竞争法纠纷案，昆明市中级人民法院（2005）昆民六初字第 64 号；国外的典型案例，是排除对记账方式的版权保护；Baker v. Selden, 101 U. S. 99（1879）.

❷ 例如，就不同作品中关于同一题材的时代背景、角色描写和人物设置等，李鹏与石钟山等著作权纠纷案，北京市第二中级人民法院（2008）二中民终字第 02232 号；国外典型案例有对兴登堡事故的描述，A. A. Hoehling v. Universal City Studios, Inc., 618 F. 2d 972（2d Cir. 1980）.

❸ 德国联邦法院曾长期坚持实用艺术品的独创性应该高于普通作品（BGH Urteil v. 22. 06. 1995, "Silberdistel", GRUR 1995, 581）。但后来改变观点，认为实用艺术品的独创性判断标准应当与其他类型作品相同（BGH, Urteil v. 13. 11. 2013, GRUR 2014, 175）.

❹ 认定古籍点校成果构成作品的，如葛怀圣与李子成著作权纠纷案，山东省高级人民法院（2014）鲁民三终字第 340 号。认为不构成作品的，如周锡山与江苏凤凰出版社有限公司等著作权纠纷案，上海市高级人民法院（2014）沪高民三（知）终字第 10 号。

❺ 对计算机字库中单个字体可版权性持肯定意见的，有北京北大方正电子有限公司与山东潍坊文星科技开发有限公司著作权纠纷案，北京市高级人民法院（2005）高民终字第 443 号。持否定态度的，如北京北大方正电子有限公司与广州宝洁有限公司等著作权纠纷案，北京市海淀区人民法院（2008）海民初字第 27047 号。

❻ 认为计算机字库构成美术作品的，有北京北大方正电子有限公司与广州宝洁有限公司等著作权纠纷案，北京市第一中级人民法院（2011）一中民终字第 5969 号。认为不构成美术作品的，参见：张玉瑞. 论计算机字体的版权保护［J］. 科技与法律，2011（1）：60.

❼ 关于规则（rule）和标准（standard）的区分，有学者强调规则的明确性和标准的弹性（Pierre Schlag. Rules and Standards［J］. UCLA L. Rev., 1985, 33.）；有学者强调规则在事前提供指引而标准在事后进行决断（Loius Kaplow. Rules Versus Standards: An Economic Analysis［J］. Duke L. J., 1992, 42.）。无论采取哪种标准，著作权法和专利法中一系列的确权与侵权规则都落入标准而非规则的范畴。

❽ Nichols v. Universal Pictures Corporation et al., 45 F. 2d 119, 121（1930）.

专利的边界同样不确定。一方面，有限的审查无法完全确定专利有效性。不仅只需通过形式审查的外观设计和实用新型如此，即使要求实质审查的发明专利亦然。我国 2001～2010 年结案的专利无效申请案中，发明专利和实用新型均有接近一半被宣告全部或者部分无效。❶ 另一方面，即使专利有效，对权利要求的解释及双方技术或设计的对比都存在极大的不确定性，想在事前判断专利在实施中的真实排他范围，可谓难上加难。

权利边界模糊对权利人和行为人都意味着不确定性。在著作权与专利领域，一旦改动智力成果的内容或变化其利用方式，超出最狭隘的照搬，无论权利人还是行为人都难以肯定是否侵权。这种当事人不知所措的境地与法律追求的确定性之间明显存在差距，难免启人疑窦：智力成果产权的边界往往事前模糊，要待纠纷发生后才予澄清，这究竟是制度缺陷，还是理性选择。

（二）智力成果产权边界模糊的理性基础

不同类型权利的界定背后其实有统一规律可循。清晰的产权能够提供激励、增加福利，看似最合理的社会安排，但事实并非始终如此。原因很简单：自始清晰的产权固然产生社会收益，其界定却需付出社会成本。特定产权是否存在、是否清晰，并非单由产权清晰度对应的社会收益所决定，而是人们反复权衡成本收益的结果。以土地这一最重要的财产为例，并非任何社会都追求通过私有化达到提高土地利用率的目的。除了政治考虑，众多经济分析也提供了解释土地私有化变迁的洞见。例如有学者研究了我国农耕社会的土地交易与国家封赏，认为土地私有制的存在是断续的。每当人少地多之时，无须通过私人产权来提高单位土地生产率，便不存在土地私有制；只有人多地少时，土地的边际产出大于零，土地私有才

---

❶ 发明专利无效宣告请求中，被宣告全部或部分无效的占 47.04%，同期的实用新型专利无效宣告请求中，这一数值为 46.47%。［董涛，贺慧. 中国专利质量报告——实用新型与外观设计专利制度实施情况研究［J］. 科技与法律，2015（2）：275.］

兴起。❶ 还有学者分析了北美原住民社会中土地私有化与皮毛贸易的关联，认为在交通不便的前商品经济时代，即使狩猎量增加也不能转化为收益，当地居民因此安于在同一片狩猎区过度狩猎，而没有划分狩猎区以避免公地悲剧。但随着皮毛贸易兴起，增加的狩猎量可以转化为收益。与之相比，划定和遵守土地边界的成本显得可以承受，于是当地居民才开始划分狩猎区。❷

上述分析表明，界定产权未必永远合理，产权模糊不一定总是瑕疵。具体形态的财产权于个人并非天赋，于社会也不是始终必需。正确反映相关福利收支的产权规则，才能展现集体理性，促进社会发展。"法律制定者如果对那些促进非正式合作的社会条件缺乏眼力，他们就可能造就一个法律更多但秩序更少的世界。"❸ 同理，产权规则制定者如果对产权牵扯的利益格局欠缺了解，也可能塑造一个貌似保护更好、实则效率更低的产业。

对著作权与专利制度而言，平时容忍权利边界模糊，留待利益冲突之时再厘定范围，正是集体理性的抉择。有形财产能被占有并低成本地加以控制，从而使其核心产权边界清晰。技术方案等无形财产则不同，由于其不能在物理上被占有，其产权界定完全依赖裁判者对规则及政策的把握，难度与成本都远为提高。发明专利的申请与授权是智力成果确权成本高昂的典型例证：一项发明申请通常数千元至数万元的代理费，反映了申请撰写阶段的社会投入。而审查机关与申请人在审查阶段投入的人力、物力，同样是不菲的社会资源。中国 2019 年的专利申请量为 438.05 万件，由 1.4 万余名审查人员负责审查，❹ 平均每人每年需处理 313 件申请。以一年

---

❶ 杨志文. 土地所有权的起源和废弃——一个基于人口增长和人口大毁灭的理论模型［J］. 社会科学战线，2010（6）：56.

❷ Herold Demsetz. Toward a Theory of Property Rights［J］. The American Economic Review，1967，57：351 - 352.

❸ ［美］罗伯特·埃里克森. 无需法律的秩序——邻人如何解决纠纷［M］. 苏力，译. 北京：中国政法大学出版社，2003：354.

❹ 2019 知识产权统计年报. 国内外三种专利申请/授权/有效量（2019 年）［R/OL］. ［2021 - 06 - 07］. https：//www. cnipa. gov. cn/tjxx/jianbao/year2019/a/a1. html. 这 1.4 万余名审查员显然还需要相关职能部门进行支撑。

约 250 个工作日，每日工作 8 小时计，每项申请耗费接近 8 小时工作量。此外，即使在申请和审查均已投入巨大社会资源的情况下，一项专利的边界在通过许可或诉讼确定之前，往往仍无法清晰界定。我国近年来专利申请与授权量稳居全球第一，专利质量却饱受批评。❶ 批评者往往只关注专利不稳定的弊端，而不关心提高专利质量的成本，例如代理人需要撰写更详尽的申请，审查机关需要投入更多时间检索并比对现有技术。实践中通过谈判❷或争议解决❸澄清边界的专利所占比重实际上并不高，因此提高所有专利的稳定性很可能是反效率的。❹

相比存在行政确权环节的专利，创作完成即自动产生的著作权的边界更不清晰，但制度正当性同样一目了然。权利门槛低矮、作品数量巨大、区别特征繁多，如果立法者希望尽早明确著作权边界，选择事前确权模式（例如需要提交权利要求），成本将无比高昂。而绝大多数作品独创性不高、价值微小以及边界从来无须通过谈判或诉讼加以明确，都说明提升著作权边界精度的收益十分有限。❺ 既然确权成本超过明晰产权带来的激励收益，恰当的模式便是容忍产权边界事前模糊，仅在必要时通过谈判或诉讼予以事后界定。

可见，无论是专利还是著作权，权利状态不稳定以及边界不清晰，并非可归责于权利人或审查机构的制度瑕疵，而恰恰是衡量确权成本与收益

---

❶ Patents. Yes；Ideas，Maybe：Chinese Firms are Filing Lots of Patents. How Many Represent Good Ideas？[N]. Economist，2010 - 10 - 14.

❷ 2005 ~ 2010 年，已实施专利中的转让实施的比例，发明专利约为 11%，实用新型约 6%，外观设计约 4%。在已实施专利中许可他人的比例，发明专利约 14%，实用新型约 7%，外观设计约 7%。以上结果参见：董涛，贺慧. 中国专利质量报告——实用新型与外观设计专利制度实施情况研究 [J]. 科技与法律，2015（2）. 根据其文中图 20、图 21 中的数据计算得来。

❸ 2001 ~ 2010 年，专利无效申请的数量共约 20000 件，平均每年约 2000 件。[董涛，贺慧. 中国专利质量报告——实用新型与外观设计专利制度实施情况研究 [J]. 科技与法律，2015（2）：274.] 进入司法阶段解决专利效力争议的数量更少，2013 年全国法院新收一审专利行政案件 760 件。（中国知识产权司法保护年鉴 [M]. 北京：法律出版社，2014：80.）

❹ 对专利在美国的事前确权成本与效用分析，参见：Mark Lemley. Rational Ignorance at the Patent Office [J]. 95 Northwestern University Law Review，2000，95. 对莱姆利这种观点的批评，参见：Joseph Farrell，Robert Merges. Incentives to challenge and defend patents：Why litigation won't reliably fix patent office errors and why administrative patent review might help [J]. Berkeley Tech. L. J.，2004，19（3）.

❺ 崔国斌. 知识产权确权模式选择理论 [J]. 中外法学，2014（2）：408 - 430.

后刻意的理性无知。❶ 在获取和利用信息无须成本的理想社会中，清晰界定权利固然美妙；但在现实中，确权成本却阻碍了美好图景的实现，理论上的最优只能让位于次优。容忍权利边界一定程度的模糊性，遂成为现实的最优选择。

（三）智力成果产权边界模糊对救济规则的影响

正因为集体理性选择了不完全清晰的智力成果产权边界，在后创新者稍有不慎便会踏入在先权利人的控制范围。"每个潜在的发明家，同时也是潜在的侵权者。"❷ 这一感慨既适用于著作权，也适用于专利权。

在著作权法历史上，潜在侵权人常常同时也是创新者。后来者的贡献有时体现为创作新作品，如修改程序❸、绘制海报❹、创作小说❺或制作雕塑❻。有时体现为通过新技术改变作品的使用与传播方式，例如网络新闻平台❼或者数据库❽。创作新作品涉及对内容的借鉴，风险当然不小。尤其著作权侵权采严格责任，被告宣称自己没有意识到侵权也于事无补。在一些创作空间受限的领域，这会给在后创作者造成巨大压力。例如，流行音乐通常旋律简单，而且特定年代的风格广度十分有限，如果在先作品具备

---

❶ "理性无知"这一概念常用于公共选择理论中，用以解释特定公共决策的形成。其核心含义是当获取信息的成本超过潜在收益时，人们会选择忽略信息。由于智力成果产权权利边界的划定，实质是对排他权范围信息的获取和利用，所以由权利人和潜在使用者组成的社会主动选择不对权利边界进行绝对清晰的事前界定，正是理性无知的具体表现。

❷ Robert Merges, Richard Nelson. On the Complex Economics of Patent Scope [J]. Colum. L. R., 1990, 90: 916.

❸ Computer Association International v. Altai, 982 F. 2d 693 (2d Cir. 1992).

❹ Steinberg v. Columbia Pictures Industries, 663 F. Supp. 706 (S. D. N. Y).

❺ 参见庄羽与郭敬明等著作权纠纷案，北京市高级人民法院 (2005) 高民终字第 539 号。

❻ 参见中科院海洋研究所与郑守仪诉刘俊谦等著作权纠纷案，山东省高级人民法院 (2012) 鲁民三终字第 33 号。该案原告为中科院士，在多年研究基础上制成了有孔虫模型。被告制作了细节有别的有孔虫雕像，被法院判定为侵犯原告著作权。该判决尽管入选 2012 年中国法院知识产权司法保护十大创新性案件，但笔者认为很可能系错判。被告借鉴原告模型之成分，很可能属于事实范畴。

❼ 王迁. "今日头条"著作权侵权问题研究 [J]. 中国版权，2014 (4): 5.

❽ 参见李昌奎与北京世纪超星信息技术发展有限公司等著作权纠纷案，最高人民法院 (2010) 民提字第 159 号。

一定知名度，在后作品一旦与之实质相似，就很难通过援引独立创作抗辩避免侵权责任。例如，在一起针对披头士成员的著名诉讼中，原告是一首1963 年上榜流行歌曲的著作权人。时隔 7 年，被告在录音棚中即兴创作了侵权片段，结果与原告的旋律构成实质相似。尽管法院承认"长达 40 页的庭审记录表明被告并没有意识到使用了原告的旋律"，被告仍需为直接侵权承担严格责任。❶ 提供新技术尽管不涉及对在先作品内容的借鉴，但在新技术商业化环节，仍然离不开他人作品，因此风险同样巨大。若未经许可自行或便利他人使用作品，技术提供行为在著作权层面的合法性往往疑云密布。电脑的临时复制是否侵犯复制权，❷ 深层链接是否侵犯信息网络传播权，❸ 制造与销售网络电视播放器是否成立间接侵权，❹ p2p 服务提供者应否因便利侵权作品传播而承担责任，❺ 在后开发者始终在走钢丝。甚至已有法院作出判决后，不确定性仍未消减。无论是同一法域不同时期的法官，还是同一时期不同法域的法官，都可能对相同的技术或商业模式是否违反著作权法作出不同认定。中美两国在互联网服务提供商责任认定问题上的反复与模糊便是例证。❻ 最后，即使独创性和侵权环节定性均无疑问，还有排除违法性判断的环节。而包括合理使用在内的各种抗辩都以灵活著称，❼ 进一步增加了在后创作者事前判断风险的难度。

---

❶ Bright Tunes Music Corp. v. Harrisongs Music，420 F. Supp. 177，180（1976）.

❷ 王迁. 网络环境中的著作权保护研究［M］. 法律出版社，2011：48 – 65.（认为临时复制不构成复制）；崔国斌. 著作权法：原理与案例［M］. 北京大学出版社，2014：380 – 390.（主张"承认临时复制是复制，然后将合法性问题交由合理使用或者默示许可等学说来处理似乎更合理一些"。）

❸ 认为深层链接不侵犯信息网络传播权的，如上海激动网络股份有限公司与武汉市广播影视局等著作权纠纷案，武汉市中级人民法院（2012）鄂武汉中知初字第 3 号。认为深层链接侵犯信息网络传播权的，如新力唱片（香港）有限公司与北京世纪悦博科技有限公司著作权纠纷案，北京市高级人民法院（2004）高民终字第 714 号。

❹ 美亚长城影视文化（北京）有限公司与精伦电子股份有限公司著作权纠纷案，湖北省高级人民法院（2014）鄂民三中字第 00107 号。

❺ Metro – Goldwyn – Mayer Studios v. Grokster，545 U. S. 913（2005）.

❻ 美国法院早期认为 BBS 平台提供商需承担直接侵权责任。［Playboy Enterprises v. Frena，839 F. Supp. 1552（1993）.］后在千禧数字版权法中确定安全港规则，基本免除了平台商因怠于事前审查而承担责任的可能。［17 U. S. C. §512.］安全港规则也被引入中国，但司法适用缺乏一致性，案件梳理见. 崔国斌. 网络服务商共同侵权制度之重塑［J］. 法学研究，2014（4）：153 – 154.

❼ 例如，在一篇关于合理使用的著名论文中，作者总结道，"最近的 5 个著名案件，每上诉一级，便改判一次"。（Pierre Leval. Toward a Fair Use Standard［J］. Harv. L. Rev.，1990，103.）

著作权领域各环节的顾虑，在专利领域同样适用。首先，在判定权利效力方面，专利客体的适格性、实用性、新颖性、创造性与充分公开，需要在行政和司法两重环节中加以认定。在侵权判定方面，法官又需要判断在后技术是否落入在先专利之权利要求的范围内，而这往往涉及对权利要求的解释，甚至涉及对等同侵权的运用，❶ 法官对此享有较大的裁量权。而且专利侵权同样有直接侵权与间接侵权之分，判断直接侵权常已困难重重，而间接侵权同样问题迭出。❷ 此外，专利法上排除违法性的原因众多，标准灵活，也是在后创新之法律风险的重要原因。至于日益凸显的标准必要专利问题，即源于一项最终产品上包含成百上千项标准专利，任何入行业者都无法通过"绕道发明"（invent around）进行规避。美国联邦巡回上诉法院承认："判断被告是否对专利产品进行了足够的'绕道设计'（design around）总是艰难的决定。在法官或陪审团盖棺定论前，谁也无法肯定所做的改变是否足以规避侵权。"❸

智力创作经常犹如穿越雷区，步步惊心。要求在后创作者回避所有模糊地带，实际上是要求在后创作者单方面承担社会选择模糊权权边界的成本，是为不公。由此降低在后创作激励，是为低效。调整创新的法律制度不能片面强调保护在先创新者，而应将在后创新者面临的风险同样纳入考量，平衡双方需求。在追寻这一精妙平衡的努力中，损害赔偿是最重要的工具之一：适用得当，公平与效率兼得；若有偏差，则会带来公平与效率、文化与经济的多重负面影响。正因如此，著作权法与专利法引入被称为"惩罚性赔偿"的加重赔偿，必须额外谨慎，努力澄清希望实现的效果和可能造成的影响。

---

❶ 我国专利法本身没有明确规定等同侵权原则，但司法解释与审判实践均有体现。见最高人民法院《关于审理侵犯专利权纠纷案件应用法律若干问题的解释》（原法释［2001］21 号，经法释［2013］9 号修改）第 17 条。审判实践参见大连仁达新型墙体建材厂与大连新益建材有限公司专利侵权纠纷案，最高人民法院（2005）民三提字第 1 号。

❷ 陈武，胡杰. 专利间接侵权制度初论［J］. 知识产权，2006（1）：62；李佳俊. 间接侵权不"间接"——对我国专利间接侵权制度的若干立法建议［J］. 中国发明与专利，2010（2）：96.

❸ Read v. Portec, 970 F. 2d 816, 828 (CAFC, 1992).

四、惩罚的道德属性与创新的伦理中立

"惩罚性赔偿"的关键概念是"惩罚","惩罚"的核心含义是责难。责难有着道德含义，但并非所有针对智力成果侵权的责难都经得起推敲。前文已论证单向度维护在前创新者的规则欠缺正当性，本部分还将分析惩罚后来者的规则同样不合理。

（一）惩罚的含义与惩罚性赔偿的解读

"惩罚"一词内涵丰富。耶林曾说："没有任何其他概念像惩罚一样，具备蜡一般的柔韧性与可塑性，参与到民众伦理发展的所有阶段之中，并留下其中每项痕迹。"❶ 在对惩罚概念的诸多解读中，最典型的当属道德与功利两种视角。

许多文化中的惩罚都始于报应，将惩罚理解为"一种责难的情感，以及一种认为实施了某种不当行为（wrong）的意见"❷，蕴含着浓厚的道德评价色彩。旧约❸、古兰经❹和汉谟拉比法典❺以惊人相似的措辞要求"以眼还眼、以牙还牙"，便是报应论惩罚观的体现。时至今日，将惩罚主要作为评价工具的解读，仍是惩罚概念的核心，也是惩罚区别于预防的独立

---

❶ Rudolf von Jhering. Das Schuldmomont im Römischen Privatrecht［M］. Verlag von Emil Roth，1867：2.

❷ ［美］霍姆斯. 普通法［M］. 冉昊，姚中秋，译. 北京：中国政法大学出版社，2006：3.

❸ 《出埃及记》21：22："以命抵命，以眼还眼，以牙还牙，以手赔手，以脚偿脚，以烙还烙，以伤还伤，以疤抵疤。"（冯象，译注. 出埃及记［M］//冯象. 宽宽信箱与出埃及记. 北京：生活·读书·新知三联书店，2012：263.）

❹ 《古兰经》："以命偿命，以眼偿眼，以鼻偿鼻，以耳偿耳，以牙偿牙"。（古兰经［M］. 马坚，译. 北京：中国社会科学出版社，1981：83.）

❺ 《汉谟拉比法典》第196条（"挖去别人眼睛的人也要被挖出眼睛"）、第200条（"打掉同等地位者牙齿的人将被敲掉牙齿"）。（汉谟拉比法典［EB/OL］.［2020－12－15］. http：//baike. baidu. com/link? url = 17J237mQPBfavnmiAt9dbydFGEaCImR _ wrWQMzuZ7uFGPQ9Ynz7WY5gqEBF1ognNJIFL4H3suVtVovE5zv7ea_#4.）

性根基。如此解说的惩罚，其目的在于平复受害人及社会的报复需求，强调"从道德的角度看，令犯错者受罚远比容忍其逍遥自在要好"❶。道德解说试图在功利目标之外寻求惩罚的正当性，一方面不以预防为诉求，而是采取回溯视角，根据行为人和行为的可责难性来决定惩罚幅度；另一方面不以损失为限，而要高于损失才能达到报复目的。有调查表明，施以惩罚的裁判者首要关心的不是判决对未来的影响，而是让被惩罚者感到痛苦。❷ 所以霍姆斯才说，这种问责"采取的是内在的标准，而不是客观或外在的标准"。❸

当然，采取客观或外在标准解读惩罚并非不可能。实际上，对惩罚概念的功利主义解读关注的重点便不在行为人的主观可责性，而在行为的客观效果。这种解读将惩罚解读为预防工具，强调惩罚的力度与方式取决于预防效果。❹ 边沁认为惩罚意味着痛苦，而痛苦本身即是恶。社会之所以允许惩罚，"只是因为它有可能排除某种更大的恶"。❺ 如果说惩罚的正当性对道德解说而言在于谴责，对功利主义则在收支衡量。回溯式的报复本身缺乏意义，前瞻式的引导才体现法律的价值。此时的惩罚尽管奉惩罚之名，却不重谴责之实。名为惩罚，实为预防。

对惩罚的两种解读对应着惩罚性赔偿的两种适用。在当代适用惩罚性赔偿最广泛也最具代表意义的美国，❻ 主流学说与实践均将道德解读作为运用惩罚性赔偿的主要工具：教科书在解释惩罚性赔偿时，强调基于行为人错误施以的惩罚；❼ 学者归纳的惩罚性赔偿正当性理由中，榜首是对侵权予以道德惩罚；❽ 近年来的文献也强调行为人的可责性❾和惩罚的必要

---

❶ John Rawls. Two Concepts of Rules [J]. Philosophical Review, 1955, 64: 5.

❷ Paul Bloom. Just Babies: The Origins of Good and Evil [M]. Bodley Head, 2013: 93 – 94.

❸ [美] 霍姆斯. 普通法 [M]. 冉昊，姚中秋，译. 北京：中国政法大学出版社，2006: 35.

❹ John Rawls. Two Concepts of Rules [J]. Philosophical Review, 1955, 64: 6.

❺ [英] 边沁. 道德与立法原理导论 [M]. 时殷弘，译. 北京：商务印书馆，2000: 158.

❻ 张新宝，李倩. 惩罚性赔偿的立法选择 [J]. 清华法学，2009 (4): 8.

❼ James Fischer. Understanding Remedies [M]. LexisNexis, 2006: 7.

❽ Dorsey Ellis Jr. Fairness and Efficiency in the Law of Punitive Damages [J]. S. Cal. L. Rev., 1982 – 1983, 56: 3.

❾ Benjamin McMichael. Constitutional Limitations on Punitive Damages: Ambiguous Effects and Inconsistent Justifications [J]. Vand. L. Rev., 2013, 66: 1003.

性❶。美国法院的主流实践与主流学说一致，将可责性作为确定惩罚性赔偿幅度最重要的标准。美国联邦最高法院明确表示："惩罚性赔偿是在实际损害之外专门设计的制度，目的在于明确被告的错误行为具有高度的可责难性"❷，并"表达社会对严重错误行为的愤怒"❸。行为的恶劣程度，是确定惩罚幅度的首要考虑因素。❹ 惩罚性赔偿往往被视为"不名誉的印记"，损害的是被告的信誉和尊严。❺ 总之，主流司法在判决惩罚性赔偿时，首要注意力不在预防，而在谴责。

但美国也有少数法官将惩罚性赔偿作为预防工具，从而令惩罚与道德谴责脱钩。预防表现为迫使行为人将给他人造成的损失予以内化。一般情况下，责令行为人填补个案中权利人的损失就能实现最佳预防。例外主要发生于行为会带来非货币化社会损失的场合，以及行为人极可能逃避追究的场合。此时法官若拘泥于个案填平，相当于放纵行为人无须承担部分社会成本，尤其在容易逃避追究的场合，将丧失大部分威慑手段，从而导致预防不足。针对这一弊端，普通法系的一些知名法官，如卡拉布雷西❻、伊斯特布鲁克❼和波斯纳❽，将逃避追究的概率作为判决超出个案损失之赔偿的主要因素，以期矫正侵权人的机会主义。如此适用的"惩罚性赔偿"，已经去除了道德谴责因素，并不追求区别于预防的惩罚目的。

我国就著作权和专利领域惩罚性赔偿展开的探讨，很大程度上忽视了道德视角与功利视角之间的冲突，而认为该领域的倍数赔偿可以兼顾"预防性"与"惩罚性"。这是混淆惩罚目的与惩罚效果的结果。如果将规则

---

❶ Roseanna Sommers. The Psychology of Punishment and the Puzzle of Why Tortfeasor Death Defeats Liability for Punitive Damages [J]. Yale L. J., 2015, 124.

❷ Pacific Mut. Life Ins. Co. v. Haslip, 499 U. S. 1, 54 (1991).

❸ Cass Sunstein, Daniel Kahneman, David Schkade. Assessing Punitive Damages (With Notes on Cognition and Valuation in Law) [J]. Yale L. J., 1998, 107: 2074.

❹ Cf. David Owen. A Punitive Damages Overview: Functions, Problems and Reform [J]. Vill. L. Rev., 1994, 39: 387.

❺ Malcolm Wheeler. The Constitutional Case for Reforming Punitive Damages Procedures [J]. Va. L. Rev., 1983, 69: 282.

❻ Ciraolo v. New York, 216 F. 3d 236, 243-247 (2000).

❼ ZAZÙ Design v. L'ORÉAL, S. A., 979 F. 2d 499, 508 (1992).

❽ Mathias v. Accor Economy Lodging, Inc., 347 F. 3d 672 (2003).

是否具有惩罚性的标准设定为是否具备使被告痛苦的效果，则任何类型的救济都可能具有惩罚性。例如，有人认为只要原告损失超过被告获利，判令被告填平原告损失就有惩罚性。● 如果这样解释惩罚性，无论是否引入惩罚性赔偿，我国的损害赔偿制度都早已具备惩罚性，因为即使严格依据填平原则判定的损害赔偿仍可能是惩罚性的。如此宽泛的理解，既令惩罚性与非惩罚性赔偿的区分失去意义，也不符合我们对填平原则的理解，因而不能成立。

所以，探讨一项救济规则是否属于惩罚性规则，应从目的层面加以判断。而在目的层面，道德视角下的"惩罚"恰恰不同于预防。因为损害赔偿领域中的预防指向精准的幅度，既要避免不足，也要避免过度；而谴责并不对应精确的幅度，而要求超过预防之需施以额外责难。所以要么将"惩罚性赔偿"解释为以补偿和预防为目标，此时"惩罚"二字实则丧失其字面含义；要么保留惩罚不同于预防的含义，但会带来超过最佳预防限度的结果。本书提倡前一解释，但后者才是当下对知识产权惩罚性赔偿的主流认知。后一解释的问题在于：在著作权与专利领域，若欲保留"惩罚"的本意，追求不以预防为目的的惩罚目标，很可能与创新目标南辕北辙。

（二）创新的特征与创新规则的伦理中立

著作权与专利制度的终极目标不是保护在先创新者，而是激励持续创新，这意味着损害赔偿需要适当谦抑，随时警惕过度偏向在先创新者的制度风险。除此之外，创新活动的以下两项特征也强化了以创新为调整对象的法律制度避免过度预防的重要性。

首先，创新活动具有强烈的正外部性，调整创新活动的法律规则应该保障社会对正外部性的合理分享。● 创新活动的正外部性产生于利用智力成果的非竞争性：有形财产一旦被一方使用，他人便无法同时使用；但智

● 罗莉. 论惩罚性赔偿在知识产权法领域的引进和实施 [J]. 法学，2014（4）：26.
● Brett Frischmann, Mark Lemley. Spillovers [J]. Colum. L. Rev., 2006, 107.

力成果在被一方使用时，完全可以同时为他人所用。正外部性正是自然法学说尤其是洛克的劳动说在解释知识产权正当性时难以克服的困难之一：如果他人对劳动成果的利用会阻碍劳动者利用自己的成果，则赋予劳动者对自己创造物的完全控制，当然既公平又有效率。但如果他人利用并不阻碍劳动者自己利用，赋予劳动者对劳动产品的完全控制便难以完全自圆其说。与有形财产的社会价值基本等于其对所有权人的价值不同，智力成果创造的社会价值往往远大于其对创造者个人的价值。❶ 质言之，有形财产的价值少有"溢出"，而智力成果的价值几乎总有"溢出"。恰当的创新规则，不应阻碍社会利用该"溢出"。质言之，对于不存在正外部性的财产，其救济规则需要特别重视保护创造者；而对正外部性明显的智力成果而言，其救济规则的目标并非让创造者获得所有效用，而需要同时照顾使用人的利益。在没有正外部性的领域设计规则或许可以采取维护权利人的单向度思维，因为权利人利益等同于社会利益；但调整创新活动的规则必须采取双向度视野，同时考虑权利人与使用者双方的利益，因为权利人个体利益与可能实现的社会利益间存在差距，综合双方利弊得失才能最大限度地释放智力成果的社会价值。

其次，著作权与专利制度对在先与在后创新者可能发挥不同作用。对在先创造者而言，知识产权并非唯一创新动力；而对在后创新者而言，知识产权则不应成为其创新阻力。创新经济学学者进行了汗牛充栋的研究，勾勒出创新动力的复杂图景。在此图景中，著作权与专利权尽管重要，却绝非唯一。创作冲动、先发优势、国家支持等，均是创新的动力来源。❷这当然不意味着应该放弃或削弱知识产权保护，却充分提示了著作权与专利体系随时反省过度保护的必要性。二者都应该主要关注如何从功利角度实现激励，并在不违背该基本追求的前提下兼顾主流公平正义感。鉴于无形财产权领域认定准确救济幅度的公认困难，救济规则的基本立场是竭力避免预防不足还是始终警惕预防过度，很大程度上会影响法律效果。

---

❶ 有调查表明，发明的社会回报几乎是私人回报的两倍。（Morton Kamien，Nancy Schwartz. Market Structure and Innovation［M］. Cambridge University Press，1982：16.）

❷ 最著名的研究有 Fritz Machlup. An Economic Review of the Patent System，1985［M］//Robert Merges，Jane Ginsburg. Foundations of Intellectual Property. LexisNexis，2006：55–56.

　　诸多著作权与专利规则都表现了对使用者利益的重视和对过度保护的警惕。著作权与专利保护期限当然是明显的例证。对保护客体的严格规定，也将众多智力创作挡在保护范围之外。● 此外，著作权法与专利法都规定了涵盖广泛的排除违法性事由，防止在后创新受阻。其中既包括默示许可●、权利穷竭●、微不足道●等抗辩，也包括使用频繁的合理使用。合理使用中转换性使用越来越重要的趋势，更体现了在后创作愈发受到尊重的事实。合理使用曾长期忽略在后使用行为的创造性高低。● 但法官逐渐意识到，有必要区别对待原封不动的抄袭与创造性使用，将在后使用的转换性程度纳入考虑。如果后来者的使用存在"改变其目的、变更其性质、采用新表达、叙述新意义、传递新信息"● 的情况，则不应打击在后创造者的积极性。尤其当在后利用者发掘的市场，权利人很可能根本没有能力或没有意愿开发时，更应将在后市场归功于利用者。

　　中外均有一系列案例反映了对在后利用的尊重。在 Campbell 案中，美国联邦最高法院将被告大段使用原告曲调的行为认定为合理，理由便是被告对歌词、配器和曲风的改变。● 而谷歌对数百万本图书未经许可的复制

● 例如，2012 年，欧洲专利局的授权率仅为 49.8%，即超过一半的申请因不符合可专利性要求未获授权。[世界五大知识产权局统计报告（2012）[R/OL].[2020 - 12 - 15]. https://www.cnipa.gov.cn/transfer/docs/2017 - 10/20171026172522863305.pdf.]

● 例如北京北大方正电子有限公司与广州宝洁有限公司等著作权纠纷案，北京市第一中级人民法院（2011）一中民终字第 5969 号。

● Lee v. A. R. T. Company, 125 F. 3d 580 (7th Circuit 1997).

● 美国和德国著作权法都承认，当被告复制的原告智力成果只占被告作品整体中"微不足道"的部分时，被告不用承担侵权责任。(《德国著作权法》第 57 条；Julie Cohen, Lydia Loren, Ruth Okediji, Maureen O'Rourke. Copyright in a Global Information Economy [M]. Wolters Kluwer, 2015：253 - 257.) 我国司法也有实践，如黄法木与黄声香著作权纠纷案，北京市第二中级人民法院（2002）二中民初字第 8042 号。

● 无论三步走标准还是对四要素标准的传统解读，均不注重转换性。三步走标准要求合理使用"限于特殊情况，不损害作品的正常使用，不无故侵害作者的利益"[见《伯尔尼公约》第 9 条第 2 款及《著作权法实施条例》（2013）第 21 条]。《美国版权法》第 107 条规定的四要素中，只有第一项涉及使用行为的定性，但传统视角关注使用是否具有商业性，以及是否出于非营利的教育目的，而未纳入使用的转换性，索尼案便是代表。我国法官也曾直接运用四要素认定合理使用，参见谷歌公司与王莘侵害著作权纠纷上诉案，北京市高级人民法院（2013）高民终字第 1221 号。

● Campbell v. Acuff Rose Music, 510 U. S. 569, 579 (1994).

● Campbell v. Acuff Rose Music, 510 U. S. 569, 579 (1994).

和传播，也因实现了搜索功能而被认定为合理使用。❶ 对比美国著名挪用艺术家昆斯（Koons）遭遇的两起诉讼，转换性的重要性更是昭然若揭。在一起案例中，昆斯为了嘲笑原告拍摄的照片平庸，制作了几乎忠于照片的雕塑置于"平庸秀"展览，结果被认定侵权。❷ 而在另一起案件中，昆斯的绘画使用了原告拍摄的照片，但进行了剪裁、调整了角度、添加了元素并重新组合，从而换来对合理使用的支持。❸ 转换性在合理使用分析中从不被考虑到被考虑，再到成为决定性因素，❹ 著作权不能妨碍在后利用者的理念逐渐明显。在中国，学界对《一个馒头引发的血案》展开的热烈讨论，同样表明对在后创作自由的重视。❺ 类似著作权合理使用的规则在专利法中也以反向等同的形式存在：即便在后技术全面覆盖了权利要求，仍可能因突破性创新免于承担侵权责任。❻ 如果不将防止预防过度、鼓励在后创新作为专利法和著作权法的基本理念，难以理解前述规则的合理性。

警惕预防过度还体现在著作权法与专利法对财产规则的软化和对责任规则的倚重。智力成果作为知识权利客体的无形性，意味着对其进行物理控制的社会成本极端高昂。而且其权利边界比有形财产的模糊，交易中的搜寻和谈判成本都更高。此外，当多项权利共存时，单项产权挟持整体价值的情况更容易发生。所以和有形财产权的实现方式相比，著作权法与专利法没有那么依赖财产规则，而更依赖于责任规则。❼ 标准必要专利领域慎用禁令便是典型。❽

以上分析表明，著作权与专利领域的救济规范历来重视伦理中立，不

❶ Authors' Guild v. Google Inc. , 1：05 – cv – 08136 – DC, filed 11/14/13, 26.

❷ Rogers v. Koons, 960 F. 2d 301 (1992).

❸ Blanch v. Koons, 467 F. 3d 244 (2006).

❹ Pierre Leval. Toward a Fair Use Standard [J]. Harv. L. Rev. , 1990, 103：1116.

❺ 苏力. 戏仿的法律保护和界限——从《一个馒头引发的血案》切入 [J]. 中国法学，2006 (3)；梁志文. 作品不是禁忌——评《一个馒头引发的血案》引发的著作权纠纷 [J]. 比较法研究，2007 (1)；胡开忠. 论重混创作行为的法律规制 [J]. 法学，2014 (12).

❻ 蔡晓东. 反向等同原则——美国专利字面侵权抗辩的利器 [J]. 科技与法律，2012 (2)：80.

❼ Stewart Sterk. Property Rules, Liability Ruels, and Uncertainty about Property Rights [J]. Mich. L. Rev. , 2008, 106：1327 –1334.

❽ 李扬，许清. 知识产权停止侵害请求权的限制 [J]. 法学家，2012 (6)：75.

重谴责而重筛选。救济规范的作用，并非对在先创新者的单向度保护与补偿，而是通过在后创新者对损失的内化，滤出有效率的后续创新。如果超过内化损失的要求，追求对行为人主观状态的评价，并不符合创新制度的理想利益格局。

五、非惩罚化的著作权与专利损害赔偿规则构造

前述关于创新活动与创新规则的分析，都意在重申调整创新活动的损害赔偿制度的目的止于预防，而不能延伸至惩罚。这本是我国著作权法与专利法上损害赔偿的基本共识，却因引入倍数赔偿而模糊不清。著作权与专利损害赔偿之非惩罚性的意义，远非寻求概念融洽或者遵循私法传统的学术冲动所能涵盖，更是防止损害赔偿矫枉过正、救济制度反制创新的现实所需。明确摒弃惩罚性，不仅能澄清理论疑点，而且具备清晰明确的规范寓意。

（一）以赔偿和预防为目标

在引入知识产权加重赔偿的所有讨论中，最大的理论障碍在于赔偿所谓的"惩罚性"与我国私法传统遵循的填平原则之冲突。尤其在将加重赔偿解释为对行为人主观方面恶劣程度的惩罚时，与原则上不考虑过错程度的填平原则之冲突更显得难以调和。而一旦明确以创新活动为调整对象的损害赔偿应当坚持非惩罚性，以上理论疑点便迎刃而解。因为以完全补偿和最佳预防为目标的损害赔偿制度，既保留了填平原则的法律救济客观主义立场，也吸纳了加重赔偿的实用主义风格，从理论上协调了二者的并存。

首先，填平原则的精华在于其对法律评价客观化立场的强调，而非惩罚性的加重赔偿同样以客观化立场为基础，从而保存了填平原则在理论与传统上的双重吸引力。所谓填平原则的客观性，指在计算损害赔偿时仅考虑行为造成的客观损失，而不考虑行为人的主观过错，其比较法上的典型

代表是《德国民法典》第 249 条规定的假设差额说。❶ 填平原则指导下的损害赔偿，能使行为人将权利人的损失纳入考虑，但并不对行为人进行谴责与评价。如果脱离行为的客观效果，单纯考察行为人的主观方面，使赔偿额低于或高于致损额，会造成预防不足或预防过度，均不利于法律实现效率目的。❷ 同时，重视行为客观效果而非行为人主观动机，还符合现代法律尊重个人自由的基本要求。因为除非影响到他人利益或社会运作，否则公权力无法获得评价私人主观状态的正当性基础。非惩罚化的著作权与专利损害赔偿解读，与填平原则一样拒绝主观化的惩罚概念。考虑到我国法院对权利人救济水平较低的现状，❸ 引入加重赔偿的首要政策诉求，在于真正实现个案填平。就此而言，加重赔偿被用作填平原则之工具，二者并不冲突。

其次，填平原则的局限在于重补偿轻预防，❹ 就著作权与专利保护而言存在先天不足。加重赔偿能有效抵制机会主义，提高损害赔偿的实用效果。但在个案中是否需要加重赔偿，还需考虑预防机会主义的必要性。有的侵权类型很难逃避追究，例如门户网站盗播热门电影，或者知名企业销售侵权产品。只要整体维权环境能保障个案填平，潜在侵权者便缺乏不效率侵权的动力。而有的侵权类型则不易被发现和追究，例如对方法专利的擅自使用，抑或非知名网站对盗版作品的网络传播。如果容易逃避追究的侵权发生在非常依赖专利和著作权保护的领域，❺ 则有必要引入加重赔偿，

---

❶ Heinrichs/Palandt，BGB，73 Aufl.，C. H. Beck，2014，Vorb v § 249，Rn. 1.

❷ Mitchell Polinsky，Steven Shavell. Punitive Damages：An Economic Analysis ［J］. Harv. L. Rev.，1998，111：877 - 887.

❸ 詹映. 中国知识产权合理保护水平研究 ［M］. 北京：中国政法大学出版社，2014：149.

❹ 以《德国民法典》第 249 条为例，其目的曾经局限于补偿，既不惩罚也不预防。《慕尼黑民法典评注》第 1 版到第 3 版都认为 "补偿已经造成的损失是第 249 及以下条款的唯一（着重号由笔者添加）目的"。Grunsky/Münchener Kommentar zum BGB，C. H. Beck，1979，1985，1994，Vor § 249，Rn. 3. 从第 4 版才开始承认 "第 249 及以下条款的主要（着重号由笔者添加）目的在于补偿已经发生的损失"。Oekter/Münchener Kommentar zum BGB，C. H. Beck，2003，2007，2012，§ 249，Rn. 8 - 9. 改变表明损害赔偿法仍以补偿为首要目标，但逐步趋于务实，开始接纳预防目标。

❺ 不同领域的创新对知识产权保护的依赖程度不同。有的领域研发费用高昂，模仿收益巨大，知识产权保护对创新而言至关重要。有的领域创新频繁、费用较小，而且在先创新者享有先发优势、网络效应等诸多非知识产权激励，从而使这些领域的创新较少依赖知识产权保护。（Dan Burk，Mark Lemley. Policy Levers in Patent Law ［J］. Va. L. Rev.，2003，89：1575.）

弥补个案填平与整体填平间的鸿沟，达到社会层面的最佳预防。就此而言，加重赔偿又是将个案填平改造为社会填平的工具，二者同样不冲突。

（二）客观化解读主观因素

与通常理解的惩罚性赔偿注重行为人主观恶性程度相一致，著作权法和专利法适用倍数赔偿均以侵权出于"故意"为前提。如果从道德谴责的视角理解"惩罚"，评价行为人主观方面的必要性不证自明。毕竟在康德看来，后果不可把握，唯有主观意愿才是善恶评价的对象。[1] 所以才有强调惩罚目的的学者提倡不考虑损害，单依过错程度决定惩罚性赔偿。[2]

如果去除倍数赔偿中的惩罚因素，应当怎样理解作为加重赔偿前提的主观要件？实际上，涤除道德评判不仅不妨碍特定主观状态在确定赔偿额时发挥作用，甚至有助于降低计算损害赔偿时的不确定性。道德评价是直觉判断而非精打细算。行为经济学表明，尽管不同裁判者在是否需要道德谴责上通常意见一致，在谴责到什么程度的问题上却有天壤之别。依据道德谴责作出的惩罚性赔偿几乎没有标准可循。[3]

而从预防角度观察惩罚性赔偿，则能获得评价主观要件的全新视角。以补偿和预防为目标的损害赔偿之所以关心行为人的主观状态，乃是基于主观状态昭示的行为客观影响。对裁判者而言，直接考察行为的客观后果往往困难重重。尤其在客体无形、行为隐蔽的著作权和专利领域，用假设差额说计算损害赔偿几乎是不可完成的任务。[4] 因此，运用辅助证据、间接推测行为影响的手段显得不可或缺。不同的主观状态常常对应不一样的客观影响：一方面，故意和恶意支配的侵权造成损失的可能性与范围都更

---

[1] ［德］康德. 道德形上学探本 [M]. 唐钺，译. 北京：商务印书馆，2012：8. 作者据原文对译文进行了调整。

[2] 罗莉. 论惩罚性赔偿在知识产权法领域的引进和实施 [J]. 法学，2014 (4)：32.

[3] Cass Sunstein, Daniel Kahneman, David Schkade. Assessing Punitive Damages（With Notes on Cognition and Valuation in Law）[J]. Yale L. J., 1998, 107：2074.

[4] 对约 4000 份判决的分析表明，绝大多数案件是通过法定赔偿确定损害赔偿额。（詹映. 中国知识产权合理保护水平研究 [M]. 北京：中国政法大学出版社，2014：129.）

大；另一方面，此类侵权逃避追究的可能性也更大。❶ 因此，行为人的主观状态可作为行为客观效果的表征加以运用。❷ 但也正因为在损害赔偿领域，主观状态仅仅承担信息中介的作用，因此当特定主观状态既不影响损失大小，也不能帮助逃避侵权时，自然不应带来加重赔偿。

（三）将改进程度纳入考虑

创新的连续性要求以创新活动为调整对象的规则体系应当特别警惕过度预防。而行为的创新程度不同，规范需要警惕过度预防的必要性也有差异。在后利用知识者创新程度越高，对社会的贡献越大，就越不应受到过度预防的威胁。引入倍数赔偿前，我国的著作权与专利制度总体而言只存在预防不足的问题，但引入后，则还存在预防过度的可能。

避免预防过度主要针对增加智力成果存量的利用行为。此类行为如果无法援引合理使用、默示许可等抗辩，即构成侵权，甚至可能被认定为故意侵权。将来专利法和著作权法引入倍数赔偿后，对并非简单抄袭的侵权，哪怕认定为故意，在判决加重赔偿时也必须异常慎重。如前所述，除非故意能间接证明更大的损失，否则即使存在故意也不应加重。美国的专利惩罚性赔偿已有前车之鉴：学者批评法院在认定故意后判处的惩罚性赔偿给在后发明人造成了避免研究已有专利的错误激励，结果减损了专利公开制度本来追求的社会效用。❸ 只有对抄袭型侵权而言，警惕预防过度的必要性才有所降低。此时如果存在故意，可以更宽松的标准适用加重赔偿，从而杜绝预防不足的可能。总之，在后利用的改进程度越高，适用加重赔偿就应当越谨慎。

---

❶ Steven Shavell. Criminal Law and the Optimal Use of Nonmonetary Sanctions as a Deterrent [J]. Colum. L. R., 1985, 85: 1247 – 1248.

❷ Steven Shavell. Criminal Law and the Optimal Use of Nonmonetary Sanctions as a Deterrent [J]. Colum. L. R., 1985, 85: 1232.

❸ Mark Lemley, Ragesh Tangri. Ending Patent Law's Willfulness Game [J]. Berkeley Tech. L. J., 2003, 18: 1085.

（四）避免考虑偿付能力

　　若将加重赔偿定位为超越预防效果的惩罚，意味着应根据侵权人的财富多少决定损害赔偿的数额。❶ 因为惩罚的目的在于使侵权人痛苦，而同样的赔偿数额给不同财力侵权人带来的痛苦并不相同。为施加同样的痛苦，偿付能力更强的侵权人必须支付更多的赔偿。❷ 甚至有学者提出以"侵权人财产的百分之十"为标准计算惩罚性赔偿。❸ 类似观点受到认为加重赔偿追求惩罚目的的学者支持，却不能获得功利视角下的正当性。

　　功利视角下的加重赔偿不以令侵权人痛苦为追求，而意在滤除对现有知识无效率的后续利用。且不说著作权与专利侵权多由企业为之，令其"痛苦"是否可能本身便有疑问。❹ 即使侵权者有可能感受痛苦，令其痛苦也不是功利主义惩罚性赔偿的目的。实际上，财力微薄者完全可能对在先知识进行缺乏效率的抄袭并轻易逃避追究。若因其不够富裕而避免判处加重赔偿，将可能导致预防不足。而财力雄厚者进行的在后利用完全可能落入特别需要杜绝预防过度的范畴，体现对创新的推动。如果为了追求令侵权人痛苦而刻意提高赔偿数额，将有抑制创新之弊。如果在针对同样的侵权行为判赔时宽待小企业而严待大企业，一方面让小企业享受了超越破产法的额外保护，另一方面惩罚了大企业通过努力取得的市场成功，既不公平也无效率。因此，将侵权人的支付能力排除在考虑因素之外，尽管有违对"惩罚性赔偿"的直觉理解，却有助于实现著作权法与专利法损害赔偿的效率目标。

---

　　❶　美国专利判决中常有体现，例如，St. Regis Paper v. Winchester Carton，410 F. Supp. 1304，1309（1976）.
　　❷　唐义虎. 关于专利侵权的惩罚性赔偿的思考 ［J］. 河北科技大学学报（社会科学版），2014（4）：65.
　　❸　郑谦. 论惩罚性赔偿在我国知识产权领域实行的可行性——以著作权法为例［J］. 法制与社会，2011（12上）：69.
　　❹　不同研究都表明，对直接实施侵权行为的自然人之外的主体课以加重赔偿责任，难以达到惩罚目的。（Mitchell Polinsky，Steven Shavell. Punitive Damages：An Economic Analysis ［J］. Harv. L. Rev.，1998，111：910；Roseanna Sommers. The Psychology of Punishment and the Puzzle of Why Tortfeasor Death Defeats Liability for Punitive Damages ［J］. Yale L. J.，2015，124：1297.）

（五）兼顾其他威慑手段

从"非惩罚"角度解读加重赔偿得出的另一项反直觉结论，是要兼顾其他法律手段的预防效果。越将加重赔偿视为惩罚主观恶性的手段，就会越强调脱离其他法律手段的效果专注评价主观要件。典型建议是泾渭分明地剥离补偿性赔偿与惩罚性赔偿，后者之确定纯依行为人主观恶性之高低，而无关行为客观结果之考察。❶ 但若承认著作权与专利损害赔偿的目的不在惩罚，而在补偿和预防，则不应完全脱离其他法律手段可能实现的效果，单独确定加重数额。最佳预防意味着威慑有上限，超过上限的威慑并不可取。而由于各种法律手段都伴随威慑效果，如果不考虑其他法律手段的威慑效果，孤立考察加重赔偿，等于放弃了使威慑总量尽可能接近最佳预防的努力。加重赔偿毕竟只是民事责任承担方式之一种。在判决加重赔偿时，如果有可能，应当结合特定侵权引发的其他民事、行政甚至刑事责任的幅度，确定最佳预防所需的威慑总量。❷

六、小结

创新作为一项社会生产活动，其推动社会发展的方式与有形财产的生产非常不同。这种特殊性使错误适用惩罚性赔偿的负面影响尤为明显，因此该领域特别需要排除惩罚目的。"惩罚性赔偿"的名称增加了正确适用制度的难度，因此特别需要有意识地选择正确的解读方式，消除误导性标签的负面效果。从域外传入的标签并不重要，本国引入制度的目的才值得铭记。细读著作权法和专利法修改草案的立法理由中关于引入倍数赔偿的

---

❶ 罗莉. 论惩罚性赔偿在知识产权法领域的引进和实施［J］. 法学，2014（4）：32.
❷ 有学者提出过类似思路，认为当侵权人已被判处刑事罚金或者行政罚款后，可考虑不再判处惩罚性赔偿。［易建雄. 应在知识产权领域引入惩罚性赔偿［J］. 法律适用，2009（4）：93.］本书进一步认为，刑事罚金和行政罚款之外的其他救济手段，可能的话也应加以考虑。

初衷，其实仅在补偿与预防。❶ 但因被贴上"惩罚性赔偿"的标签，便被读入"惩罚"目的。诚然，著作权与专利损害赔偿现阶段面临的主要问题是赔偿不足，但并非不存在对赔偿过度的忧虑。❷ 倍数赔偿赋予法官较大的自由裁量权，若不结合制度目的对其解读加以引导与限制，轻易便会造成不可欲的结果。与其待矫枉过正之后再纠偏，不如自始澄清制度目标，并随时依之检测制度效果。

---

❶ 《关于〈中华人民共和国著作权法（修订草案送审稿）〉的说明》第一部分（"［现行著作权法］对著作权的保护不够，难以有效遏制侵权行为，不足以激励创作者的积极性"）；《关于〈专利法修改草案（征求意见稿）〉的说明》第三（四）部分（"填平原则无法补偿权利人因侵权遭受的全部损失"）。

❷ 曾平，周详. 知识产权损害赔偿责任研究——对知识产权损害赔偿的个案分析［J］. 知识产权，2008（4）：61.

第九章　损害赔偿高度复杂化与法定赔偿之检讨

　　人们通常认为知识产权损害赔偿规则分为性质截然不同的两类：一类是损害计算规则，对象是可计算的实际损失、违法获利或者许可费，即传统损害赔偿计算方式；另一类是法定赔偿规则，对象是不可计算、只能酌定的数额。法院在运用前一类规则时自由裁量应受严格限制，只有在运用后一类规则时自由裁量才受到宽容。这种二分法如此深入人心，以至于有文献批评现行法律对损害计算和法定赔偿的区分还不够清楚，提倡"就法定赔偿制度而言，应明确其在性质上是'损害赔偿'制度的替代性选择，本质上是为权利人提供一种便利的金钱救济途径，而不再以'损害'作为其计算基础"。❶

　　在知识产权损害赔偿内部区分出截然不同的类型，这种思路严重妨碍了我们对知识产权损害赔偿进行全局性的理解和设计，容易导致狭隘的对策。大部分法定赔偿难题对策——例如主张降低法定赔偿适用比例或者细化法定赔偿确定方法——都遵循了二分法，将解决法定赔偿难题的视野局限在法定赔偿框架内部。但从基于二分法的各种方案之效果来看，这种"头痛医头"的策略相当值得反省。

　　这种策略源于法定赔偿的理论预设。从法定赔偿的形成历史、适用习惯和相关讨论来看，我国在引入法定赔偿时，其实存在没有言明的理论预设，那就是只有部分知识产权损害赔偿案件存在高度不确定性的问题，这

---

❶　王迁，谈天，朱翔. 知识产权侵权损害赔偿：问题与反思［J］. 知识产权，2016（5）：39.

部分问题应该由新引入的法定赔偿来解决。至于相对确定的知识产权损害赔偿问题则应继续由传统损害赔偿方式加以解决。从我国对不同损害赔偿计算方法适用顺序的严格规定上来看，立法者当初的理解是：对于大部分知识产权损害赔偿案件而言，不确定性都不成问题，所以立法者才会规定严格的适用顺序，期待法院用传统赔偿方法解决绝大多数案件。在当初的立法者看来，只有少数的知识产权损害赔偿案件存在高度不确定性，需要在三种传统赔偿方式用尽之后，继续借助法定赔偿来加以解决。但实际上，由于知识产权损害赔偿领域的不确定性是全局性的，所以当初的二分法预设可谓误诊，在二分法框架下设计的法定赔偿则是错误处方。不过误打误撞，因为法定赔偿给知识产权损害赔偿必然要求的自由裁量权提供了宣泄出口，所以势不可挡地迅速蔓延到了整个知识产权损害赔偿领域。法定赔偿的泛滥严重违反了当初关于局部不确定性和自由裁量权的预设，结果引发了焦虑。如果我们想治愈焦虑，就有必要回到最初的分歧点，看看知识产权损害赔偿的不确定性究竟是全局性质的还是局部性质的。只有在准确定位困难之后，我们才可能讨论出逻辑连贯的解决思路。

　　下文第一部分旨在回答"知识产权法定赔偿为什么被称为难题"。该部分将呈现知识产权法定赔偿难题的形成历史和现有对策，并指出现有对策并未取得理想效果这一事实。第二部分旨在回答"知识产权法定赔偿难题的根源何在"。该部分从不同角度分析了知识产权损害赔偿的高度不确定性，指出这种不确定性是全局性的而非局部性的，由此推论出，试图在法定赔偿的局域内化解不确定性的策略注定无法成功。第三部分旨在回答"知识产权法定赔偿难题如何解决"。该部分沿袭对待知识产权损害赔偿问题的整体观，在法定赔偿规则之外探寻法定赔偿难题的出路，指出实际损失、违法获利与许可费倍数这三种传统赔偿方式才是解决法定赔偿难题的正确工具。为了充分发挥传统赔偿方式的作用，法官在计算实际损失、违法获利与许可费时的自由裁量权必须受到尊重。自由裁量权的实体正当性边界主要受认知经济性和信息充分性权衡结果的影响，并应被限制在知识产权损害赔偿规则目的解释的框架之内。

一、知识产权法定赔偿难题的表现

法定赔偿近年来吸引了大量关注，成为整个知识产权损害赔偿领域的焦点问题。在中国知网中国法律图书馆数据库中检索，关注法定赔偿文章的数量大大超过关心其他赔偿方法文章的数量。❶ 在学术研究中，"受关注"常常与"有问题"相伴出现。这在法定赔偿问题上也不例外：大部分文献采取批评态度，始于对自由裁量权的忧虑，终于改造法定赔偿规则的建议。

这种"治病救人"的态度值得理解，因为法定赔偿似乎确实是知识产权损害赔偿制度的一场重病。在 2014 年一项实证研究统计的近 4000 件知识产权案件中，近 90% 采用了法定赔偿。❷ 这种高频适用在立法本意的衬托下尤为刺眼。按照立法者的本意，法定赔偿本该在知识产权损害赔偿方法中陪居末席，未料其在司法实践中却反客为主。我国最初的知识产权法并未包含法定赔偿规则，《商标法》（1982）、《专利法》（1984）和《著作权法》（1990）的损害赔偿规则都只涉及实际损失与违法获利。在严苛适用"谁主张、谁举证"规则情况下，原告要精确地证明自己主张的损失额，尤其是证明该损失满足原告损失与被告行为之间的因果关系，这在绝大多数情况下都是难以完成的任务。在我国新构建的知识产权规范体系运行一段时间之后，法院深感知识产权损害赔偿领域的压力沉重，慨叹道

---

❶ 笔者 2017 年 11 月 20 日在题名栏检索，结果如下：以"知识产权法定赔偿"为关键词，检索结果为 30 篇。以"知识产权实际损害"为关键词，检索结果为 0 篇（将关键词修改为"实际损失"，结果中与知识产权相关的 9 篇）。以"知识产权违法所得"为关键词，检索结果 0 篇；以"知识产权侵权获利"为关键词，检索结果 1 篇。以"合理许可费"为关键词，检索结果 9 篇。以上检索方法固然不能精确反映学术关注度在四种不同确定方法中的分布，但其提供的有关法定赔偿备受关注的初步结论应该是可信的。

❷ 具体而言是 3968 件案件中 3483 件，占比 87.78%。本比例系根据研究报告的数据计算得出。（詹映. 中国知识产权合理保护水平研究 [M]. 北京：中国政法大学出版社，2014：129 - 130.）

"知识产权损害赔偿难以准确计算，是一个世界性的难题"。❶

为了应对这一难题，我国在 2001 年的商标法与著作权法修改和 2008 年的专利法修改中引入法定赔偿规则，允许法院在权利人的实际损失、侵权人的违法所得以及许可费均"难以确定"时，根据案件情况在一定额度内确定赔偿。尽管立法并未要求实际损失、侵权获利与许可费达到能够精确确定的程度，但法院严格适用证明责任规则的实践惯性，以及学界对知识产权损害赔偿复杂本性的挖掘不足，这两项原因导致许多人认为只有在能够精确认定损害的情况下才能适用传统损害赔偿计算方式（后文的琼瑶与于正案二审即反映了这种认识）。这种将法律文本中的"确定"理解为"精确确定"的前见，严重限制了传统损害赔偿计算方式的适用空间，将大量案件推给了法定赔偿，结果导致法定赔偿规则喧宾夺主。最终，法定赔偿这项为解决问题而引入的规则，本身反倒成为问题的焦点。

针对预期和现实的巨大差距，学界提出了各种方案。但这些方案或是囿于二分法框架，或是对知识产权损害赔偿实体问题考虑不足，均不能有效地解决难题。

最直接的解决方案是主张法院降低法定赔偿的适用率。❷ 人们通常认为，法定赔偿高频适用的问题主要在于法官自由裁量权过大。过大的自由裁量权导致了同案不同判❸、裁判权得不到控制❹和损害赔偿制度发展受阻❺等一系列问题，呼吁法院降低法定赔偿适用率的方案因此有着强烈的直觉吸引力。不过，简单降低比例的呼吁恐怕治标不治本。人们如果不理解法院在无拘无束状态下对法定赔偿情有独钟的原因，即使通过司法政策强行降低了法定赔偿的适用比例，仍然不能对问题本身做出良好回应，因而无法实现完善损害赔偿制度的效果。

---

❶ 摘自时任最高人民法院副院长曹建明 2005 年 11 月 21 日在全国法院知识产权审判工作座谈会上的讲话。[张春艳. 我国知识产权法定赔偿制度之反思与完善 [J]. 法学杂志, 2011 (5): 119.]

❷ 例如：詹映. 中国知识产权合理保护水平研究 [M]. 北京：中国政法大学出版社, 2014: 15.

❸ 吴汉东. 知识产权损害赔偿的市场价值基础与司法裁判规则 [J]. 中外法学, 2016 (6): 1483.

❹ 王宏军. 知识产权法定赔偿的初始风险 [J]. 知识产权, 2015 (8): 79.

❺ 李小武. 论专利法中法定赔偿制度的终结 [J]. 电子知识产权, 2015 (10): 47.

另一种方案是对法定赔偿规则予以细化，例如明确法定赔偿数额针对的是侵权行为还是作品或商标，并参照比较法经验引入法定赔偿的具体分档，❶ 或者总结损害赔偿计算公式，表明不同因素（例如侵权持续时间、被告主观状态等）在损害赔偿计算中的权重。❷ 这类方案对希望减轻裁判负担与责任的法院颇有吸引力，但同样不是回应知识产权损害赔偿领域底层矛盾的最有效方案。很难想象法院可以在不深究损害本质的情况下借助公式或者模板正确地酌定损害。而且细化之后的法定赔偿规则与实际损失、违法获利与许可费之间的关系难免又会成为新问题。况且，将所有努力集中在法定赔偿上的做法不仅与法定赔偿只是例外规则的立法表述相矛盾，还会让我们丧失深入研究并且努力发展实际损失、侵权获利以及许可费规则的动力，未免得不偿失。

还有一种方案是从程序法视角重构知识产权损害赔偿数额的确定方法，以解决法定赔偿的滥用。❸ 这种方案注意到我国诉讼法缺乏损害赔偿计算中的法官自由心证规则（对应于《德国民事诉讼法》第 286～287 条）的事实，对于全面认识法定赔偿难题有着积极作用。但这种观点认为我国已经"妥适解决知识产权损害赔偿的计算标准难题"，尚待完善的只是其动态化诉讼证明过程，❹ 却未免过于乐观。程序法维度固然不应忽视，但我国远未达到知识产权损害赔偿实体问题都已被妥适解决的状态。知识产权损害赔偿需要何种程度的自由心证，仍是必须由实体法加以回答的问题。

上述方案中涉及法定赔偿规则实体层面的分析，都以改造法定赔偿规则本身为诉求，但法定赔偿难题的解决需要超越法定赔偿的视野。我们面对的难题表面上是法定赔偿比例畸高、说理欠缺，其实是整个知识产权损害赔偿体系内各种赔偿方式的定位不明、角色混乱。仅仅改造法定赔偿规

❶ 王迁，谈天，朱翔. 知识产权侵权损害赔偿：问题与反思［J］. 知识产权，2016（5）：38.
❷ 黄学里，李建星. 理性的量化：知识产权法定赔偿之恪守与超越——基于 310 份案例之 SPSS 统计分析［C］//建设公平正义社会与刑事法律适用问题研究——全国法院第 24 届学术讨论会获奖论文集（上册）. 最高人民法院，2012：514-518.
❸ 唐力，谷佳杰. 论知识产权诉讼中损害赔偿数额的确定［J］. 法学评论，2014（2）：183-184.
❹ 唐力，谷佳杰. 论知识产权诉讼中损害赔偿数额的确定［J］. 法学评论，2014（2）：185.

则本身难以有效解决法定赔偿难题。只有在整个知识产权损害赔偿这一更开阔的视野中，法定赔偿难题才有望获得解决。

二、知识产权法定赔偿难题的根源

知识产权法定赔偿之所以被称为难题，一是因为它喧宾夺主，二是因为它不够精确。二者任缺其一，法定赔偿都不会引发如此多的关注。这说明在观察者看来，理想的知识产权损害赔偿可以在少部分情况下不确定，但不能在大多数情况下不确定。正是对整个知识产权损害赔偿的高精度期待与低精度现实之间的差距引发了不安。迄今为止，我们一直在通过提高精度、改变现实努力消除差距。无论是在引入法定赔偿时要求法官优先适用传统损害赔偿计算方式，还是发现法定赔偿泛滥后力图细化法定赔偿规则，都是在追求提高整个知识产权损害赔偿的裁判精度。但至少从现状看来，这些努力并没有消除期待和现实的差距。

这提醒我们采取另一个视角，看看我们对整个知识产权损害赔偿的高精度期待是否有悖事理。如果是，就需要重新评估应对思路，调低我们对传统损害赔偿计算方式的精度期待，在符合合理精度的基础上探求恰当的损害赔偿规则。正如引言所述，当初引入法定赔偿的理论预设可能是知识产权损害赔偿中只有少部分问题是高度复杂、难以确定的，而大部分并不复杂、无须太多自由裁量权就能解决。现在看来，这项理论预设十分值得反思。

本部分将深入探讨知识产权损害赔偿的不确定性，因为这是包括法定赔偿在内整个知识产权损害赔偿制度所面临问题的根源。下述视角有些常见于损害赔偿相关文献，但少与知识产权领域发生关联；有些常见于知识产权领域的讨论，但没有与损害赔偿问题联系起来。当它们被统一到知识产权损害赔偿问题上时，都有助于我们理解知识产权损害赔偿（包括法定赔偿）问题的本质。所有视角下的分析都指向同一个结论：绝大多数知识产权损害赔偿的不确定性都十分巨大，如果我们把确定的标准掌握得很严格，根本就无法以合理的社会成本来确定损害赔偿。

（一）假设差额说蕴含的不确定性

只要是损害赔偿法意义上的"损害"就蕴含了高度的不确定性，这在定义损害概念的假设差额说中表现得非常明显。❶ 根据假设差额说，填平的对象是两种利益状态在特定时间点的差距。一种利益状态是现实的，即原告在该时间点实际享有的利益总和。另一种利益状态是假想的，即如果被告的侵权行为没有发生，原告在该时间点本应享有的利益总和。当前者小于后者时，法院便会以假想利益状态为被减数，以实际利益状态为减数，将二者之差确定为损害赔偿额。❷

如果我们仔细体会假设差额说的含义，就会发现法律意义上的损害远不像日常用语上的损害那么简单。如果说日常用语中的损害更加接近事实损害（A 打碎了 B 的杯子），那么法律意义上的损害更加关心与之相关的利益问题（A 打碎了 B 的杯子这一事实给 B 的利益造成的影响）。按照假设差额说，法官不仅需要确定作为减数的真实世界中原告的利益范围，甚至还要探求作为被减数的假想世界中应当归于原告的利益范围。如果说前者已经非常困难，那后者几乎就是不可能完成的任务。假想世界的产生机制要求我们在想象中回到发生侵权行为的时间点，从真实世界中抽除侵权行为，再让这个没有侵权行为的世界在想象中发展。问题在于假想世界的数量会随着时间推移而呈现指数型暴涨，因为每个事件的不同后果都会导致假想世界的分裂。理论上，裁判者只需从无数假想世界中挑选出概率最高的即可，但实际上裁判者根本不可能分别算出各个假想世界的概率，又谈何挑选其中概率最高的一个。

法律的实务操作会通过各种手段来减轻损害概念天生不确定的困难，例如通过相当因果关系来压缩假想世界的选择范围，仅仅关心被侵权行为

---

❶　关于假设差额说的来源、内容与评价，参见李承亮《损害赔偿与民事责任》（载《法学研究》2009 年第 3 期，第 136～139 页）。在德国，学界一致认为假设差额说作为损害概念的中心类别，是不能被放弃的。商业化思想或者规范损害最多只是假设差额说的局部修补（Heinrichs in Palandt, Bürgerliches Gesetzbuch, 67. Aufl., 2008, Beck, Vor § 249 Rn. 11–13.）。

❷　Heinrichs in Palandt, Bürgerliches Gesetzbuch, 67. Aufl., 2008, Beck, Vor § 249 Rn. 9–10.

直接影响的原告利益而不关心原告的所有利益,❶ 或将被告的过错纳入考虑范围。❷ 但这些办法都是在承认问题复杂性的基础上发展出的缓解症状的对策,而不应被视为否定复杂性的证据。损害范围之确定必然包含大量的法官个人经验,这些经验很难被还原为每个理性人都会认同的推理流程,因此也无法满足严苛的精确推理标准。法律的制度框架、程序控制和话语体系只能在一定程度上降低不确定性,但绝不可能消除蔓延于整个损害赔偿领域的不确定性。普遍而巨大的不确定性是损害概念的基本属性,忽略这一属性的讨论很难得出契合损害赔偿本质的方案。

(二) 社会本位理念下的损害不确定性

如果说损害概念在法教义学维度上具有天然的不确定性,那么它在法经济学中同样如此。而且法经济学在分析利益关系时淡化个人本位、突出社会本位的倾向会进一步加剧确定损害赔偿的困难。

法经济学特别强调个人的利益与损害边界只有在社会总福利的框架下才能确定。这在法经济学的奠基之作《社会成本问题》中得到了清晰的体现:法律最终关心的不是单独个体的损失,而是整体社会的福利;法律最终追求的不是避免给特定个人造成损失,而是避免给社会造成更严重的损失。❸ 根据这一思路,确定个体损害服务于找出能令社会成本最小化的利益分配方案之目标。社会本位理念下的损害赔偿本身不再是目的,而是成为激励原被告双方采取社会所欲的行为之手段。从"赔偿个人损失"到"降低社会成本"的转变总体而言顺应了财产权社会化的时代精神,但也进一步加剧了损害概念中的不确定性。

在社会本位色彩浓厚的法律部门,支配法官划分不同当事人之间利益

---

❶ 李承亮. 损害赔偿与民事责任 [J]. 法学研究, 2009 (3): 139.

❷ 在知识产权领域,被告过错程度一直是法官计算损害赔偿时考虑的因素,尽管这与填平原则并不完全吻合。参见《最高人民法院关于审理专利纠纷案件适用法律问题的若干规定》(法释〔2001〕21 号)第 21 条,《最高人民法院关于审理商标民事纠纷案件适用法律若干问题的解释》(法释〔2002〕32 号)第 16 条第 2 款,《最高人民法院关于审理著作权民事纠纷案件适用法律若干问题的解释》(法释〔2002〕31 号)第 25 条第 2 款。

❸ Ronald Coase. The Problem of Social Cost [J]. The Journal of Law & Economics, 1960, 3: 2.

范围的因素更加复杂，也更加不确定。而知识产权法恰恰属于社会本位色彩特别浓厚的类别。当然，从社会本位角度看待私权并非知识产权法的特色，❶ 但社会本位视角在知识产权领域的确体现得分外明显。以著作权法为例，付费机制的发展可能使市场从权利人无法以合理交易成本收取许可费的失灵状态，进化为权利人能够以低廉交易成本收取许可费的良好状态，从而让过去被视为合理的使用不再合理。❷ 版权过滤技术措施的发展可能使能以最低成本避免与创作有关社会损失的利益相关方从权利人转化为平台，从而让过去不负有过滤义务的平台如今需要承担过滤义务。❸ 包括交易机制在内的社会结构变化会对知识产权的权利范围产生深刻影响。即使原告权利针对的客体和被诉行为的客观表现均维持不变，社会交易结构的变化也会导致原告应得利益范围发生变化。权利义务的边界尚且不由个体行为左右，更加具体的损害赔偿数额确定自然更是不单系于个案中的公平，还要符合社会效率。可想而知，在这样的社会本位领域内确定损害赔偿比在个人本位视角之下更加困难。

知识产权法的社会本位属性还可以从其与竞争秩序的紧密联系上窥见一斑。知识产权法尽管貌似发端于个人本位的权利诉求，现实中却常常呈现为社会本位的竞争秩序。哪怕在通常认为个人本位最明显的著作权法领域，纠纷也往往体现为不同竞争者之间的市场之争。无论是客体领域的体育节目案件❹还是权能领域的深度链接案件，❺ 抑或是限制领域的电影海报案件，❻ 原被告双方都是市场中的竞争者。至于专利法和商标法更是从一开始就体现为企业之间的游戏规则，具有浓郁的竞争法底色。

既然针对知识产权权利范围的探索实际上是对更优竞争秩序的判断，确定知识产权损害赔偿的高难度也就不难理解了。一旦进入竞争范畴，民

---

❶ 聂鑫. 财产权宪法化与近代中国社会本位立法 [J]. 中国社会科学, 2016（6）：133 – 150.

❷ Wendy Gordon. Fair Use as Market Failure: A Structural and Economic Analysis of the Betamax Case and its Predecessors [J]. Columbia Law Review, 1982, 82: 1600.

❸ 崔国斌. 论网络服务商版权内容过滤义务 [J]. 中国法学, 2017（2）：215 – 237.

❹ 北京新浪互联信息服务有限公司与北京天盈九州网络技术有限公司等，（2014）朝民（知）初字第 40334 号.

❺ 北京易联伟达科技有限公司与深圳市腾讯计算机系统有限公司，（2016）京 73 民终 143 号.

❻ 上海美术电影制片厂与浙江新影年代文化传播有限公司等，（2015）沪知民终字第 730 号.

事损害赔偿的知识结构和认知体系便会遭受不可避免的挑战。一方面，民法学者难掩对竞争法损害赔偿"不合规矩"的不满。德国《帕兰特民法典评注》在 249 条极其有限的篇幅中还不忘提及《限制竞争法》的损害赔偿规定"与填平思想实难协调"。❶ 另一方面，竞争法学者也毫不掩饰与传统损害赔偿规则的分歧。美国竞争法权威霍温坎普（Hovemkamp）就认为："损害赔偿法大多仍以公平和补偿观念为基础，这与'反托拉斯的实施（包括私人实施）只是旨在阻止那些无效率行为'的观念是矛盾的。"❷ 处于权利法和竞争法交叉地带的知识产权法在损害赔偿问题上不可避免地需要协调来自两方面的理念，难度可想而知。

（三）第三方定价的信息成本问题

法经济学将定价模式大致区分为当事人主观定价与第三人客观定价两种，法院判定损害赔偿应当属于其中的第三方客观定价。我们在讨论提升损害赔偿准确度时更多地重视了客观第三方定价模式的作用，但很少分析其局限性。但实际上当法经济学研究两种定价模式时，认为二者各有利弊，其中关于第三方客观定价局限性的讨论对我们理解损害赔偿的不确定性很有参考价值。

当事人主观定价如能实现则更可能优化资源配置，但缺陷在于挟持、搭便车与集体决策困难等问题很可能导致市场失灵；❸ 与之相对，第三方客观定价或许能克服市场失灵，但缺陷在于信息成本过高、难度过大。理想的第三方客观定价应当尽可能反映当事人的主观定价。因为只有主观定价才反映了当事人对权利的利用效率，只有在双方主观定价基础上达成的交易才能确保没有任何一方的福利受损。但主观定价的基础是当事人对权利的主观估价，而主观估价往往深藏于当事人内心，即使经过耗时费力的

---

❶　Heinrichs in Palandt, Bürgerliches Gesetzbuch, 67. Aufl. , 2008, Beck, Vor § 249 Rn. 5.

❷　[美] 赫伯特·霍温坎普. 联邦反托拉斯政策：竞争法律及其实践 [M]. 许光耀，江山，王晨，译. 北京：法律出版社，2009：714.

❸　Guido Calabresi, Douglas Melamed. Property Rules, Liability Rules and Inalienability：One View of the Cathedral [J]. Harvard Law Review, 1972, 85：1092 - 1110.

讨价还价和斗智斗勇的信息披露，最终形成的价格也只是对双方主观估价的近似。在自愿达成的交易中，我们很容易推知价格高于卖方的受偿意愿，否则卖方不会卖；同时低于买方的支付意愿，否则买方不会买。但我们无法获知具体的受偿意愿和支付意愿是多少。连经济学家都称自己只是"知道每样东西的价格，却不知其价值"。❶ 对不以价格作为关注重点的法律人而言，恐怕连"知道价格"都难以做到。

损害赔偿是第三方定价模式的一种表现，自然同样面临信息成本过高、精确定价困难的操作障碍。实际上，连绝大多数交易中的当事人都永远没有机会知道交易物之于对方的价值，遑论作为局外人的法官。毕竟，当事人在很多方面至少比法官更容易接近对方的主观估价。第一，当事人有机会运用其在本领域积累的丰富信息，法官则不可能具备每个领域的经验，只能依赖当事人举证。第二，当事人可以通过软硬兼施的反复试探来逐渐接近满足双方主观估价的价格，法官却常常需要在短时间内一锤定音。第三，当事人在谈判中可以调整诸多价格之外的因素，法官在纠纷发生后可以运用的救济手段却主要只有停止侵权与损害赔偿。第四，当事人至少知道自己的主观估价，法院则必须在对双方主观估价都一无所知的情况下确定理论上同时反映双方主观估价的"价格"！

第三方定价模式不得不承担无法准确反映主观估价的风险。❷ 这种风险固然可以通过寻求参照系得以减轻，但不同领域中参照系提供的信息可靠度不同，法官错判损害赔偿的概率也不同。这些不同的概率构成一个连续谱系，哪怕在这个谱系上概率最低的一端，也不可能完全避免错判，更何况谱系上接近错判概率较高的一端。常见的种类物处于谱系上错判概率的低端。如果被告毁损了原告的宜家办公桌，法官通常能获得关于其他宜家办公桌价值的可靠信息，不容易出现第三方定价导致的赔偿过度或者赔偿不足问题。如果被告毁损了原告手工制作的办公桌，法官获得可靠参考信息的难度就会增加，错判的可能性也相应增大。至于被告侵犯了原告的

---

❶ ［美］蒂莫西·泰勒. 斯坦福极简经济学［M］. 长沙：湖南人民出版社，2015：14.（原文是："知道每样东西的价格，却不知其价值，这就是经济学家。"）

❷ Guido Calabresi, Douglas Melamed. Property Rules, Liability Rules and Inalienability：One View of the Cathedral ［J］. Harvard Law Review, 1972, 85：1092–1093.

知识产权，那么法官能从参照系中获得可靠信息的难度就更大了——如果一项文学、艺术或科学领域的智力成果不具有独创性，如果一项技术方案缺乏新颖性和创造性，如果一个符号不具备显著性，它们根本不具备成为知识产权客体的资格。任何有资格成为知识产权客体的对象都不具备完美参照系。而哪怕是同一客体，其针对不同交易方的许可也是众多许可条件在不同情况下的复杂综合体系。许可费只是其中的货币化部分，其具体数额受制于众多的非货币化因素（例如付款时间、付款条件、附随义务的范围等）。这导致法院对许可费的认定即使在最理想的状态下也只是处于信息劣势中的第三方模拟的近似值。

（四） 知识产权带来的利益衡量难题

损害赔偿数额的确定，归根到底是对权利人利益范围的确定，而知识产权权利人的利益范围偏偏格外难以界定。除了客体清晰的权利外观这一明显的原因，更本质的是知识产权客体具有消费上的非竞争性（nonrivalry in consumption），从而加大了利益衡量的难度。

现有文献在分析知识产权损害赔偿面临的特殊困难时，都会提及知识产权客体无形性的特点。但在究竟为什么客体无形会导致损害赔偿计算困难的问题上，现有文献往往缺乏解释。如果将无形性理解为"看不见摸不着"，那么具备这一性质的客体并不少见。精神损害同样看不见摸不着，但其计算面临的困难与知识产权大异其趣。只有深入挖掘知识产权客体无形造成损害赔偿计算困难的原因，才能有针对性地加以解决。对于知识产权而言，"客体无形"不是症结所在，消费中的非竞争性才是关键问题。

传统财产法针对的有体物在消费上是有竞争性的，一人使用会减少他人使用的机会。❶ 假设 A 以原始或继受方式取得一块蛋糕，而 B 是公众的一员，A 吃蛋糕必然影响 B 吃同一块蛋糕。由于蛋糕产生福利的通常方式就是被吃掉，因此这块蛋糕只能或者通过 A 的消费、或者通过 B 的消费产

---

❶ ［美］曼昆. 经济学原理（微观经济学分册）［M］. 梁小民，梁砾，译. 北京：北京大学出版社，2012：223.

生福利，而不可能同时通过双方的消费产生双倍福利。这种非此即彼的福利产生模式让社会成本收益计算比较简单。决策者只需"二选一"：是限制 B 的自由让 A 消费，还是限制 A 的自由让 B 消费？一般而言，愿意付出成本取得蛋糕的 A 比没有付出资源的 B 对蛋糕的估价更高，所以维护 A 的权利在静态意义上是更优的；而且维护 A 的权利能激励更希望消费蛋糕的人对蛋糕进行投资，因此在动态意义上也是高效的。既然无论从静态消费还是动态生产的角度来看，将行动自由的可能性交给权利人处理都是更优的制度安排，所以这项决策通常不太困难。

但上述思路对知识产权法并不适用。与蛋糕不同，智力成果在使用上没有竞争性。假如 A 的发明能大幅提高生产效率，那么 B 未经许可使用该技术方案并不影响 A 的使用。消费中的非竞争性令智力成果的社会成本收益计算远比有体物上的"二选一"复杂得多。从静态角度看，智力成果的使用者越多越好，对公众使用智力成果的限制会造成社会的无谓损失。只不过从动态的角度看这样会减损未来的智力成果生产激励，所以决策者必须在短期使用与长期产出之间求得平衡。正如阿罗在 1962 年指出的：一方面，允许公众自由使用现有智力成果尽管能"确保对信息的最优利用，但无疑不能给研发提供一丝半毫的激励"；另一方面，如果我们希望为研发提供激励，又必须忍受"对现有信息的使用不足"。❶ 智力成果是典型的公共物品，因此与之相关的"成本和收益的结论充其量只是一种近似而已"。❷

正因为社会成本收益分析如此困难，知识产权制度从未享受过令人高枕无忧的坚实正当性基础。许多物权法学者并不觉得"社会需要物权"是特别值得费心论证的话题，但知识产权法教科书则似乎愿意从"我们为什么要保护知识产权"开始讲起。马克卢普提交美国参议院那份报告中几句著名的结论，或许多少有助于理解知识产权法的"迷茫"："如果我们还没有专利制度，那么基于专利制度经济效果的现有知识提出设立专利制度的

❶ Kenneth Arrow. Economic Welfare and the Allocation of Resources for Invention ［R］//The Rate and Direction of Inventive Activity. Economic and Social Factors，A Report of the National Bureau of Economic Research. Princeton University Press，1962：617.

❷ ［美］曼昆. 经济学原理（微观经济学分册）［M］. 梁小民，梁砾，译. 北京：北京大学出版社，2012：228.

建议，是不负责任的。但既然我们早已建立了专利制度，那么基于现有知识废除专利制度的建议，同样是不负责任的。"❶ 当我们看到整个知识产权制度的正当性都常常被置于问号之下时，也就不难理解法院在认定知识产权损害赔偿时为什么感到如此左右为难。毕竟，如果连选择基本方向都不容易，确定具体边界自然更是难上加难。

三、知识产权法定赔偿难题的应对

现有针对法定赔偿难题的实体法方案以法定赔偿规则本身为改造对象。但前文分析表明，高度不确定性是整个知识产权损害赔偿制度的固有性质。这意味着对该制度任何组成部分——包括法定赔偿规则——的改造，都必须以承认知识产权损害赔偿巨大的不确定性为前提。法定赔偿的高频适用意味着其吸收了知识产权损害赔偿中绝大多数的不确定性，或者说承担了知识产权损害赔偿中绝大多数的裁判责任。与其说这本身是个问题，倒不如说它揭示了问题所在：法定赔偿之所以显得过于活跃，是因为其他赔偿方式太没有活力。如果我们把法定赔偿中过度的自由裁量权视为洪水，那么最好的治水方法不是封堵，而是疏浚。而最佳的疏浚通道就是实际损失、违法所得与许可费三种传统的损害赔偿计算方法。

（一）在传统损害赔偿计算方法中宽容自由裁量权

有文献认为我国的法定赔偿与损害赔偿制度之间界限不明，建议明确二者之间的区分，将法定赔偿作为"独立于损害赔偿的另一种金钱救济方式"。❷ 本研究的主张恰恰相反，认为立法努力的主要方向应当是寻求法定

❶ Fritz Machlup. An Economic Review of the Patent System（U. S. Senate, Committee on the Judiciary Study No. 15, 1958）［C］//Robert Merges, Jane Ginsburg. Foundations of Intellectual Property. LexisNexis, 2006：60.

❷ 王迁，谈天，朱翔. 知识产权侵权损害赔偿：问题与反思［J］. 知识产权，2016（5）：34-38.

赔偿与其他三种方法的共通之处，通过细化其他三种方法来疏解法定赔偿难题。法定赔偿与其他三种损害赔偿计算方法在自由裁量权方面的差异是量变而非质变，它们之间的共性远远超过差异。我们现在仅仅在法定赔偿项下才愿意接受比较间接的证据、宽容相对薄弱的因果关系。但真正有意义的做法，是在传统损害赔偿计算方法下同样不过分苛求。传统损害赔偿计算方法本身就是判定损害赔偿数额最好的思维导图，我们不应该弃而不用、另起炉灶。

承认法院在计算实际损失、侵权获利与许可费倍数时需要很大的自由裁量权，是认识到知识产权损害赔偿蕴含着巨大不确定性的逻辑结果。知识产权损害的高度不确定性，意味着严格证明侵权行为与损害结果之间的因果关系十分困难。以专利法为例，法院确定实际损失的通常做法是"根据专利权人的专利产品因侵权所造成的销售量减少的总数乘以每件专利产品的合理利润所得之积计算"。❶ 如果法院要求过严，专利权人既难以证明自身销量减少与侵权行为之间的因果关系，也难以证明专利产品所获利润与专利之间的因果关系。❷ 对于前者，被告可以提出市场变化、权利人经营不力、存在其他侵权人等解释；而对于后者，被告可以提出自身获利并非来自涉案专利，而是来自营销策略、管理经验或者被告产品包含的其他智力成果。复杂的现实生活往往按照多因多果模式发展。如果法院将原告任务定位为清晰地证明一对又一对特定因果的存在，被告将很容易通过指出其他多种因果关系的作用来否认侵权行为和损害结果联系的清晰性。要避免实际损失、违法所得与许可费沦为装饰性制度，我们就必须接受原告通常无法准确证明因果关系，而法官必然需要行使自由裁量权的事实。如果我们一味坚持实际损失、违法所得与许可费下对因果关系证明的高要求，无疑是对当事人提交证据积极性的打击。

只要我们接受了知识产权损害赔偿难以确定的现实，就应该将这一认识制度化为实际损失、违法所得与许可费倍数中适当的证明标准。所谓适

---

❶ 《最高人民法院关于审理专利纠纷案件适用法律问题的若干规定》（法释〔2013〕9 号）第 20 条。

❷ 徐小奔. 专利侵权获利赔偿中因果关系的认定［J］. 法律科学，2018（4）：179 – 189.

当的证明标准，一方面意味着没有必要过度纠结于较高的证明标准百分比；另一方面意味着需要澄清证明标准百分比的对象不是出现某一特定损害数额的概率，而是该特定损害数额比其他损害数额更接近真实损害的概率。换言之，如果满足相当因果关系的损害数额及其相应百分比如下：损害额为 10 万元或 30 万元的可能性分别是 20%，损害额为 20 万元的可能性是 40%，那么我们不应该基于没有任何数额的概率足够大这一事实来否认法官将某一具体数额认定为损害的自由。只要法官确信损害数额为 20 万元的概率比损害为其他数额的概率要高这一事实本身的概率够高，法官就满足了证明标准。适当降低并正确理解证明标准，有助于法院将因高度不确定性而产生的自由裁量需求疏导至传统损害赔偿计算方法之中。

在实际损失、违法所得与许可费的名义下计算损害赔偿，不仅具备合理性，而且具备可行性。以德国著作权法为例，《德国著作权与相关权法》第 97 条第 2 款是损害赔偿条款。该条款并不包含法定赔偿规则，但这并不影响法官通过灵活适用实际损失、获利返还与许可费推定规则来解决问题。德国法非常强调这三种方法的目的同一性，指出法律规定获利返还与许可费推定的意义不在于引入新的计算对象，而在于降低损失计算的难度。在这三种计算方法中，运用最广泛的是许可费推定。[1] 早在帝国法院时期，德国就在 Ariston 案中确定了将推定许可费视为损害赔偿计算方法的规则。理由是根据假设差额说，原告的应然利益和实然利益之差就是被告应当支付而没有支付的许可费。[2] 后来，立法者将 Ariston 案确立的习惯法上升到立法层面，希望能以此降低维权难度。[3] 当权利人主张以许可费推定方式计算损害时，权利人既不需要证明系争作品曾经被许可过，也不需要证明自己有发放许可的意愿，还不需要证明被告处于自己的潜在许可市场内。哪怕被告生产的是极为粗制滥造的盗版产品，即便被告有寻求许可的意愿，权利人也不可能会向如此低端的市场发放许可，也不影响权利人

---

[1] *Dreier/Specht* in Dreier/Schulze, UrhG, 5. Aufl., C. H. Beck, 2015, § 97, Rn. 61.

[2] RGZ 35, 63ff. – Aristion.

[3] *Wild* in Schricker/Loewenheim, Urheberrecht Kommentar, 4. Aufl., C. H. Beck, 2010, § 97 Rn. 145.

主张采用许可费推定的方法来计算损失。❶ 总之，德国不仅通过《德国民事诉讼法》第 287 条确认了法官在损害赔偿问题上可以自由心证的原则，而且在实体法解释上具体澄清了一系列法官不受限制的情况。

遗憾的是，中国法院并没有像德国法院一般，从实体法与程序法两方面获得在传统损害赔偿计算方式下解决问题的自信，结果只好"向一般条款逃逸"。当法院担心不能获得理解时，便只好到法定赔偿稀薄的说理义务中去寻求安全感。中国法院在众多以"法定赔偿"为名的案件中，其实为确认实际损失、违法所得与许可费付出了大量心血，却没有信心直白地展示出来。法院在个案中辛辛苦苦获得的认识无法在恰当的规则上成长为群体经验，公众也因此失去了获得明确法律指引的机会。要矫正这种现象，我们必须承认知识产权损害赔偿固有的巨大不确定性，承认法院在正常的损害赔偿计算规则下享有自由裁量权的正当性。

唯有宽容法院在传统的损害赔偿计算方式下享有更多自由裁量权，才能鼓励法院更加积极地运用这三种损害计算方法，也才有希望澄清损害赔偿领域的诸多问题：例如计算损害时要不要区别对待原告能够自己开发的市场和没有能力自己开发的市场；例如计算合理许可费时能不能参照类似智力成果的许可情况；再如假设被告提出原告有独占市场的需要，法院是否仍然能用推定许可费来计算原告的逸失利益；又如当原告的知识产权在市场上存在替代供给时，如何看待原告损失与被告获利之间的关系。此类问题在德国和美国的损害赔偿理论与实务中构成关注的焦点，在我国实践中必然也曾反复出现。因为这些问题涉及的都是对"实际损失""侵权获利""许可费"三个视角及其相互关系的理解，所以无论我们如何细化法定赔偿，都不可能解决这些问题。除非我们实事求是地宽容法官对实际损失、侵权获利与许可费进行酌定，否则上述重要问题将难以得到澄清。

（二）以制度效率为标准界定自由裁量范围

从制度成本的角度看，自由裁量权不仅不可避免，而且具有积极意

---

❶ *Dreier/Specht* in Dreier/Schulze, UrhG, 5. Aufl., C. H. Beck, 2015, § 97, Rn. 61.

义。人们对自由裁量权"易于导致超额赔偿及不足额赔偿"的担心可以理解,❶ 但任何制度都不能单纯追求某类指标的提升,而必须在取舍中寻求不同价值的均衡。知识产权损害赔偿也不能不计代价地追求精确,而必须在精确计算的信息充足性带来的社会收益和为此付出的认知经济性社会成本之间权衡。只要法院在每起判决中不偏不倚,那么允许法院将案件所涉利益大小作为在裁判中投入资源多少的考虑因素就是合理的。如果传统损害赔偿计算规则不能满足法院对自由裁量权的正常需求,法院只能另寻出路。从多年来对法定赔偿的批评来看,另寻出路显然不是理想的解决办法。

多个法院的调研报告都指出,法定赔偿高频适用的重要原因之一,在于许多案件中的原告不提交或只提交少量与实际损失、违法所得或许可费相关的证据,而直接主张法定赔偿。❷ 此时,法院应当考虑举证成本与举证收益,力求在边际成本不至于过大的情况下,尽可能通过当事人提供的攻防证据来澄清损害赔偿的范围。在提高精确度会不会导致明显不效率的情况下,法官仍应以准确认定损害赔偿为己任。毕竟,损害赔偿额越接近真实损害,损害赔偿作为行为激励工具的作用方向越精准。在个案中,影响边际收益的因素主要有两方面:一是案件标的额,二是当事人额外提供证据对于澄清损害范围的贡献程度。案件标的越大,额外证据对于降低判赔偏差的帮助越大,法院就越应该要求当事人提供证据。影响边际成本的因素主要是举证难度,体现为当事人为提供额外证据必须付出的时间、金钱等成本。

我们之所以强调额外证据,是因为"理性人考虑边际量",❸ 而制度设

---

❶ 李永明. 知识产权侵权损害法定赔偿研究 [J]. 中国法学, 2002 (5): 178.

❷ 陈志兴. 专利侵权诉讼中法定赔偿的适用 [J]. 知识产权, 2017 (4): 29 - 30. 根据《长沙市中级人民法院知识产权民事案件损害赔偿判定情况》([2020 - 12 - 15]. http://www.chinaipmagazine.com/journal - catalog.asp? 123 - 16. html):"原告直接要求适用法定赔偿的占98%"。

❸ [美] 曼昆. 经济学原理(微观经济学分册)[M]. 梁小民, 梁砾, 译. 北京: 北京大学出版社, 2012: 6.

计者总是需要寻找"在边际上的政策"。❶ 法院面临的不是在允许当事人丝毫不提供证据和要求当事人提供完美证据之间的选择，而是要不要当事人再多提供一些证据的决定。如果原告不提供任何证据，法院完全有理由拒绝其主张的法定赔偿。因为法官可以合理推断，原告提供某些不涉及他人商业信息的初始线索成本不会太高，而这些线索能有效帮助法官评估损害范围。假如原告已经开始运用知识产权，初始线索包括单价、销量、利润率以及利润变化等信息。如果尚未运用知识产权，原告为获得知识产权投入的成本也可以作为初始线索。因为理性人通常只在预期收益大于成本时才愿意付出成本，所以在没有相反理由的情况下，可以将原告成本视为推测原告预期收益的初步证据。当然，即使某些信息并不涉及被告或第三方，而是仅与原告自己的生产经营活动相关，并且对推测损害赔偿范围会有帮助，也不能一概认为原告必须提供这类信息，此时法官仍应考虑提供信息的成本。举例而言，原告研发并销售的是知识产权高度密集的产品，而且其产品线和商业模式十分复杂，这可能使原告没有办法从其总销量、总利润与总成本中轻易区分出与被侵害的知识产权相关的部分。尤其是如果被侵害的知识产权本身价值不高，细分的收益更是不足以支持细分的成本。在此情况下，哪怕要求原告提供系争知识产权对原告而言的具体价值，恐怕都是强人所难。要求原告提出关于许可费的初步证据，或许更为切合实际。这与合理许可费在美国和德国知识产权损害赔偿实践中占据的重要地位相适应。以美国的专利诉讼为例。根据普华永道的《美国专利诉讼研究》，2007～2016 年 61% 实施主体之间的纠纷以合理许可费为依据计算损害赔偿。❷ 德国绝大多数著作权损害赔偿也都是在许可费推定的名义下确定的。❸

　　如果明确了自由裁量权在知识产权损害赔偿中的不可避免性及其可能

---

❶ [美] 斯蒂格利茨. 经济学（第二版）（上册）[M]. 黎小民，黄险峰，译. 北京：中国人民大学出版社，2000：41 -42.

❷ PWC. 2017 Patent Litigation Study, P 11 [M/OL]. [2020 - 12 - 22]. https：//www. pwc. com/us/en/forensic - services/publications/assets/2017 - patent - litigation - study. pdf. 法院在处理涉及非实施主体的纠纷时，更是只能依据合理许可费确定损害赔偿，因此在所有专利纠纷中适用合理许可费标准的比例，应当比 61% 更高。

❸ Dreier/Schulze, UrhG, 5. Aufl. , C. H. Beck, 2015, § 97, Rn. 61.

发挥的积极作用，法律条文是否将法定赔偿保留为独立计算方式并不太重要。即使法定赔偿被取消，法官在确定实际损失、违法所得与许可费的过程中也会运用自由裁量权。而即使法定赔偿被保留，也不意味着免除了当事人的举证义务或是法官的说理义务。❶ 如果我们对知识产权损害赔偿和自由裁量权的关系一开始就有正确认识，本来就无须引入法定赔偿规则。假如将来修法删除法定赔偿规则，对知识产权损害赔偿制度的运行并不会产生负面影响。顺带提及，在 2020 年的《专利法》修改过程中，为了体现"加大知识产权保护力度"的立场，将法定赔偿上限提高至 500 万元，这丝毫不利于鼓励法院尽量利用传统损害赔偿计算方式。至于为法定赔偿规定 3 万元的下限，更是彻底违背了法定赔偿的应有定位，即法定赔偿最适合被用于价值低微、不值得耗费过多社会成本加以解决的案件。所幸不合理的法定赔偿上限下限规则，反而有可能促使人们反思法定赔偿本身的不合理性。如果能够借此促使人们多运用实际损失、侵权获利与许可费规则，倒不失为因祸得福。

任何确定损害的过程，都是当事人提供的证据与法官的自由心证共同作用的结果。一套损害赔偿规则体系无论是否包含法定赔偿规则，都既不可能强求在实际损失、违法获利与许可费计算项下只要证据不要心证，也不可能允许法定赔偿项下只有心证没有证据。如果原告将法定赔偿作为逃避举证义务、寻求超额赔偿的机会主义手段，法官就不应当揣测一个自以为接近真实情况的损失额，而应当通过"不举证不判赔"的做法向原告传递承担举证义务的激励，并对能以合理诉讼资源收集的、与确定损害赔偿相关的证据及其使用过程加以说明。

无论在哪项名目下计算损害赔偿，损害赔偿的基本原则都是确保证据与心证大致匹配，即证据加心证能够得出基本令人信服的损失额。出于前述知识产权损害赔偿具有不可避免的巨大不确定性的原因，匹配的标准不宜过分严格，应使法官在适度阐释心证过程的情况下就能够满足匹配的要求。我国在立法上已经规定了法定赔偿的情况下，可以将法定赔偿规则作为证据与心证极端不匹配之例外情况下的心证控制手段。如果法官自认为

---

❶ 李明德. 关于知识产权损害赔偿的几点思考［J］. 知识产权，2016（5）：5.

证据加心证得出的损失额很可能与真实情况差距较大时，可以适用法定赔偿，以借助法定赔偿上限约束心证的影响范围。

近年来有司法政策和判决偏离了法定赔偿必须遵守判赔区间的要求，这一事实应当引起警惕。第三次全国法院知识产权审判工作会议上有论述认为："要正确把握法定赔偿与酌定赔偿的关系，酌定赔偿是法官在一定事实和数据基础上，根据具体案情酌定实际损失和侵权所得的赔偿数额，即不受法定赔偿最高或者最低限额的限制。积极适用以相关数据为基础的酌定赔偿制度，在计算赔偿所需的部分数据确有证据支持的基础上，可以根据案情运用裁量权确定计算赔偿所需的其它数据，酌定公平合理的赔偿数额"。❶ 这段话容易使人误解为酌定赔偿不属于实际损失、侵权获利或者许可费倍数，同时还不受法定赔偿上限限制，是赋予法官更大自由裁量权的第五种损害赔偿确定方式。这种理解既不符合立法，也不符合上述关于自由裁量权范围的理论。

上述错误理解在近年来一些案件中有所反映，例如琼瑶诉于正著作权纠纷案的二审意见。该案一审法院对损害赔偿的认识非常合理。一审法院指出尽管没有充分的证据，但这并不妨碍法院以侵权获利为计算依据，在考虑多项因素的情况下，酌定损害，最终确定数额为500万元。❷ 一审说理在侵权获利计算中容纳酌定因素的做法，十分值得肯定。但二审法院否定了一审的做法，认为"本案不应适用侵权人的违法所得来计算损害赔偿，应适用酌定赔偿来确定赔偿数额"。理由包括"原审法院既要根据侵权人的违法所得来确定赔偿数额，同时又结合各种因素对于赔偿数额进行酌定，其在适用赔偿数额的方法上存有矛盾之处"。这说明二审法院认为侵权获利与酌定因素相互矛盾，法官一旦要酌定，就不能采取违法所得的计算方式。二审法院在否定违法所得计算方式后，又没有遵守法定赔偿的上限，而是在酌定赔偿的名义下支持了500万元的损害赔偿额。❸

---

❶ 奚晓明. 解放思想 真抓实干在新的历史起点上开创知识产权审判工作新局面——在第三次全国法院知识产权审判工作会议上的讲话（2013年3月21日）[M]//中国知识产权司法保护年鉴编委会. 中国知识产权司法保护年鉴（2013年）. 北京：法律出版社，2014：10.

❷ 陈喆与余征等著作权纠纷案，北京市第三中级人民法院（2014）三中民初字第07916号。

❸ 陈喆与余征等著作权纠纷案，北京市高级人民法院（2015）高民（知）终字第1039号。

无论立法上还是理论上都不存在既不属于实际损失、违法所得、许可费，也不需要遵守法定赔偿上限的第五种损害赔偿计算方式，存在的只是法官根据各方面因素酌定具体数额的做法。毕竟，如果法定赔偿完全不以实际损失、侵权获利或者许可费为依据，难免出现赔偿不足或赔偿过度的后果。无论是在实际损失、侵权获利、许可费倍数还是法定赔偿的名义下，法院都是在对损失进行酌定。在酌定问题上，法院应当"宽严相济"：在实际损失、侵权获利与许可费倍数等计算方法上从宽认同酌定空间，而在法定赔偿问题上从严遵循限额限制。

（三）将目的解释作为提升赔偿准确率的重要工具

在知识产权损害赔偿这片注定缺乏足够细节指引的旷野上，对制度目的的不同理解会导致"差以毫厘、失之千里"的结果。因此在产业异质性浓厚、不确定性巨大的知识产权损害赔偿领域，相较于建构计算公式，更有效的努力方向应该是澄清知识产权部门法目的这样的基础问题。有文献主张制定法定赔偿适用细则，规定法定赔偿的适用范围、限制当事人对法定赔偿的选择权、根据知识产权的类型和性质确定基准数额、根据侵权人的主观目的和过错程度确定法定赔偿数额系数、根据侵权行为的手段和情节确定法定赔偿数额的系数以及根据侵权行为持续时间确定赔偿额度上下浮动的范围。❶ 笔者并不否认某些因素能够帮助法官更好地裁决损害赔偿额，但认为这些因素发挥作用的方式应该是帮助法官更好地把握实际损失、违法所得或者许可费推定，而非被分别赋予固定权重。例如美国专利法上有 Geogia - Pacific 案中列举的 15 项因素，但这 15 项因素针对的都是合理许可费的确定，而且各项因素并没有被赋予固定的权重。❷ 由于知识产权法调整产业的高度异质化，恐怕无论如何确定基数、系数与幅度，都

---

❶　吕甲木. 知识产权法中的利益平衡机制——以知识产权法定赔偿制度为视角［C］//中华全国律师协会知识产权专业委员会暨中国律师知识产权高层论坛论文集，2009：249 - 252.

❷　Georgia - Pacific Corp. v. United States Plywood Corp. , United States District Court, S. D. New York, 1970；318 F. Supp. 1116, 166 U. S. P. Q. 235. , modified, 446 F. 2d 295, 170 U. S. P. Q. 369. , certi. Denied, 404 U. S. 870 (1971).

难以完全反映现实。

规范越不可能细化，原则就愈发重要。任何解决具体难题的努力，都无法回避对知识产权损害赔偿目标的探寻。在具有强烈的累积创新特点的专利法和著作权法领域，与"惩罚"相伴的过度遏制风险对创新的损害不容忽视，因此损害赔偿的目标应当以赔偿为主，兼顾预防，但不追求惩罚。❶ 商标领域尽管不存在累积创新方面的考虑，但同样需要警惕预防之外的惩罚可能给被告施加超越合理限度注意义务的问题。

有文献认为，连在惩罚性赔偿问题上最保守的德国都"从开始完全禁止使用惩罚性赔偿原则到部分承认的转变"，❷ 是支持我国知识产权损害赔偿体系接纳惩罚目标的比较法依据。且不论哪怕德国真的接纳了知识产权损害赔偿的惩罚性，我国也未必需要借鉴，更何况德国事实上并未在知识产权损害赔偿领域接受惩罚目标。德国专利法领域多年来一直有人呼吁引入倍数赔偿，却始终没有得到立法者支持。德国著作权法上的确有针对特定集体管理组织维权的双重赔偿，但德国立法者毫不含糊地表示加倍并不意味着惩罚。之所以允许该组织按照两倍许可费获得损害赔偿，是由该组织所维护权利属于著作权法上典型的"小权利"，即侵权行为非常分散（如酒吧未经许可表演音乐作品），逃避追究十分容易，因此维权异常困难。考虑到权利人在每次成功维权背后都付出了大量无功而返的成本，因此立法者允许权利人在每一起案件中获得两倍于许可费的赔偿。❸ 惩罚固然需要加重赔偿，但如果看见赔偿加重就以为立法者有惩罚意图，逻辑链条却不够严密。我们只有将更多的精力投入澄清各个细分领域中损害赔偿目标的问题上，才能明确运用加重因素的最佳方式。例如在不追求惩罚，只追求补偿和预防的专利法领域，我们应当将导致倍数赔偿的"故意"与逃避追究概率关联起来，这种在目的解释支配下对主观要件的客观化解释

---

❶ 蒋舸. 著作权法与专利法中"惩罚性赔偿"之非惩罚性 [J]. 法学研究, 2015（6）: 91-93.

❷ 李秀芬, 赵龙. 中德著作权损害赔偿之比较法研究 [J]. 华南理工大学学报（社会科学版）, 2017（4）: 83.

❸ Dreier/Schulze, UrhG, 5. Aufl., C. H. Beck, 2015, § 97, Rn. 71.

能极大提升预防效果，避免预防不足或者预防过度。❶

四、小结

法官对法定赔偿情有独钟，说明法定赔偿蕴含着在法院看来特别契合知识产权损害赔偿的因素，即巨大的自由裁量空间与稀薄的说理义务。知识产权损害赔偿具有巨大不确定性是无可更改的事实，需要举整个知识产权损害赔偿体系之力加以解决。但由于这一事实在传统上不受重视，导致我们在实际损失、侵权获利与许可费计算上对当事人要求的举证责任太高，而赋予法院的自由裁量空间太小，结果法院只好将法定赔偿作为处理巨大不确定性的主导工具。我们应当允许法院在实际损失、侵权获利与许可费计算上享有更大的自由裁量权，充分发展这三种损害赔偿计算方法下的规则细节，务实地把握法官在不同案件中自由裁量权的尺度，以及深入探讨各个具体知识产权部门法的损害赔偿目标。唯有如此，才能为解决知识产权法定赔偿难题提供符合知识产权损害赔偿本质特点的出路。

---

❶ 蒋舸. 著作权法与专利法中"惩罚性赔偿"之非惩罚性 [J]. 法学研究，2015 (6)：93 – 95.

第十章 许可费视角下的损害赔偿计算

前文谈到，在各种计算知识产权损害赔偿的方法中，从许可费视角出发是美国和德国等国采取的主流计算方法。我国将来如果想改变以法定赔偿为主的计算格局，必然需要赋予许可费计算以更大的重要性。遗憾的是，我国现行法上与许可费计算有关的条文存在缺陷，阻碍了许可费计算方法充分发挥作用。本章拟探讨缺陷的具体表现形式及其补救办法。

一、许可费损失计算的现状与问题

在 2020 年《著作权法》修改之前，三部知识产权法规定的补偿性损害赔偿计算方法不尽相同。《专利法》和《商标法》规定了实际损失、侵权获利、许可费损失与法定赔偿四种方法，而《著作权法》长期以来只规定了实际损失、侵权获利与法定赔偿三种方法，并未提及许可费损失。从表面上看，《专利法》和《商标法》考虑更周全。许可费计算的实际情况却恰恰相反：在专利法和商标法领域，法院很少通过许可费损失来确定损害赔偿；反而在著作权法领域，许可费损失常常能在实际损失框架下发挥作用。

专利法和商标法领域对许可费损失的漠视，有数据为证。一项针对 2007~2008 年五个省市专利案件的研究表明，在 416 件损害赔偿的案件中，只有 4 件采用许可费规则，占全部案件的 0.96%。❶ 另一项针对 2008~2011 年 836 起专利案件的研究表明，仅有 5 起案件明确适用了许可费规则，占全部案件的 0.60%。❷ 此外，根据长沙市中级人民法院对 2011~2015 年知识产权损害赔偿案件的统计，仅有 "0.56% 的原告提交了合理许可费的证据"。❸ 在以上三项实证研究中，许可费规则的适用率均不足 1%。

在专利法与商标法领域，许可费规则没有名正言顺地发挥作用，那它有没有在其他损害赔偿计算方法下暗度陈仓呢？答案是：有，但效果并不令人满意。专利法和商标法的司法解释都在法定赔偿框架下提供了许可费损失发挥作用的空间。商标法司法解释要求法院在确定法定赔偿数额时 "考虑……商标许可使用费的数额，商标使用许可的种类、时间、范围"；❹ 专利法司法解释指出："没有专利许可费使用费可以参照或者专利许可使用费明显不合理的，人民法院可以根据专利权的类型、侵权行为的性质和情节等因素"，确定法定赔偿数额。❺ 但是，法定赔偿规则缺乏结构化分析框架，往往将许可费损失与其他计算损害赔偿的视角杂糅在一起，结果导致分析过程不清，结果易受质疑。所以，法定赔偿并非许可费损失发挥作用的恰当场所。总体而言，专利法和商标法损害赔偿规则貌似看重许可费损失，实际上并没有给许可费损失提供合适的容身之处。

具有讽刺意味的是，著作权法立法长期以来没有提及 "许可费" 概念，但许可费损失所起的作用却远远超过专利与商标领域。大量的文字作品、摄影作品和音乐作品侵权案件都借助许可费视角来计算损害赔偿。促成许可费证据受重视的原因是多方面的，最直接的是司法解释对 "实际损

❶ 中国专利代理（香港）有限公司法律部. 专利侵权损害赔偿的理论与实践 [J]. 中国专利与商标，2009（4）：7. 五个省市是北京、上海、广州、浙江、江苏。

❷ 詹映. 中国知识产权合理保护水平研究 [M]. 北京：中国政法大学出版社，2014：130.

❸ 长沙市中级人民法院知识产权和涉外商事审判庭. 长沙市中级人民法院知识产权民事案件损害赔偿额判定状况（2011~2015）[J/OL].[2020-12-15]. 中国知识产权，2016-05（总第 111 期）. http://www.chinaipmagazine.com/journal-show.asp?2408.html.

❹《最高人民法院关于审理商标民事纠纷案件适用法律若干问题的解释》（法释〔2002〕32 号）第 16 条。

❺《最高人民法院关于审理专利纠纷案件问题的若干规定》（法释〔2015〕4 号）第 21 条。

失"概念采取广义解释，将许可费损失作为计算实际损失的方式之一。例如《北京市高级人民法院关于确定著作权侵权损害赔偿责任的指导意见（2005）》多处提及"许可费"概念。作为基本原则，权利人实际损失可以参照国家有关稿酬的规定，也可以根据原告的合理许可使用费计算（第7条）。而针对作品的不同类型和使用情况，司法解释还分别规定了参考许可费证据的方式。例如，文字作品的实际损失参照国家有关稿酬规定的2~5倍确定（第25条），音乐作品、图片作品和计算机软件作品的损害赔偿按照原告合理的许可费使用费确定（第29~31条）。❶ 这些规定一再提示法院，许可费损失是认定损害赔偿行之有效的视角。当然，许可费视角在著作权领域更受重视的事实，未必都是司法解释的功劳。作品的市场价值实现方式，可能也在一定程度上促成了法院对许可费证据的重视。与技术方案或者商业标识相比，许多作品的价值较低，不值得精细复杂的定价模式，而适合粗糙便捷的"统一定价"。无论是各种法定许可费率，还是各个集体管理组织的许可费率，这些为克服交易成本而形成的各种交易安排，客观上都吸引了法院在计算损害赔偿时更加倚重许可费相关信息。

从上述分析可以看出：长期以来在立法层面没有提及许可费损失的著作权法，在计算损害赔偿时大量运用许可费相关信息；而立法上明确规定了许可费损失的专利法和商标法，反而极少采用许可费视角来计算损害赔偿。专利法和商标法领域的冷遇，并非因为许可费视角不重要。从其他法域的经验看，许可费损失在计算专利权和商标权损失的时候，起着至关重要的作用。在美国专利诉讼中，绝大多数损害赔偿案件都依赖于对许可费损失的计算，不借其帮助的损害赔偿额案件反而是少数。1997~2006年，在由实施主体发起的专利诉讼中，有76%的损害赔偿案件用到了许可费损失计算方法，其中完全通过计算许可费损失判决的案件占60%，另有14%的案件同时计算了利润损失与许可费损失。在接下来的十年中，许可费损失计算方法的作用进一步增强。2007~2016年，在由实施主体发起专利诉讼中，80%的案件在计算损害赔偿时用到了合理许可费规则，其中完全依

❶ 《北京市高级人民法院关于确定著作权侵权损害赔偿责任的指导意见》（京高法发〔2005〕12号）。

赖合理许可费规则的案件占 61%，兼采合理许可费规则与利润损失规则的案件占 19%。❶ 以上数据还仅仅涉及由实施主体发起的专利诉讼，由非实施主体提起的损害赔偿诉讼对许可费规则的依赖程度肯定更高，因为它们在美国法上无权主张利润损失，只能主张许可费损失。❷ 而在德国，许可费损失是计算"绝大多数"商标损害赔偿的方法。❸ 在其他法域发挥重要作用的概念在我国碌碌无为，这说明我国专利法和商标法上的许可费损失计算存在不可忽视的缺陷。

综上，各个知识产权部门法在许可费损失计算上均存在问题。专利法与商标法上的规则"有名无实"，规则虚置。而著作权法则"有实无名"，长期以来没有在立法上明确许可费损失的地位。鉴于许可费损失在损害计算中的重要作用，我们有必要对其进行更加系统的剖析。然而，现有研究远未提供足够的知识储备。我国的知识产权损害赔偿文献绝大多数以惩罚性赔偿与法定赔偿为研究对象，并不重视许可费规则。为数不多的许可费规则文献又主要关心专利领域，❹ 尤其是标准必要专利的 FRAND 许可费问

---

❶ PWC. 2017 Patent Litigation Study, p. 11 [R/OL]. [2020 - 12 - 22]. https: //www. pwc. com/us/en/forensic - services/publications/assets/2017 - patent - litigation - study. pdf.

❷ 可能有读者注意到，莱姆利（Lemley）和沙佩罗（Shapiro）在一篇著名文献中的实证研究似乎与普华永道的论断相矛盾。"我们搜集了 Westlaw 中从 1982 ~2005 年年中所有判决赔偿专利权人合理许可费的案件。结果数量少得惊人——只有 58 起。"［Lemely, Shapiro. Patent Holdup and Royalty Stacking, at 2030 (2007).］在此有必要澄清的是，莱姆利、沙佩罗的研究并不否定普华永道的论断。首先，莱姆利、沙佩罗承认，专利案件每年只有大约 100 起，其中约 80% 以和解方式结案，另外还有 10% ~15% 出于专利明显无效或者不侵权等原因，没有开庭，这些和解或不开庭的案件都不涉及损害赔偿。经此初步筛选之后的案件只剩大约 100 * 22. 5 * （1 - 80% - 12. 5%）=169 起案件（年中以 0. 5 年计，比例区间以中间值计）。其次，进入庭审阶段的案件中又会出现大量原告败诉的案件，这些案件也不涉及损害赔偿。莱姆利、沙佩罗没有说明被排除的具体数量。不过，美国专利诉讼中的专利无效率和不侵权率历来高居不下，被排除的案件在前述 169 起案件中应该占据很大比例。因此，在最终剩下的损害赔偿案件中，58 个根据合理许可费计算的案件所占比例应当不低。况且莱姆利、沙佩罗的实证研究针对 1982 ~2005 年年中，而普华永道的研究针对 1997 ~2016 年，不排除法院在不同年代的偏好有差别。因此，普华永道针对美国法院近 20 年特别偏好适用合理许可费的论断，应该可以信赖。

❸ Schweyer in Detlef von Schultz, Markenrecht Kommentar, Verlag Recht und Wirtschaft GmbH, 2002, § 14, Rn. 250.

❹ 例如：徐小奔. 论专利侵权合理许可费赔偿条款的适用［J］. 法商研究, 2016 (5)：184 - 192；范晓波. 以许可使用费确定专利侵权损害赔偿额探析［J］. 知识产权, 2016 (8)：99 - 105.

题。❶ 近期有论文就知识产权许可费损失展开讨论，但聚焦于对许可费规则本身进行立法改造和司法解释，并不论及许可费损失与利润损失的关系，而后者恰恰是在知识产权损害赔偿体系中正确计算许可费损失的关键。❷

下文将从专利法和商标法上的许可费规则着手，然后扩展到立法长期以来没有引入许可费规则的著作权法，以探索统一的知识产权许可费损失计算思路。具体而言，第二部分将分析专利法和商标法上"实际许可费倍数规则"难以发挥作用的原因，第三部分将分析"实际许可费倍数规则"的弊端，第四部分将讨论包括著作权法在内的知识产权损害赔偿规则纳入许可费损失的方式。

二、合理许可费规则与实际许可费倍数规则

许可费规则在中外发挥的作用截然不同，最重要的原因在于我国的许可费规则与他国规则相比，形似而神不似。

言其"形似"，是因为各国许可费规则均以许可费为计算对象，且均包含合理性要件。德国的专利法❸、著作权法❹和商标法❺一致规定："损害赔偿也可将假设侵权人为获得使用被侵害权利之授权而需支付的合理费用作为基础加以计算。"《美国专利法》第 284 条第 1 款规定赔偿应当"无论如何不低于侵权人为使用该发明而需支付的合理许可费"。❻《日本专利法》第 102 条第 2 款允许专利权人在自身不实施专利的情况下，依据"通

---

❶ 例如：赵启杉. 标准必要专利合理许可费的司法确定问题研究 [J]. 知识产权，2017 (7)：10.

❷ 缪宇. 作为损害赔偿计算方式的合理许可费使用费标准 [J]. 武汉大学学报（哲学社会科学版），2019 (6)：159 – 168.

❸ § 139 II 3 PatG.

❹ § 97 II 3 UrhG.

❺ § 14 VI 6 MarkenG.

❻ 35 U. S. Code § 284.

常的实施许可费"计算损害赔偿数额。❶ 英国知识产权法也允许法官根据被告本应支付而未支付的许可费来计算损害赔偿额。❷ 对比我国的《专利法》与《商标法》，各国对"合理"与"许可费"两项要素的关注是一致的。

言其"神不似"，则是因为中外法条对"许可费"的性质和对"倍数"的要求有所不同。首先，美、德许可费规则不以实际许可费为前提，我国则将实际许可费作为适用许可费规则的前提。我国《专利法》与《商标法》规定："权利人的损失或者侵权人获得的利益难以确定的，参照该专利/商标许可使用费的倍数合理确定。"❸ 许可费规则的参照标准是"该"专利或者商标的许可使用费，说明使用许可费规则以涉案专利或商标存在可资参照的实际许可费为前提。因此，许可费规则在我国专利法和商标法上的表现形式可被称为"实际许可费倍数规则"。相比之下，其他国家许可费规则应当被称为"合理许可费"规则。其次，美、德许可费规则中均未出现"倍数"一词，因此法官可以参考涉案知识产权或可比知识产权的许可条件，自由确定损害赔偿。而在我国，规则明确要求法官根据实际许可费的"倍数"来确定损害赔偿额。"倍数"在理论和实践中都被理解为"加倍"，该要求进一步限缩了法官的自由裁量空间，一方面导致许可费规则被束之高阁，另一方面导致过度遏制。

本部分将首先呈现作为比较法通例的合理许可费规则，继而分析我国特有的实际许可费倍数规则。

（一）合理许可费规则

美国与德国的合理许可费规则均不以涉案权利存在实际许可费为适用前提，而是赋予法官自由裁量权，允许法官推断侵权人应当支付给权利人的费用。法院关心的对象并非实然意义上的许可费，而是应然意义上使用

---

❶ 张鹏. 日本专利侵权损害赔偿数额计算的理念与制度［J］. 知识产权，2017（6）：90.
❷ Lionel Bently, Brad Sherman. Intellectual Property Law［M］. 4th Ed. Oxford University Press, 2014：1257.
❸ 对应于《专利法（2020）》第71条与《商标法（2019）》第63条。

者应付而未付的对价。例如德国法采取第二虚拟式来强调许可费的应然性，指出许可费规则关心的是"假如侵权人要取得使用被侵害之权利的同意，原本应当支付的合理报酬"❶。英国、日本和美国法上的表述也与之类似。法院的判断重点在于"应付而未付"的数额，与实然层面权利人曾就涉案知识产权收取的许可费数额并无必然联系。

在立法文本之外，其他国家的司法实践同样传递出不以实际许可费为前提的立场。例如，《美国专利法》第 284 条第 1 款意在透过许可费视角计算损害赔偿。该款通常被具体化为分析法和假想谈判法两种方法，其中任何一种都不以实际许可费为前提。

分析法的基本思路是将侵权盈利在权利人和使用者之间分配，一部分保留给侵权人，另一部分作为合理许可费判赔给权利人。落实到操作层面，法院需要首先查明侵权人在侵权开始时的盈利预期，然后将预期盈利中的一定百分比确定为许可费费率，再用此费率乘以侵权人的实际销售额，得出侵权人应当承担的损害赔偿金额❷。法院在整个流程中都不必关心涉案专利的实际许可费。

假想谈判法更受法院青睐，而它同样不以涉案专利被实际许可为前提。假想谈判法以假想中权利人和侵权人在侵权开始时通过谈判确定的许可费作为损害赔偿计算标准❸。从法院在著名的 Panduit 案中对该方法的阐述中，我们完全看不到实际许可费的必要性："出于'补偿'无法证明的利润［损失］之目的，'合理许可费'方法将'有意愿的'许可人与被许可人召集起来，让他们像圣诞精灵中的过去之灵❹一样，在朦胧的意象中去'谈判'一份'许可'。但事实上，这里显然既没有来自任何一方的意

---

❶　§ 14 Ⅵ 6 MarkenG，§ 97 Ⅱ 3 UrhG．原文为"...den der Verletzer als angemessene Vergütung hätte entrichten müssen，wenn er die Erlaubnis zur Nutzung des verletzten Rechts eingeholt hätte"，专利法只是将"被侵害之权利"换作"被侵害之发明"，§ 139 Ⅱ 3 PatG．

❷　TWM Mfg. Co. v. Dura Corp.，789 F. 2d 895，at 899（Fed. Cir. 1986）. See also John Skenyon，Christopher Marchese，and John Land，Patent Damages Law and Practice，November 2017 Update，§ 3：8，The "analytical" method.

❸　§ 30：72. Reasonable royalty awarded as an alternative when patentee cannot prove lost profits，4 Annotated Patent Digest.

❹　"过去之灵"是狄更斯小说《圣诞颂歌》中的三名圣诞精灵之一。

愿，也不存在针对任何行动的许可。"❶ 这段生动的描述表明，美国法院不仅不重视实际许可，甚至专门强调合理许可费计算与实际许可谈判无关。

如果说 Panduit 案中对假想谈判法的说明比较感性，那么 Georgia－Pacific 案设定的 15 项合理许可费因素则为我们提供了冷静观察合理许可费规则的线索。Georgia－Pacific 因素是美国法院在确定合理许可费时最常用的工具，国内文献多有介绍。本书不拟逐字翻译，仅将各项关键词概括如下，以便读者体会实际许可费的作用有限：（1）涉案专利的实际许可费；（2）可比专利的实际许可费；（3）许可的性质和范围；（4）许可人的既定政策和销售计划；（5）许可双方的商业关系；（6）衍生或附带销售；（7）专利保护期与许可期限；（8）专利产品的盈利能力、商业成功与受欢迎程度；（9）相对旧产品的用途与优势；（10）发明的性质，权利人的利用状况与收益；（11）被告的使用程度及关于利用价值的证据；（12）在本领域或类似领域中，发明或类似发明的许可费在利润或销售价格中通常所占的比例；（13）侵权人可实现利润中归属于专利的部分；（14）专家意见；（15）假想谈判确定的价格。❷ 这 15 项因素中，只有第 1 项关心涉案知识产权的实际许可费，其余 14 项均与之无关。对美国法院而言，如果存在涉案知识产权的实际许可费，固然可以断案；即使不存在涉案专利的实际许可费，只要有可比许可费证据，同样可以计算损害赔偿；甚至在缺乏可比许可费证据的情况下，法院还可以运用关于产品与市场的各项信息来运用合理许可费规则。一言以蔽之，关于实际许可费的信息是锦上添花——有固然好，缺也无妨。❸

美国专利法在实际许可费方面的宽容体现为不仅不强求许可费的实然性，甚至不关心达成许可的可能性。换言之，法院不仅不要求涉案专利许

---

❶ Panduit Corp. v. Stahlin Bros. Fiber Works, Inc., 575 F. 2d 1152, at 1158.

❷ Georgia－Pacific Corp. v. United States Plywood Corp., 318 F. Supp. 1116 (S. D. N. Y. 1970). 美国有许多文献讨论这 15 项因素的合理性。有文献提出，由于权利人在诉讼过程中承担了非常高的专利被无效或者侵权不被认定的风向，所以法院若欲正确适用 Geogia－Pacific 因素，判决结果应当高于当事人在真实谈判中达成的许可费。(Mark Lemley, Carl Shapiro. Patent Holdup and Royalty Stacking [J]. Texas Law Review, 2007, 85：2020.) 不过这些批评对于本书关心的合理许可费是否应该以实际许可费为基础这一问题并无影响。

❸ Mahurkar v. C. R. Bard, Inc., 79 F. 3d 1572, at 1579 (Fed. Cir. 1996).

可费实际存在，甚至不要求认定的许可费在谈判中有可能达成。即使理性第三人能够推知被告在假想谈判中无意支付法院认定的许可费，也不妨碍损害赔偿被冠以"合理许可费"之名。在 Golight, Inc. v. Wal - Mart Stores, Inc. 案中，侵权人沃尔玛在上诉中声称，地区法院确定的许可费不合理，因为其远高于沃尔玛的侵权盈利，会令沃尔玛销售越多、亏损越大。联邦上诉法院并未接受沃尔玛的逻辑，而是指出"合理许可费"无须以侵权人的支付意愿为上限。❶ 在 Powell v. Home Depot U. S. A., Inc. 案中，法院进一步明确：无论是权利人的预期专利收益还是侵权人的预期侵权获盈利，都不能被视为合理使用费的上限。❷ 实际上，法院以合理许可费之名判决的损害赔偿往往大大超出真实谈判中可能达成的许可费。有研究者搜集了 Westlaw 数据库中从 1982～2005 年的所有知识产权损害赔偿案件，发现法院判决的平均合理许可费占侵权产品售价的 13.13%，远高于产业实践的许可费标准。❸ 正如美国联邦巡回上诉法院所言："尽管名为'合理许可费'，但法院根据第 284 条确定损害赔偿之目的，乃是补偿专利权人因专利权受侵害遭受的损失，而非真正支付许可费。"❹ 因此，美国专利法上的合理许可费具有强烈的"应然"特质，与"实然"许可费的关联异常微弱。

美国法院在计算商标❺与版权❻损害赔偿时，不仅同样重视对合理许可费的考查，而且同样不以涉案知识产权实际许可费的存在为适用前提。在版权法上，针对原告不开发的市场，原告并无利润损失，只有许可费损失。例如当被告未经授权把原告小说改编成电影时，被告本应支付的许可费便可成为损害赔偿的依据。❼ 在商标法中，尤其当被告从原告处获得了

---

❶ Golight, Inc. v. Wal - Mart Stores, Inc., 355 F. 3d 1327, 1338 (Fed. Cir. 2004).

❷ Powell v. Home Depot U. S. A., Inc., 663 F. 3d 1221, at 1238 - 1239, (Fed. Cir. 2011).

❸ Mark Lemley, Carl Shapiro. Patent Holdup and Royalty Stacking [J]. Texas Law Review, 2007, 85: 2032.

❹ Information Resources, Inc. v. Test Marketing Group, Inc., 22 F. 3d 1102, at 1.

❺ 15 U. S. C. § 1117.

❻ 17 U. S. C. § 504.

❼ Alfred Yen, Joseph Liu. Copyright Law: Essential Cases and Materials [M]. 2nd ed. West, 2011: 593.

商标许可但超范围使用时，假想许可费更是计算损害赔偿的重要途径。值得注意的是，即便在这种情况下，法院也未必采用原被告就涉案商标达成的实际许可费，而有可能根据被告的具体使用情况对实际许可费予以上浮或者下调，因为"在有些情况下，以［实际］许可费为基础计算的损害赔偿并不能反映出一个真实许可关系中的其他优势与劣势。"❶

同样的理解也贯穿于德国专利法上的合理许可费规则：实际许可费费率是确定适当许可费的考虑因素之一，但法院确定合理许可费的最重要因素是知识产权在市场上的客观价值。为尽可能准确地呈现该价值，所有可能因素都应当被纳入考虑范围。❷ 法院最终确定的合理许可费额度，既可能高于也可能低于实际许可费，❸ 还可能在原被告根本不会达成许可协议的情况下被确定。

总之，从各国司法实践又见之，合理许可费判断主要是应然判断，与现实存在的实际许可费之间关系微弱。合理许可费规则的适用，绝不以存在实际许可费为前提。

（二）实际许可费倍数规则

其他法域把"许可费"视为应然判断，我国则将"许可费"理解为事实认定。就笔者所见，如此规定是比较法上的孤例。这一"制度创新"在2000年《专利法》修改过程中被引入知识产权体系，当时组织起草修订草案的尹新天先生对规则解释如下："参照许可费的合理倍数方式确定赔偿数额，其使用条件除了权利人的实际损失和侵权人的非法获利难以确定外，还应当包括专利权人已经就涉案专利权与他人订立了实施该专利的许可合同，有相应的许可使用费标准可以参照。如果专利权人根本没有许可他人实施其专利，权利人就难以主张以这种方式来确定赔偿数额。"❹ 按照

---

❶ Restatement (Third) of Unfair Competition § 36 (1995), database last visited on Nov 10, 2018.

❷ Grabinski/Zülch in Benkard, Patentgesetz, 11. Auflage 2015, § 139 Rn. 66.

❸ Grabinski/Zülch in Benkard, Patentgesetz, 11. Auflage 2015, § 139 Rn. 68.

❹ 尹新天. 中国专利法详解（缩编版）［M］. 北京：知识产权出版社，2012：569－570.

司法解释，不存在实际许可费的情况下，法院不能适用许可费规则，而应转采法定赔偿规则。❶ 立法和司法机关可能认为，法定赔偿额反正不是通过精确的计算得出，因此对前提无须苛责；而许可费赔偿额乃是计算的结果，前提务求精确。所以实际许可费倍数规则的适用门槛被抬得很高。

法院在适用许可费规则时，对涉案知识产权实际许可的强调无以复加。法院会从不同角度对许可合同的实然性提出要求，包括被许可人有没有实施专利、许可双方是否存在利害关系❷、许可费是否支付❸、许可合同是否备案❹等。甚至在原告提供被许可方的支票和收据的情况下，法院仍然拒绝承认原告获得了许可费。❺

除了强调涉案知识产权许可费的实然性，我国还将实际许可费的"倍数"作为确定损害赔偿合理性的途径，这同样是比较法孤例。许多国家的知识产权损害赔偿立法中没有任何关于"倍数"的表述；即使有，也与许可费规则无关，而是为了实现惩罚目的。例如《美国专利法》第 284 条第 1 款是许可费规则，并无关于"倍数"的表述；第 2 款才规定"法院可以将认定或估算的额度增加至最高三倍"，这款恰恰不是许可费规则，而是加重赔偿（或称惩罚性赔偿）规则。❻ 但按照尹新天先生的理解，我国的实际许可费倍数规则意在填平，而非惩罚。之所以提到"倍数"，"本意并非要突破我国民事侵权理论中关于损失赔偿的补偿性原则，转而对侵权人实行惩罚性原则，而是在于如果仅仅按照专利许可使用费的 1 倍来确定赔偿数额，则还不足以'填平'专利权人所受到的损失。"❼ 其他国家或者是填平而不加倍（如德国），或者实行加倍但并非出于填平目的，似我国以

---

❶ 《最高人民法院关于审理专利纠纷案件适用法律问题的若干规定（2015）》第 21 条规定："没有专利许可使用费可以参照或者专利许可使用费明显不合理的，人民法院可以根据专利权的类型、侵权行为的性质和情节等因素，依照专利法第六十五条第二款的规定确定赔偿数额。"

❷ 浙江黄岩宾王土工合成材料有限公司与瑞安新世纪排水带厂专利侵权纠纷案，浙江省高级人民法院（2005）浙民三终字第 254 号。

❸ 梁景照与杨有洪专利侵权纠纷案，广东省高级人民法院（2003）粤高法民三终字第 16 号。

❹ 上海恒昊玻璃技术有限公司与福州顶晶玻璃有限公司专利侵权纠纷案，福州市中级人民法院（2005）榕民初字第 419 号。

❺ 梁景照与杨有洪专利侵权纠纷案，广东省高级人民法院（2003）粤高法民三终字第 16 号。

❻ 35 U. S. Code § 284.

❼ 尹新天. 中国专利法详解（缩编版）[M]. 北京：知识产权出版社，2012：570.

填平为目的而加倍的做法，难免引人注目。

合理许可费规则与实际许可费倍数规则相比，差异明显：前者"宽进严出"，门槛不高，但适用时需综合多种因素灵活确定；后者"严进宽出"，门槛很高，不过一旦适用就只剩加倍幅度需要考虑。我国独具特色的实际许可费规则是否值得推崇，值得分析。

三、实际许可费倍数规则的缺陷

实际许可费倍数规则的初衷是在降低裁判难度和防止裁量权滥用之间寻求平衡。遗憾的是，这项独具特色的规则不仅未对我国知识产权损害赔偿的理论与实践产生积极影响，反而带来不少弊端。

（一）助长法定赔偿泛滥

前文反复指出，实际许可费倍数规则大幅抬高了许可费规则的适用门槛，限缩许可费规则的适用范围。这一做法最直接的后果是将本该通过许可费规则处理的损害赔偿纠纷挤压到法定赔偿规则领域，从而助长了法定赔偿规则泛滥，降低了损害赔偿可预见性，而且不利于结构化经验的积累。

法定赔偿规则被引入我国知识产权损害赔偿体系后，迅速喧宾夺主，引发了广泛关切。❶ 主流意见将这一难题归咎于法定赔偿规则的自身缺陷，或者解释为误用证据规则的结果。"自身缺陷论"者的解决方案是改造法定赔偿规则本身，要求法院降低法定赔偿的适用比例，❷ 或者细化法定赔

---

❶ 2014 年的一项实证研究表明，3968 件案件中 3483 件采取了法定赔偿方式，占全部案件的 87.78%。本比例系根据研究报告的数据计算得出。原始数据参见：詹映. 中国知识产权合理保护水平研究 ［M］. 北京：中国政法大学出版社，2014：129 – 130.

❷ 例如：詹映. 中国知识产权合理保护水平研究 ［M］. 北京：中国政法大学出版社，2014：15.

偿的考虑因素。❶"程序缺陷论"者的解决方案则是降低对原告举证责任的要求。❷ 两类主流意见均不认为法定赔偿泛滥问题与许可费规则有关联。但是，法定赔偿规则的适用比例显然不仅取决于该规则本身，还受到其他损害赔偿规则的影响。法定赔偿问题的解决，也不可能仅凭程序修补加以实现，而必然仰赖于对实体利益分配模式的深入研究。法定赔偿适用比例"过高"，意味着实际损失、违法获利以及许可费规则的适用比例"过低"，未能发挥应有的作用。❸ 其中尤其引人注目的，便是在美国、德国等其他法域大展拳脚而在我国却碌碌无为的许可费规则。

法定赔偿在我国的"越位"与许可费规则的"失位"密切相关。在理应肩负重任的许可费规则难以发挥作用时，法定赔偿只能勉为其难地承担起确定绝大多数知识产权损害赔偿的任务。大量在其他国家通过许可费规则解决的问题，在我国只能被挤压到法定赔偿项下解决。法院也承认，"司法实践中，由于原告提供的专利许可使用费证据缺乏关联证据佐证而鲜有被法院采信，故参照许可使用费合理倍数认定判赔额的案件也较为少见。"❹

甚至在确实存在实际许可费证据的情况下，法院有时也被迫求助法定赔偿，以避开实际许可费倍数规则的僵化要求。例如，在日星缝纫机（上海）有限公司诉启翔（针车）上海有限公司案中，原告曾以 50 万元授予第三方许可。法院一方面愿意将实际许可费作为参考因素，但另一方面，许可双方之间的关联关系又使法院不愿在 50 万元的基础上加倍。最后法院采用法定赔偿，"综合参考涉案专利的类别、被告实施侵权行为的手段、

❶ 例如：王迁，谈天，朱翔. 知识产权侵权损害赔偿：问题与反思［J］. 知识产权，2016（5）：38；黄学里. 理性的量化：知识产权法定赔偿之恪守与超越——基于 310 份案例之 SPSS 统计分析［C］//最高人民法院. 建设公平正义社会与刑事法律适用问题研究——全国法院第 24 届学术讨论会获奖论文集（上册）. 2012：514 –518.

❷ 唐力，谷佳杰. 论知识产权诉讼中损害赔偿数额的决定［J］. 法学评论，2014（2）：183 –184.

❸ 蒋舸. 知识产权法定赔偿向传统损害赔偿计算方式的回归［J］. 法商研究，2019（2）：182 –192.

❹ 2015 年浙江法院十大知识产权保护案件之三：浙江龙盛集团股份有限公司与绍兴县滨海飞翔化工有限公司侵害发明专利权纠纷案，浙江省高级人民（2015）浙知终字第 91 号，入选理由部分。

规模、情节、主观故意程度等因素，并适当参考原告与专利权人的专利许可使用费"，酌情判决经济损失 25 万元。❶

有人可能会提出：既然合理许可费规则和法定赔偿一样，都赋予法官巨大的自由裁量权，都不可能得出精确结果，我们还需要计较法院究竟适用哪项规则吗？答案是肯定的。因为无论从认识论还是本体论层面看，两项规则都存在显著差异。从认识论层面看，合理许可费规则背后是丰富的结构化经验，而法定赔偿则不能提供成熟的分析框架，前者的认知经济性远远高于后者。各国已就合理许可费的认定发展出大量经验，例如前述的 Georgia－Pacific 分析框架，15 项因素中的每一项都经过了细致讨论，为后续发展奠定了良好的基础。略加修正即有可能形成符合国情的结构化认知框架。而如果我们抛弃合理许可费规则，就相当于放弃了既有的结构化经验，从头开始探索经验，这显然是极度缺乏认知效率的。而从本体论层面讲，合理许可费规则和法定赔偿规则在赔偿上限、考虑因素和分析结构方面都存在明显差异，从而导致法院在收集证据、评价证据时的注意力分配有所不同，很可能对结果产生巨大影响。仍以前述专利侵权司法解释为例，法院在适用实际许可费倍数规则时关注"专利权的类别、侵权人侵权的性质和情节、专利许可使用费的数额、该专利许可的性质、范围、时间等因素"，而在适用法定赔偿时则关注"专利权的类别、侵权人侵权的性质和情节等因素"。❷ 二者相比，法定赔偿规则完全忽略可比许可费方面的证据。尽管部分法院在判决法定赔偿时，实际上有可能把可比许可费证据纳入考虑范围，但并不会澄清许可费相关信息与其他信息之间的关系。换言之，即使法定赔偿没有完全忽略与许可费相关的信息，其分析也是混沌的、非结构化的。每个损害赔偿决策过程中的司法注意力资源十分有限，不同的注意力管理方案提供的分析框架相距甚远，很可能导向迥异的结果。实际许可费倍数规则将大量本应参考合理许可费框架的决策挤压到法定赔偿领域之中，既造成法定赔偿的臃肿不堪，也加剧了赔偿数额的判断误差。

---

❶ 日星缝纫机（上海）有限公司与启翔（针车）上海有限公司侵害实用新型专利权纠纷案，上海市高级人民法院（2010）沪高民三（知）终字第 11 号。
❷ 《最高人民法院关于审理专利纠纷案件适用法律问题的若干规定》（法释〔2015〕4 号）第 21 条。

（二）过度依赖单一证据

尽管中国法院极少适用许可费规则，不过一旦适用，就会走向另一极端，将实际许可费信息作为确定损害赔偿额的决定性因素。例如在西电捷通诉索尼案中，权利人与案外人签订的许可合同载明每台手机的专利提成费为 1 元，尽管被告指出涉案专利仅为被许可专利包中的一项，但法院仍以涉案专利是核心专利为由，直接认定"上述四份合同中约定的 1 元/件的专利提成费可以作为本案中确定涉案专利许可费的标准"。❶ 法院既未澄清涉案专利与专利包之间的价值差异，也未比较许可使用行为与被告使用行为在地域、时间、产品范围、配套服务等方面的不同。

相比之下，美、德等国在运用许可费规则时，并不会将实际许可费视为认定损害赔偿额的决定因素，而仅仅将其作为参考因素。法院意识到，实际许可费常常不能准确反映涉案知识产权的价值，例如侵权泛滥会迫使权利人收取低于正常标准的实际许可费，❷ 而许可协议中的配套服务又令实际许可费包含了侵权人无法享受的好处。所以，美国法院反复强调可比性才是重点，实际许可费本身不应受到过度重视，这一态度近年来愈发明确。❸ 例如在 Wordtech 案中，尽管存在专利权人与 13 个不同主体签订的许可合同，但没有一份合同中的实际许可费被上诉法院接受为损害赔偿的计算基础。针对地区法院陪审团将两份一揽子合同许可费平均值作为损害赔偿额的做法，❹ 上诉法院明确予以反对，指出"这种'平均'理论站不住脚，因为没有任何证据表明两份一揽子许可与 INSC 实施的侵权销售具有

---

❶ 西安西电捷通无线网络通信股份有限公司与索尼移动通信产品（中国）有限公司侵害发明专利权纠纷案，北京知识产权法院（2015）京知民初字第 1194 号。

❷ Nickson Indus. Inc. v. Rol Mfg. Co., 847 F. 2d 795（Fed. Cir. 1988）.

❸ 例如：ResQNet. com, INc. v. Lansa, Inc, ., 594 F. 3d 860（Fed. Cir. 2010）；Cornell Univ. v. Hewlett‒Packard Corp., 609 F. Supp. 2d 279（N. D. N. Y. 2009）；IP Innovation L. L. C. v. Red Hat, Inc., 705 F. Supp. 2d 687（E. D. Tex. 2010）.

❹ 两份合同中约定的许可费分别是 170 000 美元和 350 000 美元，平均值是 262 500 美元，而陪审团的判决额是 250 000 美元。Wordtech Sys. Inc. v. Integrated Network Solutions, Inc. 609 F. 3d 1308, at 1320（Fed. Cir. 2010）.

可比性。两份许可合同既没有说明计算一揽子许可费的方法，也没有指出被许可人意图实施专利的产品，更没有描述被许可人的预期产量。"❶ 商标领域同样如此，即使原告能够提供实际许可费证据，法院也会根据侵权人与被许可人相比所具有的"优势"（如容易逃避追究）或者"劣势"（如无法享受配套服务）进行精细调整，❷ 而不会通过简单地对实际许可费进行加倍来确定损害赔偿。

德国法院同样不会按照实际许可费直接确定损害赔偿，而是会详细考查实际许可费与被告使用情况的差异。❸ 法院既会考虑在实际许可费基础上降低赔偿额的因素，也会考虑提升赔偿额的因素。导致实际许可费下调的因素是许可合同赋予实际被许可人在利用涉案知识产权之外的各种利益，包括权利人提供的商业秘密、技术支持、配套服务、推广协助，以及不受禁令威胁、开展长期商业规划并充分利用前期投资的安全感；相比之下，侵权人使用的是缺乏配套支持的裸权利，而且时刻担心停产停销。合法被许可费获得的配套支持越多，侵权人为实施权利进行的投入越多、转换成本越高，侵权人相较于实际被许可人的劣势越明显，法院越可能降低实际许可费以反映侵权使用的价值。导致上调实际许可费的则是所有将侵权人置于比合法被许可人更有利地位的因素。除了逃避追究的概率之外，德国法院还会考虑侵权人不受权利人定价策略约束、侵权人付款方式对权利人负担过重（以诉讼为前提且周期过长）、侵权人不与权利人分享技术和销售信息，以及侵权人无须为最终被宣告无效的专利权或者商标权支付许可费等。这些因素都可能促使法官在实际许可费基础上提高损害赔偿额，以便更准确地反映侵权使用的价值。❹

过于重视实际许可费并不符合损害赔偿计算原理。过于依赖实际许可费的做法可能导致法官的思考被锚定在错误的起始位置上，以致后续误差

---

❶ Wordtech Sys. Inc. v. Integrated Network Solutions, Inc. 609 F. 3d 1308, at 1320 (Fed. Cir. 2010).

❷ Bandag, Inc. v. Al Bolser's Tire Stores, Inc., 750 F. 2d 903 (Fed. Cir. 1984).

❸ BGH, Urteil vom 06. 03. 1980 – X ZR 49/78 (OLG Frankfurt/M.), GRUR 1980, 841, 844 – Tolbutamid.

❹ Vgl. Grabinski/Zülch in Benkard, Patentgesetz, 11. Auflage 2015, § 139 Rn. 68.

过大。正确的合理许可费规则对应着"宽进严出"的思考模式：只要存在许可费方面的证据，法院都应考虑；但在考虑过程中，应当重视侵权行为与许可范围的差别。我国的实际许可费倍数规则恰恰相反，对应的是"严进宽出"的思考模式：法院在缺乏涉案知识产权实际许可费时，不考虑类似知识产权提供的许可费信息；当存在实际许可费证据时，又过度重视许可费信息。就认定损害赔偿而言，无论是在考虑许可费视角时的"严格"，还是评价实际许可费证据时的"宽松"，都有违许可费规则的本意。

（三）容易造成说理粗糙

实际许可费倍数规则的另一个弊端，是立法文本中的"倍数"一词，可能给法院造成了微妙的心理暗示，导致法院在以实际许可费为基础上调损害赔偿额时，习惯成倍上调，或者在成倍上调后取整数金额判赔。这种粗放的上调模式往往对加倍幅度缺乏解释。尽管司法实践中通常将"倍数"限于3倍以内，但即便是100%~300%的自由裁量空间，也很可能对当事人利益产生巨大影响。❶

尤其是当实际许可费数额巨大时，粗放加倍对被告责任范围的影响更加明显。在前述西电捷通诉索尼案中，按照实际许可费率计算出原告应付的许可费为2876391元。法院认为："考虑到涉案专利为无线局域网安全领域的基础发明、获得过相关科技奖项、被纳入国家标准以及被告在双方协商过程中的过错等因素，本院支持原告'以许可费的3倍确定赔偿数额'的主张，确定经济损失赔偿数额为8 629 173 元（2 876 391 ×3）。"针对200%的上调幅度和接近600万元的上调金额，法院的说理可谓相当简短。❷ 在宋守淮等诉宋锦钢案中，法院首先确定专利许可费为15.5万，继

---

❶ 从专利法和商标法措辞看，"倍数"并无上限。法院通常以实际许可费的3倍为上限确定损害赔偿额，这可能与早年专利法司法解释中将倍数解释为"1 至 3 倍"有关。《最高人民法院关于审理专利纠纷案件适用法律问题的若干规定》（法释〔2001〕21 号）第 21 条指引法院"参照该专利许可使用费的 1 至 3 倍合理确定赔偿数额"。该司法解释 2013 年修改后仍然沿用"1 至 3 倍"的上浮区间，但在 2015 年的修改中去除了 3 倍上限。

❷ 西安西电捷通无线网络通信股份有限公司与索尼移动通信产品（中国）有限公司侵害发明专利权纠纷案，北京知识产权法院（2015）京知民初字第 1194 号。

而"综合考虑本案专利权的类别、侵权人明显存在侵权恶意、专利许可使用费的数额、专利许可的性质、范围和时间等因素",将损害赔偿额认定为许可费的 3 倍,加合理费用后,被告共需赔偿 50 万元。法院的简单解释并不足以说明为什么需要上调幅度超过 200%,上调金额超过 30 万元。❶在浙江龙盛集团股份有限公司与绍兴县滨海飞翔化工有限公司侵害发明专利权纠纷案中,被告应当支付的专利许可使用费为 300 万元,法院以被告主观恶意和原告合理支出为理由上调到了 500 万元,相当于实际许可费的167%,上调数额为 200 万元。❷商标领域的情况相似。在北京盖伦教育发展有限公司与石家庄市新华区凯迪培训学校侵害商标权纠纷案中,法院按照侵权时间和侵权规模等因素初步确定的许可使用费是 28.56 万元,但法院根据倍数条款直接确定损害赔偿额为 60 万元,相当于按照实际许可费率计算金额的 210%,上调数额超过 30 万元。❸

前述案件显示实际许可费倍数规则在实践中往往导致粗放的上调决策。法院很少就具体上调幅度进行说明,而是直接确定整数倍上调比例或者整数式赔偿总额。法院或者直接认定上调 3 倍,❹或者将上调后的总额直接定为 500 万元、❺50 万元❻或者 60 万元,❼缺乏对侵权细节与上调幅度因果关系的足够说明。知识产权损害赔偿计算具有高度复杂性,人们不应苛求法院进行巨细靡遗、公式推演般的说理。但当上调决策动辄涉及当事人数十万元甚至数百万元的利益时,人们不仅期待法院提供上调因素的

---

❶ 宋守淮等诉宋锦钢,侵害发明专利权纠纷上诉案(2013)粤高法民三终字第 739 号。

❷ 2015 年浙江法院十大知识产权保护案件之三:浙江龙盛集团股份有限公司与绍兴县滨海飞翔化工有限公司侵害发明专利权纠纷案,浙江省高级人民(2015)浙知终字第 91 号。

❸ 北京盖伦教育发展有限公司与石家庄市新华区凯迪培训学校侵害商标权纠纷案,河北省石家庄市中级人民法(2014)石民五初字第 00367 号,河北省高级人民法院(2015)冀民三终字第 62 号。

❹ 西安西电捷通无线网络通信股份有限公司与索尼移动通信产品(中国)有限公司侵害发明专利权纠纷案,北京知识产权法院(2015)京知民初字第 1194 号。

❺ 2015 年浙江法院十大知识产权保护案件之三:浙江龙盛集团股份有限公司与绍兴县滨海飞翔化工有限公司侵害发明专利权纠纷案,浙江省高级人民(2015)浙知终字第 91 号。

❻ 宋锦钢与宋守淮等侵害发明专利权纠纷上诉案,(2013)粤高法民三终字第 739 号。

❼ 北京盖伦教育发展有限公司诉石家庄市新华区凯迪培训学校侵害商标权纠纷案,河北省石家庄市中级人民法院(2014)石民五初字第 00367 号,河北省高级人民法院(2015)冀民三终字第 62 号。

清单，还希望见到法院对各项因素的影响予以适当说明，以便理解其与损害赔偿额之间的因果关系。例如在宋守淮等诉宋锦钢案中，法院虽然表明是在"综合考虑本案专利权的类别、侵权人明显存在侵权恶意、专利许可使用费的数额、专利许可的性质、范围和时间等因素"的基础上对实际许可费进行加倍，但并未说明专利权类别、许可性质、范围和时间等因素为何偏偏导致 3 倍赔偿，而不是 2 倍或者 1.5 倍赔偿。在法院列举的因素中，有些根本与确定倍数无关，另一些尽管可能对倍数产生影响，但在个案中无法推出"3 倍"的结果。"专利权类别"就是与倍数无关的因素。法定赔偿关心专利权类别，是为了通过发明专利、实用新型与外观设计的分类来简单推测权利价值。所以，"专利权类别"仅能极其粗放地划定权利的价值区间，而与在实际许可费基础上加倍缺乏任何联系。"专利许可的性质、范围和时间"虽然与许可费调整有关，但实际许可的"性质、范围和时间"与侵权行为相比差异究竟有多大，法院如何评价这些差异，仍需法院解释公众才能明白。遗憾的是，判决中并无相关阐述。读者难免感到，法院很可能只是受到立法文本中"倍数"一词的影响，直接认定了整数倍的加倍幅度。下文中的美国法院纠结于许可费率上调 9% 是否属于自由裁量权滥用时，我国立法文本直接采用了"倍数"一词，所以法院直觉上不会关心这种"0.09 倍"的变化，容易忽略整倍调整之外的选择。

　　立法文本选择的措辞对法院的影响有时是潜移默化的。《美国专利法》同样包含"上调"的意思，第 284 条第 1 款规定损害赔偿"不低于"（no less than）合理许可费，但法院的上调幅度往往精细很多。在 Mahurkar v. C. R. Bard 案中，地区法院首先算出了基础的合理许可费费率是 25.88%，然后以追求更优预防效果为由上调 9%，将 34.88% 的许可费费率作为损害赔偿计算基础。上诉法院以 9% 增加部分无法得到判决说理支持为由，认定地区法院的损害赔偿决定是"对自由裁量权的滥用"。❶ 如果美国法上也采用了"倍数"一词，法院是否还会关心这种"0.09 倍"的变化幅度，值得怀疑，这从美国适用倍数赔偿条款时往往进行整数加倍可见一斑。美国法院在计算补偿式损害赔偿时更加精细，当然绝不仅是立法措辞的不同

---

❶ Mahurkar v. C. R. Bard, Inc., 79 F. 3d 1572（1996）.

所导致，而更多是其司法资源、司法习惯影响的结果。不过，措辞选择很可能确实对许可费规则的适用模式产生了一定影响，值得关注。

（四）可能导致过度遏制

实际许可费倍数规则的最后一项弊端，是容易对知识产权使用者造成过度遏制。

第一，实际许可费倍数规则中的"倍数"，在实践中仅指上调而不包括下调，这使许可费计算的偏差表现为偏高而非偏低。专利法修改者曾表示："有人询问，所称'倍数'能不能是专利许可费使用费的 0.5 倍？回答应当是否定的。"❶ 如果严格执行立法文本，实际许可费倍数规则的上调幅度甚至不受上限限制。立法机关负责人主编的文献指出："至于'倍数'的具体数额，本法未作具体规定。需要由人民法院或者管理专利工作的部门根据案件的具体情况，按照能够使专利权人因侵权行为受到的实际损失得到充分的赔偿，使侵权人不能因侵权行为得到任何好处的原则，合理确定。"❷ 只是由于早期司法解释中将"倍数"具体化为"1~3倍"，实务中基本遵照执行，算是对上调幅度有所限制。如果缺乏上限的约束，粗放的整倍上调更容易偏离理性轨道。

第二，由于人们对上调的正当性缺乏系统思考，或许在适用实际许可费倍数规则时不恰当地追求遏制或者惩罚目标。法院需要充分意识到不同损害赔偿规则的分工：实际损失、违法获利、实际许可费倍数以及法定许可均为补偿性规则，只有惩罚性赔偿规则（商标法、著作权法以及专利法领域已经引入的5倍赔偿）才可以追求超出个案填平的最优遏制效果。实际许可费倍数规则的补偿功能可以体现在如下方面：当侵权人比实际被许可人的实施范围更大、实施期间更长、支付给权利人的非金钱对价更少（例如不需要将后续知识产权回授给权利人）、给权利人造成的利益损失更不可控（例如由于侵权产品的价格侵蚀效应降低了权利人的盈利率）时，

---

❶ 尹新天. 中国专利法详解（缩编版）[M]. 北京：知识产权出版社，2012：570.
❷ 卞耀武. 中华人民共和国专利法释义 [M]. 北京：法律出版社，2001：104.

侵权人理应付出比实际许可费更高的代价，差额正好通过实际许可费倍数规则中的"加倍"因素实现。因此，尽管存在"加倍"，实际许可费倍数规则仍应是纯粹的补偿性规则。实际许可费倍数规则的补偿性质，既符合我国损害赔偿坚持填平原则的传统，也能反映其与惩罚性赔偿的分工。

实际许可费倍数规则突破填平原则，只在一种情况下具备正当性，那就是作为权宜之计，在立法正式引入惩罚性赔偿前履行加重赔偿职能。理论上，加重赔偿的正当性基础在于抵消被告逃避追究的可能。❶ 知识产权侵权人特别容易逃避追究，因此加重赔偿在知识产权领域具有必要性。在惩罚性赔偿肩负起加重职责前，实际许可费倍数规则中的"倍数"可以被临时用于实现加重效果。不过，当法院在实际许可费基础上加倍时，应当分别说明导致个案填平和最优遏制的加倍区间。可惜在实践中，即便是标志性案件也未对实际许可费的加倍理由进行说明。以广受关注的西电捷通诉索尼案为例：该案从权利要求解释、间接侵权到权利用尽等各环节均存在争议。即使在所有环节按照最有利于原告的方式适用法律，被告的责任上限也只是为生产的每台手机（而非在生产过程中用涉案方法专利进行检测的每台手机）按照实际许可费标准支付赔偿。然而，法院在此基础上径直乘以 3 倍，并且没有说明加倍的理由。加倍显然不是出于补偿目的，而由于手机入网需要许可证，被告绝无逃避追究的可能性，因此也没有必要通过加倍实现最优预防。可见，实际许可费倍数规则在实践中会偏离本应具备的填平功能和临时承担的预防功能，被错误地用于实现填平和预防之外的目的。

第三，实际许可费倍数赔偿规则与惩罚性赔偿的关系不清，两项规则考虑的加倍因素有所雷同。例如"情节严重"既是《商标法》❷、《专利法》❸ 和《著作权法》❹ 中惩罚性赔偿中的加倍因素，也是司法解释中实

---

❶ Mitchell Polinsky, Steven Shavell. Punitive Damages：An Economic Analysis ［J］. Harv. L. Rev.，1998，111：877 – 896.

❷ 《商标法（2019）》第 63 条第 1 款："对恶意侵犯商标专用权，情节严重的，可以在按照上述方法确定数额的一倍以上五倍以下确定赔偿数额。"

❸ 《专利法（2020）》第 71 条第 1 款："对故意侵犯专利权，情节严重的，可以在按照上述方法确定数额的一倍以上五倍以下确定赔偿数额。"

❹ 《著作权法（2020）》第 54 条第 1 款："对故意侵犯著作权或者与著作权有关的权利，情节严重的，可以在按照上述方法确定数额的一倍以上五倍以下给予赔偿。"

际许可费倍数规则中的加倍因素。❶ 这意味着同一加重因素可能被重复考虑，导致过度遏制。

实际上，不规定"倍数"未必导致预防不足。无论是我国法上的"倍数"还是美国专利法要求赔偿"无论如何不低于合理许可费"，出发点都在于单倍许可费"会导致侵权成为竞争者从专利权人那里获得'强制许可'的便利手段"，难以实现最优遏制。❷ 不过，最优预防的实现常常并不依赖于实际许可费的提升，因为损害赔偿远非知识产权法发挥遏制作用的唯一渠道。且不提行政责任和刑事责任的巨大遏制效果，即使在民事责任体系内部，损害赔偿也远不是侵权责任的唯一承担方式。

首先，禁令的遏制效果通常远超损害赔偿。❸ 除非侵权人能以很低的成本从生产销售侵权产品转向生产销售非侵权产品，否则侵权人在生产线和销售渠道等方面投入的沉没成本将被完全浪费，从而让侵权人处于比不侵权更差的地步。❹ 正因如此，美国学者甚至指出："在大多数知识产权诉讼中，当法官做出支持或者拒绝颁发禁令的决定时，主要战争已告结束。"❺ 美国仅有 3/4 的案件发放永久禁令，威慑作用已经足够。我国近乎百分之百的禁令支持率，显然会产生强烈的侵权遏制效果。

其次，诉讼成本也能构成对潜在侵权人的遏制。当法院支持的诉讼成本足够高时，侵权人单纯出于对诉讼成本的忌惮就可能选择不侵权。近年来，在加大知识产权保护力度的背景下，法院支持的原告合理开支额度越来越高。我们有理由相信诉讼成本能够发挥越来越明显的遏制侵权作用。

再次，民事制裁措施也具有很强的遏制效果。尽管《民法典》总则编废除了《民法通则》有关民事制裁措施的规定，但知识产权法领域的民事

---

❶ 《重庆市高级人民法院关于印发〈关于确定知识产权侵权损害赔偿数额若干问题的指导意见〉的通知》（渝高法〔2007〕89 号），其第 16 条规定："对于以假冒为业或多次侵权等情节严重的行为可以适用较高倍数。许可使用费的倍数一般在 1～3 倍以内考虑。"

❷ Panduit Corp. v. Stahlin Bros. Fiber Works, Inc., 575 F. 2d 1152, at 1158 (1978).

❸ Martin Adelman, Randall Rader, John Thomas, Harold Wegner. Cases and Materials on Patent Law II [M]. West, 2003: 931.

❹ Martin Adelman, Randall Rader, John Thomas, Harold Wegner. Cases and Materials on Patent Law II [M]. West, 2003: 947.

❺ Graeme Dinwoodie, Mark Janis. Trademarks and Unfair Competition [M]. Apsen, 2004: 869.

制裁措施条款至今依然存在，并无被废除的动议。不排除在"加大知识产
权保护力度"的政策背景下，这些条款仍被期待发挥遏制侵权作用。例如
《著作权法》第58条规定了司法没收，再如《北京市高级人民法院关于确
定著作权侵权损害赔偿责任的指导意见》第19条还规定了罚款和销毁等
其他民事制裁措施。单是罚款一项的威慑力就相当可观，因为其最高可以
达到"判决确定的赔偿数额的3倍"。❶

可见，在我国现有的知识产权制度框架下，禁令、诉讼成本和民事制
裁措施都是有效的遏制工具，我们没有必要将遏制侵权的希望全部寄托在
损害赔偿之上。相反，我们有必要对过度赔偿保持警惕。尤其在专利法和
著作权法领域，由于科技进步与文艺创新都是累积性的，因此过度赔偿对
后续创新的负面影响尤其不能忽视。❷ 早有学者指出，过高许可费赔偿对
社会而言绝非最优选择。❸ 还有学者提出，如果法院对反复挑战专利权的
被告判处高额赔偿，可能造成信息使用方不敢坚持挑战权利效力，结果社
会不得不维持本不该存在的排他权。上述各方面质疑导致美国法院近年在
判定合理许可费时越来越严格。❹ 这也从侧面提醒我们在探索合理的损害
赔偿机制时，始终不能忘记完全赔偿和最优遏制才是目标，遏制过度和遏
制不足一样是需要避免的陷阱。如果我们在欠缺系统化思考的情况下盲目
叠加实际许可费倍数和惩罚性赔偿的加倍判赔，很可能导致事与愿违的
结果。

四、许可费规则的解释论构造

许可费规则问题的出路是给合理许可费规则提供适用空间。在立法论

---

❶ 京高法发［2005］12号，2005年1月11日。

❷ 蒋舸. 著作权法与专利法中"惩罚性赔偿"的非惩罚性［J］. 法学研究，2015（6）：
80 - 97.

❸ 学界的批评例如：Brian Love. The Misuse of Reasonable Royalty Damages as a Patent Infringe-
ment Deterrent［J］. Missouri Law Review, 2009, 74：909.

❹ 例如：Lucent Technology, Inc. v. Gateway, Inc., 580 F. 3d 1301 (Fed. Cir. 2009).

层面，补偿性赔偿规则可作如下修改："侵犯专利权/商标权的赔偿数额按照权利人因被侵权所受到的实际损失确定；侵权人因侵权所获得的利益在与实际损失相当的前提下，可以被用于计算实际损失；侵权人应当支付而未支付的合理许可费，也可以被用于计算实际损失。"法定赔偿无论是否保留，均可。与许可费相关的改动包含两层意思：第一，许可费规则只是计算损失的一种方法，并非独立于实际损失的填平对象。因此，无论当事人是否主张，法院都可以采用合理许可费方法来计算损失。第二，适用合理许可费计算方法不以实际许可费为前提。不过，鉴于实际许可费规则的弊端现阶段尚未引起重视，在立法论层面用"合理许可费规则"取代"实际许可费倍数规则"恐有一定难度。在此背景下，我们不妨从解释论着手，落实合理许可费规则的理念。

在解释论层面，最适合容纳合理许可费规则的当属"实际损失"概念。如果将实际损失理解为需要被填平的对象，则合理许可费完全可以作为计算填平的方法被纳入实际损失的框架。换言之，实际损失是补偿性损失的核心概念，整个补偿性损失的构建都应当围绕它展开。实际损失既指原告因侵权行为而遭受的损失本身，也指计算实际损失的方法。而侵权获利、实际许可费倍数或者法定赔偿，仅具有计算方法层面上的意义。实际损失、侵权获利、实际许可费倍数和法定赔偿尽管在立法文本中并列出现，但其在损害赔偿理论上的地位并不相同。实际损失才是补偿性赔偿的核心，侵权获利、实际许可费倍数和法定赔偿都只是其计算方式。

如果将实际损失视为填平对象，则实际损失一词显然应做广义解释。实际损失既应包含原告在自行实施知识产权的市场上遭受的利润损失，也包含在非自行实施市场上遭受的许可费损失。[1] 在立法文本层面，实际损失概念的广义解释不存在任何障碍。专利法和商标法都要求法院在实际损失、侵权获利、许可费倍数和法定赔偿这几种计算方法中择一而终，并没有允许法院在同一案件中兼采不同计算方法，这恰恰意味着每种计算方法都必须具备算出原告全部损失的能力。如果对实际损失采狭义解释，认为

---

[1] 有学者指出：将实际损失区分为利润损失和许可费损失是损害赔偿计算中"最重要的方法"。参见：崔国斌. 专利法：原理与案例［M］. 北京：北京大学出版社，2016：839.

实际损失仅指原告在实施市场上遭受的利润损失，会导致法院不得不在同一案件中兼采实际损失与许可费规则，以致违反立法用语的限定。

或许有人提出，对实际损失采广义解释不符合司法解释，因为司法解释对实际损失的定义更符合人们对狭义利润损失的理解。《最高人民法院关于审理专利纠纷案件适用法律问题的若干规定（2015）》（法释〔2015〕4 号）第 20 条与《最高人民法院关于审理商标民事纠纷案件适用法律若干问题的解释（2002）》（法释〔2002〕32 号）第 15 条均规定，权利人的实际损失可以通过"单品利润乘以权利人减少的销量"或者"单品利润乘以侵权人的侵权销量"计算。诚然，从字面上，司法解释在说明实际损失的内涵时并未提及许可费损失。但如果有人因此断言实际损失不可能采广义解释，却过于武断，理由有二。

第一，司法解释列举了实际损失的两种计算方式，尽管第一种只能被解释为狭义的利润损失，第二种却有可能被解释为广义的"利润损失＋许可费损失"。第一种计算方式"单品利润乘以权利人减少的销量"明显局限于权利人自行实施权利的市场，因为在非实施市场上，即使不发生侵权行为，权利人也没有销量，自然不存在因侵权而导致的销量减少。例如在专利产品是手机部件，权利人生产销售该部件但并不生产销售手机的情况下，手机生产商未经许可实施专利的行为并不会造成专利产品销量减少，只会给专利权人造成许可费损失。但是，第二种计算方式"单品利润乘以侵权人的侵权销量"却有可能被解释为覆盖许可费损失，因为侵权销售不仅可以发生在权利人的自行实施市场上，也可能发生在非自行实施市场上，后者对应的损失正是许可费损失。

第二，更值得重视的理由是，司法解释并未对实际损失计算方式进行完全列举。因此，即使法院认为前述第二种计算方式不足以覆盖非实施市场上的许可费损失，仍有采取其他计算方式的充分自由，将合理许可费纳入实际损失的框架中。专利法和商标法司法解释在列举实际损失的计算方法时，均使用了"可以"一词，而不要求实际损失"必须"或者"只能"根据前述两种方法计算。只要对计算填平数额有利，法院就应当享有充分的自由裁量权。而通过将实际损失一分为二，分别计算利润损失与许可费损失后予以加总，正是计算实际损失的优选途径。在计算许可费损失时，法院无须强求涉案知识产权曾经被实际许可，只需关心合理许可费的数额。通过对实际损失采取广义解释，合理许可费规则将成为计算实际损失的有机组成部分，便利法院运用并发展有关合理许可费的结构化知识。

五、小结

知识产权损害赔偿问题具有高度复杂性。经验表明，许可费规则是降低复杂性的有效手段之一。我国在引入许可费规则时进行了本地化改造，用实际许可费倍数规则取代了国际通行的合理许可费规则。无论从理论连贯性还是现实有效性看，本地化改造都不成功。正确的做法是在立法论或解释论层面重塑许可费规则，令实际许可费倍数规则回归合理许可费规则。

在解释论层面，最可行的方案是对"实际损失"概念进行广义解释，令其既包括权利人在自行实施市场上遭受的利润损失，也包括在非自行实施市场上遭受的许可费损失。在计算许可费损失时，法院应当充分运用关于合理许可费计算的经验。通过对"实际损失"概念采取广义解释，我们可以在不改动现有知识产权损害赔偿立法文本的情况下，提升其合理性与操作性。

第十一章 专利非实施主体的损害赔偿计算

专利法确保了权利人禁止他人实施技术方案的权利，但并没有规定权利人自行实施技术方案的义务。在社会分工不够细化的过去，即使没有实施义务，权利人通常仍会或多或少地实施自己发明的技术。只要权利人有实施行为，就是正常的专利实施主体（practicing entities，PEs）。哪怕他们就没有自行实施的专利提起诉讼，公众也不会对他们另眼相看。

社会分工的细化加速了研发、实施与维权的分离。权利交易市场越发达，权利兑现越容易，排他权与生产行为脱钩也就越有底气。在专利图景中，一批完全不通过实施技术方案来实现专利价值的主体逐渐引发关注。这批主体成分复杂，其中一些的权利来自自行研发，另一些则来自收购。他们的共同点在于自身不实施任何专利，因此被称为专利非实施主体（non practicing entities，NPEs）。❶"非实施"是他们最典型的特征，使他们与有实施行为的权利人区别开来。围绕 NPE 对社会福利的影响，各国展开了激烈的讨论。肯定 NPE 社会价值者有之，但质疑其正当性者同样不少。❷ NPE 之"不受待见"，从"专利流氓"或者"专利蟑螂"的别名上可见一斑。

---

❶ 有学者将最频繁涉诉的专利之权利人分为 12 类，其中 11 类均可归入广义的 NPE 范畴，例如不限于收购专利的企业、大学、失败的初创公司、由自然人发明人创立的公司和非政府组织等。（John Allison，Mark Lemley，Joshua Walker. Extreme Value or Trolls on Top – The Characteristics of the Most – Litigated Patents [J]. University of Pennsylvania Law Review，2009，158：10 – 11.）

❷ 关于专利蟑螂对美国创新环境造成负面影响的介绍，参见：易继明. 遏制专利蟑螂——评美国专利新政及其对中国的启示 [J]. 法律科学，2014（2）：174 – 182.

　　人们讨论 NPE 的定性，目的是引导这些主体采取增加社会福利的行为模式，而引导行为模式最直接的工具当然是法律救济规则。如果权利人容易获得禁令、可以期待高昂损害赔偿而且无须承受负担对方诉讼成本的风险，自然更愿意寻求救济。但若救济规则昭示出高风险、低收益，权利人自然没有太大动力启动司法程序。

　　在禁令和损害赔偿这两类主要救济手段中，人们对禁令着力较多，而对损害赔偿的关注较少。这种研究精力的分配与 NPE 诉讼性质未必相符。PE 诉讼的目的很可能主要不在金钱而在通过禁令确保市场独占。但对 NPE 而言，禁令的目的不在市场本身，而只是确保谈判筹码的手段。金钱赔偿（无论通过损害赔偿还是禁令压力下的和解）才是整个诉讼的目的。所以，损害赔偿是 NPE 诉讼难以回避的问题。是否应当适用针对 NPE 的特殊赔偿规则？现行立法是否提供了计算 NPE 损害赔偿的适当规则？司法层面应当如何适用损害赔偿计算方法？只有回答这些问题，我们才有望建立一套恰当的 NPE 利益分配模式。

　　由于 NPE 的范畴相当宽泛，所以笼统的讨论不容易产生有价值的成果。本书后续讨论主要针对 NPE 中更容易受到诟病的类型展开。有些 NPE 尽管不实施任何专利，但公众通常不对他们的专利维权行为的正当性抱有疑虑。例如大学通常不会自行实施专利，只会通过获取许可费来实现专利价值，显然属于字面意义上的 NPE。但从其对创新环境的影响观之，大学与研究机构并没有被视为典型的 NPE。❶ 它们不仅不受批评，在司法实践中往往还会获得相当高的赔偿。❷ 当然，更高的赔偿额很可能只与它们的专利价值更高有关，不一定能够归因于大学身份，但大学也是 NPE 这一事实至少说明并非所有 NPE 的正当性都受质疑。在各方就 NPE 的性质与优劣争论多年之后，主流观点大概至少不会将所有 NPE 均视为对社会福利的威胁，而是采取中立的评价态度。但在各种 NPE 中，有一类特殊群体的确

---

　　❶　Mark Lemley. Are Universities Patent Trolls ［J］. Fordham Intellectual Property Media & Entertainment Law Journal, 2008, 18：612.

　　❷　据普华永道 2017 年专利诉讼报告显示，美国 1997～2016 年的专利诉讼中，PE 所获中位赔偿额为 492 万美元，大学与非盈利机构所获中位赔偿额为 1630 万美元。（Pwc. 2017 Patent Litigation Study ［R］. 16 – 17.）

更容易受到批评。他们不但不实施专利，而且并不进行研发。所有不实施专利的权利人都可以称为 NPE，但只有那些自身不具备研发属性、通过收购并专门通过诉讼等形式从专利实施主体处获利的主体才被称为专利主张实体（patent assertion entities，PAEs）。NPE 和 PAE 相比，前者褒贬不彰，后者则体现出对主体正当性的明确质疑。PAE 是 NPE 的下位概念，例如大学可以被称为 NPE 但通常不被认为是 PAE。本章为了聚焦典型问题、避免过于散漫的争论，以 PAE 为主要讨论对象。但为了照顾通常表述习惯，仍以 NPE 称之。

本章拟讨论三方面问题：第一，不同的损害赔偿水平分别会引导 NPE 采取何种诉讼策略。第二，NPE 主体身份该不该、能不能成为计算损害赔偿时的考虑因素。第三，我国现行损害赔偿规则在计算 NPE 损害赔偿时有何不足，如何应对。需要说明的是，本研究仅分析补偿性损害赔偿规则，不涉及加重赔偿或称惩罚性赔偿规则。因为 NPE 身份并不引发获得更多赔偿的优待，只存在是否需要减额赔偿的"歧视"。既然专利案件一般性地都需要谨慎适用加重赔偿，❶ NPE 案件显然更是如此。

一、不同损害赔偿规则对 NPE 诉讼策略的引导作用

至今为止，美国和德国是 NPE 热衷于提起诉讼的法域。除了巨大的市场吸引力之外，两国在权利救济层面展示出的对权利人的友好态度也是原因之一。同理，NPE 在两国的活跃程度也与两国在救济规则上的差异相关。

德国专利诉讼相对而言程序便捷、费用低廉，而且原告更容易获得禁令。美国专利权人在 Ebay 案之后获得禁令的比例大幅降低。在其他条件相同的情况下，如果 NPE 的诉讼活跃度主要受禁令规则影响，那么它们在德国的活跃度理应高于美国。但实际上，美国是全球所有法域中 NPE 诉讼最

---

❶ 加重赔偿泛滥可能阻碍累积创新。详见：蒋舸. 著作权法与专利法中"惩罚性赔偿"之非惩罚性 [J]. 法学研究，2015（6）：89 – 93.

为活跃的法域——没有之一。NPE 在德国的活跃度难以与其在美国的表现相提并论。市场吸引力方面的因素恐怕不足以解释 NPE 在美国如此活跃的原因，因为美国市场吸引力固然巨大，但德国市场的吸引力同样不可忽视。

该现象背后，美国和德国在专利侵权诉讼损害赔偿支持力度上的明显差别恐怕是重要原因。专利侵权诉讼的原告一旦胜诉，在美国能够获得高昂赔偿。而在德国，胜诉的原告虽然可以拿到禁令，但获得的损害赔偿额度远比美国低。在美国 1995～2010 年专利诉讼损害赔偿的中位数即为 510 万美元（约合 360 万英镑），而同一时期德国的损害赔付金额在 60 万～100 万英镑，英国的赔付金额同样不超过 100 万英镑。●

可见，一个法域的损害赔偿区间会对 NPE 在该法域的诉讼行为产生明显影响。对于引导 NPE 朝着更符合社会福利的方向发展这一目标而言，损害赔偿制度有着巨大的发挥空间。

二、NPE 损害赔偿方面的理论与实践

本书选取中国、美国和德国三个法域，粗略考查 NPE 损害赔偿方面的理论与实践。在这三个法域中，NPE 在美国最为活跃。与之相应，美国关于 NPE 诉讼中损害赔偿问题的司法实践与学术文献都最为丰富。相较而言，NPE 在中国和德国没有那么活跃，相应的损害赔偿理论与实践资料也更加欠缺。本书基于有限检索做出简短归纳，试图为后续分析进一步提供背景。

（一）中国

根据笔者现阶段的检索，NPE 在我国的诉讼尚不活跃。很难找到典型

● Love Brian J. , Helmers Christian, Gaessler Fabian, Ernicke Maximilian. Patent Assertion Entities in Europe ［C］//D. Daniel Sokol. Patent Assertion Entities and Competition Policy. Cambridge University Press, 2016: 13.

PAE 诉讼的相关判决，因此难以看清法院在 PAE 诉讼中认定损害赔偿的相关思路。无线未来科技公司（Wireless Future Technologies Inc）诉索尼侵害发明专利权纠纷案是国内由 NPE 提起的标准必要专利相关案件，引起了较多关注。❶ 该案以原告撤诉告终，无法窥知法院在损害赔偿方面的思路。

依据中国法院认定损害赔偿的通常做法，绝大多数案件适用法定赔偿。立法文本列举的法定赔偿认定因素是"专利权的类型、侵权行为的性质和情节等因素"，只涉及客体和侵权行为，不涉及侵权人的身份。在实践中，权利人是否实施涉案专利以及原告是否实施任何专利，都不属于法院关心的问题。即使原告是自然人发明人、明显不具备任何实施能力，法院也不会将此事实作为认定损害赔偿时的考虑因素。

在理论上，我国现阶段关于 NPE 的讨论，多集中在评价其好坏或者禁令发放上。在禁令问题上，人们会关心 NPE 的身份是否应当成为区别对待的理由。作为类推，我们很自然地想到在损害赔偿问题上是否应当区别对待 NPE。但直接讨论 NPE 损害赔偿的文献非常有限，❷ 因此暂时还没有发现不同立场的交锋。

（二）美国

美国专利法在计算损害赔偿时，明确将争议专利的实施情况纳入考虑。在原告自行实施专利的情况下，损害赔偿采用利润损失（lost profit）方法计算；而在原告没有自行实施、单纯通过许可兑现专利价值的情况下，则采用合理许可费（reasonable royalty）方式。根据专利的实施情况和权利人主张的计算方法不同，有些案件纯粹采用合理许可费方式，有些案件纯粹采用实际损失方式，而另一些则两种方法兼采。按照美国专利法的思路，专利实施是非常具体的判断，同一项专利权有可能在部分地域实施，而在其他地域不实施；也可以在部分产品上实施，而在其他产品上发

❶ 江苏省南京市中级人民法院（2016）苏01民初1133号民事裁定书。
❷ 认为应当通过调整损害赔偿规则约束 NPE 诉讼行为的论述，参见：金昭英. 专利流氓侵权损害赔偿研究［D］. 上海：上海交通大学，2016.

放许可。

　　普华永道曾经针对专利实施主体进行统计，发现单采合理许可费的案件数量最多，单采实际损失的案件数量次之，兼采两种方法的案件最少。❶总之，就美国专利损害赔偿而言，区分原告自行实施市场上的损失和非自行实施市场上的损失属于基本规则。这与我国以及德国的做法有所不同。我国和德国的策略都是在数种计算方法中"择一而终"，例如一旦选定许可费计算方法，便不会同时采用实际损失计算方法；反之亦然。而无论选定何种方法，法院都不会在适用这种方法时再细分原告的实施市场与非实施市场。至于法院在采用多因素衡量实际损失或者合理许可费的过程中，是否完全不考虑原告的实施情况，不得而知。我们不能排除法院尽管没有明确宣告区分实施市场和非实施市场，但在权衡诸如"专利的市场价值"等宽泛因素时，实际将原告的实施能力和实施情况纳入考虑的可能性。但无论如何，至少从规则及其适用的表面情况观之，中国与德国在计算损害赔偿时都不会并用不同赔偿方法，而且不会明确将争议专利的实施情况作为计算损害赔偿的考虑因素。

　　既然将争议专利的实施情况纳入考虑是美国专利损害赔偿制度上的一般规则，那么我们自然不会诧异美国各法院提供给陪审团的专利损害赔偿计算指南上都要求陪审员考虑专利是否实施以及在哪些市场上实施。唯有针对原告实施专利的产品或者地域市场，陪审团方可依利润损失规则裁判之，否则只能通过合理许可费进行计算。但是本部分关心的问题并不是美国法院是否将争议专利的实施情况纳入损害赔偿考虑范围，而是其是否将原告是非实施主体这一身份要素纳入考虑范围。针对本部分关心的问题，从法院给陪审团准备的专利损害赔偿计算指南观之，答案是否定的：笔者没有发现任何指南中包含要求陪审员关注原告是否为 NPE 的信息。❷ 换言之，这些指南尽管要求陪审员考虑专利实施情况，但这是从单独的、涉案的具体专利的角度在关心实施情况，而不是从主体身份的角度在关心原告

❶ PWC. 2017 Patent Litigation Study, at 11 ［R/OL］. ［2020 - 12 - 22］. https：//www.pwc. com/us/en/forensic - services/publications/assets/2017 - patent - litigation - study. pdf.

❷ Edward D. Manzo. Patent Jury Instruction Handbook ［Z/OL］. November 2019 Update.

是否没有自行实施任何专利。

不过，裁判规则没有明确要求区别对待 NPE 和非 NPE，不等于实践中两类主体的获赔额度相同。普华永道在 2012 年出具的一份专利诉讼调查报告显示，NPE 和 PE 的获赔数额始终有差异。1995～2000 年，PE 获得的中位赔偿为 550 万美元，NPE 为 450 万美元，实施主体获赔高出 22%。但 2001～2011 年，NPE 获赔反而超过 PE。其中 2001～2005 年，NPE 获赔几乎是 PE 的 2 倍（NPE 中位获赔 690 万美元，PE 只有 370 万美元）。❶ 普华永道 2018 年的专利诉讼调查报告显示，NPE 获赔高于 PE 的现象不仅没有消减，反而越来越明显。2013～2018 年，NPE 获赔中位数是 1480 万美元，是 PE 的获赔中位数 420 万美元的 3.5 倍。❷ 当然，即使原告是否具备 NPE 身份和损害赔偿数额之间确实存在相关性，这种相关性也不等于因果关系。NPE 在过去获得的损害赔偿数额系统性地更低、近年获得的损害赔偿数额系统性地更高，根源都很可能并不在于 NPE 身份本身，而在于 NPE 所拥有的专利本身价值就是系统性地偏低或者偏高。如果想从普华永道的数据中读出 NPE 身份与损害赔偿数额的因果关系，人们还需要细致得多的分析。毕竟，无论人们采取多么武断的标准将原告区分为两个群体——NPE 和非 NPE、股份公司和非股份公司、总部设在支持共和党的州的公司和设在支持民主党的州的公司——两群原告在专利诉讼中所获损害赔偿额多半都不一样。我们不可能仅仅因为主体不同并且损害赔偿数额不同就认为主体身份差别是损害赔偿差别的原因。不过，就粗略了解 NPE 在美国所获损害赔偿的概貌而言，上述报告仍然很有价值。

在学术上，美国确实存在根据主体身份区别对待的主张。例如布雷恩（Brean）主张：在 NPE 提起的案件中，即使原告胜诉，名义赔偿或者减额赔偿已经足以弥补原告损失。❸ 从美国 NPE 实际上能够获得更加高额的赔偿而言，这种观点并未获得响应。

---

❶ PwC Patent Litigation Study 2012, at 6.

❷ PwC Patent Litigation Study 2018, at 6.

❸ Daniel Harris Brean. Ending Unreasonable Royalties: Why Norminal Damages Are Adequate to Compensate Patent Assertion Entities for Infringement [J]. Vermont Law Review, 2015, 39: 867.

（三）德国

德国专利损害赔偿的法律渊源是《德国专利法》第 139 条第 2 款。与德国著作权法和商标法上的损害赔偿规则一致，德国专利法上的损害赔偿也遵循 "三种损害计算方法"（dreifache Schadenberechnung），即实际损失、侵权获利或者合理许可费。实践中，德国绝大多数知识产权案件都根据合理许可费方法计算。笔者暂时没有发现德国区别对待 NPE 的情况。在学术上，NPE 相关损害赔偿讨论也很少。有一篇专门讨论 NPE 的博士论文中附带讨论了 NPE 能否适用侵权获利方法计算损害赔偿的问题，但并没有得出确定的结论。[1] 即使得出结论，也不会对损害赔偿的数额产生实质影响。总体而言，德国理论界和实务界都没有认为 NPE 损害赔偿是值得关注的问题。

三、填平原则的约束与弹性

从立法文本观之，NPE 身份不会对权利人所获救济产生任何影响。但是，立法不要求将 NPE 身份作为适用救济规则时的考虑因素之一，并不意味着立法不允许这样做。在关于禁令的讨论中我们可以发现，NPE 身份可能是法院做出禁令决定时最重要的考虑因素之一。虽然理论界和实务界并未就 NPE 能否获得禁令达成共识——这样的共识可能永远无法达成——但人们确实在严肃考虑 NPE 身份本身对决定可能产生的影响。将禁令问题上的考虑类推到赔偿领域，我们难免提出如下问题：在计算损害赔偿时，NPE 身份是否应当作为考虑因素之一？前述布雷恩便是区别对待 NPE 损害赔偿的主张者。在不太讲究概念和理论体系化的美国，这种主张受到的质疑可能更多来自法政策方面。但在（至少理论上）强调损害赔偿基础理论体系化的大陆法系传统之下，我国法院是否享有将 NPE 身份视为损害赔偿

---

[1] Stierle. Das nicht – praktizierte Patent［M］. Mohr Siebeck，2018：278.

计算因素之一的自由裁量权，这本身就是需要回答的问题。在知识产权法希望巩固与传统民法的联系、并未推翻填平原则的前提下，上述问题还可以表述为主体身份与填平原则的关系，即法官能否一方面宣称自己在计算专利损害赔偿时遵循填平原则，另一方面将 NPE 身份作为损害赔偿计算考虑因素。我们未必需要给出肯定或者否定的答案，但无论如何有必要正视这一问题本身。❶

（一）填平原则内涵之发展

我国民法遵循完全赔偿原则。"所谓完全赔偿原则，是指在因侵权行为造成受害人损失时，要通过赔偿使受害人恢复到如同侵权行为没有发生时应处的状态。"❷ 这一原则被非常形象地描述为填平思想（Ausgleichsgedanken）❸ ——受害人的利益遭受了侵蚀，侵权人必须将之填平。我国知识产权损害赔偿对完全赔偿原则既从学理上予以承认，❹ 也在司法中加以宣示。❺ 即便知识产权领域近年引入倍数赔偿，其仍以填平原则作为整个损害赔偿的基础与核心。❻

"填平"概念看似简单，细究起来却不易把握，因为作为"填平"对象的"损害"在理论和实践上都存在多种解释。从最宽泛的层面说，各国的损害赔偿规则都以填平损害为目标，但落实到学说与实操上并不相同。普通法系对损害的理解更加经验主义，不强求一套圆满的逻辑。而以德国

---

❶ 关于知识产权损害赔偿不确定性的详细分析，参见：蒋舸. 知识产权法定赔偿向传统损害赔偿方式的回归 [J]. 法商研究，2019（2）：182–192.

❷ 王利明. 侵权责任法研究（上册）[M]. 北京：中国人民大学出版社，2010：662；程啸. 侵权责任法 [M]. 2 版. 北京：法律出版社，2015：608–609.

❸ Heinrichs in Palandt, Bürgerliches Gesetzbuch, 67. Aufl., 2008, Beck, Vor § 249 Rn. 4.

❹ 例如：吴汉东，等. 知识产权基本问题研究 [M]. 北京：中国人民大学出版社，2005：59–60.（"知识产权与传统所有权在损害赔偿方面有着共同的理论与原则，即填补损害。"）

❺ 例如《北京市高级人民法院关于确定著作权侵权损害赔偿责任的指导意见》（京高法发 [2005] 12 号）第 5 条第 1 款规定："确定的侵权赔偿数额应当能够全面而充分地弥补原告因被侵权而受到的损失。"

❻ 加重赔偿有利于解决知识产权侵权人容易逃避追究的问题，能够更好地实现补偿和预防的目的，但不应追求预防之外的惩罚。（蒋舸. 著作权法与专利法中"惩罚性赔偿"之非惩罚性 [J]. 法学研究，2015（6）：89–93.）

为代表的大陆法系则毫不令人意外地花费了非常多精力来澄清何为"损害"。我国在一般民事损害赔偿问题上对"损害"的理解与德国学说最为接近,❶ 故本部分以德国关于"损害"概念的理解为依托,在探讨 NPE 损害赔偿相关问题的必要限度内对填平原则之理解做出简要说明。

总体而言,损害概念的发展经历了从自然损害到抽象损害再到二者合题的辩证发展过程。在此过程中,以假设差额说为基础的抽象损害概念对升华"损害"概念、奠定现代损害赔偿法的学说与规则基础起到了至关重要的作用。而假设差额说本身则蕴含了巨大的不确定性,为司法政策权衡提供了足够的空间。

在早期,人们将损害理解为自然损害。如果被告打破了原告的杯子,那么杯子就是损害,被告需要赔偿的对象是杯子本身。"填平"的对象被理解为侵害行为发生前的现实状态和侵害行为发生后的现实状态二者之差,前者为被减数,后者为减数,两者差额即为有待填平之部分,因此建立在传统自然损害基础上的损害理论可被称为"现实差额说"。自然损害的概念具体而便于理解,符合人们长期以来在以有形财产为主的产权秩序中积累起来的生活经验,因此长期占有一席之地。直至现代,我国台湾地区的损害赔偿法仍然遵循现实差额说。❷

现实差额说的主要缺陷在于过于具体,有时难以反映侵害行为给原告整体利益状态造成的负面影响。为了克服这一弊端,19 世纪的德国学者蒙森在其著作《利益说》中对损害概念予以发展。蒙森的观点由赫克提炼为"差额假设"(Differenzhypothese)学说,极大地丰富了损害概念的内涵。根据假设差额说,填平的对象是两种利益状态在特定时间点的差距。一种利益状态是现实的,即原告在该时间点实际享有的利益总和。另一种利益状态是假想的,即如果被告的侵权行为没有发生原告在该时间点本应享有的利益总和。当前者小于后者时,法院便会以假想利益状态为被减数,以

---

❶ 尽管各主要法系在损害赔偿方面都遵循类似完全赔偿原则表述,但具体内容有所不同。例如法国所遵循的完全赔偿原则并不强调损害与主观过错无关。([德] U. 马格努斯. 侵权法的统一:损害与损害赔偿 [M]. 谢鸿飞,译. 北京:法律出版社,2009:115 – 130.)

❷ 李承亮. 损害赔偿与民事责任 [J]. 法学研究,2009(3):136 – 139.

实际利益状态为减数，将二者之差确定为损害赔偿额。❶ 由此可以看出，假设差额说与现实差额说之间存在明显区别：现实差额说中的被减数和减数均为现实状态，其中被减数指原告在损害行为发生前所享利益的现实状态，减数指原告在损害行为发生后所享利益的现实状态。而对于差额假设说而言，被减数是假想世界中原告的利益状态，在现实生活中并不存在，只有减数才是原告在现实生活中真正具备的利益状态。两种学说在确定损害的时间点选择上也有明显区别，假设差额说选择的时间点更加滞后：现实差额说以损害发生时作为关键时间点，而差额假设说则以法院需要就原告利益状态做出判断之时（如法庭辩论结束时）作为关键时间点。

与现实差额说以及与之相对的自然损害概念相比，差额假设说中的损害概念具有高度抽象、无关个案的特性，从而实现在抽象的基础上对损害内涵的统一。有学者举例说明现实差额说与假设差额说的区别：假设被告毁坏了原告的汽车，按照现实差额说或者自然损害的理论，需要填平的对象是汽车。而按照差额假设说，法官需要探究被告损坏原告汽车的行为会对原告利益状态产生什么影响。驾驶汽车在毁坏前的价值是 10 万元，残骸价值 1000 元，那么按照假设差额说，在汽车损坏没有在其他方面影响原告利益的情况下，需要填平的对象是 9.9 万元。❷ 差额假设说尽管没有直接见诸德国民法典，但是被温德夏特等学者所接受，成为德国主流学说。❸ 德国学界一致认为：假设差额是损害概念的中心类别，不能被放弃。❹

假设差额说在理论抽象性和普适性上具有无可辩驳的优点，在实际操作中却面临诸多障碍。例如假设差额说将千差万别的具体损害都归结于抽象和统一的利益损害之表现形式，这意味着无论损害多么轻微，法院要考虑的都不是损害本身，而是损害给原告利益状态造成的影响，这种做法在许多案件中无异于舍近求远。正如有学者指出："一起普通的交通事故，

---

❶ 李承亮. 损害赔偿与民事责任 [J]. 法学研究，2009（3）：137 - 138；Siehe auch Heinrichs in Palandt，Bürgerliches Gesetzbuch，67. Aufl.，2008，Beck，Vor § 249 Rn. 9 - 10.

❷ 李承亮. 损害赔偿与民事责任 [J]. 法学研究，2009（3）：136 - 139.

❸ Bernhard Windscheid. Lehrbuch des Pandektenrechts [M]. Aufl.，Bd II，Frankfurt，1882：5. 转引自：徐银波：侵权损害赔偿论 [M]. 北京：中国法制出版社，2014：22.

❹ Heinrichs in Palandt，Bürgerliches Gesetzbuch，67. Aufl.，2008，Beck，Vor § 249 Rn. 13.

受害人的汽车只是被轻微擦伤，而在计算损害时却要考虑远在异国他乡的不动产的价值，这是不是有必要？"❶ 再例如假设差额说只关心原告的整体利益，而非其具体组成，这会导致原告无法充分维护自己追求的特定利益组合方式。为了克服上述弊端，德国损害赔偿法部分重新吸纳了自然损害的概念。❷ 因此，当代损害赔偿法中的填平原则除了在主体上遵循假设差额说的理论，也包含一些现实差额说的因素。

（二）填平原则蕴含巨大的不确定性

落实到实践上，假设差额说的重大缺陷在于无论是减数还是被减数都相当难以确定。尤其是被减数，即原告在抽离了侵权行为的假想世界中于关键时间点所享有的利益状态。在一个具体的专利案件中，这意味着我们需要想象假设从来没有发生专利侵权行为，原告所享有的利益状态究竟是什么。法官通过思维体操回到侵权行为发生的时间点、从整个世界的图景中剔除侵权行为可能还不是太困难，但法官要进一步想象剔除了侵权行为的假想世界接下来会如何发展，任务便太过艰巨。因为剔除了侵权行为的假想世界有无数条发展路径，理论上有无数个终点状态，我们究竟将其中哪一个选作被减数，无疑见仁见智。其中既包含大量事实判断，也不得不掺杂很多价值判断。

填平原则本来就蕴含着巨大的不确定性，而知识产权的特殊性更是严重放大了这一问题。以专利损害赔偿为例：与传统的有体物相比，专利生产者和使用者之间的利益平衡更加复杂。传统有体物具有使用上的竞争性，生产者和使用者不能同时利用客体。这使关于有体物的利益衡量相对简单，决策者只需要在生产者和使用者中"二选一"。假设没有特殊情况，决策者很容易发现将客体控制权交给生产者既公平又有效率。对技术方案而言，利益平衡却远远没有那么简单。技术方案作为信息，具有消费上的

---

❶ Zum Beispiel Honsell. Herkunft und Kritik des Interessebegriffs im Schadensersatzrecht ［J］. JuS 1973, 69 ff.

❷ 李承亮. 损害赔偿与民事责任 ［J］. 法学研究, 2009（3）: 139.

非竞争性。生产者和公众完全可以同时实施技术方案，互不排斥。技术方案一旦被生产出来，公众利用它来产生社会福利的边际成本非常低。换言之，社会剥夺公众实施自由的代价非常高。假如单从静态福利的角度看，允许公众自由实施技术方案最有利于社会福利最大化。如果不是这种静态福利最大化的状态将对长期动态福利造成减损，人们可能根本不愿意为技术方案设立排他权。对于典型的传统有体财产而言，生产者和使用者之间的利益平衡问题是一个"让 A 控制还是 B 控制"的零和决策；而对于技术方案而言，生产者和使用者之间的利益平衡问题则是一个"让一人控制还是多人控制"的非零和决策。后者显然更加困难。

　　填平原则天然蕴含的不确定性与知识产权利益平衡的特殊困难叠加在一起，使得填平原则在知识产权领域的适用尤其困难。如前所述，假设差额说要求法官在假想世界中回到侵权发生的时间点，从该时刻的假象世界中剔除侵权行为，并让一个不存在侵权行为的假想世界持续发展到法院计算损害赔偿时，以便将原告在假想世界中该关键时间点的利益状态作为被减数。如果被告打碎了原告的杯子，那么法官需要想象出一个"被告没有打碎原告杯子"的假想世界，考察这个假想世界发展到需要裁决原告损失的关键时间点时的状态。在许多情况下，这个假想世界的发展轨迹比较清晰，找出其发展到关键时间点时的状态比较容易。但是，如果被告未经许可实施了原告的技术方案，此时法官的任务便是想象出一个"被告没有未经许可实施原告技术方案"的假想世界，考察这个假想世界发展到需要裁决原告损失关键时间点的状态。而原告的利益在一个被告没有实施侵权行为的假想世界中究竟会如何发展变化，受到包括原告实施能力、商业化水平、其他竞争者行为以及下游市场偏好等诸多因素的影响，异常难以把握。在知识产权诉讼中，被告有时甚至会宣称是自己的实施行为帮助市场更好地接受了原告的信息成果。换言之，被告宣称自己的侵权对原告不仅无害，甚至有利。单从侵权行为未必导致原告利润损失的角度看，被告辩解在某些情况下可能有其正当性。知识产权法官在损害赔偿案件中始终面临着侵权行为与损害后果之间因果关系难以确定的苦恼。难怪法院会感

慨:"知识产权损害赔偿难以准确计算,是一个世界性的难题。"❶

(三) 通过信息中介降低不确定性

如何解决知识产权损害赔偿这一"世界性的难题"呢?

投入更多资源、提高计算精度固然是最容易想到的努力方向,但这条途径面临两项"硬约束":一是计算难度,二是司法资源。前者指从无数假想世界中选出最适合的被减数世界所要求的信息量太大,很可能无论投入多少资源都无法找出绝对意义上的最优解。后者指分配给个案的裁判资源不可能无限增加,因此计算损害赔偿的司法资源多半只能维持现有水平。在这两项硬约束之下,通过投入更多资源来解决计算难题之路似乎不通。

既然我们无法通过提高"算力"来解决问题,便只能通过简化问题来寻求答案。实际上,把复杂问题简单化、借助更加容易获得的线索来推测答案,这是人们在面对无法用既有认知资源解决的问题时惯用的办法。这种"以简代繁"的认识策略广泛适用于从视觉认知到语音识别的一切领域。

法律规则的制定和适用也不例外。正因为人们无法为每起个案搜集足够的数据、找出其最优解,所以才通过既往信息,提取出对于决策而言权重最大的表征,组成思维流程图,指导人们用同一组表征来决策同一类问题。就此而言,法律就是算法。每个部门法、每条法律规则都是通过为纷繁芜杂的现实世界建立认知模型,帮助决策者做出更加正确和高效的选择。在提取表征和问题归类的过程中,决策者需要忽视大量的个案差异,用统一和抽象的表征来替代多样化、具象化的现实,这一过程与任何抽象的过程一样不可避免地意味着信息粒度变大、细节信息丢失。但既然我们无法消灭决策能力缺口、无法实现零误判,就只能在便捷收益和误判损失

---

❶ 摘自时任最高人民法院副院长曹建明 2005 年 11 月 21 日在全国法院知识产权审判工作座谈会上的讲话。转引自:张春艳. 我国知识产权法定赔偿制度之反思与完善 [J]. 法学杂志, 2011 (5):119.

之间寻求平衡。只要便捷收益超过误判损失，"走捷径"策略就值得采用。❶

损害赔偿计算也不例外。实际上，即便是典型的传统有体物产权秩序中的损害赔偿有时也相当难以计算。例如，汽车被毁给权利人利益状态造成的影响就可能相当复杂，因为权利人在"汽车没有被毁"的假想世界中所享有的利益范围会受很多因素的影响。在作为被减数的假想世界中，权利人既可能过得更好，也不排除会过得更差（例如，该批汽车有质量问题，会危及权利人的生命健康）。法官需要从无数个"汽车没有被毁"的假想平行世界中选出概率最大的一个，很多时候并不容易。所以即使是在典型的传统有体物产权秩序方面，法院有时也并没有刻板地遵守差额假设说，而是采用有体物的客观价值这一非常容易把握的变量来作为填平数额的信息中介（informational proxy）。信息中介正是人们用以解决复杂问题的表征。中介多半粗略，但胜在能够有效降低信息成本。❷ 采用中介来以简代繁的做法并不严谨，但具有很高的便捷性收益和可容忍的误判损失，从认知经济性的角度看来"性价比"很高。以假设差额说为基础的填平原则充满不确定性，好在一旦寻找到恰当的信息中介，完全可能借助非常有限的司法资源加以运用。找出便捷性收益大于误判损失的信息中介，就成为计算损害赔偿的核心任务。

对于知识产权损害赔偿计算而言，寻找信息中介的任务更加艰巨。与有形财产相比，知识产权客体缺乏用以揭示其客观价值的相同客体。就技术方案、作品和商标的性质而言，知识产权客体都不是种类物。毕竟，如果技术方案不满足新颖性、创造性，如果表达没有独创性，如果符号缺乏显著性，它们根本不可能成为专利权、著作权和商标权的客体。绝大多数知识产权客体都不像传统有体产权秩序中的杯子、椅子一样，能以相当低的信息成本披露自己的价值。由于缺乏公认的优质信息中介，法院在选取知识产权损害赔偿所需要的信息中介时，具有更大的开放性。

---

❶ 关于法律作为认知模型的分析，参见：蒋舸. 作为算法的法律［J］. 清华法学，2019（1）：65 – 75.

❷ Thomas Merrill, Henry Smith. What Happened to Property in Law and Economics?［J］. Yale Law Journal, 2001, 111: 389 – 390.

（四）NPE 身份作为信息中介的理论可能性

无论是从抽象的假设差额还是具体的自然损害之角度，填平原则传统上都只关心客体层面的损害而非主体层面的身份。按照填平原则的传统解释，主体身份并非计算损害赔偿需要考虑的因素，人们甚至可以说，主体身份不是计算损害赔偿时应该考虑的因素。在传统的损害赔偿理论中，原告身份似乎从来没有成为受关注的对象。

不过既然我们如今理解了损害赔偿所关注的因素本质上都是降低认知难度的信息中介，我们应该也能理解新型问题可能需要新型中介。某项因素在过去没有被纳入考虑范畴，并不意味着它将来也不能被考虑。如果通过长期观察，我们发现某项因素与应当判定的损害赔偿额之间存在明显相关性，而且这项因素本身非常容易把握，完全可以考虑在将来的损害赔偿计算中特别关注这项因素，将其作为认定损害赔偿时需要考虑的情节。

从这一视角出发，主体身份这一传统在填平原则视野下，被忽视的变量并非完全不可能被视为赔偿和预防的中介。毕竟，同一主体的决策方式具有一定的连贯性，原告在其他许可或者诉讼中表现出的行为模式，或许有助于判断本次诉讼是正常的主张权利还是有害社会福利的寻租行为。如果能够结合同一主体在其他许可交易或者诉讼案件中的行为模式，法官将拥有更多有效信息来判断何种损害赔偿额最能有效引导当事人采取有利于社会福利最大化的行为。

尽管在损害赔偿这一领域本身，当事人的身份迄今为止没有被作为认定责任时应当考虑的变量，但是如果我们将视野放宽到其他的责任认定问题，会发现利用主体身份来帮助判定责任并非完全没有先例。比如在规制商标恶意注册的问题上，裁判者实际上相当看中申请人在本申请之外的整体申请策略。如果某一申请人申请了大量没有实际使用的商标，或者经常采取全类注册的申请策略，那么裁判者有更大的概率就争议商标是否以寻租为目的申请注册做出正确判断。

（五）我国现阶段不应将 NPE 身份作为信息中介

前文论证了在专利损害赔偿案件中将 NPE 身份作为考虑因素，依据原告是否为 NPE 而给予其更高或者更低赔偿的可能性。这番分析的目的是为有可能产生的政策调整需求提供理论基础，避免法政策与法理论脱节。但是，正如前文所反复强调，假如有一天决策者认为 NPE 身份适合作为认定损害赔偿的信息中介，那么其原因在于 NPE 身份与通过投入更多资源而更加精确计算出的损害赔偿额之间具有强烈的相关性。这种相关性如此之强，以至于即使法院不投入更多资源去寻求更精确的损害赔偿，而选择在误判损失不超过便捷收益的限度内借助 NPE 身份这一信息中介来细化初步推算的损害赔偿区间，这种简单化操作的结果仍然足够可靠。简而言之，只有当 NPE 身份与真实损害赔偿之间的相关性足够强时，把 NPE 身份作为损害赔偿的信息中介或者考虑因素才具备正当性。假如 NPE 身份与损害赔偿之间并不存在明确的相关性，那么在计算损害赔偿时过于强调 NPE 身份便欠缺正当性。

就我国现阶段情况而言，判断 NPE 身份与损害赔偿之间的相关性为时尚早，因此 NPE 身份并不适合作为计算损害赔偿时的考虑因素。

首先，现阶段我国 NPE 诉讼还不多见，缺乏足够的样本用以判断 NPE 给我国创新秩序造成的影响。如前所述，如果要在损害赔偿计算中明确考虑 NPE 身份，那是因为我们已经积累了足以判断 NPE 身份与社会福利之间相关性的数据。当既往数据已经能够清晰揭示 NPE 身份和社会福利关系时，我们无须在未来每起案件中重复投入大量资源，而是可以借助已经建立的相关性使损害赔偿的计算一方面更简单、另一方面也不至于出现过大的误判。这种"事半功倍"的决策方法建立在对 NPE 身份和社会效果二者相关性的认识基础之上。而相关性的建立则以存在大量可靠数据为基础。NPE 诉讼的社会效果复杂多样（例如专利诉讼数量增加、上游研发投资增加、下游研发受到影响、实施者付出的应诉成本提升等），引发这些效果的因素同样来自方方面面（例如专利效力稳定性、对后续创新的阻碍程度）。如果我们将诉讼涉及的各种因素视为"因"，将诉讼导致的社会效果视为"果"，显然面临多因多果的情况。此时，除非我们掌握相当多的数据，可以通过多方面控制变量来排除无关因素的影响，否则不可能从特定结果（例如社会总体福利受到减损）逆推出原因（例如原告具备 NPE 身份）。在我国现阶段 NPE 诉讼相当不发达的情况下，显然缺乏足够的数据来判定 NPE 身份与社会效果的关系。如果贸然将 NPE 身份本身作为损害赔偿的考虑因素，有悖情理。

其次，即使在 NPE 更加活跃、诉讼样本量更大的法域，NPE 对创新秩序的影响仍无定论，这说明 NPE 身份本身很可能并不是引导当事人提升社会福利的优质信息中介。讨论 NPE 对创新秩序影响的文献即使谈不上汗牛充栋，数量也相当可观，但肯定和质疑 NPE 的双方并未就如何评价 NPE 给创新造成的影响达成共识。近年来，美国一直有遏制 NPE 的呼声，反映了相当一部分理论界和实务对界人士对 NPE 社会效果的负面评价。但这些呼声并未转化为专门遏制 NPE 的立法，这说明社会并没有就"NPE 需要遏制"这一论断达成共识。质疑 NPE 者通常着眼于挟持作用对后续创新的阻碍，而肯定 NPE 者可能会关注专业化维权组织在降低维权成本方面的作用。NPE 作为职业化维权组织，在挑选高价值专利、整合维权流程等方面富有经验，有助于摊薄每起专利维权上的社会成本。对 NPE 整体社会效果的评价必须建立在对积极与消极两方面影响综合权衡的基础上。鉴于来自两方面的证据都如此复杂，至少现阶段无法断言遏制 NPE 诉讼更有利于社会福利。如果人们在 NPE 诉讼样本相对丰富的美国尚且难以断言 NPE 需要遏制，在诉讼样本稀缺的我国更是如此。

因此，虽然损害赔偿基础理论层面没有排除将 NPE 身份作为考虑因素的可能性，但可能性转化为现实性需要满足非常高的门槛，即人们基于足够丰富可靠的 NPE 诉讼样本发现 NPE 身份本身与该主体产生的社会效果之间能够建立可靠的相关性。我国至少在现阶段——很可能在未来相当长一段时间内，甚至未来任何时候——都缺乏转化条件，不应将 NPE 身份作为损害赔偿考虑因素的条件。

四、立法论与解释论层面的应对

损害赔偿越准确，对当事人行为的引导越精确。损害赔偿过低同时意味着对侵权行为遏制不足，而损害赔偿过高又会造成对后续创新的阻碍。侵权泛滥固然会打击创新，但考虑到技术创新具有明显的累积性、后来者总是"站在巨人肩膀上"才能更上层楼，遏制过度的危害同样不可小觑。❶因此，专利损害赔偿的目标固然不是降低赔偿额，但也绝不是一味提升赔偿额。损害赔偿制度努力的方向是如何以恰当的司法成本来相对准确地认定可以实现完全赔偿和最佳预防的损害赔偿。在由 NPE 提起的诉讼中，损害赔偿的目标依然如此。法院在 NPE 案件中需要实现的目标，同样是在不过度耗费司法成本的情况下准确计算损害赔偿，既不过高也不过低。但我国立法和司法上的一些规则与实践，加大了法院准确判断损害赔偿额的难度。未雨绸缪地找出并找出消除障碍的方案，有助于法院面对 NPE 诉讼时更加准确地计算损害赔偿额。

（一）NPE 损害赔偿不宜依赖法定赔偿

我国绝大多数专利案件的损害赔偿采用法定赔偿方式确定。❷ 如果不刻意加以改变，NPE 诉讼的损害赔偿很可能也会在很大程度上依赖法定赔偿。问题在于法定赔偿存在天然缺陷，原本不是恰当的损害赔偿认定方法；NPE 诉讼常常涉及高价值专利的特点，更凸显了法定赔偿在 NPE 领域的不恰当性。

我国专利法引入法定赔偿制度，乃是基于一项未曾言明而且未必正确的假设，那就是大部分专利损害赔偿用实际损失、侵权获利或者许可费三

---

❶ 蒋舸. 专利法和著作权法"惩罚性赔偿"的非惩罚性 [J]. 法学研究，2015（6）：80－96.
❷ 在 2014 年一项实证研究统计的 3968 件知识产权案件中，88% 采用了法定赔偿（本比例系笔者根据研究报告的数据计算得出）。（詹映. 中国知识产权合理保护水平研究 [M]. 北京：中国政法大学出版社，2014：129－130.）

种传统方式就能计算，只有少部分案件的损害赔偿"难以计算"，需要动用法定赔偿加以解决。我国 1984 年《专利法》只包含实际损失和侵权获利两种损害赔偿计算方法，并无法定赔偿。但是在严苛的证据规则约束之下，通过这两种方法准确计算损害赔偿的难度很高，司法机关倍感说理压力沉重。作为解决办法，《专利法》在 2008 年修改时引入了法定赔偿制度，允许法院在实际损失、违法所得和许可费均"难以确定"的情况下，在一定额度内认定赔偿。但从立法表述观之，立法者完全不打算令其成为损害赔偿认定的主流模式。法定赔偿只有在实际损失、侵权获利与许可费三种传统赔偿方式"难以计算"时方可适用，这种适用顺序上的劣后性表明立法者当初并不认为法定赔偿是优选方案。从各方对损害赔偿泛滥的批评来看，大家仍然和当初的立法者持相同看法。引入法定赔偿时，大家默认对于大部分知识产权损害赔偿案件而言，不确定性都不成问题，这部分应该继续由传统损害赔偿方式加以解决；只有少部分知识产权损害赔偿案件存在高度不确定性的问题，这部分才需要动用新引入的法定赔偿来解决。

但是正如前文所述，不确定性并非少数知识产权损害赔偿案件才体现的特殊性质，而是几乎所有案件的共性。这意味着解决不确定性这一任务必然应当由在立法者看来应当处于主导地位的损害赔偿方法解决，而不是交给备用性规则来处理。对于知识产权案件而言，"损害赔偿难以计算"这个问题既不需要也不应该交给一项劣后适用的规则来处理，而是理应把主要的损害赔偿计算规则改造得足以应对该问题。当主要的损害赔偿计算规则和绝大多数案件不匹配时，应该清醒地意识到不可能改变案件的基本属性，因此需要对主要的损害赔偿规则加以改造。我们没有理由认为，在主要规则不能处理大多数案件的情况下，备用规则反而能够更好地完成任务。即使有人一开始对备用规则的能力存有希望，但从法定赔偿遭遇的批评来看，法定赔偿这条备用规则显然并没有实现让损害赔偿计算同时变得"简单"又"正确"的期待。

法定赔偿难以化解损害赔偿难题的根本原因，倒还不在其"备用规则"的身份，而在于它不像实际损失、侵权获利和许可费规则一样有相对明确的适用范围和分析框架。人类在面对高度复杂的问题时，迫切需要结构化分析框架提供的优质经验。这些结构化分析框架能够引导决策者把注意力放在重要的因素上，而避免在正确率边际收益过低的因素上投入精力。而且，在需要关注的因素中，结构化分析框架还会适当分配各因素的内涵与外延，避免决策者在搜集和处理信息的过程中发生遗漏或者重复判断。最后，结构化分析框架常常还提供了信息处理流程。所有这些方面都有助于决策者在应付高度复杂问题时表现得更加从容。

实际损失、侵权获利与许可费三种传统计算方法应当分别对应不同的结构化分析框架。实际损失在我国司法实践中被理解为与美国专利法上利润损失（lost profit）相对应的计算方式，这种损失计算方式以权利人自行实施专利为前提，关心侵权行为对权利人从实施市场上获利的影响，所以其典型的计算方式是"权利人减少的销售量×每件产品的合理利润"。❶ 其他两种计算方式则不以权利人自行实施为前提。侵权获利将法院的注意力集中在"侵权销量"和"侵权产品单品获利"两项因素之上，而现行许可费计算方法尤其引导法院关注原告专利的实际许可费。由于不同计算方法会将法官注意力吸引到不同因素上，所以尽管从理论上讲各种方式计算的对象都是需要填平的损失，但在实践中依据不同分析框架得出的数值可能不尽相同。每种分析框架都是一套独特的化解复杂性的算法，能为法官提供不同的结构化经验。

相对而言，法定赔偿提供的分析框架要粗糙得多。在专利法要求法定赔偿考虑的"专利权的类型、侵权行为的性质和情节等因素"中，除了"专利权的类型"内涵明确之外，其他因素都非常宽泛。宽泛意味着内涵不确定，也就意味着这些因素提供给法院的经验数量和质量很低。当法院被迫在缺乏进一步指引的情况下自行细化各项考查因素时，难免出现遗漏和重复。因此，从认识论的角度看，法定赔偿是一种非常不经济的损害赔偿计算方法。这或许也是美国、德国等其他国家专利法上都没有规定法定赔偿的原因之一。

此外，法定赔偿在数额上受到限制。2008年《专利法》将上限设定为100万元人民币，2020年《专利法》修改后已经提高到500万元人民币。当然，无论是100万元还是500万元，对于不太重要的技术方案而言确实

---

❶ 《最高人民法院关于审理专利纠纷案件适用法律问题的若干规定（2015）》第20条。

已经提供了比较充分的赔偿空间。不过一旦涉及对于行业而言比较重要、市场价值可观的技术方案，法定赔偿的上限恐怕就显得捉襟见肘。考虑到 NPE 常常会有意识地选取关键技术进行专利布局，不排除如果出现诉讼，需要填平的损害数额会轻易超出法定赔偿上限。这也提示我们不能囿于法定赔偿为主的现状，而需要未雨绸缪地思考更加适合 NPE 诉讼的损害赔偿计算方式。

（二）"实际许可费倍数"规则的缺陷

在实际损失、侵权获利与许可费这三种赔偿方式中，最适合 NPE 诉讼的是许可费赔偿。因为狭义的实际损失指利润损失，NPE 自己不实施技术方案，并无利润损失可言。侵权人所获利润并不应当全部归于权利人，其中来自侵权人的投入部分仍应由其保留，只有侵占权利人市场的部分才应赔偿给权利人，而权利人自己并未开发实施市场，如果将市场解释为许可费市场，则侵权获利与许可费赔偿方式雷同，所以对于 NPE 损害赔偿而言，侵权获利也不是理想的赔偿方式。只有许可费赔偿方式，本来即为许可费市场而设定，其适用不以权利人自行实施技术方案为前提，所以是最适合 NPE 的损害赔偿计算方法。

遗憾的是，我国专利法上的许可费计算方式被表述为"参照该专利许可使用费的倍数合理确定"。我国的表述有两项特点：一是以涉案专利曾经被许可为适用前提；二是要在实际许可费（established royalty）基础上加倍。关于第一项特点，尹新天先生曾对实际许可费倍数规则的适用前提解释如下："参照许可费的合理倍数方式确定赔偿数额，其适用条件除了权利人的实际损失和侵权人的非法获利难以确定外，还应当包括专利权人已经就涉案专利权与他人订立了实施该专利的许可合同，有相应的许可使用费标准可以参照。如果专利权人根本没有许可他人实施其专利，权利人就难以主张以这种方式来确定赔偿数额。"❶《最高人民法院关于审理专利纠纷案件适用法律问题的若干规定（2015）》也认为假如不存在实际许可费，

---

❶ 尹新天. 中国专利法详解（缩编版）[M]. 北京：知识产权出版社，2012：569–570.

法院便不能适用许可费规则来计算损害赔偿，而只能求助于法定赔偿。❶
另一方面，尹新天先生曾表示："有人询问，所称'倍数'能不能是专利
许可费使用费的 0.5 倍？回答应当是否定的。"❷ 这说明法院即使有机会适
用许可费规则，也只能判决高于既往实际许可费的损害赔偿额，而不能判
决低于实际许可费的金额。

就笔者所见，我国采取的"实际许可费倍数规则"乃是比较法上的孤
例。美国、德国等其他国家在通过许可费视角计算损害赔偿时，均不以实
际许可费的存在为前提。法院关心的不是实际存在的许可费，而是被告应
付未付的许可费。例如德国专利法上关于合理许可费的规定采第二虚拟
式，明显只关心许可费的应然性，而不关心其实然性。❸ 不仅立法文本不
要求许可费实际存在，司法实践同样如此。例如《美国专利法》上借助许
可费视角计算损害赔偿的规定是第 284 条第 1 款，该款通常被具体化为分
析法和假想谈判法加以落实，这两种方法中的任何一种都不以实际许可费
的存在为适用前提。

与合理许可费规则相比，实际许可费倍数标准极大地限制了许可费规则
发挥作用的空间，而且甚至当案件很不容易符合其使用标准后，仍然对法院
自由裁量权造成不当限制。在三项针对专利损害赔偿案件的实证研究中，适
用许可费规则的案件分别仅占全部案件的 0.96%、❹ 0.60%❺和 0.56%，❻

---

❶ 《最高人民法院关于审理专利纠纷案件适用法律问题的若干规定（2015）》第 21 条规定：
"没有专利许可使用费可以参照或者专利许可使用费明显不合理的，人民法院可以根据专利权的类
型、侵权行为的性质和情节等因素，依照专利法第六十五条第二款的规定确定赔偿数额。"

❷ 尹新天. 中国专利法详解（缩编版）［M］. 北京：知识产权出版社，2012：570.

❸ § 139 II 3 PatG.

❹ 一项针对 2007～2008 年 5 个省市专利案件的研究表明，在 416 件损害赔偿的案件中，只
有 4 件采用许可费规则，占全部案件的 0.96%。[中国专利代理（香港）有限公司法律部. 专利侵
权损害赔偿的理论与实践［J］. 中国专利与商标，2009（4）：7.]

❺ 一项针对 2008～2011 年 836 起专利案件的研究表明，仅有 5 起案件明确适用了许可费规
则，占全部案件的 0.60%。（詹映. 中国知识产权合理保护水平研究［M］. 北京：中国政法大学
出版社，2014：130.）

❻ 根据长沙市中级人民法院对 2011～2015 年知识产权损害赔偿案件的统计，仅有"0.56%
的原告提交了合理许可费的证据"。[长沙市中级人民法院知识产权和涉外商事审判庭. 长沙市中
级人民法院知识产权民事案件损害赔偿额判定状况（2011－2015）［J/OL］.［2020－12－15］. 中
国知识产权，2016－05（总第 111 期）. http://www.chinaipmagazine.com/journal－show.asp?
2408.html.]

均不足全部案件的 1%。考虑到许多涉案专利未必曾经被许可过，即使许可过其许可证据也很可能不被法院认可，人们不难理解为何许可费规则在我国司法实践中的适用比例如此之低。大量原本应当通过许可费规则计算的损害赔偿，被推诿给法定赔偿。而法定赔偿缺乏结构化分析框架的瑕疵，实际上使得大量案件被迫在不恰当的框架下被处理。而且，即使案件艰难地通过了实际许可费倍数规则的适用门槛，法官也不能最大限度地发挥许可费规则的效用。在合理许可费规则下，即视涉案专利上存在实际许可费，实际许可费的数额对法院认定的合理许可费而言只具有参考作用，而不具有拘束效力。但在实际许可费倍数规则下，实际许可费设定了自由裁量权的金额下限。哪怕被告实施行为与实际许可费针对的许可范围相比在地域上更狭窄、在时间上更短暂、在配套条件方面更少优惠（实际许可中权利人很可能同时向被许可费提供商业秘密和培训等配套支持，而侵权案件中的被告显然不可能获得上述配套优惠），法院也无法在实际许可费倍数规则下判决被告承担低于实际许可费的赔偿额。如果法院希望在实际许可费数额之下判决损害赔偿，只能放弃许可费规则，转采法定赔偿。❶

总体而言，许可费视角本应是计算损害赔偿最重要的工具，但我国专利法现在采取的实际许可费倍数规则大大限制了许可费视角发挥作用的空间，浪费了许可费视角能够提供的裁判经验。❷

（三）合理许可费规则的确立与运用

综上所述，NPE 损害赔偿计算的理想与现实之间存在明显冲突。理想的方案是通过许可费视角计算 NPE 损害赔偿，避免采用既缺乏结构性分析框架又受到金额约束的法定赔偿；但现实情况则是实际许可费倍数规则根本无法承担计算 NPE 损害赔偿的任务，所以 NPE 损害赔偿大概率会通过法定赔偿加以解决。既然我们无法改变 NPE 损害赔偿案件本身的属性，那么只能考虑

---

❶ 《最高人民法院关于审理专利纠纷案件适用法律问题的若干规定（2015）》第 21 条。

❷ 对实际许可费倍数规则的详细批评，参见：蒋舸. 论知识产权许可费损失的计算［J］. 东南法学，2020（春）：75 – 97.

改造现有规则，以实现为恰当规则赋能同时让不当规则失活的效果。

将许可费规则从现有的实际许可费倍数规则改造为恰当的合理许可费规则，需要从立法论和解释论两个层面做出努力。

在立法论层面，实际许可费倍数规则应该被合理许可费规则所代替。具体而言，"参照该专利许可使用费的倍数合理确定"应当被修改为"参照该专利的合理许可费确定"。在解释论层面，所谓"该专利的合理许可费"不仅可以包括实际许可费，还可以包括可比许可费（comparable license）。与以实际许可费为核心的现行规则相比，合理许可费规则强调许可费的"合理性"。一切判断均围绕许可费的合理性指标展开。一方面，即使存在实际许可费，如果其不合理，法院没有义务以它为基础做出判断。如果实际许可费对于特定许可条件而言合理，但对于涉案利用行为而言并不合理，那么法院完全可以对其做出调整。调整方式不仅包括上调，而且包括下调，并非如现行实际许可费倍数标准一般仅能以"加倍"的方式上调。另一方面——同时也是更重要的方面——即使不存在实际许可费，法院同样可以运用合理许可费规则。尽管技术方案不属于种类物，但这并不意味着法院无法找到能为涉案专利价值提供指引的可比许可。法院可以包括技术方案的相似性和市场需求可替代性等多个方面来判断其他技术方案与涉案技术方案的可比程度。当存在可比程度足够高的技术方案时，其许可费信息便可以为法院判断涉案技术方案的合理许可费提供有用信息。

合理许可费作为一项远比法定赔偿更加结构化的损害赔偿计算方法，能为法院提供更有价值的思维导图。我国关于许可费规则的案件太少，在法定赔偿之下运用许可费相关证据的分析也不明确。但只要我们有意愿完善许可费规则，尤其是合理许可费规则，比较法上的案例与理论已经提供了相当丰富的信息。德国专利法上相当大一部分案件的损害赔偿系根据合理许可费规则得出，美国法上同样如此。❶ 美国法上关于 Geogia – Pacific

---

❶ 1997～2006 年，美国单在由实施主体发起的专利诉讼中就有 76% 的损害赔偿案件用到了许可费损失计算方法。在接下来的十年中，许可费损失计算方法的作用进一步增强，80% 的案件在计算损害赔偿时用到了合理许可费规则。（PWC. 2017 Patent Litigation Study，p. 11［R/OL］.［2020 – 12 – 22］. https：//www. pwc. com/us/en/forensic – services/publications/assets/2017 – patent – litiga-tion – study. pdf. ）

案所列举的合理许可费 15 项判定因素的讨论非常丰富,❶ 均可作为进一步探讨的出发点。例如,有学者提出应当以更加结构化的方式重构合理许可费的多因素考虑路径,将美国法上现行的 15 项因素梳理至三大证据类型中:第一,发明相对于现有技术的边际贡献;第二,发明之外其他做出贡献的要素及其重要性;第三,在上述两类证据外能够证明发明之市场价值的其他具体证据。❷ 如何改进和落实合理许可费规则是一个自成一体的话题,既不为 NPE 案件所特有,也超出本部分讨论范围,故此不做详细展开。本节核心结论是应当通过合理许可费方法来确定 NPE 诉讼中的损害赔偿额。

五、小结

即使 NPE 在未来会给我国的创新环境产生一定负面影响,决策者手中也有足够的工具来引导 NPE 以更符合社会需求的方式采取行动。是否发放禁令、如何分摊诉讼成本、要不要适用加倍赔偿,每一项规则都能对 NPE 的诉讼预期产生影响,进而规制其行为。本书讨论的损害赔偿规则同样是一项有力的行为引导工具。在运用引导工具时,我们既不能无视原理、以纯粹实用主义的态度解释既有规则,也不应该囿于原理的传统解释、浪费规则的政策空间。理想做法是深入挖掘原理的弹性,力求找到既不与原理抵触也能容纳政策诉求的途径。

如果我们拥有足够多关于 NPE 诉讼的样本,能够确定 NPE 身份与社会效果之间的联系,从理论上讲不是不可以将 NPE 身份本身作为判断时的考虑因素。但至少从现阶段观之,NPE 身份本身尚未表现出与社会效果之间的明显关联。更合适的策略是将注意力放在诉讼而非诉讼者身上,用解

---

❶ Georgia – Pacific Corp. v. United States Plywood Corp., United States District Court, S. D. New York, 1970., 318 F. Supp. 1116, 166 U. S. P. Q. 235., modified, 446 F. 2d 295, 170 U. S. P. Q. 369., certi. Denied, 404 U. S. 870 (1971).

❷ Daralyn Durie, Mark Lemley. A Structural Approach to Calculating Reasonable Royalties [J]. Lewis & Clark Law Review, 2010, 14: 627.

决普通专利诉讼的思路来解决 NPE 诉讼中的问题，并且通过解决 NPE 诉讼中的问题更好地理解并解决专利诉讼中的共性问题。"与其花费时间去寻找坏蛋，不如集中精力处理恶行与纵容恶行的法律。"❶ 将实际许可费倍数计算方法改造为合理许可费计算方法并不是一项仅仅针对 NPE 诉讼的举措。但通过这项举措，我们不仅能更好地应对 NPE 诉讼中的损害赔偿计算，而且能提高整体的专利损害赔偿认定水平。

---

❶ Mark Lemley. Are Universities Patent Trolls［J］. Fordham Intellectual Property Media & Entertainment Law Journal，2008，18：612. 持类似观点的学者进一步指出，NPE 身份不重要，NPE 诉讼中的专利价值和诉讼策略本身才应该是考查重点。（David Schwartz，Jay Kesan. Analyzing the Role of Non – Practicing Entities in the Patent System［J］. Cornell Law Review，2014，99：455 – 456.）

第十二章　非典型信息成果保护的认识论维度

　　知识产权法与兜底规范的关系是个长盛不衰的话题。● 近年来，部分法院在有关体育赛事节目、游戏规则、游戏赛事直播视频、作品要素、深度链接和同人作品等一系列案件中拒绝适用知识产权法的现象，再次引发了关于该话题的激烈讨论。❷ 不过，讨论主要集中于对个案所涉具体知识产权规则的解释，偶有关于兜底规范预见性不强❸和保护范围过宽的批评，❹ 但未见超越补充保护说、知识产权法定主义和有限补充保护说的理论尝试。如果对既有理论的反复重申并不能阻挡意见分歧愈演愈烈，我们或许应当反省既有理论是否遗漏了关键线索。

　　上述三种理论共享同一假设，那就是知识产权法与兜底规范的关系是本体论层面的问题，无须从认识论层面加以分析。本体论关心存在本身是

---

　　❶　本书所称兜底条款不包括各具体知识产权部门法内部具有兜底功能的规则，如《著作权法》（2020）第 10 条第 1 款第 17 项规定的"其他权利"，仅指在具体知识产权部门法之外为智力成果和标识性成果提供保护的规则。兜底规范早年多表现为民法中的诚实信用原则，例如广西广播电视报社与广西煤矿工人报社电视节目预告表使用权纠纷案（《中华人民共和国最高人民法院公报》1996 年第 1 期）。后来偶尔体现为侵权法一般条款，如深圳市迅雷网络技术有限公司与北京三面向版权代理有限公司案，天津市和平区人民法院（2015）和知民初字第 0495 号。但绝大多数情况下以反不正当竞争法一般条款的形象出现。本书所称一般条款指反不正当竞争法一般条款。

　　❷　对司法现状的总结详见本章第四部分。

　　❸　例如：卢纯昕. 反不正当竞争法一般条款在知识产权保护中的适用定位 [J]. 知识产权，2017（1）：56 – 62.

　　❹　例如：刘维. 中国知识产权裁判中过度财产化现象批判 [J]. 知识产权，2018（7）：81.

什么，认识论则关心如何获得有关存在的知识。❶ 当人们认为知识产权法与兜底条款的关系是个单纯的本体论问题时，相当于默认二者的关系是客观存在，不受决策者主观认识的影响。换言之，现有理论假设，如果我们要回答各个创新规则模块分别适合调整哪些创新活动这一问题，只要研究创新活动与创新规则就足够了，无须讨论规则制定者的认知能力及其服从的认知规律。迄今为止，纯粹本体论的思路隐然具备不证自明的正当性。然而，创新利益分配方案的效果不仅取决于方案在本体论层面的"质量"——包括方案的实体正义性与表述合理性；还取决于方案在认识论层面的"质量"——包括方案能否帮助法院提高决策效率以及是否便于积累制度经验。既然方案的效果同时受本体论和认识论因素的影响，那么寻求最佳方案的努力自然不可能脱离认识论层面的分析。而且，认识论分析的重要性与认知任务的复杂度成正比，因为认知任务越复杂，认知能力的瓶颈效应越明显。这正如人们在为少量四则运算就能解决的简单问题设计算法时无须关心电脑的运行速度，但假若在寻求大规模复杂问题的解决方案时也不关心电脑性能，设计出的"最优"算法恐怕只是空中楼阁。创新利益分配正是高度复杂的问题，如果我们不澄清规则制定者和执行者的认知局限，将无法判断相关规则是否合理。因此，本章致力于为知识产权法与兜底条款的关系研究补充必要的认识论分析。

本部分研究的核心命题如下：具体知识产权法和兜底条款在解决创新利益分配问题的认知效率方面存在重大差别。前者是包含客体、权能、限制、救济和主体环节的高度结构化认知模型，蕴含了多层次、高质量的背景知识；后者作为认知模型的结构化程度很低，提供的背景知识杂乱模糊、质量堪忧。因此，具体知识产权部门法理应获得充分运用。

本章第一部分交代分析工具，说明图式（schema，复数 schemata）概念及其对解决高度复杂问题的作用。第二部分明确立论基础，提出创新利益分配规则面临的挑战源于创新利益分配问题的高度复杂性。文章由此得

---

❶ 作为形而上学的不同分支，本体论（ontology）源于希腊语中表示存在（being）的词汇，以存在本身为研究对象。认识论（epistemology）则源于希腊语中表示知识（knowledge）的词汇，以知识本身为研究对象。（Simon Blackburn. Oxford Dictionary of Philosophy ［Z］. 上海：上海外语教育出版社，2000：123，269.）

出阶段性结论，即图式对于解决创新利益分配问题至关重要。第三部分运用分析工具重新认识既有规则，指出专利法、著作权法和商标法等具体知识产权部门法都是具备巨大认知价值的图式。第四部分描绘了部分法院频繁弃用图式的现状，该现状是既有理论的适用结果，明显违背前述理论逻辑。第五部分的规范性建议围绕知识产权图式的认知价值展开，指出理想的创新规则体系需要兼顾本体论与认识论的双重正当性，在谨慎对待信息产权扩张的前提下，允许法院享有与其认知比较优势相匹配的知识产权图式发展空间。本章的基本理念是对知识产权法与兜底规范关系的研究不仅应当关心本体实在，而且必须考察认知效率。唯有如此，我们对二者关系的看法才不至于退化为"是什么"的断言，而有望发展成"为什么如其所是"的分析。

一、图式的概念与作用

在本体论者看来，不同规范的区别在于调整对象的内涵不同；但从认识论的角度观之，不同规范的区别还可能源于解决问题的方法有别。后一种区别在比较知识产权法和兜底规范时体现得非常明显：专利法、著作权法和商标法等具体知识产权部门法提供了结构化经验，引导法官遵循客体、权能、限制、救济和主体环节的分析路径，按图索骥地逼近答案。兜底规范则采取非结构化的分析方法，让法官在空洞的自由裁量权之下去摸索个案化解答。从认知科学的角度观之，知识产权法是图式化的认知工具，兜底规范则伴随着非图式化的认知负担。如果我们希望了解知识产权法对应的图式化认知和兜底规范对应的非图式化认知区别何在，有必要对"图式"展开进一步分析。

图式是认知科学中的重要概念。它"是高层次的概念结构或者框架，既是对先前经验的组织，也能为解释新情况提供帮助"。❶ 通俗地讲，图式

---

❶ Todd Gureckis, Robert Goldstone. Schema [M] //P. Hogan. The Cambridge Encyclopedia of the Language Sciences. Cambridge University Press, 2010: 725.

犹如思维导图，能使信息输入和信息输出更加条分缕析，从而提高信息处理效率。在信息输入环节，图式帮助人们滤除无效信息，分类有效信息，并以适合再次提取的模式对各项信息赋予权重、进行存储。而在信息输出环节，图式协助人们定位相关信息、厘清处理流程、高效做出决策，继而完成表达。图式作为知识单元，其发挥作用的方式并非仅仅被动地等待唤起，而是不断就当前情形与自身的吻合度主动地做出评价。❶ 注意力在外部现象世界与内心评价体系之间往返流转的场景，法律人可谓再熟悉不过。❷ 只是法律人通常不太关心从认知科学的层面来分析这种认知模式的普遍性，更谈不上在处理诸如本部分论题这样的问题时以该认知模式作为考察视角。实际上，只要我们稍加分析，就能发现图式对于决策过程和决策结果产生的巨大影响。

图式属于认知模型，因此具备认知模型的通常效用，能以微小的错误代价换取巨大的认知收益。我们所处的环境极端复杂，拥有的认知资源却十分有限，因此根本无法支撑依赖实时信息进行全面判断的决策方式。为了适应认知资源的约束，我们必须牺牲部分信息完备性来提升认知经济性，并且力求使认知经济性收益超过信息完备性损失。人们拥有的各种认知模型都服务于上述目的。例如，类型化就是典型的认知策略，每个类型都是一个认知模型。类型化通过将信息进行分类，帮助决策者在仅仅采集少量环境实时信息的条件下，就能掌握关于对象的大量信息。例如人们哪怕觉得鲸长得和鱼十分接近，但只要获知鲸是哺乳动物而非鱼类，立刻就能知道它的许多特性：哺乳、恒温以及用肺呼吸。分类往往只需付出较小的错误代价，就能获得很大的便捷回报。用心理学家的话讲，"分类就是推理"。❸

各种认知模型对认知过程与认知结果都会产生显著影响。认知模型犹如滤镜，在屏蔽部分信息的同时赋予其他信息更高的权重。主体透过认知

---

❶ [美] 凯瑟琳·加洛蒂. 认知心理学：认知科学与你的生活 [M]. 吴国宏，等译. 北京：机械工业出版社，2015：122.

❷ [德] 卡尔·拉伦茨. 法学方法论 [M]. 陈爱娥，译. 北京：商务印书馆，2016：13.

❸ [美] 史蒂芬·平克. 心智探奇：人类心智的起源与进化 [M]. 郝耀伟，译. 杭州：浙江人民出版社，2016：311.

模型所获得的信息并非外部世界的简单反映，而是经过加工的模式化重现。模式化重现能将通用问题转化为具体问题，从而大幅提高认知效率。我们只要对比强人工智能的遥遥无期和专家系统已经取得的辉煌成就，就能理解通用问题和具体问题在认知难度上的巨大差距，进而理解由通用问题到具体问题的转化对于降低认知负担而言的重要性。人通过认知模型掌握的既有信息数量越多、质量越高，对环境实时信息的依赖越小，认知负担越轻，认知效率也越高。实际上，如果缺乏认知模型，人根本无法感知、❶ 推理、❷ 动情，❸ 更无法实现人际交流。❹ 认知模型对认知过程与结果的影响如此深入，以致人们曾经长期不能确证其存在，不得不反复争论人究竟是如同白板一般不带前见地降生于世❺还是被编程投放的产品。❻ 时至今日，学界早已不再怀疑认知模型对认知结果的巨大影响。关于"非理性"行为的研究愈发深刻地揭示了认知模型难以违逆的作用。❼ 人们之所以宁可付出"非理性"的代价也不放弃认知模型，正是因为认知模型能以相对微小的信息完备性损失换取相对巨大的认知经济性收益。

图式除了具备认知模型的通常效用，还因高度结构化而具有额外效果。类型、框架、概念等都是认知模型，都可能发挥巨大的认知效用，但并不强调经验的结构化。以类型为例，单个类型中蕴含的知识固然很可能是结构化的，但"类型"概念本身并不强调各类型内部与各类型之间知识的结构化程度。❽ 再如，框架固然可能隐含结构化的经验，但非结构化的

❶ ［美］史蒂芬·平克. 心智探奇：人类心智的起源与进化 ［M］. 郝耀伟，译. 杭州：浙江人民出版社，2016：215 - 302.

❷ ［美］史蒂芬·平克. 心智探奇：人类心智的起源与进化 ［M］. 郝耀伟，译. 杭州：浙江人民出版社，2016：303 - 366.

❸ ［美］史蒂芬·平克. 心智探奇：人类心智的起源与进化 ［M］. 郝耀伟，译. 杭州：浙江人民出版社，2016：367 - 431.

❹ ［美］史蒂芬·平克. 心智探奇：人类心智的起源与进化 ［M］. 郝耀伟，译. 杭州：浙江人民出版社，2016：433 - 529.

❺ ［英］洛克. 人类理解论（上册）［M］. 关文运，译. 北京：商务印书馆，2012：6 - 27.

❻ ［德］康德. 纯粹理性批判 ［M］. 邓晓芒，译. 北京：人民出版社，2004：11 - 18.

❼ Amos Tversky, Daniel Kahneman. Judgement Under Uncertainty：Heuristics and Biases ［J］. Science，1974，184：1124 - 1131.

❽ Todd Gureckis, Robert Goldstone. Schema ［M］ //P. Hogan. The Cambridge Encyclopedia of the Language Sciences. Cambridge University Press，2010：725.

框架同样能对认知产生显著影响。例如，在著名的框架实验中，大部分受试者面对内容一致但表述不同的疫情应对方案，做出了截然不同的选择，❶此处的框架——描述问题的角度——就没有体现出高度结构化特征。相较而言，图式对认知过程的影响，集中体现在图式的高度结构化、宏观性与上位性方面。正因如此，图式的定义才会强调它是"高层次的"的概念结构。概念本身未必高度结构化，图式则可以将不同概念以特定关系结合起来，形成大的知识单元。❷图式中包含的信息不仅是这些概念的总和，还有各个概念的相互关系，只有满足关系条件的概念组合才会被图式接纳。当人们从环境中接受的实时信息没有包含所有的概念或者概念关系时，图式会补足缺省值以完成认知任务。❸在图式的帮助下，人在遇到新问题时无须从头开始分析，只需将少数实时环境变量分门别类地输入到图式中对应的节点，就能快速处理信息。❹有心理学家将图式称为"打包的信息"❺或者"知识包"❻，意指其中既包含常量也包含变量，常量能够减轻决策者在搜集信息、处理信息时的负担，而变量能够确保信息贴合环境，给出正确的反馈。图式本身已经是结构化的认知模型，而多个图式还能互相结合，构建层次复杂的图式组合——下文称为"图式塔"（schemata）——以便在更宏观的认知层面上发挥作用。认知过程常常是图式塔发挥作用的结果。❼

图式以高度结构化的方式组织既有知识，从而为决策者提供了比普通

❶ Daniel Kahneman, Amos Tversky. Choices, Values, and Frames [J]. American Psychologist, 1984, 39: 343-344. （一个问题从获救人数的角度描述，另一个问题从死亡人数的角度描述，大部分受试者偏好前者而排斥后者。）
❷ [美]理查德·格里格，菲利普·津巴多. 心理学与生活 [M]. 王垒，王甦，等译. 北京：人民邮电出版社，2003：216.
❸ Todd Gureckis, Robert Goldstone. Schema [M] //P. Hogan. The Cambridge Encyclopedia of the Language Sciences. Cambridge University Press, 2010: 725.
❹ Todd Gureckis, Robert Goldstone. Schema [M] //P. Hogan. The Cambridge Encyclopedia of the Language Sciences. Cambridge University Press, 2010: 725.
❺ [美]凯瑟琳·加洛蒂. 认知心理学：认知科学与你的生活 [M]. 吴国宏，等译. 北京：机械工业出版社，2015：123.
❻ [美]理查德·格里格，菲利普·津巴多. 心理学与生活 [M]. 王垒，王甦，等译. 北京：人民邮电出版社，2003：216.
❼ Todd Gureckis, Robert Goldstone. Schema [M] //P. Hogan. The Cambridge Encyclopedia of the Language Sciences. Cambridge University Press, 2010: 725.

的类型、框架和概念更清晰的思维导图。图式不仅享有普通的类型、框架和概念的认知优势，而且能为决策者提供额外的认知红利。如果说类型、框架和概念等认知模型都有助于推理，那么在认知模型正确的前提下，图式这种特殊的认知模型就有助于层次更高、效果更好的推理。需要指出的是，图式与类型等其他认知模型之间绝非彼此排斥的关系，它们的差别在于侧重点不同。以图式和类型的关系为例：一方面，图式绝不排斥类型，一个图式完全可以被视为一个类型；另一方面，类型并不排斥图式，高度结构化的类型就是图式。只不过，类型化更强调类型间的差异，而图式化更关注图式内的结构。图式指示决策者在处理信息时要遵循特定的顺序、考虑不同的权重，这种顺序与权重并非类型关心的重点，但对解决高度复杂的认知任务而言至关重要。

本书之所以从诸多认知模型中选取图式作为分析工具，正是因为图式的高度结构化特征对于解决创新激励任务而言格外重要：提供恰到好处的创新激励是一项高度复杂的认知任务，社会无法凭借非结构化推理加以完成。如果我们将具体知识产权部门法和兜底条款进行比较，会发现兜底条款蕴含的背景知识在结构化程度方面远远低于具体知识产权部门法，以至于兜底条款的分析路径难以在实质意义上发挥思维导图的作用。例如德国学者在反不正当竞争法一般条款的要件化问题上就满足于同义反复，认为一般条款"并不仅仅是法律后果条款，而是包含事实构成和法律后果的完整法律规范。其中事实构成指经营行为不正当，法律后果则是该行为不被允许"。❶ 这种形式主义的"结构化"显然无助于降低法院的认知负担。我国从反不正当竞争法一般条款中拆分出的"竞争关系""不正当性"与"损害后果"等要件，不仅内涵模糊，而且关系不清，以致言人人殊，并不能提供实质意义上的结构化知识。与之相对，专利法、著作权法和商标法等具体知识产权部门法虽然包含开放性条款，但知识架构末梢的开放性并不妨碍其整体格局具有高度结构化特征。❷ 总之，具体知识产权部门法

---

❶ Köhler in Köhler/Bornkamm/Feddersen, Gesetz gegen den unlauteren Wettbewerb, 36. Aufl., 2018, § 3 Rn 2.7.

❷ 详见本章第三部分。

和兜底条款在结构化方面尽管不是"有"和"无"的绝对隔阂,而是"高"与"低"的程度差异,但二者的差异如此之大,以至于将其分别定性为结构化的知识产权法图式和非结构化的兜底条款更能彰显各自的本质。尤其在面临高难度认知任务时,图式化方面的差异影响更为深远。知识产权法与兜底条款共同关心的创新激励问题,恰恰属于高难度的认知任务。

二、创新激励的高度复杂性

创新可谓当代社会发展最重要的引擎。例如,美国 1909~1949 年生产率的提高有 87.5% 归功于技术进步,[1] 而 2017 年我国的科技进步贡献率也高达 57.5%。[2] 可见,正确完成创新激励任务,对于提升社会福利而言至关重要。问题在于,正确的创新激励既不能缺失也不能过度,而这对于制度供给者而言是一项异常艰巨的任务。

维系有体物财产权基本秩序的诉求直抵人心。人类学家指出,所有社会都将盗窃视为犯罪。[3] 心理学家更是发现,哪怕 1 岁大的婴儿也会对掠夺财物表示反感。[4] 最低限度的有体物产权保障是人与生俱来的本能。尽管财产制度的具体设计从古到今引发过无数争议,但现代化社会通常不怀疑基本的有体物产权秩序具有正当性。

相比之下,知识产权的历史根基和共识基础都要薄弱得多。第一部专利法直到 15 世纪才出现,[5] 第一部版权法直到 18 世纪才问世,[6] 而现代意

---

[1] Robert Solow. Technical Change and the Aggregate Production Function [J]. The Review of Economics and Statistics, 1957, 39: 320.

[2] 国家统计局新闻发言人就 2018 年一季度国民经济运行情况答记者问 [EB/OL]. [2020-12-15]. http://www.stats.gov.cn/tjsj/sjjd/201804/t20180417_1594433.html.

[3] Robert Ellickson, Carol Rose, Henry Smith. Perspectives on Property Law [M]. Wolters Kluwer, 2014: 35.

[4] Paul Bloom. Just Babies: The Origins of Good and Evil [M]. Bodley Head, 2013: 7.

[5] 1474 年《威尼斯专利法》(Venetian Patent Act)。

[6] 1710 年《安妮法》(Statute of Anne)。

义上的成文商标法要到 19 世纪才被制定出来。● 甚至在知识产权法登上历史舞台之后，仍不时面临被扫地出门的尴尬。荷兰与瑞士都曾自 19 世纪后半叶起废除本国专利制度长达数十年之久。● 而迟至 20 世纪中叶，美国还在拷问专利制度的正当性。马克卢普提交美国参议院报告中那几句著名的结论，集中展示了知识产权制度在社会认同方面的巨大困境："如果我们还没有专利制度，那么基于关于专利制度经济效果的现有知识而提出设立专利制度的建议，是不负责任的。但既然我们早已建立了专利制度，那么基于现有知识而提出废除专利制度的建议，同样是不负责任的。"● 关于知识产权制度正当性的争论未来也很可能不会停息。知识产权法的正当性基础是劳动说、人格说、激励说、回报说、前景说、信号说、组织说还是其他学说？● 我们必须在道义论和功利主义之间进行选择还是应当接受多元主义？● 这些看似抽象的话题一直是富有影响力的知识产权法学术成果的沃土，这说明知识产权制度赖以建立的心理基础并不如有体物基本秩序一般深入人心。而知识产权秩序不断遭遇的信任危机也印证了观念共识的脆弱。经济学界对专利和版权效果的质疑，欧洲政坛上"海盗党"的异军突起，乃至电影《我不是药神》引发的争议，这些社会现象不断提醒着人

● 1857 年法国《关于以使用原则和不审查原则为内容的制造标记和商标的法律》，引自：杜颖. 社会进步与商标观念：商标法律制度的过去、现在和未来 [M]. 北京：北京大学出版社，2012：3.

● Schiff, Eric. Industrialization Without National Patents: The Netherlands, 1869-1912; Switzerland, 1850-1907 [M]. Princeton University Press, 1971.

● Fritz Machlup. An Economic Review of the Patent System (U. S. Senate, Committee on the Judiciary Study No. 15, 1958) [M] //Robert Merges, Jane Ginsburg. Foundations of Intellectual Property. LexisNexis, 2006：60.

● 关于劳动说、人格说和激励说的综述可见：Mark Lemley, Peter Menell, Robert Merges. Intellectual Property in the New Technological Age: 2016, Volume I [M]. Clause 8 Publishing, 2016, Chapter I, 2-27. 后面几种学说是知识产权功利主义立场中的细分理论，关于回报说和前景说参见：Edmund Kitch. The Nature and Function of the Patent System [J]. Journal of Law and Economics, 1977, 20。关于信号说参见：Clarisa Long. Patent Signals [J]. The University of Chicago Law Review, 2002, 69。关于组织说参见：Paul Heald. A Transaction Costs Theory of Patent Law [J]. Ohio State Law Review, 2005, 66。

● 此处仅挂一漏万地提及两位著名知识产权法学者之间的争论：Robert Merges. Justifying Intellectual Property [M]. Harvard University Press, 2011（反对将功利主义作为知识产权正当性的唯一来源）；Mark Lemley. Faith-Based Intellectual Property [J]. UCLA Law Review, 2015, 62（反对在知识产权正当性理由中纳入功利主义之外的考虑）。

们：要想实现信息生产者和使用者之间的利益平衡并使平衡机制获得社会认同，是十分困难的事情。

要理解创新领域利益平衡的难度，我们不妨站在立法者的角度来考虑实现创新领域社会福利最大化的途径。由于价值本质上是主观的，❶ 立法者无法直接调整，只能退而求其次地将客观行动作为调整对象。和通常的投资人一样，立法者希望通过优化资源配置来使回报最大化。只不过立法者掌握的资源并非普通的人力或物力，而是一种特殊而宝贵的对象——行动自由。立法者"采购"的对象也不是一般的商品和服务，而是行动自由的两个流向——创新活动中的生产者收益与使用者收益。以围绕作品创作的利益分配为例：立法者可以把使用作品的行动自由交给作者，让使用者只能从作者处获得行动自由；立法者也可以把使用作品的行动自由交给使用者，要求作者在不希望他人使用作品时必须向他人购买放弃使用的承诺。作为理性投资人，立法者的目标是追求双方总收益最大化。为此，立法者将和任何投资人一样，关注资源在不同用途上的边际回报。立法者会先将一部分行动自由分配给明显能产生更大回报的一方，但在边际效益递减规律的支配下，立法者不应将所有的行动自由都分配给该方。当一方掌握的行动自由多到一定程度时，立法者会发现继续分配给该方获得的边际收益明显小于分配给对方可能带来的边际收益，于是转而将部分行动自由分配给对方。立法者追求的是，当行动自由分配完毕之时，从生产者和使用者双方获得的边际收益是相等的。边际收益相等意味着实现了均衡，也意味着每一份行动自由都被分配到了能产生最大价值的地方。

问题在于：行动自由看不见摸不着，立法者如何才能把上述思想实验中呈现的理想状态翻译为立法语言？答案是借助中介（proxy）。❷ 中介是一系列更加直观的对象，能够帮助决策者以更低的成本完成复杂的决策任

---

❶ "物的价值根源于物和我们需求的关系，而不是物的固有属性。"（Carl Menger. Principle of Economics ［M］. Introduction by F. A. Hayek, Foreword by Peter Klein. Ludwig von Mises Institut, 1976：120.）

❷ Proxy 直译为"代理"，也的确有文献将法经济学语境下的 proxy 译为"代理变数"。［张永健. 民法典立法方法论：以《物权法》第 106 条、第 107 条动产善意取得为例 ［J］. 财经法学，2017（4）：54.］本书译为"中介"，一是为了与作为法律术语的"代理"概念相区别，二是传达"工具、手段、媒介"之意。

务。典型的直观对象包括对行动本身的描述（例如复制、销售等概念），或者对行为对象的说明（例如有形复制件、相同或类似商品等概念），或者对行为后果的限定（例如信息网络传播行为以"使公众可以在其个人选定的时间和地点获得作品"为要件）。实际上，法律体系中处处充斥着这类直观对象。法律具体采用哪种直观对象来传递有关行动自由的分配方案，取决于在特定情况下强调哪种直观对象的制度效率更高，更可能用相对微小的误判损失换取相对较高的便捷利益。为实现这一目的，中介一方面必须具有与行动自由相关，以确保以简代繁的做法不会过度损害信息完备性；另一方面还需便于理解和运用，以获取认知经济性的收益。中介多半比较粗略，但胜在能够降低制度成本。❶ 不同领域制度设计的难度差异，很大程度上取决于是否存在各个层面上简便易用的中介。

在围绕有体物生产和使用的社会福利最大化的问题上，立法者幸运地找到了位于不同层面的有效中介。在基本立场层面，权利人单方福利最大化就是有效的中介。有体物具有较强的消费之竞争性，这意味着即使法律不保障生产者对有体物的垄断，有体物也不可能为全体公众带来福利。因此，法律保护生产者对有体物的垄断，并不需要付出太高的代价。相反，允许生产者垄断有体物的后续使用反而更可能挑选出效率最高的使用者，产生巨大的社会收益。因此在绝大多数情况下，立法者只要专心保障权利人单方福利最大化，就实现了社会总福利的最大化。在错误代价明显过大的个别情况下，立法者无法再依赖中介简化认知过程，只好退回元问题进行思考，将公众福利也纳入考虑范围，此时便出现了权利的限制。物权法上的征收和征用制度就是所有权限制的表现。❷ 尽管在权利不受限制的情况下也存在少数如果只关心生产者控制权可能减损社会总福利的场合，但立法者仍通过运用中介，以相对微小的错误代价换得了简便易行的制度架构。

而在具体规则的层面，围绕有体物生产和使用的利益分配问题同样能通过优质中介加以解决，这个中介就是有体物的物理边界。当然，僭越物

❶ Thomas Merrill, Henry Smith. What Happened to Property in Law and Economics? [J]. Yale Law Journal, 2001, 111: 389-390.

❷ 王利明. 物权法研究（上卷）[M]. 北京：中国人民大学出版社，2013：412-416；崔建远. 物权法 [M]. 北京：中国人民大学出版社，2014：178.

理边界并不必然等于社会福利减损，例如未经授权拿走手机可能是为了获取物证，而擅闯住宅可能是出于搜查目的。但在绝大多数情况下，僭越物理边界都极可能对社会总福利造成负面影响。所以假设有人未经许可拿走权利人的手机，或者闯入权利人的住宅，法律一开始并不关心手机被拿走后是自用、赠与、出租、出售、展览还是用于开发新产品，住宅被闯入后是用于自住、商用还是出租，而是会立刻启动评价机制，只在极端例外的情况下才免除僭越物理边界者的责任。总之，在围绕有体物生产和使用利益分配的规则安排上，有体物的物理边界因其相对较低的信息成本和不高的出错概率，成为理想的中介，帮助立法者运用"占有""登记"等便于依托物之边界的规则，构造出简洁有力的物权秩序。

对于围绕创新活动展开的制度设计而言，立法者却没有那么幸运。无论在基本立场还是具体规则层面，这个领域都不存在对应于有体物利益衡量领域的、容易以微小错误代价换取巨大便捷利益的中介。在基本立场层面，立法者无法将社会总福利最大化问题简化为权利人福利最大化问题；而在具体规则层面，立法者也缺乏有体物物理边界这一容易识别的中介。此外，知识产权客体在占有上的非排他性和在消费上的非竞争性也进一步增加了判断社会福利最大化的难度。

智力成果在占有上通常不具备排他性，所以为了实现排他保护的效果，社会只能更少地依赖自力救济而更多地投入公共资源。❶ 同时，智力成果缺乏财产学家所称的"物性"（thingness），很难让公众产生直觉上的避让感，而是需要公众花费额外的注意力才知道是否需要绕开信息成果，这也提高了信息产权的社会成本。

消费上的非竞争性令针对智力成果的生产激励和利用激励的关系更加复杂。从短期福利角度分析，一项技术方案被发明后，多一个使用者的社会边际成本很低，所以禁止公众使用相当于剥夺了公众能以低成本获得的高收益，造成无谓损耗。更有甚者，信息独占权还常常会对信息自由和公众健康等领域的非货币化价值产生威胁。社会之所以要通过知识产权制度

---

❶ ［美］威廉·兰德斯，理查德·波斯纳. 知识产权法的经济结构［M］. 金海军，译. 北京：北京大学出版社，2016：21.

来维系上述看似不合理的短期福利状态，目的是从长期角度鼓励更多的智力成果生产，以免涸泽而渔。由于短期使用福利和长期生产激励之间是此消彼长的关系，因此求得二者均衡相当困难。难处不仅在于没有中央化决策机构能够掌握求解均衡所需的信息，而且在于均衡条件本身会随着技术发展、交易结构变化和智力成果用途拓展等因素发生变化。而由于所有的制度都必须具有相当的稳定性，因此不可能有任何制度能够完美解决创新活动中的利益分配动态均衡问题。

三、图式的认知经济性

尽管创新利益分配问题高度复杂，所幸人们早已发展出高效的认知工具来应对复杂问题，这个认知工具就是图式及其组合形成的图式塔。图式能够通过提供结构化经验提高认知效率；而如果将复杂问题进行拆分并且提供针对不同细分领域的不同图式，更能大幅降低认知难度。专利法、著作权法、商标法等具体知识产权法便是针对创新利益分配难题细分领域的不同图式。以下分三个层面来呈现图式及图式塔在解决创新激励问题中的作用。

第一，解决创新利益分配难题需要运用图式。

假如要求决策者在面对创新利益分配问题时完全根据个案来确定需要搜集哪些信息、如何组织这些信息以及怎样评价这些信息，决策者将无所适从，因为需要考虑的变量实在太多。为了减轻个案中的认知负担，决策者有必要运用图式来提高信息搜集和处理过程的结构化程度。这种结构化流程从找出有价值的信息入手（客体规范），接下来分析哪些信息使用方式会损害生产者的预期利益（权能规范），进而细分哪些情况下表面侵权的行为并不损害生产者的预期利益（限制规范），最后认定使用人应当向生产者承担何种责任（救济规范）。每个环节之下还会细分出二级、三级甚至四级子问题。如此一来，千头万绪的线索被筛选、分层并整合成为条分缕析的思维导图，供决策者在分配创新利益时按图索骥。此外，随着创新社会化程度日益提高，生产者内部的利益分配模式也对激励创新产生越来越大的影响，因此，创新利益分配方案还包括关于合作创新、雇佣创新、委托创新等信息生产群体内部合作模式的经验（主体规范）。上述客体、权能、限制、救济和主体规范联合起来所提供的创新利益分配方案，远比让决策者在混沌的个案中去从头摸索更加合理。每个知识产权图式都是蕴含丰富经验的认知模型。正如人们需要借助模型才能解决自然科学、工程技术和其他社会科学领域的问题一样，人们在解决创新利益分配问题时同样离不开有效的模型。

第二，解决创新利益分配难题需要运用不同图式。

不同领域的创新存在高度异质性，与之匹配的最优图式自然也应彼此有别，而且差别体现在图式的各个环节。

客体规范的核心任务是识别值得保护的创新价值。由于不同类型的信息产生价值的方式不一，因此不同领域的价值识别规则也不尽相同。首先，使用对标识的价值影响巨大，但对智力成果的价值影响不大，所以商标法从客体规则就开始关心标识的使用情况，而专利法和著作权法的客体规则并不关心技术或作品的使用情况。其次，对于智力成果而言，不同的信息生产模式需要不同的价值识别规则。一种情况是，假如不同主体产出相同客体的概率较大，那么发生纠纷的概率与化解纠纷的成本都较高。在此情况下，社会最好未雨绸缪地在纠纷发生前投入相当的社会资源来明确值得保护的客体，以减少纠纷数量，并降低解决纠纷的难度。相反地，另一种情况则是假如不同主体产出相同客体的概率较小，那么发生纠纷的概率与化解纠纷的难度也较低。在此情况下，社会无须在每项客体产生时立刻明确其价值，而不妨先保持理性无知，仅在极少数客体真正发生纠纷时再投入社会资源判断其价值。沿着这种思路考察专利法和著作权法，我们会发现：因为不同主体经常不约而同地发明同一技术，所以专利法更接近前一种情况，不得不投入大量资源建立复杂的专利申请、审查和授权制度；而由于不同主体很难不谋而合地创作同一表达，所以著作权法更接近后一种情况，满足于简单的权利自动产生机制。❶ 总之，法律针对信息生

---

❶ 对专利模式和著作权模式的分析，参见：崔国斌. 知识产权确权模式选择理论 [J]. 中外法学，2014（2）：408 - 430；蒋舸. 著作权法与专利法中"惩罚性赔偿"之非惩罚性 [J]. 法学研究，2015（16）：82.

产和使用的不同情况提供了不同的客体规则：专利法致力于识别产生概率较大的信息成果，其特点是强调程序、要求事先界权，不关心技术方案的使用情况。著作权法适合识别产生概率较小的信息成果，其特点是忽略程序、允许事后界权，不关心作品的使用情况。商标法则形成了注册为主、同时关心标识使用情况的机制，以便将标识信息的价值识别出来。

在权能、限制和救济环节，差别既体现在标识与智力成果相区隔的层面，也体现在智力成果内部分野的层面。就标识与智力成果的区隔而言，由于标识具有消费竞争性，智力成果则不具有，所以商标法在权能、限制和救济环节都更接近传统财产法的规范，而专利法和著作权法则与传统财产法存在明显不同。例如，商标权的权能统称"使用"，并无细分，其限制从反面说明什么样的情况不算"商标性使用"，而其救济无须担心损害累积创新，更加尊重权利的神圣性，也重视超越预防的惩罚目的。专利法和著作权法则在权能环节进行细分，在限制环节体现了更加浓厚的社会本位色彩，并且不应在救济环节追求超出最佳预防限度的惩罚目的。❶

就智力成果在权能和限制环节的区别而言，著作权法的独占性更弱，治理特征更明显；而专利法的独占性更强，治理特征相对不那么明显。独占性（exclusion）是与治理（governance）相对的概念。独占型产权采用的中介更加粗略，往往针对更加宽泛的使用行为；治理型产权采用的中介更加精细，往往只禁止范围有限的使用行为。❷ 由于典型文艺作品的后续利用空间更宽阔、出乎权利人预期的后续增值可能性更大，所以著作权法一方面在权能环节对利用行为进行了更精细的划分，仅将部分行为交由权利人控制；另一方面在限制环节的独占性更弱，通过弹性规则将大量利用行为排除在权利人的控制范围之外。不仅美国版权法明确承认开放式的合理使用规则，❸ 甚至在立法上缺乏合理使用一般条款的我国，司法也常常突

---

❶ 蒋舸. 著作权法与专利法中"惩罚性赔偿"之非惩罚性 [J]. 法学研究，2015（6）：80－97.

❷ Henry Smith. Exclusion versus Governance: Two Strategies for Delineating Property Rights [J]. Journal of Legal Studies, 2002, 31.

❸ 17 U. S. Code § 107.

破限定列举而认定合理使用。❶ 与文艺作品相比，技术方案的发挥空间较小。❷ 在此情况下，专利制度在权能方面表现为受控行为的划分相对粗略；在限制方面表现得比较刚性、体现出更强的独占性。这种较强的独占性尤其反映在权利限制环节弹性较小这一事实上。系争行为一旦落入权利人的权能范畴，很难免责。❸

主体规范的主要目标是给创新群体内部的利益分配设定缺省格局，这一格局对于不同类型的创新活动而言既不可能也不应该一致。比如，专利法与著作权法需要规定雇佣关系与委托关系下的劳资双方利益分配方案，商标法却无此顾虑。专利法和著作权法中的每位共有人往往不能限制其他共有人将智力成果许可给他人使用，只能分享许可收益；❹ 商标法上却没有将财产规则型产权降格为责任规则型产权的对应做法。再如，因为不同发明人从事发明活动的结果是相近的，这意味着劳方的可替代性更强，所以专利法偏向资方，规定职务发明归属于资方；而不同作者从事创作活动的结果则多半存在显著差异，这意味着劳方的不可替代性更强，所以著作权法偏向劳方，规定大多数职务作品的支配权主要归属于劳方。

差异化安排存在于客体、主体、权能、限制和救济各个环节，其根源在于难以完全克服的交易成本。如果交易成本为零，无论法律采用单一图

---

❶ 例如在王莘与北京谷翔信息技术有限公司等著作权侵权纠纷案中，被告谷歌公司及其关联公司（以下简称"谷歌"）未经许可扫描了原告王莘的整本书，并允许网络用户在谷歌网站上检索并分段阅读该书。一审法院认定谷歌实施了信息网络传播行为，但在没有明确援引合理使用类型化条款的情况下，认可了被告行为构成合理使用，北京市第一中级人民法院（2011）一中民初字第1321号；二审法院维持了一审判决，北京市高级人民法院（2013）高民终字第1221号。

❷ 艺术和技术的区分是相对的而非绝对的。在绝对意义上，技术的开发与后续利用的空间同样宽广，因为不同主体为解决同一技术问题而采取的手段未必是相同的，实现的效果也可能是有差异的。针对技术领域后续价值开发过程的深入争论，参见：Edmund Kitch. The Nature and Function of the Patent System [J]. Journal of Law & Economics, 1977, 20.（倾向于认为专利法上不同主体针对同一目标的研发在产出上是相近的）; Robert Merges, Richard Nelson. On the Complex Economics of Patent Scope [J]. Columbia Law Review, 1990, 90.（倾向于认为专利法上不同主体针对同一目标的研发在产出上的差别是巨大的）。

❸ 关于专利和著作权制度的差异成因与表现，中外文献从不同角度做出了探索。代表性文献参见：崔国斌. 知识产权确权模式选择理论 [J]. 中外法学, 2014（2）: 408 - 430; Henry Smith. Intellectual Property as Property: Delineating Entitlements in Information [J]. Yale Law Journal, 2007, 116.

❹《专利法（2008）》第15条，《著作权法实施条例（2013）》第9条。

式还是多个图式，甚至完全不做任何规定，都不会对创新造成负面影响。因为每当使用者有信息需求，他都能找到合适的生产者。创新者不至于怀才不遇，使用者不担心购买无门。创新活动的参与各方将通过合同促使创新资源从估价较低的一方转移到估价较高的一方，实现双赢。即使法律预设的分配方案不合理，零成本的市场交易也能够将其矫正为对创新资源的优化配置。

问题在于，创新领域的交易成本不仅不为零，而且异常高昂。❶ 如果法律预设的利益分配方案不能正确反映各方的期待，当事人往往无法通过谈判纠正错误的缺省规则，只能坐视成本阻碍交易发生。这既减少了生产者获得的激励，也降低了使用方的福利。为了避免这种无效率情况的出现，社会需要立法者模拟信息生产者和使用者的谈判结果，帮助当事人在哪怕无法事先直接和对方谈判的情况下仍有信心采取能够增进社会福利的行为。而由于不同情况下的谈判结果并不相同，因此法律必须模拟不同情况下当事人的不同期待。由此产生的结果便是决策者在解决创新利益分配问题时无法借助单一图式，而必须采用图式塔。

接下来的问题显而易见：既然图式的多样化是创新活动异质化的结果，那么图式的多样化程度是否越高越好呢？答案是否定的。法律决策与其他认知决策一样，都需要在认知经济性和信息完备性之间求得平衡。❷图式塔既需要将相似的情况予以归类，确保信息以浓缩的形态出现，避免浪费认知资源；也要承认各种情况之间的差别，确保重要的差别不被抹杀，以免赖以决策的信息不充分。❸ 这意味着，多样化和标准化这两股相反的作用力同时存在。一方面，图式的多样化程度不能太高，以免产生过

---

❶ Kenneth Arrow. Economic Welfare and the Allocation of Resources for Invention ［M］//National Bureau of Economic Research. The Rate and Direction of Inventive Activity：Economic and Social Factors. Princeton University Press，1962；610 - 615. 这是因为，与有体物相比，信息具有种种让交易变得尤其困难的特征。不可分性（indivisibility）、不可专属性（inappropriability）和不确定性是其中特别突出的几项。这些特征使得信息生产者和使用者之间的搜寻成本、确认成本、谈判成本、执行成本都远远高于通常的有体物交易，最终导致无法单纯依靠市场机制产出最优量的信息。

❷ ［美］凯瑟琳·加洛蒂. 认知心理学：认知科学与你的生活 ［M］. 吴国宏，等译. 北京：机械工业出版社，2015：126.

❸ ［美］凯瑟琳·加洛蒂. 认知心理学：认知科学与你的生活 ［M］. 吴国宏，等译. 北京：机械工业出版社，2015：119.

于高昂的设计成本和适用成本。毕竟图式数量的增加会导致法官、当事人和公众在不同图式间取舍的成本出现指数增长，迅速耗尽多样化带来的收益。规则体系包含的图式数量必然十分有限，唯有如此才能符合认知经济性的要求。另一方面，图式塔也不能过于标准化。因为一旦标准化程度超过临界点，社会为信息不充分付出的代价就会超过认知经济性产生的收益。理想的标准化程度出现在当信息不充分加剧的边际代价等同于认知经济性提高带来的边际收益之时。

由于并非所有变量在所有情形下对图式质量的影响程度都一样，所以与其试图建立一个包含所有变量的大一统图式，不如将变量和情形挂钩。在一种情形下只考虑一些变量，而在另一种情形下只考虑另一些变量。如果图式拆分合理，就能在不过分偏离信息充分性的基础上大大提高认知经济性。从解决难题的认知规律出发，对于创新激励这样的难题而言，最有希望的手段就是求助于数量适当的图式，分而治之。

第三，各门知识产权法是社会发展过程中沉淀下来的优选图式。

解决创新利益分配难题究竟需要多少图式呢？如果将这一问题抛给初次接触创新活动的人，要求他从无到有地设计出范围合理、数量适中的图式，他多半无从下手。幸运的是，创新规则设计者不必无中生有，而能在很大程度上借鉴社会演化过程中逐步萌生的自发秩序。社会在技术保护、作品保护和标识保护上，不自觉地采用了不同规则，这些雏形逐渐发展为解决创新激励难题的主要图式。除此之外，在商业秘密、植物新品种、集成电路布图设计等问题上，社会也慢慢摸索出相应的利益分配图式，以追求恰到好处的激励。每个知识产权法模块就是一个解决创新激励子问题的图式。这些图式引导法律适用者在不同领域采用不同的结构化的思维方式，关注不同的事实，从而在不同领域实现认知经济性和信息完备性的平衡。"恰到好处的创新激励"这一看似不可能完成的高难度任务，在多个知识产权图式的协同作用下，终于得以化解。

诚然，单个图式的缓慢生长与各个图式的边界磨合，通常体现为由大量应激反应推动的无意识过程。或有人据此认为，前述从认识论角度重新审视既有规则的努力当属徒劳无益。实则不然。作历史考，规则或许是自发的；为未来计，理解则应当是自觉的。对自发秩序的自觉探索，从来都是社会进步的推力。况且，创新规则体系的发展因其高度复杂性而尤其受到认知规律的制约。长期看来，不符合认知规律的做法终将被社会淘汰。这意味着，该领域的本体实在与认知规律联系更加紧密，对认识论工具的自觉运用更可能带来优厚回报。

前述认识论层面的分析表明，各个创新规则模块之间的分工是高度功能主义的。模块之间的区隔主要不源于目标迥异，而源于手段有别。或许正因为如此，物权法定原则在知识产权领域的效力才格外薄弱。❶ 与其说各个创新规则子系统是被一条条黑白分明的线条所区隔，不如说它们是被一个个灰区所环绕。各个模块及周围灰区的覆盖范围随着技术背景、交易结构、社会理念的变化而不断变化。既然模块之分应当体现工具理性，那么制度的设计者和运用者就不应把工具之分异化成不可逾越的障碍，而应该根据时代背景对各个模块予以功能性重塑。尽管重塑的细节取决于价值、制度和技术多个层面的博弈，注定漫长而不易，但从认知科学的角度看，重塑的基本方向是清楚的，那就是发挥图式的作用，提升认知效率。

四、弃用图式的现状与成因

遗憾的是，图式的重要性在实务界和理论界没有获得重视。针对非典型的创新利益分配问题，部分法院明显表现出对具体知识产权部门法的怀疑和对兜底规范的依赖。这些法院要么根本不愿迈过客体门槛，要么止步于权能环节，常常无法完整利用图式提供的结构化经验。

随着创新生态日趋复杂，此类案例数量可观，近年尤其多发。专利法被兜底的情况相对较少，偶尔出现在民法通则中的"发现权"条款之下。❷ 在商标法领域，关键词搜索、商品化权、域名保护、将他人商标注册为企

---

❶ 关于物权法定原则在知识产权法领域格外薄弱的论述，参见：Thomas Merrill，Henry Smith. Optimal Standardization in the Law of Property：The Numerus Clausus Principle［J］. Yale Law Journal，2000，110.

❷ 例如：李敏与季明芳发现权纠纷案，中山市中级人民法院（2005）中中法民三初字第119号判决书。

业名称等问题的背后，也是兜底规范挤占标识法空间的问题。而在著作权法领域，弃用图式的现象尤为突出。出于论述集中的目的，下文讨论案件均出现在著作权和兜底规范的交叉地带。

很多案件止步于图式的起点，即客体环节。在关于体育赛事节目的诉讼中，法院认为中超比赛直播的公用信号既不满足固定要求，又缺乏独创性，无法作为电影作品获得著作权保护。❶ 在游戏规则案中，法院认为被告抄袭的 300 余张卡牌及其组合方式"实质是游戏的规则和玩法。鉴于著作权法仅保护思想的表达，而不延及思想本身，因此本院对被告的抗辩予以采纳"。❷ 在游戏赛事直播视频的案件中，法院认为"比赛过程具有随机性和不可复制性，比赛结果具有不确定性，故比赛画面并不属于著作权法规定的作品"。❸ 而以上三起纠纷中的法院都不反对用兜底规范提供保护。❹

还有些案件在权能环节否认了适用著作权法的可能，从而无法运用著作权法图式在限制与救济环节的经验。在被称为"同人作品第一案"的《此间的少年》案中，法院指出，原被告作品的"人物名称、人物关系、性格特征和故事情节在整体上仅存在抽象的形式相似性，不会导致读者产生相同或相似的欣赏体验，二者并不构成实质性相似"，因此并不侵犯改编权。❺《摸金校尉》案、❻《武侠 Q 传》案❼和《大武侠物语》案❽采用了

❶ 北京新浪互联信息服务有限公司与北京天盈九州网络技术有限公司著作权侵权与不正当竞争纠纷案，北京知识产权法院（2015）京知民终字第 1818 号。二审法院没有明确支持反不正当诉讼请求，但肯定了通过反不正当竞争法主张救济的可能性。

❷ 暴雪娱乐有限公司等与上海游易网络科技有限公司著作权权属与侵权纠纷案，上海市第一人民法院（2014）沪一中民五（知）初字第 23 号。

❸ 上海耀宇文化传媒有限公司与广州斗鱼网络科技有限公司著作权侵权及不正当竞争纠纷案，上海市浦东新区人民法院（2015）浦民三（知）初字第 191 号。

❹ 游戏规则的反不正当竞争法纠纷另案处理，暴雪娱乐有限公司等与上海游易网络科技有限公司不正当竞争纠纷案，上海市第一人民法院（2014）沪一中民五（知）初字第 22 号。

❺ 查良镛与杨治等著作权侵权与不正当竞争纠纷案，广东省广州市天河区人民法院（2016）粤 0106 民初 12068 号。

❻ 上海玄霆娱乐信息科技有限公司与张牧野等著作权侵权与不正当竞争纠纷案，上海市浦东新区人民法院（2015）浦民三（知）初字第 838 号。

❼ 完美世界（北京）软件有限公司等与昆仑万维科技股份有限公司等著作权侵权与不正当竞争纠纷案，北京市第一中级人民法院（2014）一中民初字第 5146 号。

❽ 北京微游互动网络科技有限公司与北京畅游时代数码技术有限公司不正当竞争纠纷案，北京知识产权法院（2015）京知民终字第 2256 号。

类似思路，该思路也符合学界的主流意见。❶ 除了利用作品元素进行改编，法院在深度链接问题上的主流态度也是对权能进行严格解释，即适用服务器标准，否定深度链接构成信息网络传播行为。如果被链网站并非直接侵权人而且被告没有绕开或破坏技术措施，则原告同样只能求助于兜底规范。❷

许多法院在舍具体知识产权法而采兜底规范时，并不对取舍理由进行说明。这在关于游戏规则❸、游戏直播视频❹以及深圳福田区法院关于体育赛事节目❺的判决中都有明显体现。也有极少数判例对舍弃具体知识产权法转采兜底规范的理由进行了说明，不过理由难以让人信服。在前述涉及深度链接的案件中，法院的解释是，"侵害著作权案件与不正当竞争案件具有完全不同的审理逻辑及规则"。❻ 既然同样是处理创新利益分配的问题，两个部门法在审理逻辑和规则方面为什么会出现巨大差异，读者很难从判决中获得解答。

轻率抛弃知识产权法的责任并不全在法院。既有学说未能提供审视知识产权法和兜底规范关系的足够工具，同样是造成具体知识产权法萎缩而兜底规范泛滥的原因。补充保护说、知识产权法定主义和有限补充保护说都为我们理解知识产权法和兜底规范的关系提供了宝贵知识，但其在认识

---

❶ 例如：王迁. 同人作品著作权侵权问题初探 [J]. 中国版权，2017 (3)：8；袁秀挺. 同人作品知识产权问题迷思——由金庸诉江南案引出 [J]. 电子知识产权，2017 (1-2)：53-59；王太平. 知识产权的基本理念与反不正当竞争扩展保护之限度——兼评"金庸诉江南"案 [J]. 知识产权，2018 (10)：3-13；张伟君. 从"金庸诉江南"案看反不正当竞争法与知识产权法的关系 [J]. 知识产权，2018 (10)：14-23. 至截稿时，只有少数文献认为同人作品问题应当适用著作权法解决。参见：骆天纬. 同人作品的著作权问题研究——以《此间的少年》为例 [J]. 知识产权，2017 (8)：64-69.

❷ 北京易联伟达科技有限公司与深圳市腾讯计算机系统有限公司著作权侵权纠纷案，北京知识产权法院民事判决书 (2016) 京 73 民终 143 号。

❸ 暴雪娱乐有限公司等与上海游易网络科技有限公司著作权权属与侵权纠纷案，上海市第一人民法院 (2014) 沪一中民五 (知) 初字第 23 号；暴雪娱乐有限公司等与上海游易网络科技有限公司不正当竞争纠纷案，上海市第一人民法院 (2014) 沪一中民五 (知) 初字第 22 号。

❹ 上海耀宇文化传媒有限公司与广州斗鱼网络科技有限公司著作权侵权及不正当竞争纠纷案，上海市浦东新区人民法院 (2015) 浦民三 (知) 初字第 191 号。

❺ 央视国际网络有限公司与华夏城视网络电视股份有限公司著作权侵权与不正当竞争纠纷案，深圳市福田区人民法院 (2015) 深福法知民初字第 174 号。

❻ 北京易联伟达科技有限公司与深圳市腾讯计算机系统有限公司著作权侵权纠纷案，北京知识产权法院民事判决书 (2016) 京 73 民终 143 号。

论层面的欠缺导致其无法足够高效地引导法院决策。具体而言，三种既有学说的主要观点与不足如下。

补充保护说是受到广泛支持的学说。学界从 20 世纪 90 年代开始关注知识产权法和反不正当竞争法的关系，并提出二者是"特别法和普通法的关系"，反不正当竞争法应当提供"对智力成果及工商业成就的补充保护"。[1] 进入 21 世纪，有学者指出专利法、商标法、著作权法犹如冰山，反不正当竞争法则是冰山赖以漂浮的海洋，[2] 法院应当"充分发挥反不正当竞争法对知识产权的兜底保护作用"。[3] 有学者通过系统论证补充保护的合理性表达了对该说的支持，[4] 也有学者尽管没有直接表达支持，但在体育赛事现场直播画面[5]、同人作品[6]和加框链接[7]等具体问题上均赞同兜底规范的补充保护。补充保护说的优点在于强调二者目标一致，没有生硬割裂二者联系。不足之处有二：一是没有指出谨慎对待信息产权扩张的必要性，二是没有阐释知识产权图式在解决创新利益分配问题上的优势。部分法院对于"用尽具体知识产权法"的合理性知其然不知其所以然，因此只要在运用知识产权图式时稍有困难，就会轻易转向兜底规范。近年来一般条款的泛滥很大程度上正是补充保护说的结果。

知识产权法定主义最早见于 2004 年的文献。"知识产权法定主义是指知识产权的种类、权利以及诸如获得权利的要件及保护期限等关键内容必须由法律统一确定，除立法者在法律中特别授权外，任何人不得在法律之外创设知识产权。"[8] 该说强调知识产权法与其他部门法在利益衡量思路上

---

❶ 韦之. 论不正当竞争法与知识产权法的关系 [J]. 北京大学学报（哲学社会科学版），1999（6）：29，31.

❷ 例如：郑成思. 反不正当竞争——知识产权的附加保护 [J]. 知识产权，2003（5）：3–6.

❸ 杨明. 试论反不正当竞争法对知识产权的兜底保护 [J]. 法商研究，2003（3）：119.

❹ 吴汉东. 论反不正当竞争中的知识产权问题 [J]. 现代法学，2013（1）：38.

❺ 王迁. 论体育赛事现场直播画面的著作权保护——兼评"凤凰网赛事转播案"[J]. 法律科学，2016（1）：191.

❻ 王迁. 同人作品著作权侵权问题初探 [J]. 中国版权，2017（3）：8.

❼ 王迁. 论提供"深层链接"行为的法律定性及其规制 [J]. 法学，2016（10）：23–39.

❽ 郑胜利. 知识产权法定主义 [N]. 中国知识产权报，2004–03–09.

的差异，对补充保护说进行了必要的修正。❶ 知识产权法定主义的优点有二：一是指出了社会在扩张信息生产者享有的独占权时必须采取极端谨慎的态度，二是强调了知识产权法的独占适用，防止法院丧失对权利边界的敏感性。问题在于，"知识产权法定主义"和"知识产权独占适用"之间存在内在紧张关系。法定主义意味着保护范围的刚性，而独占适用的前提却是保护范围具有弹性。只要突出保护范围的刚性，就会出现知识产权规则无法独占适用的风险；而一旦强调独占适用的重要性，又必然对知识产权规则的刚性造成冲击。诚然，信息在消费上的非竞争性要求法官在扩张保护范围时格外谨慎，但这不应成为杜绝法官能动性的理由。当法官在极端例外情况下需要扩张信息产权边界时，单纯的本体论分析无助于法官判断在何种规范下发挥能动性更为恰当。法官究竟应该借助具体知识产权部门法还是兜底规范来克服新出现的市场失灵问题，这个问题只有透过认识论视角才能澄清。极端保守地解释知识产权法的保护范围或许并非法定主义的本意，但"法定主义"概念给读者的主要印象毕竟是保护范围的刚性与限缩。近年来部分法院缺乏对知识产权法概念进行功能主义解释的动力（甚至是勇气），未必与知识产权法定主义没有关系。

有限补充保护说在司法文件❷和法院判决❸中都有明确体现。该说认为，"反不正当竞争法只是在有限的范围内提供知识产权的附加保护，所提供的保护不能与专利法等知识产权专门法的立法政策相抵触"。❹ 为了限定附加保护的范围，该说参照德国司法实践，将"额外考虑因素"作为标准，要求反不正当竞争法的保护不与知识产权法相抵触，而且以系争行为具有市场替代效果为前提。❺ 从表面上看，该说提供了兜底规范的折中保

---

❶ 崔国斌. 知识产权法官造法批判 [J]. 中国法学，2006（1）：144 - 164；李扬. 知识产权法定主义及其适用——兼与梁慧星、易继明教授商榷 [J]. 法学研究，2006（2）：3.

❷ 例如：《北京高级人民法院侵害著作权案件审理指南（2017）》第 1.4 条。

❸ 例如：北京易联伟达科技有限公司与深圳市腾讯计算机系统有限公司著作权侵权纠纷案，北京知识产权法院民事判决书（2016）京 73 民终 143 号。

❹ 曹建明.《全面加强知识产权审判工作 为建设创新型国家和构建和谐社会提供强有力的司法保障——在全国法院知识产权审判工作座谈会上的讲话》（2007 年 1 月 18 日）. 转引自：孔祥俊. 商标与不正当竞争法：原理和判例 [M]. 北京：法律出版社，2009：646.

❺ 刘维. 论反不正当竞争法对知识产权补充保护之边界 [M] //王先林. 竞争法律与政策评论（第 3 卷）. 北京：法律出版社，2017：75.

护范围，但其实并不能解决问题。首先，市场替代后果标准对于兜底保护而言既不充分（因为法律容忍大量的搭便车行为），也不必要（因为知识产权法同样包含对市场替代行为的否定评价），与其说提供了裁判指南，不如说是为直觉式保护提供了便利。其次，该说以知识产权法与兜底规范存在本体论层面的差异为立论基础："反不正当竞争法与知识产权法存在完全不同的立法目的，反不正当竞争和知识产权的保护标准完全不同"。❶这种思路容易导致法院简单地将系争问题归入表面看来更接近的一方，难以推出有效结论。

三种既有理论的共性在于都将知识产权法和兜底规范的关系简单化地处理为本体论问题，忽略了从认识论层面对不同规范的效率展开比较。这导致每种既有理论都无法为知识产权法和兜底规范的关系提供完善的答案。该现象正好印证了对自发秩序加以自觉把握的重要性。既然如此，改进方向自然是将认识论层面关于图式的知识充实到解决方案之中。

五、知识产权法与兜底规范关系的再认识

重新认识知识产权法与兜底规范关系的第一步是引入认识论视角。法院应当以认知效率为标准，功能主义地看待不同创新规则之间的关系。

传统上，我们习惯用形式主义而非功能主义的态度看待不同的创新规则。无论是著作权法、专利法、商标法等图式化规则，还是民法原则、侵权法一般条款或者反不正当竞争法一般条款这样的非图式化规则，都带着历史赋予它们的内涵——著作权法调整文艺，专利法调整技术，商标法调整标识，反不正当竞争法调整竞争秩序。每种规则都从调整文艺、技术或者标识等典型对象的生活经验中生长而来，初看泾渭分明。在很长一段历史时期之内，社会接受各种规则在日常经验维度的形式区别就足以分门别类地处理绝大多数创新激励问题，无须追问形式化内涵是否应该成为区分

---

❶ 刘维. 论反不正当竞争法对知识产权补充保护之边界 [M] //王先林. 竞争法律与政策评论（第 3 卷）. 北京：法律出版社，2017：75.

和运用创新规则模块的唯一标准。这种思维惯性延续到当代，使得历史形成的规则内涵成为先验的存在。我们愿意思考内涵是什么（什么是作品、什么是发明、什么是商标、什么是竞争）以及社会为什么需要关心这些内涵（为了尊重劳动、保护人格、激励创新还是维持竞争秩序），但很少反思历史给定的形式化标签为什么会出现，以及它们是否需要改变。

功能主义意味着法院不应绝对固守历史给定的概念和关系，而是可以从手段的角度来看待创新规则，以提升制度效率为标准发展创新规则的内涵与外延。只有如此，法院才有可能将新问题分流到最适合解决它们的制度模块中去。司法固然应当在基本方向上坚持对信息产权扩张的极端谨慎态度，也固然应该意识到传统概念在降低公众信息成本方面的优势，但法院毕竟不能回避信息产权范围需要不时调整的现实。逐渐增多的非典型创新利益分配需求必然要寻求制度层面的出口，不在知识产权法中，就在兜底规范中。如果将解决非典型问题的出口设置在知识产权图式领域，固然会不可避免地对图式的刚性造成一定冲击；但如果将出口设置在兜底规范下，更面临着难以运用和发展结构化经验的弊端，社会能做的只能是两害相权取其轻。

制度效率的提升离不开对认知主体的考察；当问题牵扯多个认知主体时，制度效率的提升就离不开对各个主体相对认知优势的考察。创新激励制度的效率同时受立法和司法部门认知能力的影响。人们通常认为，立法部门在解决创新利益分配这一复杂问题时具备比较优势，因为"知识产权制度涉及不同群体的利益，只有让他们的诉求充分表达并充分地辩论才能寻找到恰到好处的平衡点，这种多方的诉求远非行政程序和司法程序所能解决"，所以"知识产权只能由立法层面创设"。[1] 但在我国，立法程序是否真能实现让不同利益群体充分表达诉求并展开辩论，立法部门在寻求利益平衡上的优势是否真的远非司法程序能及，这些都属于需要被认真研究的问题。笔者不否认立法在方向性问题上具有更加坚实的制度正当性，也不是看不到司法自由裁量权可能带来的问题，但"立法机关更有决策优势"并非总是不证自明。对立法的尊重与厚望值得肯定，但这并不意味着

---

[1] 郑胜利. 论知识产权法定主义 [J]. 中国发展，2006 (3)：49–54.

立法机关在决定创新成果种类和利用成果的方式上总是具有绝对认知优势。立法确定的类型化规则要实现指引目标，每个类型就必须具有相当的清晰度，这种清晰度在稳定的社会背景下能以较小的信息充足性损失换来较大的认知便捷利益，在非典型状态出现过快的领域却可能得不偿失。例如，2010 年《著作权法》在规定作品类型时采用了限定列举的方法。❶ 这种方法能够避免法院在扩张信息产权时过度突破立法预设的范围，具有正当性。但如果法院在解释每种类型时都非常严格地遵守立法者对保护范围的理解，可能会将技术发展和产业变迁带来的非典型成果排除在保护范围之外。恰当的解决方案要求我们既尊重立法权威，也不能单纯寄希望于立法。当我们无法确定是否应当扩张信息独占权时，默认策略的确是留待立法者处理。但如果我们已经确信让信息生产者享有独占权是恰当的，那么此时我们既不应该单纯因为知识产权保护范围的限缩性就拒绝独占权，也不应该单纯因为知识产权规则的立法刚性就把独占权推给兜底规范解决，而是需要从认知效率的角度考虑是扩充知识产权法还是兜底规范以容纳新的信息独占权更合理。而在许多情况下，图式化的知识产权法是更加合适的选择。

重新认识知识产权法和兜底规范关系的第二步是根据不同情况发挥知识产权图式的作用：当个案结论无争议时，法官应当运用图式使说理过程更清晰；当个案结论有争议时，法官应当运用图式使利益衡量更全面；在系争案件无法直接适用知识产权法时，法官可以考虑借鉴图式中的结构化经验辅助兜底规范的推导。

首先，当个案结论无争议时，图式能使说理更清晰。以前文提到的游戏规则案为例。❷ 尽管我国法院给 382 张游戏卡牌和套牌的组合贴上了"游戏规则"的标签，拒绝保护，但美国法院针对表达明确具体的游戏规则（或者说游戏元素的组合方式），是给予著作权保护的。❸ 相比运用兜底

---

❶ 尽管《著作权法（2010）》第 3 条第 9 项曾规定"法律、行政法规规定的其他作品"，但实际上法律和行政法规从来没有创设过新的作品权利类型。

❷ 暴雪娱乐有限公司等与上海游易网络科技有限公司著作权权属与侵权纠纷案，上海市第一人民法院（2014）沪一中民五（知）初字第 23 号。

❸ Spry Fox LLC v. LOLApps Inc., No. 2：12－cv－00147－RAJ., Decided Sep. 18, 2012.

规范时的直觉式说理，依托于著作权图式的推理为双方当事人的权利义务设定了更加清晰的边界：排他权的期限有多长？控制的对象有哪些？受控行为表现为哪几种方式？免责的条件是什么？著作权图式在客体、权能、限制、救济和主体各个环节提供的中介，有效补充了法律评价所需要的信息，为公众提供了相对明确的行为指引。同理，在关于体育赛事节目、游戏赛事直播视频以及深度链接的案件中，法院原本也应当通过对作品和信息网络传播权概念予以功能性解释，将问题的解决思路纳入著作权法的成熟图式之内。

其次，针对实体结论不那么清晰的案件，知识产权图式提供的分析线索更是难能可贵。有论者认为这种个案细节的高度敏感性恰好支持了法院拒绝权利法而适用行为法的选择。但实际上，能够根据行为的不同背景、呈现的不同方式、造成的不同影响进行精细判断的，恰恰是知识产权图式而不是兜底规范。人物名称、性格特征、人物关系和简单情节等原作要素的组合，完全可能符合独创性标准。至于涉案的被告非授权使用是否可以免责，完全可以通过合理使用加以评判。著作权法中有关转换性使用❶与商业化使用❷在权利限制环节之影响的探讨，远比反不正当竞争法下的任何理论提供的线索深入和详尽得多。当法院在要不要保护和如何保护问题上犹豫不决时，求助于包含了"客体、权能、限制、救济和主体"结构的知识产权图式及其在各个环节积累的在先判决和学术探索，远比求助于非结构化的、空洞的兜底规范更有希望。即使人们在著作权法图式下仍然无法达成共识（这很正常），至少能够精确定位分歧处于决策的哪个步骤。例如，笔者认为原被告作品中构成实质性相似的部分，构成正常创作过程中的小概率事件，可以被认定为作品，如果他人反对，即可对客体环节的底层问题展开更深入的讨论。又如，笔者认为商业化是免责的重要考虑因素，反对者可能指出 Campbell 案否认了商业化是决定性因素，❸那么双方

---

❶ Pierre Leval. Toward a Fair Use Standard [J]. Harvard Law Review, 1990, 103.

❷ Sony 案的焦点之一就是商业化使用的认定及其对合理使用的影响 [Sony v. Universal City Studios, 464 U. S. 417 (1984).]。而 Campbell 案的贡献之一就是否认商业性使用构成合理使用判断的决定性因素 [Campbell v. Acuff - Rose Music, 510 U. S. 569 (1994).]。

❸ Cambpell v. Acuff Rose Music, 510 U. S. 569, at 583 - 585 (1994).

可以通过讨论在限制环节的商业性因素上积累更多的经验。再如，笔者认为被告的转换性并不必然导致其使用具备合理性，可能有人会提出转换性使用如今在司法和学说中至关重要的影响力，那么双方可以挖掘限制环节关于转换性使用的更多知识。知识产权图式相对于兜底规范的巨大优势，恰恰在于能够避免分歧呈现"一锅粥"的非结构化状态，而将分歧整理为焦点明确的问题图谱。

再次，强调知识产权图式的作用并不意味着彻底否认非图式化兜底规范的适用空间。既然图式的合理性基础在于认知经济性收益高于信息完备性损失，那么当图式的认知经济性收益下降或者信息充分性损失增大时，其合理性基础就会被削弱。当从图式中获得的认知经济性收益变得低于信息完备性损失时，运用图式将得不偿失。对创新利益分配难题而言，图式的认知经济性下降意味着运用知识产权图式的难度加大，而信息完备性损失增大意味着运用知识产权图式的误判增多。例如，针对无独创性数据库的利益分配难题，运用既有知识产权图式可能是不恰当的。对于那些无论我们怎样拓展独创性概念仍然难以纳入既有著作权体系的数据库，强行运用图式的结果只能是或者放弃独创性要求（这会降低图式的认知经济性收益），或者为了保留独创性要求而无法为某些确有需求的数据库提供保护（这会加大图式的误判损失），均不妥当。在比较法上，无独创性数据库的单独保护模式往往以实质性投资为前提。❶ 这是因为，在衡量社会福利效果问题上，实质性投资可能是信息成本更合理的中介。我国在不通过专门法为非独创性数据库上的实质性投资提供保护的情况下，暂时用兜底规范来处理这类创新利益分配问题，优于强行运用知识产权图式来解决问题。在暂时借用兜底规范解决问题期间，法院尽管不能直接适用既有图式，但至少能通过粗略借鉴既有图式的思路，从原告是否做出了有价值的贡献（客体）、被告是否实质性使用了原告的成果（权能）、被告的使用行为是否无法通过正常的市场交易完成（限制）、被告应当如何承担责任（救济）

---

❶ Directive 96/9/EC of the European Parliament and of the Council of 11 March 1996 on the Legal Protection of Databases, Article 7 ［EB/OL］. ［2020 - 12 - 15］. http：//eur - lex. europa. eu/legal - content/EN/TXT/HTML/？ uri = CELEX：31996L0009&from = EN.

以及创新成果生产者群体的内部关系应当如何处理（主体）等环节加以考虑，对照最相近的知识产权图式在各个环节关心的子问题逐一考察。这种对知识产权图式的利用也能降低兜底规范的适用难度，提高可预见性。

上述有关图式作用的分析不仅适用于知识产权图式与兜底规范的关系，还适用于其他图式化规则与兜底规范的关系。部分如今在兜底规范下处理的问题，其实更适合在姓名权等其他图式化规则下解决。❶ 此外，发挥作用的图式也未必要永远遵循"客体、权能、限制、救济和主体"的阶层模式。如今采取的图式塔是在历史选择、路径依赖和制度效率等因素共同作用下出现的方案，不排除将来图式塔本身会演化。我们强调图式化决策相对于非图式化决策的认知优势，但不推崇任何僵化的特定图式或者图式塔。正如反垄断领域的决策在单纯法律图式之外又引入了经济图式，创新规则体系现有的图式未必永远不会发生变化。但在更加合理易用的图式取而代之以前，充分发挥既有知识产权图式的作用在决策效率层面远远优于非图式化的兜底规范。

根据不同的时代需求、科技背景、产业政策和民众心理探求具体知识产权图式的边界虽非易事，但符合制度效率。因为澄清图式内涵的成本能在反复解决同类问题的过程中被摊薄，从而使得解决单个问题的制度成本大大降低。如果放弃图式的指引，仅仅追求个案化的解决办法，或许能够因为绕开底层思考而加快个案处理速度，却不得不在每个案件中都探索一次合理分配创新利益的途径，日积月累的整体制度成本将远远高于一开始就努力澄清图式内涵的花费。

六、小结

现有理论在处理知识产权法与兜底条款的关系时，聚焦于规则调整"什么"，而忽略了规则"如何"调整。遗憾的是，如果我们对规则发挥作

---

❶ 湖南王跃文与河北王跃文等著作权侵权与不正当竞争纠纷案，长沙市中级人民法院（2004）长中民三初字第 221 号，载《中华人民共和国最高人民法院公报》2005 年第 10 期。

用的方式缺乏了解，那么无论我们对创新活动的研究多么深刻，都难以将作为调整工具的规则和作为调整对象的社会关系正确地匹配起来。现有理论或者因为对兜底条款缺乏警惕，或者因为限制知识产权图式的发展，或者因为容易被当作借口，从不同角度导致了兜底条款的泛滥。而归根结底，现有理论的缺陷都在于其对"如何"调整这一认识论问题的怠慢。

本书为处理知识产权法与兜底条款的关系补充了认识论视角，指出知识产权法的优势在于知识的结构化。面对异常多样化的技术、商业与观念背景，唯有结构化认知模型才能承担创新利益分配这样的复杂任务。知识产权图式能够一方面将过去的经验高效运用于当前案件之中，另一方面将当前经验高效地传递给未来决策者。随着创新利益分配问题的复杂程度日渐提高，运用图式的认知经济性收益将越来越大。诚然，问题的复杂度提高也可能意味着固守特定图式的信息完备性损失增加。但是，这不过意味着我们需要不断调整图式，使其胜任在新环境下高效处理信息的职责；而绝不意味着我们应该放弃图式，将创新利益的控制权交由混沌的兜底条款支配。

我们在知识产权法与兜底规范上遭遇的困惑是出发太久、忘记元问题的后果。如果我们愿意回到常识，运用对基本思维模式的理解，观察不同部门法在目标层面的融合和在手段层面的分工，其实协调二者并非奢望。以著作权法和兜底规范的关系为例，我们之所以面对著作权法萎缩而兜底规范膨胀的现状，很大程度上是因为人们忘记了既然著作权法是文学、艺术和科学领域内创新利益分配的成熟图式，就应当根据社会需求不断充实其概念，而不是固守关于独创性、改编或是提供作品等概念的狭义解释，作茧自缚。

结　语　作为算法的知识产权法

创新社会化给知识产权法带来的冲击体现在多个领域，从知识产权的主体规范到救济规范都有涉及。与所有的法律制度一样，知识产权制度的宿命也是"永无宁日"。应对包含创新社会化在内各种变化的冲击，过去、现在与未来都是知识产权法的任务。

如同开篇所述，本书将创新社会化给知识产权制度造成的冲击分别纳入三个方面进行阐述。这三个方面分别源自"创新主体个人化""信息生产者和使用者泾渭分明""知识产权新问题的挑战能在纯粹本体论层面予以解决"三项假设。本书绝大多数篇幅用于处理前两项假设遭遇的挑战，最后一章则用于分析第三项假设，并以否定第三项假设的正确性为结论，提出"解决知识产权新问题不仅需要本体论层面的思考，还需要认识论层面的探索"的思路。

在认识论的层面上探索知识产权制度，这是知识产权研究中值得关注的新方向。本书从非典型客体与非典型利用方式角度出发做出的尝试，只是向未来迈出的一步谨慎试探。这一步迈得不大，但笔者有信心其方向是正确的。因为在笔者看来，无论是知识产权法还是其他任何法律，本质都是一套帮助决策者以更加便捷、更加准确的方式做出决定的算法。而对算法的改进，显然不可能局限于对算法所处理的问题之本体论探讨，而将不可避免地引入认识论分析。

将知识产权法视为算法，将制定知识产权法规则过程视为编程，将规则制定者视为程序员，或许是我们将来看待知识产权制度的视角之一。这个视角初看或许显得奇怪，但细考之下有助于我们从更深层的角度理解知识产权法乃至整个法律体系。

"算法"（algorithm）一词源于 9 世纪波斯数学家花拉子模（al - Khwarizmi）的名字。他强调求解问题应当遵循有条理的步骤，这种条理性后来被视为算法的核心。❶ 在形式化的意义上，算法被定义为"一种有限、确定、有效的并适合用计算机程序来实现的解决问题的方法"。❷ 而在不那么形式化的意义上，"算法是为实现某个任务而构造的简单指令集。在日常用语中，算法有时称为过程或处方。"❸ 无论从哪种定义方式出发，算法与法律的共通之处都非常明显：算法形式化定义中的核心特征是"有限、确定和有效"，这与法律不谋而合：有限性（finiteness）指算法必须能在执行有限步骤后终止，这与司法程序不能不计代价地探索个案正义而只能追求案结事了异曲同工。确定性（definiteness）指算法的每个步骤都有确切定义，这与法律对概念清晰和体系一致的追求遥相呼应。有效性（effectiveness）指算法中执行的任何步骤都可以被分解为基本的、可执行的操作步骤，这与法律文本需要采用含义明确、可被理解的表达可谓殊途同归。❹ 而算法非形式化定义中涉及的"指令集、过程和配方"，更是形象地展现了法律调整社会关系的形式。算法不等于程序文本，正如法律不等于立法文本。算法和法律都是统辖具体文本的、为解决特定问题而创造出的行之有效的方案。

人们之所以需要借助算法来解决与创新成果利益分配有关的问题，是因为需要借助认知模型将认知负担控制在合目的的范围内。现实世界包含了太多变量，在全面把握这些变量的基础上进行决策是不可能的，因为这大大超出了人有限的认知资源和执行能力允许的范围。例如假设有考生想提高投掷实心球的成绩，那么理论上他可能需要考虑的因素异常众多，因

---

❶　［美］达斯格普塔（Dasgupta），等. 算法概论（注释版）［M］. 钱枫，邹恒明，注释. 北京：机械工业出版社，2009：2.

❷　［美］塞奇威克（Robert Sedgewick），韦恩（Kevin Wayne）. 算法：第 4 版［M］. 谢路云，译. 北京：人民邮电出版社，2012：1.

❸　［美］迈克尔·西普塞. 计算理论导引（原书第 3 版）［M］. 段磊，唐常杰，等译. 北京：机械工业出版社，2016：114.

❹　关于有限性（又称有穷性）、确定性（又称确切性）和有效性（又称可行性）的解释参见：https：//baike. baidu. com/item/% E7% AE% 97% E6% B3% 95。

为会对实心球投掷距离产生影响的不仅有出手速度和出手角度，还有风速、风向、海拔甚至是地球的自转和月球的潮汐影响。指望考生自行总结各个变量对投掷距离的影响并据以提高成绩，显然是不现实的。考生既不具备足够的认知资源进行总结，即使总结出来也无法执行。在此情况下，向考生提供一个简单指令集（尽量提高出手速度，并且保持 45 度的出手角度），就是降低考生认知负担、提升行动效率的最佳算法。这个算法起到了"现实转换器"的作用，通过将算法设计者掌握的宝贵经验反映在算法中，成功地将难以处理的真实世界转换为了可掌控的操作对象。作为"现实转换器"的算法，一头连接着真实世界，另一头连接着决策者的期待，其内部设计自然会根据决策者的期待变化而发生改变。例如同样是求最佳抛物线的算法，当目标是提高洲际导弹射程时，合理的算法显然不可能和提高实心球投掷成绩的情况下一样简单，而是会建立复杂得多的指令集，把在实心球背景下被认为不合目的的变量统统纳入考虑范围。❶ 只要人们不满足于跟着感觉走，而想从混沌的现实世界中提炼出指导决策的方案，都需要构建认知模型，或者说都需要设计算法。

创新成果利益分配所涉及的变量，丝毫不少于上述物理案例中的变量。以专利法为例，它要解决的问题异常复杂：社会需要在保护带来的边际福利增长和边际福利损失之间进行比较，前者不仅受制于研发的社会成本与收益，而且与市场先发优势、技术措施、商业秘密、发明冲动等激励发明的替代安排相关；而后者也不仅涉及公众不能自由利用发明带来的社会损失，还包括资源分配不均引发的社会问题。要判断这些因素中的每一项都已经很困难，更何况还需要针对医药、化学、电子及机械等众多高度异质的行业考虑所有因素。❷ 很难想象如果要求裁判者在没有任何法律的情况下来确定个案中发明人和使用者的行动自由边界，裁判者会多么无所适从。所幸专利法提供了将决策者从信息洪流中解脱出来的指令集。这套指令集将需要搜集的相关信息分拣到客体、权能、限制、救济和主体五个

---

❶ 投掷实心球和发射火箭需要精度不同的认知模型，参见：［英］蒂莫西·高尔斯. 数学 [M]. 刘熙，译. 上海：译林出版社，2014：1-4.

❷ 关于各领域的高度异质性以及专利法的对策，参见：Dan Burk, Mark Lemley. Policy Levers in Patent Law [J]. Virginia Law Review, 2003, 89.

环节中，并在每个环节下划分出子问题和子子问题等，形成了清晰的思维导图。此外，不同问题被分配给不同机构判断，以确保子问题的最佳解决方式恰好与其解决者的知识结构和工作流程相匹配。比如客体问题主要由专利行政审查部门负责进行判断，他们的技术背景有助于快速判断客体适格性、实用性、新颖性、创造性和申请文件的公开程度。如果申请人获得授权，实际上是社会做出了一个初步判断，认为将独占权交给申请人有利于社会总福利。对于大部分授权专利，算法进行到这一步就够了，因为大部分专利不会陷入纠纷，无须社会一开始就花费大量的计算资源去澄清排他权的精确范围。❶ 不过如果发生争议，社会就需要启动算法的其他环节，看被告是否从事了制造、使用、销售、许诺销售或者进口行为（权能）；原告对上述行为的控制在案件中是否应受限制（限制）；以及被告是否需要停止侵权，如何赔偿原告损失（救济）。专利法中的许多指令都需要调取既有数据，包括判例、教义和比较法知识。只有通过专利法，社会才能将相关社会领域中混沌的现实转换为各环节裁判者可处理的问题，从而达到降低认知负担、提升认知效率的目的。专利法实际上就是专利领域社会福利最大化的算法。

　　知识产权法（甚至是整个法律体系）具有算法属性并不令人惊讶，因为现代法律总体而言以理性主义为基础，而算法同样是理性主义的结晶。理性主义不满足于零散的经验，而要对其进行修剪与排列，制成结构化的知识，以便将混沌的现实分拣到整齐的认知框架里面。从计算的角度看待法律的态度其实一直存在。霍布斯早在 17 世纪就曾说："政治学著作家把契约加起来以便找出人们的义务，法律学家则把法律和事实加起来以便找出私人行为中的是和非。……用得着加减的地方就用得着推理，用不着加减法的地方就与推论完全无缘。"❷ 到了 18 世纪的边沁笔下，法律的算法性质更加明显："功利原理是指这样的原理：它按照看来势必增大或减小利益有关者之幸福的倾向，亦即促进或妨碍此种幸福的倾向，来赞成或非

---

❶ Mark Lemley. Rational Ignorance at the Patent Office［J］. Northwestern University Law Review，2001，95：1495.

❷ ［英］霍布斯. 利维坦［M］. 黎思复，黎廷弼，译. 杨昌裕，校. 北京：商务印书馆，2013：28.

难任何一项行动。"❶ 在极端的功利化思路中，幸福可以通过快乐而增加或者因为痛苦而减少，变化的程度受快乐或痛苦的强度、持续性和必然性影响。在定下这些公理之后，法律的任务就是画好社会福利的坐标系，写好加减幸福的算法，导入参数、带入变量，得出最大幸福的结果。霍姆斯在19 世纪断言道"未来学习法律的人是掌握了统计学和经济学的人"。❷ 到了 20 世纪，数理逻辑更是堂而皇之地以"经济"之名在法学领域攻城略地。在法经济学的视野下，法学不仅必然包含计算，还需要借助边际、均衡和博弈的概念以及表格、公式和坐标系等符号被重新加以表述。法学研究在把法律当成计算指南方面早已走出很远，只是因为没有给法律冠以算法之名，所以不曾有意识地把两个学科勾连起来而已。

迄今为止，人们在法律领域和计算科学领域关于认识论重要性的自觉程度还有很大差异。总体而言，狭义算法在发展过程中积累了更多的元认知经验，而法律算法的设计者却往往不那么关心元认知。

狭义算法的设计者在大部分发展阶段中都能依附在价值无涉的保护伞下，自由探索并运用认知规律。在追求"算得更好"的过程中，狭义算法的设计者通常不会受到来自价值观、公平感或其他顾虑的干扰。当研究机器翻译的科学家意识到与其让机器先理解自然语言再进行翻译（所谓基于规则的翻译），不如让机器直接寻求两种语料之间的数学关联（所谓基于统计的翻译）时，他们实际上把语言理解这个智能问题"降格"为了计算问题。❸ 不过在这种观念转变传导至大众关心的价值领域之前，科学家们无须就他们对智能的态度接受大众的质询。直到算法的运用领域中出现了自动驾驶、❹ 算法杀熟❺ 影响选举❻等越来越多牵扯强烈价值判断的问

---

❶ ［英］边沁. 道德与立法问题导论［M］. 时殷弘，译. 北京：商务印书馆，2012：59.

❷ Oliver Wendell Holmes. The Path of the Law［J］. Harvard Law Review，1897，10：469.

❸ 吴军. 数学之美［M］. 北京：人民邮电出版社，2014：15 – 26.

❹ 例如，德国交通与电子基础设施部伦理委员会发布的《自动与联网驾驶》报告（2017）［R/OL］.［2020 – 12 – 15］. https：//www. bmvi. de/SharedDocs/DE/Publikationen/DG/bericht – der – ethik – kommission. pdf？_blob = publicationFile.

❺ 高富平，王苑. 大数据何以"杀熟"？——关于差异化定价法律规制的思考［N］. 上海法治报，2018 – 05 – 16（B06）.

❻ 杨东. 从 Facebook 数据泄露风波看大数据法律的"痛点"［N］. 社会科学报，2018 – 04 – 12（004）.

题，算法非技术性的一面才进入主流舆论的视野。

法律——包括知识产权法——则从来没有享受过价值无涉的保护伞，而是必须持续回应公众的价值观期待，从而发展出一套貌似与计算无关的话语体系。法律对计算理念的排斥感，是法律难以像狭义算法那样始终保持对计算方法本身高度自觉的第一个原因。法律被视为关于正义与非正义的学问，千百年来处理的都是自由、尊严、公平、道德等带着浓厚价值意味的对象。对于每一代法律人而言，这些对象已经在很大程度上被给定，并不会因为法律人宣称自己在计算对象或者计算方法上产生了洞见就发生改变。加之社会也需要借助稳定的共同想象来维系基本秩序，因此包括法律在内的社会制度倾向于把这些对象视为神圣不可侵犯的。如果要把这些对象从目的降格为手段，难免与公众更容易接受的法律理念相抵触。

法律难以像狭义算法那样始终保持对计算方法论的高度自觉，第二个原因是二者在本质上的确存在重大差别。如果从数学的角度来理解狭义的计算，就会看到狭义的计算是在一套人为定义的自洽系统内部进行符号推演。至于该系统是否与外部世界匹配，这并非需要优先考虑的问题。数学强调的抽象性可以被理解为一种向内推演而不向外求证的态度。"公理系统的主要问题并不是公理的真实性，而是公理的自洽性和有用性。"❶ 这种自给自足型的思维方式不能满足法律的需求。虽然法律也是一套符号体系，但这套体系必须是开放的，根据时代发展不断调整符号及其相互关系的定义，不可能像数学一样以公理系统内部推演为终极追求。

法律难以像狭义算法那样始终保持对计算方法论的高度自觉，第三个原因是法律领域的计算效果并不总是那么值得信任。计算者固然可以宣称公平正义本属效率的一部分，从而将所有社会问题都转化为计算问题，但这难免使效率变成无所不包、难以证伪的概念，并不能使众多法益衡量问题在操作层面迎刃而解。因为计算以不同价值的通约为前提，而在利益衡量中真正困难的恰恰是通约本身而不是通约后的计算。例如要回答个人的信息自决诉求与社会的信息产业发展如何协调的问题，难点在于个人安宁

---

❶ [英]蒂莫西·高尔斯. 数学［M］. 刘熙，译. 上海：译林出版社，2014：41.

和产业发展分属不一样的心理账户，因此哪怕在个人层面也很难被完全理性地通约，更何况要通过立法在社会层面对二者进行通约，阻力自然更大。价值越难客观化的对象，在计算中越难处理。针对伦理、公平等道德意味浓烈的对象，计算者固然可以采取近似、估算等诸多手法，但难免给人回避道德难题的印象。❶ 计算能够告诉我们如何实现目标，却很难告诉我们目标是什么，更无法告诉我们目标应该是什么。所以法律与计算之间的隔膜不仅由来已久、根深蒂固，未来也无计彻底消除。这种状况使得法律尽管具有计算的属性，但专门针对这部分属性展开的研究并没有登上主流研究的大雅之堂。

知识产权法和其他法律领域相同，一方面实际上需要通过将自身视为算法来寻求计算科学领域在认识论层面积累的经验，但另一方面出于种种原因至今仍未能发展出从算法角度看待自身的足够自觉。犹如本书第十二章在分析非典型客体和非典型利用方式的规制时所展示的一样，知识产权制度发展其实隐含着许多算法规律，例如重视信息成本和关心类型化的利弊。再如本书第九章在分析法定赔偿时所指出的一样，在创新社会化背景下，我们有必要将待解决问题的范畴从具备复杂性的事项拓展到复杂性本身，以便将专门针对复杂性的认识论工具纳入考虑范围。过去在分析这些问题时，人们的注意力都集中在分析对象"是什么"的本体论维度；但在创新日益社会化、创新成果利益分配日益复杂化的未来，人们确实需要将更多的精力投入在分析对象在既有的法律信息处理系统中"为什么如其所是"这一认识论维度之上。

创新伴随着人类社会的整部发展史，而作为创新规则的知识产权法资历尚浅。这如同人类在从物理、生理到心理的各个层面都受制于算法，但人们系统认识到算法重要性不过是近几十年的事。当人们通过算法这一认识论维度将不同类别的存在都化约为信息之后，这些纷繁芜杂的事物背后同一的原理才得以清晰地展现。而正是在这种背景下，原本不相同的学科

---

❶ 这类似于有学者对比例原则的批评，认为该原则不过是将价值冲突转化为技术问题，将难以计算的问题转化为计算问题，这种转换并不能真正解决问题，而只能回避实质讨论、掩盖深层矛盾。（Urbina Francisco. Is it Really that Easy：A Critique of Proportionality and "Balancing as Reasoning"[J]. Can. J. L & Juris, 2014，27：167.）

才得以相互勾连，原本进展缓慢的研究才获得了令人炫目的加速。引入算法视角和认识论维度给各个学科施加的动力在知识产权法领域同样可能有效。

对于这种动力，我们拭目以待。

附　录　职务发明条例草案（送审稿）

第一章　总　则

第一条　为了保护职务发明人和单位的合法权益，充分激发职务发明人和单位的创新积极性，提高单位知识产权管理水平，推动知识产权的运用实施，促进经济社会发展，建设创新型国家和人才强国，制定本条例。

第二条　国家鼓励职务发明及其知识产权的创造、运用、保护和管理。

各级人民政府及其有关行政主管部门应当积极采取有效措施，加大职务发明制度的宣传普及力度，加强对单位和发明人执行本条例的指导和帮助，支持和促进职务发明及其知识产权的运用实施。

第三条　国务院知识产权行政部门、科学技术行政部门和人力资源社会保障行政部门按照职责分工负责全国职务发明制度实施的监督管理。

县级以上地方人民政府知识产权行政部门、科学技术行政部门、人力资源社会保障行政部门按照职责分工负责本行政区域内职务发明制度实施的监督管理。

本条例所称知识产权行政部门，包括专利行政部门、农业行政部门和林业行政部门。

第四条　本条例所称发明，是指在中华人民共和国境内完成的，属于专利权、植物新品种权或者集成电路布图设计专有权保护客体的智力创造成果。

第五条　本条例所称发明人，是指对发明的实质性特点做出创造性贡献的人。

在完成发明过程中，只负责组织或者管理工作的人、为物质技术条件的利用提供方便的人或者从事其他辅助工作的人，不是发明人。

第六条 国家鼓励企事业单位建立职务发明的知识产权管理制度，设立专门机构或者指定专门人员负责知识产权管理工作，或者委托专业机构代为管理知识产权事务。

从事研究开发的企事业单位应当建立发明报告制度或者与发明人进行约定，明确发明完成后单位和发明人之间的权利、义务和责任，及时确定发明的权益归属。

从事研究开发的企事业单位应当建立职务发明的奖励报酬制度或者与发明人约定奖励和报酬。

单位在建立前述制度时，应当充分听取和吸纳相关人员的意见和建议，并将发明报告制度和奖励报酬制度向研发人员和其他有关人员公开。

第二章 发明的权利归属

第七条 下列发明属于职务发明：

（一）在本职工作中完成的发明；

（二）履行单位在本职工作之外分配的任务所完成的发明；

（三）退休、调离原单位后或者劳动、人事关系终止后一年内完成的，与其在原单位承担的本职工作或者原单位分配的任务有关的发明，但是国家对植物新品种另有规定的，适用其规定；

（四）主要利用本单位的资金、设备、零部件、原材料、繁殖材料或者不对外公开的技术资料等物质技术条件完成的发明，但是约定返还资金或者支付使用费，或者仅在完成后利用单位的物质技术条件验证或者测试的除外。

第八条 对于职务发明，单位享有申请知识产权、作为技术秘密保护或者公开的权利，发明人享有署名权和获得奖励、报酬的权利。

对于非职务发明，发明人享有署名权和申请知识产权、作为技术秘密保护或者公开的权利。

第九条 单位可以在依法制定的规章制度中规定或者与发明人约定利

用单位物质技术条件完成的发明的权利归属；未与发明人约定也未在规章制度中规定的，适用本章的规定。

第三章　发明的报告和申请知识产权

第十条　除单位与发明人另有约定或者在其依法制定的规章制度中另有规定外，发明人完成与单位业务有关的发明的，应当自完成发明之日起两个月内向单位报告该发明。

发明由两个以上发明人完成的，由全体发明人或者发明人代表向单位报告，发明人代表提交的发明报告应当征得全体发明人同意。

第十一条　除单位与发明人另有约定或者在其依法制定的规章制度中另有规定外，发明报告应当包括下列内容：

（一）全体发明人的姓名；

（二）发明的名称和内容；

（三）发明属于职务发明还是非职务发明的意见及理由；

（四）单位或者发明人认为需要说明的其他事项。

第十二条　除单位与发明人另有约定或者在其依法制定的规章制度中另有规定外，发明人主张其报告的发明属于非职务发明的，单位应当自收到符合本条例第十一条规定的报告之日起两个月内给予书面答复；单位未在前述期限内答复的，视为同意发明人的意见。

单位在书面答复中主张报告的非职务发明属于职务发明的，应当说明理由。

发明人在收到单位的答复之日起两个月内提出书面反对意见的，双方可以依照本条例第四十条的规定解决争议；未提出反对意见的，视为同意单位的意见。

第十三条　除单位与发明人另有约定或者在其依法制定的规章制度中另有规定外，发明人主张其报告的发明属于职务发明的，单位应当自收到符合本条例第十一条规定的报告之日起六个月内决定是否在国内申请知识产权、作为技术秘密保护或者予以公开，并将决定书面通知发明人。

第十四条　单位就职务发明申请知识产权的，可以就拟提交的申请文件征求发明人的意见。发明人应当积极配合单位申请知识产权。申请知识产权过程中，发明人有权向单位了解申请的进展情况。

　　第十五条　单位拟停止职务发明的知识产权申请程序或者放弃职务发明的知识产权的，应当提前通知发明人，发明人可以通过与单位协商获得该职务发明的知识产权申请权或者知识产权。发明人通过协商获得前述权利的，单位应当协助发明人办理相关权利转移手续。

　　发明人依照前款规定无偿获得有关权利的，单位享有免费实施该职务发明或者其知识产权的权利。

　　第十六条　发明人对其完成的职务发明负有保密义务，未经单位同意不得公开该发明，也不得私自申请知识产权或者向第三人转让。

　　单位对向其报告的非职务发明负有保密义务，未经发明人同意不得公开该发明，也不得以自己的名义申请知识产权或者向第三人转让。

第四章　职务发明人的奖励和报酬

　　第十七条　单位就职务发明获得知识产权的，应当及时给予发明人奖励。

　　单位转让、许可他人实施或者自行实施获得知识产权的职务发明的，应当根据该发明取得的经济效益、发明人的贡献程度等及时给予发明人合理的报酬。

　　第十八条　单位可以在其依法制定的规章制度中规定或者与发明人约定给予奖励、报酬的程序、方式和数额。该规章制度或者约定应当明确发明人享有的权利、请求救济的途径，并符合本条例第十九条和第二十二条的规定。

　　任何取消发明人依据本条例享有的权利或者对前述权利的享有或者行使附加不合理条件的约定或者规定无效。

　　第十九条　单位在确定给予职务发明人的奖励和报酬的方式和数额时，应当听取职务发明人的意见。

　　第二十条　单位未与发明人约定也未在其依法制定的规章制度中规定对职务发明人的奖励的，对获得发明专利权或者植物新品种权的职务发明，给予全体发明人的奖金总额最低不少于该单位在岗职工月平均工资的两倍；对获得其他知识产权的职务发明，给予全体发明人的奖金总额最低不少于该单位在岗职工的月平均工资。

第二十一条 单位未与发明人约定也未在其依法制定的规章制度中规定对职务发明人的报酬的，单位实施获得知识产权的职务发明后，应当向涉及的所有知识产权的全体发明人以下列方式之一支付报酬：

（一）在知识产权有效期限内，每年从实施发明专利或者植物新品种的营业利润中提取不低于 5%；实施其他知识产权的，从其营业利润中提取不低于 3%；

（二）在知识产权有效期限内，每年从实施发明专利或者植物新品种的销售收入中提取不低于 0.5%；实施其他知识产权的，从其销售收入中提取不低于 0.3%；

（三）在知识产权有效期限内，参照前两项计算的数额，根据发明人个人月平均工资的合理倍数确定每年应提取的报酬数额；

（四）参照第一、二项计算的数额的合理倍数，确定一次性给予发明人报酬的数额。

上述报酬累计不超过实施该知识产权的累计营业利润的 50%。

单位未与发明人约定也未在其依法制定的规章制度中规定对职务发明人的报酬的，单位转让或者许可他人实施其知识产权后，应当从转让或者许可所得收入中提取不低于 20%，作为报酬给予发明人。

第二十二条 单位在确定报酬数额时，应当考虑每项职务发明对整个产品或者工艺经济效益的贡献，以及每位职务发明人对每项职务发明的贡献等因素。

第二十三条 单位未与发明人约定也未在其依法制定的规章制度中规定奖励、报酬支付期限的，单位应当在获得知识产权之日起三个月内发放奖金；转让或者许可他人实施职务发明的知识产权的，应当在许可费、转让费到账后三个月内支付报酬；单位自行实施职务发明且以现金形式逐年支付报酬的，应当在每个会计年度结束后三个月内支付报酬。以股权形式支付报酬的，单位应当依照法律法规和单位规章制度的规定予以分红。

第二十四条 对于可以申请专利、植物新品种、集成电路布图设计的智力创造成果，单位决定作为技术秘密保护的，应当根据该技术秘密对本单位经济效益的贡献与发明人约定或者参照本章的规定向发明人支付合理的补偿。

第二十五条　发明人与单位的劳动、人事关系终止的，对在终止前完成的与单位业务有关的发明，发明人应当继续履行本条例第十条、第十四条、第十六条规定的义务，并继续享有署名权和获得奖励和报酬的权利。

发明人死亡的，其继承人或者受遗赠人有权继承获得奖励和报酬的权利。

第二十六条　除单位与发明人另有约定或者在其依法制定的规章制度中另有规定外，职务发明获得的知识产权被依法宣告无效或者撤销的，对宣告无效或者撤销决定生效前发明人已经获得的奖励和报酬不具有追溯力。

第二十七条　企业给予职务发明人的奖金和报酬，可以按照相关规定作为企业员工薪酬，列入企业成本费用。其他单位给予职务发明人的奖金和报酬按照有关规定列支。

第五章　促进职务发明知识产权的运用实施

第二十八条　国家设立的研究开发机构、高等院校自职务发明获得知识产权之后合理期限内，既未自行实施或者作好实施的必要准备，也未转让和许可他人实施的，发明人在不变更职务发明权利归属的前提下，可以根据与单位的协议自行实施或者许可他人实施该知识产权，并按照协议享有相应的权益。

第二十九条　单位转化实施职务发明及其知识产权取得的收益和发明人获得的奖励、报酬，按照国家有关规定享受税收优惠政策。

第三十条　国家有关主管部门在制定以单位的知识产权管理作为考核或者评定标准的政策和措施时，应当将单位落实职务发明制度的情况作为考核或者评定因素。单位落实职务发明制度的情况应当纳入其负责人相关考核的范围。

第三十一条　国家设立基金，促进利用财政性资金设立的科学技术基金项目和科学技术计划项目形成的职务发明的运用实施。

第六章　监督检查和法律责任

第三十二条　监督管理部门依当事人申请或者根据举报信息有权对单位落实职务发明制度的情况进行监督检查。监督管理部门进行监督检查时，有权查阅与职务发明有关的劳动合同、规章制度等材料，有权对相关当事人进行询问。单位和发明人应当如实提供有关材料和说明有关情况。

第三十三条　监督管理部门进行监督检查时，应当出示证件，依法行使职权，并应当对监督检查过程中知悉的商业秘密予以保密。

经监督检查，发现单位未依法落实职务发明制度的，监督管理部门可以责令限期改正，并给予警告。

第三十四条　发明人违反本条例的规定，对职务发明申请知识产权的，该申请产生的权利由单位享有，发明人获得的收益应当全部返还单位。

单位违反本条例的规定，对非职务发明申请知识产权的，该申请产生的权利由发明人享有，单位获得的收益应当全部返还发明人。

第三十五条　下列属于侵犯发明人署名权的行为：

（一）未将发明人署名为发明人的；

（二）将不是发明人的人署名为发明人的。

第三十六条　发明人认为其署名权被侵犯的，可以请求县级人民政府知识产权行政部门处理，或者向人民法院起诉。

对于有重大影响的侵犯署名权的案件，可以请求县级以上人民政府知识产权行政部门处理。

知识产权行政部门或者人民法院认定侵犯署名权的行为成立的，责令侵权人停止侵害、赔礼道歉、赔偿损失。知识产权授权机关或者登记机关应当根据生效决定或者判决对相关文件中记载的发明人予以纠正并公告。两次以上侵犯署名权的，由县级人民政府知识产权行政部门对侵权人处五千元以上五万元以下的罚款，并对侵权情况予以通报。

第三十七条　任何组织或者个人对侵犯发明人署名权的行为都有权向县级人民政府知识产权行政部门举报，接受举报的部门应当及时调查、处理。

第三十八条　单位的规章制度或者与发明人的约定不符合本条例第十八条第一款的规定或者依照本条例第十八条第二款的规定被确认无效，给发明人造成损失的，单位应当承担赔偿责任。

第三十九条　单位未依照本条例规定及时足额地给予发明人奖励和报酬的，由县级人民政府知识产权行政部门责令改正；给发明人造成损失的，应当承担赔偿责任。

第四十条　因发明的权利归属或者奖励、报酬发生争议的，由当事人协商解决。协商不成的，当事人可以请求县级以上人民政府知识产权行政部门调解，也可以向人民法院起诉或者依法申请仲裁。

发明人与单位就职务发明的报酬产生争议的，单位对其自行实施、转让或者许可他人实施该职务发明获得的经济效益，负有举证责任。

第四十一条　对发明提出知识产权申请后，当事人就该发明的权利归属产生争议的，知识产权授权机关或者登记机关可以根据当事人的请求中止知识产权的有关程序。

权利归属纠纷解决后，当事人可以持生效的法律文书请求恢复知识产权的有关程序。

第七章　附　则

第四十二条　单位和发明人可以将涉及发明权利归属、奖励报酬的规章制度或者有关合同向所在地的知识产权行政部门申请备案。

第四十三条　涉及国防领域的职务发明参照适用本条例的规定。

第四十四条　本条例自　年　月　日起施行。